Über dieses Buch

Frauen schreiben ein neues Kapitel deutschsprachiger Literatur. Nie zuvor ist die Zahl der Schriftstellerinnen so schnell gewachsen wie im letzten Jahrzehnt. Eine neue deutschsprachige Literatur wächst heran. Hier wird sie erstmals im Zusammenhang dargestellt und einfühlsam gewürdigt. Der STERN-Autor Jürgen Serke geht in mehr als dreißig Porträts den Zusammenhängen von Lebenslauf und Werk zeitgenössischer Autorinnen der Bundesrepublik, der DDR, Österreichs und der Schweiz nach.

In einem ausführlichen Vorwort analysiert Serke die Widerstände, die Frauen bisher den Eingang in die Literaturgeschichte versperrt haben. In die Geschichte zurückblickend, schildert er den Weg, den Autorinnen in ihrem Versuch, sich durchzusetzen, in der Frühromantik des vergangenen Jahrhunderts einschlugen, der schließlich in die Bohème zu Anfang dieses Jahrhunderts führte und in der expressionistischen Vision eines neuen Menschenbildes gipfelte, das zu einer Koalition mit dem Sozialismus führte. Diese Entwicklung wurde durch die Barbarei des Dritten Reiches jäh unterbrochen. Nach dem Zweiten Weltkrieg bildeten sich zunächst Neuansätze innerhalb der männlich bestimmten Literaturkreise: der »Gruppe 47« in der Bundesrepublik, dem Kreis volksnaher Literaturen in der DDR (»Bitterfelder Weg«), der »Wiener Gruppe« und der »Grazer Autorenversammlung«. In der Bundesrepublik war dann der Durchbruch der Frauen besonders vehement, was mit der Krise der Literatur in den sechziger Jahren zusammenhing. Zweifel an den weiteren Entwicklungsmöglichkeiten der Belletristik prägten die literarische Szene und verhalfen den schreibenden Frauen, das Gesicht der gegenwärtigen Literatur entscheidend mitzugestalten.

Eine ausführliche Bibliographie und zahlreiche Abbildungen vervollständigen den Band.

»Dies ist eine besondere Art einer Literaturgeschichte der Gegenwart. Ein ganz ungewöhnliches Buch. Dem üblichen Einwand nämlich, man solle nicht so viel hermachen vom männlichen oder weiblichen Geschlecht des einzelnen Schriftstellers, ist zu antworten, daß die Literatur der Schriftstellerinnen in weit höherem Maße ›anders‹ ist und verstanden werden muß, als die Liebhaber der soziologischen Abstraktionen behaupten möchten.« (Hans Mayer)

Der Autor

Jürgen Serke wurde 1938 in Landsberg/Warthe geboren, ist Autor beim STERN Magazin und lebt in Großhansdorf bei Hamburg. Buchveröffentlichungen: ›Strafverteidiger in Deutschland‹ (1976), ›Die verbrannten Dichter‹ (1977), ›Nach Hause. Eine Heimat-Kunde‹ (1979), ›Frauen schreiben. Ein neues Kapitel deutschsprachiger Literatur‹ (1979). Außerdem gab Serke den Band von Jakob Haringer heraus: ›Das Schnarchen Gottes und andere Gedichte‹ (1979) und ›Ich bin in Sehnsucht eingehüllt‹. Gedichte eines jüdischen Mädchens an seinen Freund von Selma Meerbaum-Eisinger (1980).

Im Fischer Taschenbuch Verlag ist außerdem erschienen: ›Die verbrannten Dichter‹ (Bd. 2239).

Jürgen Serke
Frauen schreiben
Ein neues Kapitel deutschsprachiger Literatur

Fischer Taschenbuch Verlag

Ungekürzte Ausgabe
Fischer Taschenbuch Verlag
September 1982
Umschlagentwurf und Layout: Jan Buchholz/Reni Hinsch
Umschlagfoto: Harro Wolter
Fischer Taschenbuch Verlag GmbH, Frankfurt am Main
Lizenzausgabe mit freundlicher Genehmigung der
Gruner + Jahr AG & Co., Hamburg
© STERN-Magazin im Verlag Gruner + Jahr AG & Co., Hamburg 1979
Satz: Hanseatische Druckanstalt GmbH, Hamburg
Druck und Bindung: Clausen & Bosse, Leck
Printed in Germany
1480-ISBN 3-596-23721-1

Inhalt

Der Aufbruch der Schriftstellerinnen in die Domäne der Männer . . 9
ANNA SEGHERS:
»Alles, was Alleinsein aufhebt, kann einen trösten« 69
LUISE RINSER:
»Es gibt nur eine Schuld im Leben der Menschen: Lieblosigkeit« . . 91
ILSE AICHINGER:
»Anarchie muß wieder werden, muß viel weiter gehen« 107
FRIEDERIKE MAYRÖCKER:
»Von kommenden Dingen kehren die Schiffe zurück . . .« 121
INGEBORG BACHMANN:
»Haltet Abstand von mir, oder ich sterbe,
oder ich morde mich selbst« 145
GABRIELE WOHMANN:
»Der Mensch – ein Unternehmen, das Zeit, Notwendigkeit,
Glück und was nicht alles gegen sich hat« 161
BARBARA FRISCHMUTH:
»Die Macht neu verteilen, so daß sie keine Gefahr
mehr für die Welt bedeutet!« 177
CHRISTA WOLF:
»Ich fühle auf einmal, daß es böse endet,
wenn man alle Schreie frühzeitig in sich erstickt« 195
ROSE AUSLÄNDER:
»Sieben Höllen durchwandern, der Himmel sieht es gern . . .« . . . 207
SARAH KIRSCH:
»Wie wir zerrissen sind und ganz nur in des Vogels Kopf« 217
CHRISTINE NÖSTLINGER:
»Bei blauem Rauch, fliegenden Katzen und Großmüttern
kenne ich mich aus« 237
KARIN STRUCK:
»Ich bin auf der Suche nach Heimat,
einmal will ich leben in fruchtbarer Geborgenheit« 249
ERICA PEDRETTI:
»Wenn man schreiben könnte, ohne den Mann, die Kinder
oder sonst jemanden zu verletzen!« 265
GERTRUD LEUTENEGGER:
»Wir wissen nicht mehr, daß die Erde lebt, daß die Seen atmen
und die Berge hellwach in der Nacht stehen« 283

BRIGITTE SCHWAIGER:
»Es ist furchtbar schwer, allein durch die Nacht zu kommen« ... 299
GISELA ELSNER:
Als Sozialistin verpönt 312
HELGA NOVAK:
Ein Weg von Ost nach West 315
RENATE RASP:
Nachdenken über Ulrike Meinhof 318
HILDE DOMIN:
Reise ins Exil und zurück 323
ANGELIKA MECHTEL:
Von Talent redeten die Männer nicht 326
INGEBORG DREWITZ:
Nur als Funktionärin anerkannt 329
CHRISTA REINIG:
Aufruf zum Männermord 331
IRMTRAUD MORGNER:
Eine Feministin, die Männer nicht aufgibt 334
ELFRIEDE JELINEK:
Wenn der Mensch im Typischen verschwindet 337
HANNELIES TASCHAU:
Eine Hölle ist auf dem Land 340
VERENA STEFAN:
Ein Buch, das den Markt für Frauen öffnete 343
HELGA SCHÜTZ:
Präzise Erinnerungen an die Kindheit 345
URSULA KRECHEL:
Kämpferin für die Frauenbewegung 347
ELKE ERB:
Das Herantasten an die Worte 349
ELISABETH PLESSEN:
Eine Autorin, die niemand haben wollte 351
MARGARETE HANNSMANN:
Dichterin, als die Kinder aus dem Haus waren 353
KATJA BEHRENS:
Warten auf den neuen Mann 356
CLAUDIA STORZ:
Roman über die Unmenschlichkeit der Gesunden 359

Bibliographie 361

»In allem gilt es, den unbedingten Vorrang dessen zu befestigen, was dem weiblichen System der Welt im Gegensatz zu dem männlichen angehört; es gilt, den weiblichen Kräften zu vertrauen und keinen anderen.«

ANDRÉ BRETON (1896–1966)

Der Aufbruch
der Schriftstellerinnen
in die Domäne der Männer

Dort, wo Lügen kurze Beine haben, wo Wahrheiten sich aufdrängen, sind Männer am Ende ihrer HERR-lichkeit angelangt. Nicht in der Politik also, sondern in der Poesie. Verfolgt vom Trauma mißglückter Gesellschaftsveränderung, deprimiert von der Erfahrung, daß Freiheit zuerst einmal kein kollektives, sondern ein privates Problem bleibt, verunsichert durch den Feminismus und verbittert vom Zusammenbruch der früher unterstellten Zusammengehörigkeit von Macht und Moral – drei Worte sagen da alles: Vietnam, Watergate und Kernenergie –, gammeln sie wütend oder melancholisch, perspektivlos oder nihilistisch durch die Lande: traurige, neurotische Helden, denen eines gemeinsam ist – Nervosität.

Männer haben Geschichte gemacht. In der Politik und in der Poesie. Auf beiden Feldern haben sie bestimmt, wie die Welt auszusehen und welche Rolle die Frau in dieser männlichen Welt zu spielen hat. Daß Männer auf alle bedrängenden Fragen der Zeit heute keine befriedigende Antworten mehr wissen, obwohl sie noch immer das Sagen haben, wird nirgendwo so deutlich wie in der Dichtung. Grenzenlos Natur zu beherrschen, den Kosmos in ein unendliches Jagdgebiet zu verwandeln, war der Wunschtraum der Männer durch Jahrhunderte. Die Literatur spiegelte da nur das männlich bestimmte Leben, dem die Frau untergeordnet, in dem ihr der Platz in Familie und Haushalt zugewiesen war.

Die Realisierung des männlichen Traums von der Naturbeherrschung ist sichtbar in die Zerstörung des Menschen und seiner Menschlichkeit gemündet. Die alte Zeit, die den Kapitalismus hervorbrachte, brachte als Alternative auch den Sozialismus hervor. Aber der trägt in seiner Praxis den Kardinalfehler der Vergangenheit in die neue Zeit, immer offener und unerträglicher: den heute von Frauen gerügten »Männlichkeitswahn«. Karl Marx sagte: »Alle Emanzipation ist Zurückführen der menschlichen Welt, der Verhältnisse, auf den Menschen selbst.« Im eigenen Leben, im Umgang mit seiner Familie hat der Theoretiker Marx den Satz nie umgesetzt in die Praxis. Er ließ die anderen arbeiten, ließ sich aushalten zugunsten seiner Ideologie, die Menschlichkeit setzte und sie zu allerletzt von sich selbst verlangte.

Der Aufbruch

Den »Wärmestrom«, von dem der Philosoph Ernst Bloch spricht, gaben die Frauen ewig allein, die Frauen als Begleiterinnen der Männer. Die Männer aber lebten in der Überschätzung der Naturwissenschaften, der Ratio und der Sachlichkeit, der vermeintlichen Objektivierung des menschlichen Lebens. Im Sozialismus marxistischer Prägung, der Veränderung auch immer erst vom anderen verlangt, sind alle Fehleinschätzungen von der Machbarkeit der Welt, von der Naturbeherrschung mit ihren Unterdrückungsmechanismen eingeschlossen. Bei Anna Seghers, die wie kein zweiter Schriftsteller in Deutschland die Konflikte auf dem Weg zu einer sozialistischen Haltung beschrieben hat, heißt es: »Es gibt keine Zukunft, die nicht an einem Punkt mit der Vergangenheit verwurzelt ist, an einer Wurzel, die den Namen Gegenwart trägt.«

Menschlichkeit zu bewahren, ohne in der männlichen Machtposition zu sein, die auf Eroberung, also Grenzüberschreitung und damit Gewalt angelegt war und ist, das ist die Qualität, die Frauen, in der Definition zahlreicher alter Philosophen »Menschen zweiter Klasse«, in die Geschichte eingebracht haben. Frauen bewahrten diese Menschlichkeit trotz aller Niederlagen, die ihnen Männer zufügten. Männer, die für sich die Aktivität, die Verstandesschärfe, das Produzieren und das Zeugen in Anspruch nahmen und den Frauen die Passivität, die Gemütstiefe, das Reproduzieren und das Empfangen als Hauptmerkmale zuwiesen. Die Fixierung der Frauen auf diese Eigenschaften zwang die Frauen jahrhundertelang in die Geduld. Mit der Geduld, alles hinzunehmen, sind sie heute am Ende, mit ihrer Menschlichkeit noch immer am Anfang.

Die sogenannte »Frauenfrage«, die Befreiung der Frau aus den männlichen Normen, steht seit dem Ende des vergangenen Jahrhunderts zur Debatte. Mit der Perfektionierung einer arbeitsteiligen Welt, in der lange Zeit die weibliche Emanzipation vom Haushalt durch die Männer wieder eingefangen wurde im Einfügen der Frau als Arbeitskraft in den industriellen Produktionsprozeß, um das vorhandene Defizit im Unterhalt der Familie auszugleichen, ist die Frage der Gleichwertigkeit und Gleichberechtigung in den letzten zehn Jahren in einem Maße aufgebrochen, die unausweichlich nach Antwort verlangt, einer Antwort, die zugleich die männlich bestimmten Gesellschaftssysteme Kapitalismus und Sozialismus in ihrer bisherigen Praxis gleichermaßen in Frage stellt.

Eine tiefschürfende Radikalität hat sich bei den Frauen Ausdruck verschafft, die weit über die Ideologien hinausgeht. Daß diese Radikalität im deutschsprachigen Raum einen besonders scharfen Ausdruck findet, macht die geographische Lage dieses Bereichs deutlich: Grenzscheide zwischen den beiden großen Gesellschaftsordnungen. Die Politik greift bei der Einebnung des Konflikts zu den Mitteln legislativer Gewalt, sie bleibt sich treu im althergebrachten Zwangsmuster. Die Literatur, eine Ewigkeit ebenfalls von Männern bestimmt, propagierte in der Bundesrepublik vor einem Jahrzehnt ihr Ende, brachte ihre Moral in politische Mobilität ein und resignierte schließlich vor der Unerträglichkeit des einen Systems und dem Sündenfall des anderen.

Das Ende dieses Engagements war der Substanzverlust. Die Aufgabe der Hoffnung außerhalb der Literatur hatte seine Auswirkungen in der Literatur, als sich jene Schriftsteller wieder von der Politik ab- und ihrer Fähigkeit des Schreibens zuwandten. Der Kritiker Fritz J. Raddatz hat das Ergebnis zu Recht mit dem Wort »Kontaktsperre« umschrieben: »Die moderne deutsche Literatur ist eine Bestandsaufnahme der Beziehungslosigkeit.« Typisch dabei für eine auch männlich orientierte Literaturkritik ist die Tatsache, daß sich Raddatz in seiner Analyse mit keinem Wort auf Vision und Utopie der weiblichen Belletristik deutscher Sprache einläßt. Sie findet bei ihm nicht statt. Ähnlich das Ergebnis einer Analyse des Kritikers Marcel Reich-Ranicki zum selben Thema.

Kein Wort darüber, daß im letzten Jahrzehnt eine Ablösung von der Literatur der Männer stattgefunden hat. Frauen schreiben inzwischen ein neues Kapitel deutschsprachiger Literatur. Auf ihrer Entdeckungsreise zu sich selbst sprengen sie sich heraus aus der männlichen Romanwelt der Madame Bovary, der Anna Karenina und der Effi Briest, entfaltet sich ein weibliches Selbstbewußtsein jenseits des ihnen zugeschriebenen Mythos von der Unzulänglichkeit der Frau, trennen sie sich ab von der Erfahrung, Objekte in Leben und Liebe der Männer zu sein. Frauen standen und stehen in einem Lebenszusammenhang, der sie seit jeher der Bedrückung, der Not und dem Elend stärker aussetzte. Das »schwache Geschlecht« zeigt nun in der Literatur seine Stärke.

Der Ausbruch der Schriftstellerinnen, die sich inzwischen eine nahezu dominierende Stellung auf dem Büchermarkt erschrieben haben, war die Erfahrung einer Doppelbelastung: das Alltagsleben zu meistern und doch noch zum Schreiben zu kommen. Die »männlichen« Schriftsteller aber, nach wie vor umsorgt von Frauen, denen Bewunderung die Aufgabe zugunsten des Bewunderten wert ist, verloren am Schreibtisch die Beziehung zum alltäglichen Leben. Die Politik, zu der sie zeitweilig Zuflucht suchten, spiegelte nur ihre Ahnungslosigkeit von den Problemen und Konflikten kleiner Leute, die der »hohen« Ambitioniertheit von zahlreichen Männern eigen ist.

Das Wissen der Frauen von der Bindungskraft der Liebe ging über die Perspektivlosigkeit der Männer hinweg. Schriftstellerinnen machen deutlich, daß der Mensch nur in der gegenseitigen Beachtung seiner Grenzen Würde gewinnt. Kriege aber, jene männlichen Grenzüberschreitungen, finden statt inmitten eines vorgeblichen Friedens. Frauen kennzeichnen schreibend die nur formale Gleichberechtigung als Kriege dieser Art.

Der Aufbruch

Peter Rühmkorf
Alfred Kolleritsch
Peter Handke

Männer aus der Resignationsriege: Sie gammeln wütend oder melancholisch, perspektivlos oder nihilistisch durch die Lande. Sie schreiben in überkommener Brillanz und sind sich einig darin,

wie Peter Rühmkorf formuliert:
»Von einem gewissen Alter an ist
die Wahrheit doch nur widerwärtig.«

Botho Strauß
Thomas Bernhard
Max Frisch

Der Kampf weiblicher Autoren ist ein Kampf gegen Grenzüberschreitungen, ist ein Kampf um Autonomie. Aus ihrem neuen Selbstverständnis heraus beschreiben sie sich in ihrer Lust, zu leben, zu lieben und zu arbeiten und in ihrer Last mit dieser Lust.
Ihre radikale Offenheit offenbart zugleich Intensität und Ambivalenz des Gefühls. Dabei verstricken sich die Schriftstellerinnen in ihren Phantasien, Wunschvorstellungen und Erinnerungen immer wieder im Schmerz der Selbstverwundung, der dem Mann in seinem Verhältnis zur Frau lange Zeit erspart geblieben ist. Aus einer verworrenen Situation heraus organisieren Schriftstellerinnen mit literarischen Mitteln den Widerstand gegen den Menschenverschleiß männlicher Ordnungssysteme. Sie schöpfen ungeahnte Kräfte aus den tabuisierten, lange verleugneten und verborgenen Teilen ihrer Natur. Sie knüpfen neue Fäden zur verlorenen Welt der Mythen. Sie wagen sich an die Themen menschlicher Entwurzelung und Heimatlosigkeit heran. Sie formulieren ihre »Politik« von unten. Sie lassen sich von der Hoffnung nicht abschneiden. Sie artikulieren ihre Sinnlichkeit, öffnen sich ihren Verstörungen und suchen Liebe jenseits männlicher Unterdrückung. Sie sind nicht »Jenseits der Liebe«, wie ein Buchtitel von Martin Walser symptomatisch heißt. Sie sind weitgehend frei von Zynismus und Lebensekel vieler ihrer männlichen Kollegen.
Gewiß, auch das Innenleben der Schriftstellerinnen bricht sich ständig an den Irritationen der Außenwelt. Doch die neue Subjektivität, die bei den Schriftstellern mit Peter Handke in die männliche Literatur eingezogen ist, hat eine andere Qualität als die der Frauen. Die Frauen gewinnen sich in ihr, die Männer gehen schreibend in dieser Subjektivität verloren. »Erlösung«, so sagt die 37jährige Schriftstellerin Katja Behrens, »das bedeutet für mich, ein ganzer Mensch zu werden. Dazu gehören ein Mann und eine Frau.« Die DDR-Autorin Christa Wolf spricht vom Mangel schreibender Männer und nennt deren »qualvolle Versuche, ihr verzerrtes Verhältnis zu sich selbst, ihren Mangel an Empfindung, ihren Verlust von Unmittelbarkeit und ihr Erkalten durch Injektionen mit der Droge Wirklichkeit« zu beheben.
Ein Mangel, der deutlich wird, wenn man in die literarische Produktion von »männlichen« Schriftstellern der letzten Jahre hineinschaut. Peter Handke spricht von der »wohligen Empfindung«, wenn ihn sein Gefühl betrügt, und schreibt: »Er hatte das Gefühl, mit dem Kopf gegen eine Mauer rennen zu müssen, und zwar ohne Überzeugung.« Bei Peter Rühmkorf heißt es: »Von einem gewissen Alter an ist die Wahrheit doch nur widerwärtig.« Max Frisch konstatiert: »Leben ist langweilig.« In einem Gedicht von Thomas Bernhard finden sich Worte: »Der Mond schreit auf / Ich aber bin vorbei.« Peter Rosei schafft einen »Entwurf für eine Welt ohne Menschen« und ruft aus: »Nimm mich fort!« Alfred Kolleritsch »übt das

Alleinsein, den Kreisgang hinter der eigenen Haut«. Günter Grass schreibt »auf regennasse Schieferdächer, in Bierpfützen, auf ein Förderband: ich ich ich«. Botho Strauß meint: »Die Kraft, die eine Liebe bewegt hat, kommt erst im Bruch zur größten Wirkung.« Nicolas Born dichtet: »Wenn ich sterbe, will ich allein sein / Nicht mich berühren, nichts verwischen / Kein Wort / Es soll alles echt aussehen.« Und Christoph Meckel zeichnet den Ausgang männlichen Chauvinismus auf: »Liebe, Hoffnung, Vertrauen, das waren Wörter, mit denen wir spielten... es waren keine notwendigen Wörter für uns.«
Derartige Kernsätze häufen sich in der »männlichen« Literatur. Sie waren schon zu finden bei dem Wiener Konrad Bayer, der seine Wahrheit 1964 konsequent umsetzte, indem er Selbstmord beging: »Es gibt nichts, was zu erreichen wäre außer dem Tod. Also üblicherweise wird versucht, ein Ziel möglichst schnell zu erreichen, wenn es bekannt.« Dieser heillosen seelischen Ausweglosigkeit setzt Christa Wolf für die weibliche Literatur die Sätze entgegen: »Rückhaltlose Subjektivität kann zum Maß werden für das, was wir (ungenau, glaube ich) ›objektive Wirklichkeit‹ nennen – allerdings nur dann, wenn das Subjekt nicht auf leere Selbstbespiegelung angewiesen ist, sondern aktiven Umgang mit gesellschaftlichen Prozessen hat. Das Subjekt treibt sich selbst heraus, wenn es dazu beitragen kann, aus den gegebenen Verhältnissen das Äußerste herauszuholen. Es wird in sich zurückgetrieben, wenn es auf entfremdete, destruktive Strukturen, auf unüberwindliche Tabus in entscheidenden Bereichen stößt.«
Die zwanghafte Scheu vor der Berührung mit dem Verdrängten hat bei der männlichen Literatur inzwischen zu Sterilitäten geführt, die eine neue verdunkelnde Unfreiheit sind. Diese Scheu äußert sich in vielen zeitgenössischen Büchern männlicher Autoren als Koketterie mit einem Tiefsinn, der nicht wirklich in die Tiefe geht, mit der gelernten Brillanz, die mehr verdeckt als enthüllt, mit pompösen Erzählergebärden und verschwiegener Besserwisserei und führt zu Werken der Anpassung und des sich kritisch Arrangierens. Die scheinbare Ausweglosigkeit, in die sich der Mann hineingelebt und der »männliche« Autor hineingeschrieben hat, wird beängstigend deutlich gemacht von einer Frau: in der Erzählung »Alles« von Ingeborg Bachmann, der Geschichte einer Ehe, die geschlossen wurde, weil die Frau ein Kind erwartete.
Der Mann in dieser Erzählung erwartet »Alles« von seinem Kind, wirft alle seine Hoffnungen in dieses Kind. Ihm will er die Welt rein überlassen, ohne die vererbten Gewohnheiten. Alle Erwartungen über die gewohnte Welt hinaus sind an dieses Kind geknüpft. Doch als es da ist und aufwächst, gehen die Erwartungen verloren, das Kind könne die Welt erlösen, wird es für den Mann der »hoffnungslose Fall Mensch«. Der Mann beobachtet, wie Hanna, die Frau, das Kind in die Gebräuche der Welt

Der Aufbruch 15

einübt, wie sie ihm die ererbte Welt weiterreicht. Hanna zieht das Kind in liebloser Umgebung in Liebe auf, der Mann läßt es enttäuscht aus seiner Liebe fallen. In der Krise des jungen Ehepaares sagt der Mann: »Denn in alle Zeit wird, wo für mich ein Minenfeld ist, für Hanna ein Garten sein.«

Das Minenfeld der Verzweiflung. Die Frau kann für den Mann kein Ausweg mehr sein, keine Begegnung mit einem sogenannten Leben oder mit einer akzeptablen Welt. Der Mann ist dermaßen auf das Minenfeld fixiert, daß die Frau überhaupt nicht mehr in den Blick kommt. Der Mann provoziert, der Mann revoltiert, der Mann wartet dringlich, ungebärdig auf die Erlösung der Welt, und wo sie nicht eintrifft, behauptet er mit absoluter Entschiedenheit das »Endspiel«, die Gleichgültigkeit der Welt. Diese Haltung des »Endspiels« ist typisch für den Zustand der Männer heute und auch der männlichen Literatur deutscher Sprache. Der Mann scheint aufgegeben zu haben, er richtet sich voller Selbstmitleid schaurig-behaglich in seiner Niederlage ein. Er isoliert sich. Jahrhundertelang hat er die Frau nach seinem Bild geschaffen. Nun, wo sich die Frau in die Wirklichkeit entpuppt, zeigt er sich unfähig zu einer anderen Kommunikation und verliert sich in einer Welt ohne Vision. Die Belletristik spiegelt getreu seine Resignation. In dieser eingestandenen Hoffnungslosigkeit kommt die Frau mit ihrem wachsenden Selbstbewußtsein in der »männlichen« Belletristik folgerichtig kaum noch vor.

Christa Wolf spricht vom Unbehagen der Männer darüber, »wie Frauen ihre traditionelle ›weibliche‹ Prägung loswerden, den Mann mustern, ihn entbehren können, erwägen, ihn ›zu verabschieden‹, ›auf Empfang schalten‹, die ›seelische Berührung‹ eher erwarten als die körperliche und sich darüber lustig machen, wenn ›Mann‹ ihr zur Scheidung Marxens Gesammelte Werke schenkt.« Der »Mann braucht einen neuen Spiegel«, heißt es in Maxie Wanders Buch »Guten Morgen, du Schöne«. Und die DDR-Autorin Helga Schütz sagt: »Der Mann hat sich ewig zur unangefochtenen Leitfigur aufgebaut. Die weibliche Ablösung von der Anerkennung dieser männlichen Rolle hat alle seine anderen Krisen nur verstärkt. Die Frau als Anhängsel konnte der Mann idealisieren, und die wenigen abtrünnigen Einzelgängerinnen hat er verteufelt.«

Die abtrünnigen Einzelgängerinnen sind zwar auch heute noch eine Minderheit, aber sie haben inzwischen Millionen von weiblichen Sympathisanten auf ihrer Seite. Die Frauen sind in ihrer Mehrzahl in die Geschichte eingetreten und lassen diese Geschichte nicht mehr nur von Männern fortschreiben. Die Problematisierung der herkömmlichen Geschlechterrollen geht zurück ins 19. Jahrhundert. Sie beginnt also dort, wo der Mann die arbeitsteilige Welt geschaffen hat, deren Eigendynamik die Frau hineinbrachte in die Ausübung von Tätigkeiten außerhalb des angestammten Platzes im familiären Haushalt. Die Frau mußte zuneh-

Zwei Bücher, die wie Zündstoff wirkten: Analyse und Bestandsaufnahme, die die Benachteiligung der Frauen in aller Schärfe zeigte

mend Doppelbelastungen auf sich nehmen und war rechtlich nur in der Obhut der Männer geschützt.

Im Mittelpunkt des herrschenden patriarchalischen Weltbildes steht der männliche Mensch. Er definiert nicht nur sich selber, sondern durch Religionen (das Weib sei dem Manne untertan) oder durch Gesellschaftstheorien (die Frau ist in erster Linie Mutter und Hausfrau) auch das weibliche Geschlecht. Das heißt: die Frau durfte sich nicht selber definieren und galt deshalb als unfähig, sich handelnd in die Politik und Wirtschaft einzuschalten. Der Mann allein besaß als Machthaber von Lehre und Forschung das Welterklärungsmonopol.

Die Forderung nach Gleichheit der Frauen mit den Männern fällt historisch mit der Behauptung der Gleichheit der Männer untereinander zusammen. Die Präsenz der Frauen bei der Durchsetzung sozialistischer Ideen kam den frühen Sozialisten als Argumentationshilfe gelegen, mehr nicht. Von der erotischen Befreiung der Frau wollten sie nichts wissen. Nach Friedrich Engels schafft die Einbeziehung der Frau in den Produktionsprozeß erst die Voraussetzung für eine »höhere Form der Ehe«. In der Praxis hieß das, sich der Herrschaft von Kapital und Ehemann zu beugen. August Bebels Attacken gegen die Schamlosigkeit sich erotisch frei bewegender Frauen sind heute ein Dokument atemberaubender Prüderie.

Unter Gleichberechtigung der Frau versteht man das Recht, an

Der Aufbruch 17

der Verwaltung der Macht in der Gesellschaft teilzuhaben kraft der Anerkennung, daß sie Fähigkeiten besitzt, die denen des Mannes gleich sind. »Aber die Klärung, die die genuinste weibliche Erfahrung der letzten Jahre hervorgebracht hat«, so schreibt die Italienerin Carla Lonzi, »liegt in einem umfassenden Entwertungsprozeß der männlichen Welt. Es ist uns klar geworden, daß zur Verwaltung der Macht nicht besondere Fähigkeiten erforderlich sind, sondern eine bestimmte, sehr wirksame Form von Entfremdung. Das Auftreten der Frau bedeutet keine Teilhabe an der männlichen Macht, sondern ein Infragestellen des Machtbegriffs. Um dieses mögliche Attentat der Frau zu verhindern, gesteht man uns heute die Integration im Namen der Gleichheit zu.«

Nach Carla Lonzi hat der Kapitalismus die Unterdrückung der Frau mehr geerbt als produziert: »Das Aufkommen des Privateigentums hat ein Ungleichgewicht zwischen den Geschlechtern zum Ausdruck gebracht als Machtbedürfnis eines jeden Mannes über jede Frau, während die Machtverhältnisse unter den Männern festgelegt wurden. Auf ökonomischer Basis das Schicksal zu interpretieren, das uns bis heute begleitet hat, bedeutet, einen Mechanismus dafür verantwortlich zu machen, dessen treibende Kraft man nicht kennt. Wir wissen, daß der Mensch charakterlich seine Triebe entsprechend der mehr oder weniger großen Befriedigung in den Beziehungen zum anderen Geschlecht orientiert. Dem historischen Materialismus entgeht das emotionale Moment, das den Übergang zum Privateigentum bestimmt hat. Und darauf wollen wir zurückgehen, damit der Archetyp des Eigentums erkannt wird, das primäre vom Mann entworfene Objekt: das Sexualobjekt. Wenn die Frau dem Unbewußten des Mannes seine primäre Beute entzieht, löst sie die ursprünglichen Knoten der Pathologie des Besitzens.«

Genau im Fadenkreuz dieser Problematik ist die Belletristik deutscher Autorinnen heute zu sehen. Und nicht im engen Bereich des Feminismus, der sich in der Bundesrepublik Anfang der sechziger Jahre mit Alice Schwarzer an der Spitze formierte. Dieser Feminismus hat unter dem Aspekt des Entwicklungsgeschichtlichen seine Meriten, ist aber in der Verfestigung eines isoliert weiblichen Standpunkts der Abwendung vom Mann auch ein sichtbares Schwächesignal. Die Literaturwissenschaftlerin Hiltrud Gnüg sagt: »Heutige Feministinnen, die ihrerseits aus einem biologischen Dualismus psychische, intellektuelle, soziale Grundpositionen ableiten – natürlich mit umgekehrter Wertschätzung – sollen sich doch fragen, ob sie nicht eine männliche Ideologie nur mit einem veränderten Vorzeichen versehen. Denn borniert ist jede Theorie, die geschichtlich-gesellschaftliche Phänomene als ewig natürliche ausgibt. Das Postulat einer weiblichen Ästhetik könnte seinerseits auf einen weiblichen Sexismus hinauslaufen.«

Sexismus wird von Marielouise

Janssen-Jurreit in ihrem gleichnamigen Buch definiert als »die unentwegte offene oder unterschwellige Degradierung durch die Inhalte einer vom Mann dominierten Kultur«. Aber Marielouise Janssen-Jurreit hält den Begriff offen. Feminismus bedeutet ihr »Kampf gegen den Sexismus. Der Feminismus ist als politische Bewegung die Antwort auf alle Spielarten des Sexismus, denen Frauen gegenwärtig ausgeliefert sind.« Wie dieser Kampf zu neuen Formen der Kommunikation führen könnte, demonstrieren mit ihren Büchern in starkem Maße Frauen, die nicht dem Doppelkonflikt von kapitalistischer Wirklichkeit und sozialistischer Theorie ausgesetzt sind: die DDR-Autorinnen Christa Wolf, Irmtraud Morgner und Sarah Kirsch, die inzwischen in West-Berlin lebt.

Diese Schriftstellerinnen bekennen sich zum Sozialismus, sind aber nicht mehr bereit, die Frauenfrage als einen Nebenwiderspruch im »realen Sozialismus« abzutun, der im übrigen qua Theorie bereits aufgehoben sei. Weder wird von ihnen eine Gleichmacherei von Mann und Frau empfohlen, noch wird die bestehende Differenz zwischen den beiden Geschlechtern polarisierend festgeschrieben, oder eine grundsätzliche Entfernung der Frau vom Mann zum Erwerb ihrer Identität propagiert. Diese Autorinnen haben den Mut, das, was künftig »männlich« und »weiblich« sein soll, nicht zu fixieren, sondern eine Reihe von Möglichkeiten im Stadium des Experimentierens zu belassen.

Eine DDR-Autorin steuert in diesem Buch eine Gesellschaft an, die die üblichen männlichen und weiblichen Normen austauschbar macht

Der Literaturwissenschaftler Wolfgang Emmerich schreibt dazu: »Nachdem die ökonomischen Grundlagen und Rechtsnormen, die den Aufbau des Sozialismus garantieren sollen, zumindest der Tendenz nach vorhanden sind, wird jetzt der gesamte Komplex unaufgearbeiteter und blind praktizierter Traditionen, Sitten und Gewohnheiten der bürgerlichen Gesellschaft der Kritik zugänglich gemacht und mit neuen sozialistischen Verkehrsformen und Modi der Selbstverwirklichung konterkariert – dies zumindest im literarischen Modell. Das Marxsche Diktum von der ›Aneignung der Natur durch den Menschen‹, die der menschlichen Gattung als Be-

Der Aufbruch 19

stimmung gesetzt sei, wird jetzt umfassend begriffen: es geht weniger um die Aneignung der äußeren Natur im materiellen Arbeitsprozeß als um die Aneignung der eigenen menschlichen Natur, was Selbstverwirklichung in der eigenen Geschlechtlichkeit, in erotischen Beziehungen nicht nur peripher umschließt, sondern für dieselbe konstitutiv ist.«

Emmerich weist nach, wie im Rückgriff der Autorinnen Christa Wolf, Irmtraud Morgner und Sarah Kirsch auf alte literarische Gestalten die erträumte Versöhnung der Geschlechter in der heutigen Aktualität festgemacht wird. Er nennt als Vorbilder die Bücher »Lucinde« von Friedrich Schlegel und »Orlando« von Virginia Woolf. »Lucinde«, am Ausgang des 18. Jahrhunderts erschienen, bezeichnet eine neue Liebesauffassung. Lucinde ist Geliebte, Frau und Mutter, Partnerin des Mannes in leiblichen, seelischen und geistigen Dingen. Er sieht in ihr das, was ihn und sie zu einem »vollständigen Menschen« macht. In dem Roman Schlegels, der ihm in der Öffentlichkeit erbitterte Feindschaft einbrachte, wird der Tausch der Rollen erprobt und als »wunderbare sinnreich bedeutende Allegorie auf die Vollendung des Männlichen und Weiblichen zur vollen ganzen Menschheit« begriffen. In Virginia Woolfs Roman durchlebt Orlando einen historischen Zeitraum von mehr als 300 Jahren und wird dabei in eine Frau verwandelt. Die Metamorphose läßt sie schließlich als Dichterin des 20. Jahrhunderts auftreten. In der Aufhebung der Zeit entdeckt der Mensch sein wahres Ich. Diese Aufhebung, die wichtiger ist als die Dauer, die die Erinnerung oder die Vision zu geben vermag. Der Kunsttrick der Virginia Woolf besteht darin, gesellschaftliche Wirklichkeit nicht nachzuschreiben oder widerzuspiegeln, sondern sie als bestehende in Frage zu stellen.

Das Konzept der Verwandlung nimmt Sarah Kirsch in ihrer satirischen Erzählung »Blitz aus heiterem Himmel« auf. Es geht um eine Naturwissenschaftlerin, die mit dem Fernfahrer Albert zusammenlebt, einem zärtlichen Liebhaber, der sich nach sechstägiger Fahrt bei ihr wie ein Pascha bedienen läßt. Die Lage ist für die Wissenschaftlerin einerseits schön, andererseits unerträglich, insgesamt schön unerträglich. Nach dreitägigem Dauerschlaf erwacht die Wissenschaftlerin als Mann Max, gewinnt an der Rolle Spaß und erwartet mit Ängsten die Rückkehr ihres Fernfahrers Albert. Doch der reagiert nun gegenüber dem Geschlechtsgenossen solidarisch, er beteiligt sich an der Hausarbeit, was er als Mann gegenüber der Frau nicht zu tun bereit war. Und die in Max Verwandelte stellt für sich fest: »Jetzt, wo ich selber 'n Kerl bin, jetzt kriek ich die Ehmannzipatzion.« Die Geschichte endet mit Plänen, sie will als Max Beifahrer von Albert werden. Die Frage bleibt: Eros oder Solidarität, und müßte nicht beides zusammen möglich sein?

Die Konstellation der Verwandlung findet sich auch in der Erzählung »Selbstversuch« von Christa Wolf, in der eine zum Mann verwandelte Frau feststellt: »Schon verbot ich mir die Traurigkeit als unfruchtbare Vergeudung von Zeit und Kraft. Schon kam ich mir nicht mehr gefährlich vor, an jener Arbeitsteilung mitzuwirken, die den Frauen das Recht auf Trauer, Hysterie, die Überzahl der Neurosen läßt und ihnen den Spaß gönnt, sich mit Entäußerungen der Seele zu befassen (die noch kein Mensch unter dem Mikroskop gefunden hat)... während die Männer die Weltkugel auf unsere Schultern laden, unter deren Last wir zusammenbrechen und uns unbeirrt den Realitäten widmen, den drei großen W: Wirtschaft, Wissenschaft und Weltpolitik...« Die Rückverwandlung zur Frau ist die Konsequenz für Christa Wolf, und das Experiment nach dem Experiment lautet: »Der Versuch zu lieben. Der übrigens auch zu phantastischen Erfindungen führt: zur Erfindung dessen, den man lieben kann.«

Irmtraud Morgner greift in ihrem Roman »Leben und Abenteuer der Trobadora Beatriz« auf Idylle zurück, aber im Phantastischen holt sie die Realität herein. Die Trobadora Beatriz, einzige historisch belegbare Minnesängerin, wird aus 800jährigem Schlaf geweckt und in die Welt der DDR versetzt, in der sie sich von der dort gesetzlich verankerten Gleichberechtigung der Frau überzeugen will. Auch dort erlebt sie »die Ausbeutung der Frau durch den Menschen«. Phantasie wird im Roman Irmtraud Morgners operativ verstanden zur Herstellung einer notwendigen utopischen Spannung und Waffe gegen die »Liederlichkeit und naive Bequemlichkeit« der Männer. In ihrem Buch steuert die Autorin eine Gesellschaft an, die die üblichen männlichen und weiblichen Normen austauschbar macht. Am Schluß des Buches vermag die Frau kraft ihrer intensiveren Sehnsucht die Gestalt des Mannes und der Frau anzunehmen. Sie hat mehr gelitten.

Irmtraud Morgner sagt: »Das, was jahrtausendelang in den Sitten geworden ist, kann man nicht in Jahrzehnten ändern. Wünschenswert wäre – und da braucht man wirklich Geduld... eine Gesellschaft, die dem Menschen erlaubt, sowohl seine Talente zu entwickeln als auch seine Schwächen auszuleben. Statt dessen werden die schöpferischen Kräfte der Hälfte der Menschheit überhaupt nicht genutzt – das ist ein Raubbau –, auf der anderen Seite sind die Männer ständig überfordert; man muß stark sein, muß Erfolg haben, darf nicht weinen. Diese Art Druck erzeugt Gegendruck, es kommt zum Krieg der Geschlechter, der tragisch ist und der eigentlich die Widerspiegelung einer hierarchischen, kriegerischen Gesellschaft ist. Wenn die Gesellschaft auf Hierarchien gründet, dann tut es die Familie natürlich auch.«

Zwischen den Fronten des Feminismus westlicher Prägung, der dazu neigt, die Frauen als biologische Gruppe zu setzen, und der Frauenbewegung östlicher Prägung, die dazu neigt, die Frauenfrage bis zu ihrem Verschwinden in die soziale Frage zu integrieren, verläuft die Literatur der Frauen im deutschsprachigen Raum. Bei den Autorinnen der DDR schlägt sich das Bemühen, die patriarchalische Welt durch gemeinsame Anstrengungen beider Geschlechter zu überwinden, stärker nieder als in der Bundesrepublik. Das Konzept des Feminismus westlicher Prägung ist auf Spaltung angelegt, auf Trennung vom Mann, um weibliches Selbstbewußtsein möglich zu machen, um das verdeckte »Wahre«, das »wirkliche Wesen« der Frau zu finden. So wird zuerst einmal alles Männliche ausgeklammert und der frauabgewandten Seite der Geschichte zugeordnet. Doch die Notwendigkeit des »Zuerst« ist inzwischen zu einem Dauererzustand geworden.

Die Soziologin Friederike J. Hassauer-Roos schreibt: »Das kennzeichnet die zweite Phase des bundesdeutschen Feminismus: ein Bedürfnis, sich der Rivalitätssituation mit dem Mann und ihrer Entfremdung erst gar nicht mehr auszusetzen, sondern eine autonome Gegenwelt aufzubauen; einen Freiraum, einen Schutzraum für das Leiden, das Kennenlernen von Affekt und Körper, damit weibliche Identität sich in Geborgenheit und Distanz entwickeln und ihrer selbst vergewissern kann. Irgendwann unterwegs hat sich dieses Konzept dann verselbständigt, hat seine eigene Dynamik entwickelt. Jetzt dient es nicht mehr als eine biographische und theoretische Durchlaufphase, eine Möglichkeit von anderen, um Identität aufzubauen – eine Identität, die dann notwendig sich erproben und weiterentwickeln muß in der Auseinandersetzung mit dem Draußen, der Realität andersgeschlechtlicher Identität. Die Gegenwelt wurde zum Ziel ihrer selbst, zur symmetrischen Negation des Bestehenden.«

Die Theorieerörterungen über das statische Element im Feminismus sind in der Bundesrepublik in vollem Gange. Dem Feminismus in der Bundesrepublik bleibt das Verdienst, einer Gesellschaft derart die Augen über die eingeschränkten Möglichkeiten der Frauen geöffnet zu haben, daß Konsequenzen aus diesem Zustand unausweichlich geworden sind. Das publizistische Trommelfeuer der Frauenzeitschriften »Emma« und »Courage« und der Frauenbuchverlage hat nicht nur seine Wirkung in politischer Sicht gehabt, sondern auch Kunstwerke hervorgebracht: das Buch »Häutungen« von Verena Stefan und den Roman »Das Geschlecht der Gedanken« von Jutta Heinrich. Aber die Mehrzahl der Autorinnen deutscher Sprache haben sich nicht eingrenzen lassen durch die neuen Grenzen des Feminismus.

Die befreiende Wirkung weiblicher Kunst deutscher Sprache liegt in ihrer wachsenden Fähigkeit, Wirklichkeiten gegen die Welt, wie sie ist, zu träumen, und Erschütterungen im Sinne der Anaïs Nin herbeizuführen, die geschrieben hat: »Der Frau obliegt die Last, die Emotionen der Menschheit wiederherzustellen. Aus sich selbst heraus muß sie die neuen Harmonien der Freude, die neue Begabung zu emotionaler Kontrapunktik erschaffen... Wir Menschen

verlieren rapide unsere Fähigkeit, wirklich zu fühlen. Obwohl wir näher zusammenrücken, werden wir kalt und gleichgültig. Heute erfordert es eine stärkere Erschütterung als je zuvor, um uns zu bewegen.«
Eine Erschütterung dieser Art könnte der bereits 1948 erschienene Roman »Die größere Hoffnung« von Ilse Aichinger auslösen, würde er mehr gelesen als bisher. Eine parabolische Geschichte der Verfolgung jüdischer Kinder im Faschismus, ein todüberschreitender Vorwärtsentwurf, dessen literarische und moralische Qualitäten heute noch gar nicht voll erkannt sind.
Wie das künstlerische Potential deutscher Sprache heute umgesetzt wird in eine »conditio femina«, wird deutlich in einer Romantrilogie (»Die Mystifikationen der Sophie Silber«, »Amy oder Die Metamorphose«, »Kai und die Liebe zu den Modellen«) der 38jährigen Österreicherin Barbara Frischmuth, in der die Macht in den Händen der Frauen anders gedacht ist als bei den Männern: »Wir können versuchen, sie zu lehren, vor allem die Freundlichkeit, die Zuneigung und das Wohlgefallen an allen Wesen und Dingen. Die Einheit und die Vielfalt, das Füreinander und die Formen des Überlebens. Wir können ihre Lehren Lügen strafen, indem wir nicht töten, und ihnen die Angst nehmen, indem wir nicht unterdrücken.«
Barbara Frischmuth sagt: »Zu dem Wunsch nach der neuen Emotionalität gehört auf jeden Fall auch das Bewußtsein der alten. Ich halte nichts davon, Fähigkeiten und Anpassungen, die den Frauen durch Jahrtausende aufoktroyiert wurden, kurzsichtig über Bord zu werfen. Auf die Synthese kommt es an. Ein neues Hingabebewußtsein kann der Verweigerung als einziges die Bitterkeit der Isolation nehmen. Erst wenn wir erkannt haben, daß der Verlust der Rolle als Nährerin – ein Ausdruck von Elias Canetti – uns wie ein Atavismus treffen kann, wird es möglich sein, auf die Rolle schmerzloser zu verzichten, indem wir dieselbe Funktion in anderer Richtung ausbauen.«
Was mit der anderen Richtung für eine Schriftstellerin gemeint ist, erklärt die Österreicherin so: »Während heute noch Psychoanalytiker sich damit befassen, die Auswirkungen des prästabilisierten Penisneids auf die Psyche der Frau zu untersuchen, neige ich eher zu der These, daß diese ganze Chimäre die Rückkoppelung eines Neids auf die doppelte Fähigkeit zur Kreativität der Frau ist, Kunstwerke verschiedenster Art zur Welt zu bringen, auf eine so sinnliche Art, daß Männer manchmal blaß dabei werden. Gerade diese Fähigkeit, Kunstwerke wie Kinder zu gebären und Kinder wie Kunstwerke auszubilden, schließt die Behinderung ein.«
Eine solche Position entlarvt die Haltung eines Sigmund Freud über die »Weiblichkeit« als wissenschaftlichen Unsinn. Der Vater der Psychoanalyse hatte sich zu diesem Thema in den zwanziger Jahren in einer Vorlesung an sein Auditorium mit den Worten gewandt: »Über das Rätsel der Weiblichkeit haben die Menschen zu allen Zei-

ten gegrübelt... auch Sie werden sich von diesem Grübeln nicht ausgeschlossen haben, insofern Sie Männer sind; von den Frauen unter Ihnen erwartet man es nicht, sie sind selbst diese Rätsel.« Das patriarchalische Realitätsprinzip mit seinen uneingestandenen Ängsten vor dem alles verschlingenden Sinnenweib einerseits und der alles verschlingenden Mutter andererseits färbte die »männliche« Psychoanalyse.

Sigmund Freud hat in seiner Definition von der Sphinx Weib nur zusammengefaßt, was den Männern am bequemsten war. Für die Literaturgeschichtsschreibung hatte Georg Gottfried Gervinus bereits Mitte des vergangenen Jahrhunderts festgestellt: »Kreativität und Genie sind Männersache.« Gervinus konnte sich dabei auf die deutsche Klassik berufen. Trotz Schillers leidenschaftlicher Forderung nach Uneingeschränktheit des Ichs spricht Schiller im Konzept einer Literaturästhetik vom »Dilettantismus der Weiber«. Sätze wie diese zeigen, was Schiller meinte: »Ehret die Frauen! Sie flechten und weben / Himmlische Rosen ins irdische Leben.« Und: »Der Mann muß hinaus ins feindliche Leben... und drinnen waltet die züchtige Hausfrau.«

Hinter Schillers Ideal stand der Einfluß des Descartesschen Dualismus von Körper und Seele, der die Trennung von Lust und Pflicht, Geliebter und Ehefrau, Liebe und Moral betrieb. Die Frau hatte zu dienen, ob sie dem Mann Kinder gebar oder die Wäsche sauber hielt. Man liebt keine Frau, mit der

Die österreichischen Autorinnen Barbara Frischmuth und Ilse Aichinger 1978 in Salzburg: Mit ihren Büchern zeigen sie, daß zeitgenössische Dichtung mehr sein kann als das ewige Beschreiben von Lebensekel und Selbstmitleid

man schläft. Nur, wo die Frau auf ihr Geschlecht verzichtete, also das Erotische fallenließ, konnte sie im beschränkten Maße auf geistige Anerkennung durch die Männer rechnen. Goethe preist als Dichter die Liebe, aber nicht die Ehe. Seine Adelheid oder Iphigenie denken an die Humanität, aber sie denken nicht daran, daß sie Frauen sind.
Der Philosoph Georg Simmel schreibt in seinem Essay über »Weibliche Kultur«: »Während der Mann aus sich herausgeht, sei-

ne Kraft in seine Leistung entläßt und damit etwas ›bedeutet‹, was in irgendeinem Sinne außer ihm liegt, dynamisch oder ideell schaffend oder darstellend – ist die Wesensseite der Frau ... jenes organische Beschlossensein in der Harmonie der Wesensteile unter sich und in ihrer gleichmäßigen Beziehung zu ihrem Zentrum – wie es eben die Formel des Schönen ist. Denn sie ist, in der Symbolik der metaphysischen Begriffe, die Seiende und der Mann der Werdende.« Für den Philosophen Oswald Spengler heißt das: »Der Mann macht Geschichte, das Weib ist Geschichte.« Diese Auffassung hatte tiefe Wurzeln. Schon Friedrich Hegel hatte erklärt: »Frauen können Einfälle, Geschmack, Zierlichkeit haben, aber das Ideale haben sie nicht.«
So konnte Walter Benjamin in den zwanziger Jahren zu der Fragestellung kommen: »Wie sprachen Sappho und ihre Freundinnen? Wie kam es, daß Frauen sprachen? Denn die Sprache entseelt sie. Die Frauen empfangen keine Laute von ihr und keine Erlösung. Die Worte wehen über die Frauen hin, die beieinander sind ... Die Sprache trägt die Seelen der Frauen nicht, denn sie vertrauen ihr nichts; ihr Vergangenes ist nie beschlossen. Die Worte fingern an ihnen herum, und irgendeine Fertigkeit antwortet ihnen geschwind ... Worte sind stumm. Die Sprache der Frauen blieb ungeschaffen. Sprechende Frauen sind von einer wahnwitzigen Sprache besessen.«
Im Rückblick auf diese Wertungen zurückliegender Jahre konstatiert die 53jährige, in München lebende

Feministischer Roman westdeutscher Prägung: Christa Reinig plädiert darin für eine Welt ohne Männer

Schriftstellerin Christa Reinig: »Literatur ist ein hartes Männergeschäft von dreitausend Jahren her. Das muß jede Autorin erfahren, wenn sie das Wort ›Ich‹ gebraucht. Von da aus geht es plötzlich nicht recht weiter. Die Formen und Formeln der Dichtersprache sind nicht geschaffen, daß ein weibliches Ich sich darin artikulieren kann. Es gibt die Möglichkeit der Resignation. Das ›Ich‹ der Erzählerin ist männlich. Sie spiegelt vor, daß die Geschichte, die sie unter ihrem Verfassernamen erzählt, von einem Mann erlebt wurde. Es gibt den Kampf. Die Droste-Hülshoff hat ihn gekämpft. In einem autobiographischen Gedicht läßt sie sich mit ›Herr‹ anreden. Sie hat ihr

Leben aufgebraucht, ehe es ihr gelang, ihr weibliches Ich im Gedicht zu verwirklichen. In der Prosa allerdings blieb sie auf der männlichen Seite, wie ihr lobend bestätigt wurde.«

Christa Reinig fügt hinzu: »Ich glaube, daß die Durststrecke der weiblichen Ichlosigkeit hinter uns liegt... Die Frau spricht gar nicht mehr ausschließlich in eigener Sache. Sie steht als Teil des Kosmos gegen den kosmoszerstörenden Mann. Die Männlichkeit wird erfahren als das absolut andere. Der Verschmelzungsakt, den die Spielregeln vorschreiben, findet nicht statt... Der Mann war der Schwängerer und der Geschwängerte. In seinem Bauch fanden wir uns alle wieder. Nun, nachdem viele Häute heruntergerissen sind, steht die autonome Frau dem großen Gatten gegenüber. Er schrumpft zusammen. Er wird so klein, daß er nicht mehr das Spiegelbild verstellen kann. Das Spiegelbild ist eine Frau, eine andere Frau. Die Frau, die im Geschlechtsakt nicht aufgezehrt wird, entdeckt andere Frauen. Im Schatten des Mannes glaubt jede Frau, sie sei mit ihren Fragen allein. Sie tritt aus dem Schatten und erfährt: Wir haben alle dieselben Fragen. Manchmal wissen wir auch schon eine Antwort.«

Dies ist die Konstellation, in der die autobiographischen Aufzeichnungen der aus Bern stammenden 28jährigen Krankengymnastin Verena Stefan 1975 unter dem Titel »Häutungen« entstanden sind. »Samuel verbrachte die Nacht mit mir und setzte am Morgen darauf mit einem sensibilisierten Marx-Kenner, der zum Frühstück kam, seine Gespräche fort«, heißt es da. »Ich trottete überall mit ihm hin, um in seiner Nähe zu sein, zu allen Treffpunkten und Kneipen des linken Gettos... Mit mir schlief er. Sprechen, denken, diskutieren, erforschen – das geschah mit anderen.« Verena Stefans Folgerung: »Koitus ist kein Ersatz mehr für Verständigung.« Ihr erster Schritt: Weg von der traumatischen Erfahrung mit der Heterosexualität.

»Beim Schreiben dieses Buches«, heißt es, »bin ich Wort um Wort und Begriff um Begriff an der vorhandenen Sprache angeeckt... Als ich über Empfindungen, Erlebnisse, Erotik unter Frauen schreiben wollte, wurde ich vollends sprachlos... Die Sprache versagt, sobald ich über neue Erfahrungen berichten will... Ich zerstöre vertraute Zusammenhänge. Ich stelle Begriffe, mit denen nichts mehr geklärt werden kann, in Frage oder sortiere sie aus. – Beziehung, Beziehungsschwierigkeiten, Mechanismen, Sozialisation, Orgasmus, Lust, Leidenschaft – bedeutungslos. Sie müssen durch neue Beschreibung ersetzt werden, wenn ein neues Denken eingeleitet werden soll.«

Verena Stefans zweiter Schritt in ihrem Buch: Hin zur Homosexualität, die gleichgeschlechtliche Kommunikation als die Lösung aller Probleme, der Austritt aus der gemeinsamen Geschichte der Geschlechter, Regression in die Natur zwischen Körperkult, Blumenpflücken und Menstruation. Da verunglückt das neue Denken bei

Erwägungen: »Nur ein Mann konnte diese erotische Frauenblume aus der Art der Lippenblütler Löwenmäulchen nennen. Wir nennen sie jetzt einfach Schamlippler...« Die lesbische Alternative weiblichen Lebens, die Verena Stefan anbietet, löst in ihrer Unhaltbarkeit Qualitätsverlust im Dargestellten aus. Es ist die Problematik feministischer Eingrenzung.

Die Österreicherin Ingeborg Bachmann, Vorbild für Autorinnen so unterschiedlicher Art wie Sarah Kirsch, Karin Struck, Gertrud Leutenegger und Katja Behrens, schrieb noch unbeeinträchtigt von der feministischen Diskussion. Bei der 47jährigen Bachmann, die 1973 in Rom an Brandverletzungen starb, heißt es: »Wenn wir die Suchlampen auslöschen und jede Beleuchtung abschalten, gibt die Literatur, im Dunkel und in Ruhe gelassen, wieder ihr eigenes Licht, und ihre wahren Erzeugnisse haben die Emanation, aktuell und erregend. Es sind Erzeugnisse, schimmernd und mit toten Stellen, Stücke realisierter Hoffnung auf die ganze Sprache... Was wir das Vollendete in der Kunst nennen, bringt nur von neuem das Unvollendete in Gang.«

Vollendetes im Unvollendeten ist beispielsweise das Gedicht »Probe« von Sarah Kirsch: »So, sagte der Alte mit den geflochtenen Augenbrauen / Wer von euch beiden als erste trockene Hände hat / Soll ihn bekommen! Und tauchte unsere Hände alsbald / In den glasklaren Fluß ein, zu gleicher Zeit. Sie hielt / Die ihren gespreizt in die

> **Marie**
>
> Du Vollweib!
> Deine Maße sind normal,
> Jedes Kind kann durch dein Becken.
> Breithingelagert
> Empfähest du bis in die Stirn
> Und gehst. —
>
> Gottfried Benn

Im Jahre 1919 gab der Verleger Alfred Richard Meyer diese 22 Seiten umfassende Anthologie heraus, die Gedichte der damaligen literarischen Prominenz an und über Frauen enthält, so auch den Vers von Gottfried Benn

Sonne und waren kleiner als meine: Ich schrie: Ich will ihn nicht! Ich schrie und schleuderte / Die Hände von unten nach oben, daß die Gelenke knackten / Die Tropfen flohen und heiß waren die Finger. Er bog sich vor Lachen.«

Gefangenschaft, die sich nicht per Dekret abschütteln läßt, auch nicht durch feministische Ideologien. Ihr Männerverdikt, logisch im Kampf um Selbständigkeit, um Unabhängigkeit, zeigt in der lesbischen Alternative, sofern sie nicht auf Disposition beruht, den Mangel an Stärke, der angestrebten Freiheit standzuhalten. Die zunehmende Anlehnung von Frauen an Frauen ist in der Regel nichts anderes als Resignation vor der Einsamkeit, die Eigenständigkeit erst einmal zwangsläufig mit sich bringt. Der Feminismus wird so zum Zufluchtsort weiblicher Identitätssuche, weil er den einzigen siche-

DER NEUE FRAUENLOB

DIE LOBENDEN:

Ernst Angel | Ha Hu Baley | Ludwig Bäumer | Gottfried Benn
Alexander Beßmertny | Rudolf Börsch | Kasimir Edschmid | Albert
Ehrenstein | Hans von Flesch | S. Friedlaender | Franz Graetzer
Johannes von Guenther | Walther Hartmann | Walter Hasenclever
Paul Hatvani | Max Herrmann | Wilhelm G. Hertz | Richard
Huelsenbeck | Oskar Kanehl | Hugo Kersten | Klabund | Kuno
Kohn | Otfried Krzyzanowski | Iwan Lassang | Heinrich Lautensack
Rudolf Leonhard | Hans Leybold | Ernst Wilhelm Lotz | Paul Mayer
Alfred Richard Meyer | Heinrich Nowak | Arthur Rutra | René
Schickele | Hans Schiebelhuth | Gustav Specht | Frank Wedekind
Konrad Weichberger | Alfred Wolfenstein | August Herman Zeiz

DIE GELOBTEN:

Alia | Frau Caillaux | Helene Dombrowski | Dorothea Dotor
Euphemia | Leni Gebek | Gertrud van Grään | Eleanor von
Guenther | Charlotte Hartmann | Hilde Herterich | Edith Hilge
Angelique Holopainen | Jacometti | Irgendeine Jeanne | Mary
Irber | Joy Kamasutram | Resi Langer | Else Lasker-Schüler
Frida Lehmann | Minna Leifheit | Henny Lotz | Adelheid Matutscholi | Agnes Miegel | Liane Monsalvat | Asta Nielsen | Pella
Pott | Hedwig Reicher | Teste von S. | Lannatsch | Frau Maria St.
Karin Ullrichsen | Martha Vogeler | Hedwig Warmbier

BEI A. R. MEYER, BERLIN-WILMERSDORF

ren Guppenzusammenhang verheißt.
Davon unbeeindruckt schreibt die 37jährige Katja Behrens, deren Erstlingsband »Die weiße Frau« 1978 erschien, in einer Erzählung: Da berief »im Jahre achtundsiebzig« einer, der die Macht hat, »einen, der hieß Jonas, und sagte zu dem: zu lange habe ich schon mitangesehen, wie das Wort Sehnsucht mein Volk verdirbt, eigensinnig seine Türme baut, mitten in meine Landschaft... Geh du hin und sage allen, daß Sehnsucht ein Übel ist und ein Laster, und daß sie die Türme der Sehnsucht einreißen sollen. Sie sollen sie dem Erdboden gleichmachen, daß man nicht mehr weiß, wo sie standen... Dem Wort Sehnsucht aber sollen sie ein Gefängnis bauen, darin ich es aushungern will.«
Ein Beispiel weiblicher Dichtung als Antwort auf politische Realität. Die ins Biblische hineingenommene Geschichte des Extremistenerlasses, demonstriert an dem Wort Sehnsucht. »Es ist zwölf geworden«, heißt es in einem Gedicht der 57jährigen Ilse Aichinger, »zwölf mit dem Bild des Bildes an der Wand, / mit den vereisten Sprüngen. / Es wird noch mehr werden als zwölf, / wenn es auch mehr als zwölf / so nicht mehr werden kann. / Es wird dann eins.« Die Welt gebunden an das Menetekel der alten HERRschaftsgeschichte.
»Begreifen, daß wir ein Entwurf sind«, schreibt Christa Wolf in ihrem Buch »Kein Ort. Nirgends«, »vielleicht, um verworfen zu werden, darauf haben wir keinen Einfluß... gezeichnet, zeichnend. Auf ein Werk verwiesen, das offen bleibt, offen wie eine Wunde.« Sie fügt hinzu: »Menschen, die sich nicht über sich selbst betrügen, werden aus der Gärung einer jeden Zeit Neues herausreißen, indem sie es aussprechen. Mir ist, als ginge die Welt nicht weiter, wenn das nicht getan wird.« Denn: Zerstörbar sei in uns nur, »was zerstört sein will, verführbar nur, was der Verführung entgegenkommt, und frei nur, was zur Freiheit fähig ist.« Christa Wolf meint: »Auch eine eingeschränkte Existenz läßt sich dehnen bis zu ihren Rändern, die vorher nicht sichtbar sind. Nur das, wofür wir keine Sinne haben, ist uns verloren.«
Die Situation des Mannes heute beschreibt die DDR-Autorin so: »Der Mann hält sich an Hilfskonstruktionen, darauf gefaßt, daß sie zusammenbrechen. Daß er weder das eine noch das andere erreichen, also scheitern wird. Daß er folgenlos bleibt, eine Randfigur. Eines Tages, wenn seine inständigen Versuche, in den Ordnungen, die es gibt, einen Halt zu finden, sinnlos geworden sind; wenn er fremd unter den Menschen umhergehen wird, unerkannt, krank von den Demütigungen, die ihm zweifellos bevorstehen, ohne Widerhall im Wichtigsten: dann erst wird er sich das Recht auf seine Leiden nehmen und zugleich das Recht, sie zu beenden. Das unvergleichliche Gefühl, wenn alle Stricke reißen.«
Die Schweizerin Gertrud Leutenegger ruft in ihrem Erstlingsroman »Vorabend« ihrem Freund Ce zu: »Der Wahnsinn ist nicht verlokkend, Ce. Komm, wir legen die al-

ten Fotos weg... Der Selbstmord, das war auch die Aura der Bourgeoisie. Lach doch, Ce... Du gehörst doch nicht zu jenen, die vor den überkommenen Bildern kranker Genialitäten bedauern, daß es keine Schwindsucht mehr gibt. Und daß sie nicht mehr Blut spucken können, und daß die Flüsse zu trübe geworden sind, um darin noch einen rührenden Tod zu finden, weil sie noch nie nach dem Leben geschrien haben... Die Selbstmorde, Ce. Wir müssen von ihnen fortgehen. Wir sind doch nicht diese Neunzehntesjahrhundertsüchtigen.«

Also weg von der noch heute gültigen Ideologie vom selbsttätigen Schöpfergeist, der geschürt wurde durch den Geniekult des 18. Jahrhunderts, durch Künstlerreligion und l'art pour l'art des 19., wachgehalten durch die Künstler-Bürger-Antinomie des 20. Jahrhunderts. Eine Ideologie von der schöpferischen Potenz, die das Geniale verzehrend lodern sah, alles zerstörend, was an dumpfer Materie, an Pflicht und Alltag das begnadete Geschöpf in Fesseln schlagen will. »Wenn Künstlertum so ist«, schreibt die Paderborner Literaturwissenschaftlerin Gertrud Höhler, »dann, fürwahr, müßte es alle Kontakte der Familienfrau durchbrennen und sie in den Wolken ihrer Begabung dem allgemeinen Alltag entrücken.«

Anna Seghers kommt in Ablehnung jener Inspirationstheorie, die in der abendländischen Kultur die schizoide Spaltung zwischen Geist und Sinnen, künstlerischem Subjekt und Realität hervorgerufen hat, die auch zu den Verfallserscheinungen in der männlichen Literaturproduktion führte, zu folgender Definition künstlerischer Arbeit: »Bevor man noch auf die Methode kommt, bevor noch die Rede ist von der Überwindung der Unmittelbarkeit, muß man sich mit dem ersten Vorgang beschäftigen, dem unmittelbaren. Und damit ich auch hier nicht mißverstanden werde: Selbstverständlich meine ich nicht, daß hier ein »Zufliegen« betont werden soll, eine Art magische Inspiration, sondern daß es darauf ankommt, was in der Wirklichkeit auf wen Eindruck macht.«

Wer unter Realität leidet, kennt sie genauer als der, der auch unter ihr leidet, aber sie doch zugleich entfremdet beherrscht. Die den Frauen lange Zeit aufgedrängte Rolle schlichter Passivität wird inzwischen in der »weiblichen« Literatur deutscher Sprache umgesetzt in ein komplexes Aufnehmen, Aushalten und Durchhalten der Widersprüche des menschlichen Lebenszusammenhangs. Diese Art der Rezeptivität macht neue Energien frei und trägt zu ebenso neuen Voraussetzungen der Veränderung in Analyse, Subversion und kreativem Protest bei. Die Identifikation der Wahrheit mit der männlichen Optik ist von Frauen mit Erfolg in Zweifel gezogen worden. Die Bücher von Frauen haben die männlichen Normen der Beschreibungsperspektive abgeschüttelt und der Sprache Neuland eröffnet.

Die männliche Leistungs- und Konkurrenzwelt mit ihrem Zwang zum wirtschaftlichen Wachstum hat zu einer Situation geführt, in

Der Aufbruch 31

der ein Viertel der Weltbevölkerung fast drei Viertel aller Rohstoffe und Energieträger verbraucht und verschwendet, während drei Viertel der Erdbevölkerung in äußerster Armut leben. Die Hungrigen sind hungrig geblieben, und die Satten werden immer hungriger. Leere greift den Hungrigen nach dem Leben und den Satten nach der Seele. Das Absterben der Seele bei lebendigem Leibe aber ist eine ewige Erfahrung von Frauen in der Geschichte der Männer gewesen.

Christa Wolf schreibt: »Das dem herrschenden Selbstverständnis Unbewußte, das Unausgesprochene, Unaussprechliche findet sich immer bei den Unterprivilegierten, den Randfiguren, den für unmündig Erklärten und Ausgestoßenen, da, wo Elend und Entwürdigung ein Subjekt, das sprechen könnte, gar nicht aufkommen lassen: bei jenen, die die niedersten und stumpfsinnigsten Arbeiten machen... und eben, lange Zeit: bei den Frauen, die beinahe sprachlos blieben.«

Die Literaturwissenschaftlerin Silvia Bovenschen sagt: »Die Geheimgeschichte der Frauen, die uns primär entgegentritt als die Geschichte des Leidens und der Unterwerfung – hier gibt es Kontinuität! –, ist die uns abgewandte Seite der Kulturgeschichte – besser: der idealisierenden Berichterstattung von ihr. Sie zu beleuchten heißt aber zunächst nur, den Tatbestand zu evozieren, daß die Frauen ihre Seelen, ihre Körper und durchaus auch ihre Köpfe hingehalten haben, damit die Männer zu ihren kulturellen Höhenflügen und zu den Niederungen ihrer Barbareien starten konnten. Zu schemenhaft voneinander getrennt, geistern die Künstlerinnen durch die Geschichte, ihr Tun blieb nach ihnen meistens folgenlos, ihr Schaffen wurde bis auf weniges aufgesogen in den männlichen Traditionen, als daß sich eine ganz selbständige gegenläufige Tradition nachträglich konstruieren ließe. Nur an Märtyrerinnen haben wir keinen Mangel.«

Die Wege der Selbsterfahrung, die schreibende Frauen im deutschsprachigen Bereich machen, sind so vielfältig, daß sie die Einseitigkeit einer die Emanzipation mißverstehenden amerikanischen Damengarde hinter sich lassen, der häufig nichts anderes einfällt, als ihre Wünsche am Schwanz zu packen. Die zeitgenössische amerikanische Szene beleuchtete Lilian Hellman 1977 in einem Aufsatz »Women in erotic literature« und befand: »Was es zur Zeit an von Frauen geschriebener Pornographie gibt, ist unter jedem Niveau. Männliche Porno-Sachen sind selten in der Weise widerlich.« Was an weiblicher Literatur zur Zeit in deutscher Sprache entsteht, ist auf neue Weise so wichtig wie das Wirken der Engländerin Virginia Woolf (1882–1941), die neben dem Franzosen Marcel Proust und dem Iren James Joyce Begründerin des modernen psychologischen, ort- und zeitaufhebenden Romans wurde.

Die Österreicherin Barbara Frischmuth sagt: »Was hat man uns in den letzten Jahren nicht alles, und sogar mit Erfolg, eingeredet.

Die Engländerin Virginia Woolf ist für viele heutige Schriftstellerinnen zum literarischen Dreh- und Angelpunkt geworden

Da war einmal, und wie es scheint vor allem, die sexuelle Befreiung der Frau, nicht die Befreiung der Sexualität der Frau. Zuerst durfte sie Bein und dann Po zeigen, Größe und Form des Busens hatte sie allerdings nach saisonbedingten Vorgaben der Bekleidungsindustrie auszurichten. Ihren Körper für Geld zur Verfügung zu stellen, war schon davor und lange vorher ein Privileg der Frau, aber keine Puffmutter und kein Zuhälter hat auch nur gerochen an dem großen Geschäft, das die Werbung mit der Königsidee vom weiblichen Fleisch gemacht hat und noch immer macht. Und wenn der Körper der Frau in der guten alten Zeit der Hurerei zumindest in irgendeiner Form dem Vergnügen diente, selbst wenn nicht alle es hatten, so dient dieser selbe Körper in tausendfacher Auflage, bis aufs Schamhärchen deutlich, einer ganz anderen Sache. Und wenn dabei Lust stimuliert werden soll, dann die, etwas anderes als das Dargestellte zu kaufen. Es fängt an, mich nervös zu machen, wenn Männer, die etwas zu reden haben, allzuoft das Wort Emanzipation oder gar Emanzipationshilfe im Munde führen. Da sie fast immer auch selbst Partei sind, schiene es mir richtiger, sie würden von einer Abgabe der Verantwortung für die Zukunft, wie die Kinder euphemistisch genannt werden, sprechen und davon, daß sie die Frauen ein für allemal als den belastbareren Teil der Menschheit erkannt haben.«

Frauen definieren sich nicht mehr in der üblichen Zuordnung zum Mann – als Anhängsel etwa, als Aggressions- oder Hormonventil, als Lustobjekt oder als Luxusgegenstand, als Quasimenschen –, sondern schaffen sich Raum für Unabhängigkeit. In der Schwierigkeit solcher Versuche fühlen sich die deutschsprachigen Autorinnen der Gegenwart verbunden mit denen, die die ersten Schritte hin zu einer weiblichen Literatur bitter bezahlt haben: Zu den Amerikanerinnen Zelda Fitzgerald (»Darf ich um den Walzer bitten«) und Sylvia Plath (»Die Glasglocke«), Schriftstellerinnen, die in einer männlichen Umwelt zu Psychopathinnen gestempelt wurden. Zeldas Mann, der berühmte Scott Fitzgerald, empfand seine Frau als unerträgliche Konkurrentin und steckte sie in Nervenheilanstalten. Sylvia Plath, Mutter von zwei Kindern, scheiterte mit ihren künstlerischen Ambitionen in der Ehe und trennte sich von ihrem Mann, ohne allein leben zu können. Die 47jährige Zelda Fitzgerald kam 1947 in einer Heilanstalt bei einem Feuer ums Leben. Sylvia Plath wurde nur 30, sie brachte sich 1963 mit Gas um. Frauenschicksale, die dem Ende der großen Virginia Woolf ähneln, die 1941, von inneren Stimmen verfolgt, einen großen Stein in die Manteltaschen steckte und sich in einem Teich ertränkte.

Virginia Woolf hinterließ die Vision: »Frauen beginnen, ihr eigenes Geschlecht zu erforschen, Frauen zu beschreiben, wie Frauen noch nie zuvor beschrieben worden sind.« Gerettet werden soll die Intimität der unvermittelten Gefühlsbeziehung, jene gesteigerte Nähe des Zusammenlebens, die dem Wort Erlösung wieder einen kreatürlichen Sinn geben soll. Nicht als eine Flucht vor und aus der Welt, sondern als dessen Rückeroberung. Rückeroberung einer Welt, in der die Pubertät nicht als Trennungsstrich zwischen Kind- und Erwachsensein gesehen wird. Aufhebung der Zerstückelung des Menschen also.

Rahel Varnhagen
Bettina von Arnim
Annette von Droste-Hülshoff
Karoline von Günderrode
(v. o. links)

Autorinnen des 19. Jahrhunderts: in der Literaturgeschichte nur am Rande vermerkt

Einer der wenigen »männlichen« Schriftsteller, die den Wert einer »weiblichen« Literatur erkannt haben, war der französische Surrealist André Breton, der in den zwanziger Jahren schrieb: »In allem gilt es, den unbedingten Vorrang dessen zu festigen, was dem weiblichen System der Welt im Gegen-

Der Aufbruch 35

satz zu dem männlichen angehört; es gilt, den weiblichen Kräften zu vertrauen, und keinen anderen.«

Was Breton mit diesem Apodiktum meinte, war seine Erkenntnis: Liebe heißt für den Mann zuerst einmal, geliebt zu werden, das heißt eine Situation, die emotionale Sicherheit gibt, die allen und ihm selber beweist, daß er »verführerisch« und »liebenswert« ist. Die ewige Suche des Mannes nach dieser großen Liebe rechtfertigt auch den ewigen Wechsel der Beziehungen. Der Unterschied in der männlichen und weiblichen Liebe liegt jedoch nicht so sehr im Glauben an den Mythos der großen Liebe als vielmehr in der Bedeutung, die die Liebe gegenüber Beruf und öffentlichem Leben einnimmt. Für Männer wird eine Liebesbeziehung fast nie zum Lebensinhalt. Es gibt wenige Männer, die Karriere und Erfolg wegen einer Frau aufs Spiel setzen – das geschieht höchstens einmal kurzfristig. Diese Männer wären dann auch wirklich weiblich in ihrem Liebesverständnis.

»Alles, sage ich, ist nur Vorarbeit für eine künftige Arbeit«, schreibt die Österreicherin Friederike Mayröcker in einem ihrer Prosabücher, »alles, sage ich, sind nur Vorstufen für eine gegenwärtige Liebe.« Sie sehnt sich danach, daß sich »die geliebte Person, die umworbene, und sei es auch nur ein einziges Mal, und für Sekunden, sich als Werbende zu erkennen gibt: alles Verzehrende verschwindet, wir fühlen freies, frei strömendes Glück.«

Frauen auf der Suche, Frauen auf dem Weg zu sich selbst, auf der

Sylvia Plath und ihr autobiographisches Buch: Im Alter von dreißig Jahren nahm sich die Amerikanerin, Mutter von zwei Kindern, das Leben

tabuisierten Entdeckungsreise zum eigenen Körper und zu eigener Seele haben Berge chauvinistischen Männermülls abgetragen, haben für saubere Luft gesorgt im maskulinen Park von Olympia, Lulu, Nana, Salome und Judith. Die vorläufige Bilanz der weiblichen Literatur deutscher Sprache ist eine Bilanz übermäßigen Leides, denn Schriftstellerinnen lebten und leben in einer nach wie vor patriarchalisch geordneten Welt. Auch die kulturellen Vorgaben und Muster sind männlich. Die üble Verstrickung ist erst in den sechziger Jahren durchstoßen worden.

Die mutigen ersten Schritte einer Rahel Varnhagen, Bettina von Arnim und Karoline von Günderrode Anfang des vergangenen Jahrhunderts zeigen, wie zäh der Prozeß zu weiblicher Unabhängigkeit in der Literatur war. Am Anfang die Frage der Rahel Varnhagen (1772 bis 1832): »Kann ein Frauenzimmer dafür, wenn es auch ein Mensch ist?« Das Problem weiblicher Traditionslosigkeit hat die Schriftstellerin Hannah Arendt am Beispiel der Rahel Varnhagen herausgestellt, die an der Wende vom 18. zum 19. Jahrhundert zwar einen Salon gründen und führen konnte, der für einige Jahre das geistige Zentrum der Berliner Romantik war, die aber trotz dieser Anerkennung fremd und heimatlos in der Welt der Männer blieb.

Hannah Arendt: »Die Vernunft kann von den Vorurteilen der Vergangenheit befreien, und sie kann die Zukunft der Menschen leiten. Nur leider genügt das offensichtlich nicht: Sie kann nur individuell befreien, und nur die Zukunft von Robinsonen liegt in ihrer Hand. Das solchermaßen befreite Individuum stößt doch immer wieder auf eine Welt, eine Gesellschaft, deren Vergangenheit in Gestalt von ›Vorurteilen‹ Macht hat, in der ihm bewiesen wird, daß gewesene Wirklichkeit auch Wirklichkeit ist.«

Die zweite Frau, die nach Rahel Varnhagen über den Status quo der Feminität hinausging, war Bettina von Arnim (1785–1859), die Schwester Clemens Brentanos. »O, welche schwere Verdammnis, die angeschaffenen Flügel nicht bewegen zu können«, schrieb sie an ihren Bruder. »Häuser bauen sie, wo kein Gastfreund drin Platz hat! – O Sklavenzeit, in der ich geboren bin! – Werden die Nachkommen nicht einst mitleidig mich belächeln, daß ich mir's mußte gefallen lassen, wenn wir vielleicht als Geister einstens sklavische Natur uns vorwerfen! – Wie! Ihr habt den Geist eingesperrt und einen Knebel ihm in den Mund gesteckt, und den großen Eigenschaften der Seele habt ihr die Hände auf den Rücken gebunden.«

Bettina von Arnim hat auf doppelte Weise emanzipatorisch gewirkt: durch ihren unabhängigen Lebensstil und ihr Eingreifen in die Politik. Die Mutter von sechs Kindern verließ das eheliche Gut Wiepersdorf und ging mit ihren Kindern nach Berlin. Ihr Interesse an den politischen Fragen der Zeit beschränkte sich nicht auf das Salongespräch. Als Friedrich Wilhelm IV. immer wieder die Einberufung der Ständeversammlung hinauszögerte und die erwartete Verfassung weiterhin ausblieb, wandte sie sich mit Mahnbriefen an den König, sich an die schon in den Befreiungskriegen von seinem Vater versprochene Konstitution zu erinnern. Aus derselben Überzeugung heraus entstand 1843 ihr Werk: »Dies Buch gehört DEM KÖNIG«. Darin heißt es: »Es ist nicht Dein Beruf, dies Erdenleben gegen ein künftiges geringer zu achten. Du mußt den Trieb haben, diese Welt zum Himmel umzuschaffen. Das Volk, nur fordernd, was dem Gewähren selbst zugute kommt: den Gebrauch seiner fünf Sinne.« Und die Beamtenaristokratie meinend, schreibt sie: »Was Deine volkstümlichen Automaten in ihren Kammern beschnarchen mit prahlerischem Getön von Schutz und Ordnung und feuriger Teutschheit: Wie kannst Du nur darauf Dir Hoffnungen machen... Die Freiheit würgen, weil die Frechheit Dir zu nahe tritt, das kann Dich nicht unsterblich machen.«

Die Bettina-Forscherin Gisela Dischner kommt zu dem Schluß: »Bettinas Kritik geht über die kritische Analyse des preußischen Nationalcharakters auf die Zersplitterung der Persönlichkeit durch die entwürdigenden frühkapitalistischen Produktionsverhältnisse ein, die in der untersten Klasse (des Landproletariats, der Weber, der Manufakturarbeiter etc.) nicht einmal das nackte physische Überleben garantieren. In der höheren Klasse der ghettoisierenden Intelligenz in der Kleinöffentlichkeit der Salons wird diese Zersplitterung der Person, für die das Wort Entfremdung zum Schlagwort wurde, unter philosophischem und politästhetischem Aspekt diskutiert und ihr in der Frühromantik die Synthese von Kunst und Leben utopisch entgegengesetzt. Das Verwunderliche ist, wie auf der Basis deutscher Rückständigkeit am Ende des 18. Jahrhunderts mit einer in Europa einmaligen Radikalität gedacht wurde. Bettina zehrt ganz deutlich von der Radikalität dieses deutsch-idealistischen und frühromantischen Denkens.«

Und im Unterschied zu den meisten Romantikern, die nach einer revolutionären Frühphase im Alter reaktionär und katholisch wurden, wie Friedrich Schlegel und Clemens Brentano, radikalisierte sich Bettina politisch immer mehr. Als 1831 in Berlin die Cholera ausbrach und die Reichen fluchtartig Berlin verließen, ging sie in die Berliner Armenviertel und sorgte für Arznei, ärztliche Hilfe und Kleider. Als im selben Jahr die polnische Erhebung niedergeschlagen und dem Land die Selbstverwaltung verweigert wurde, engagierte sie sich für die Sache der Polen. Bettina wandte sich 1844 in einem Aufruf in den Zeitungen an die Hungerleidenden und bat um Material für ihr geplantes Armenbuch. Sie konnte es nicht veröffentlichen, ohne Gefahr zu laufen, als Verschwörerin verurteilt zu werden. 1847 wurde sie wegen Beleidigung der Staatsgewalt zu zwei Monaten Gefängnis verurteilt, weil sie sich für das Proletariat eingesetzt und von der Korruption der Machthabenden gesprochen hatte.

Ein Jahrhundert nach dem Tode Bettinas wird die Lyrikerin Sarah Kirsch schreiben: »Diesen Abend, Bettina, es ist / Alles beim alten. Immer / Sind wir allein, wenn wir den Königen schreiben / Denen des Herzens und jenen / Des Staats. Und noch / Erschrickt unser Herz / Wenn auf der anderen Seite des Hauses / Ein Wagen zu hören ist.«

Die Dichterin Karoline von Günderrode, Freundin Bettinas, schreibt über ihre Zerrissenheit in der Zeit: »Deswegen kommt es mir aber vor, als sähe ich mich im Sarg, und meine beiden Ichs starren sich ganz verwundert an.« Und: »Barbar! Freue dich nicht deines Sieges. Du hast einen Bürgerkrieg geführt, die Überwundenen waren Kinder deiner eigenen Natur. Du hast dich selbst getötet in deinen Siegen. Du bist gefallen in deinen Schlachten. Der Friede, mit solchen Opfern erkauft, war mir zu teuer. Und ich konnte den Gedanken nicht mehr ertragen, mich teilweise zu vernichten, um mich teilweise desto besser erhalten zu können.« Karoline von Günderrode begeht als 26jährige 1806 in Winkel am Rhein Selbstmord: »Das Leben ist uns doch aus der Hand genommen; es wird für uns gelebt, ein Teil von uns lebt es stellvertretend für den größeren anderen mit, der im Halbschlaf gehalten wird und sich in den kurzen Augenblicken, da er hellwach wird, in Sehnsucht verzehrt.«

Christa Wolf, die eine Erzählung über die Günderrode geschrieben hat und einen Essay, stellt darin fest: »Frauen, die es fertigbringen, ihre eigene Lage zu reflektieren – ein Vorrecht, das wie jedes Privileg seinen Preis hat, der heißt: Aufgabe von Geborgenheit, von Sicherheit, Verzicht auf das frühere Selbstverständnis der abhängigen Frau, ohne Gewißheit, eine neue Identität zu gewinnen. Ursprünglichkeit, Natürlichkeit, Wahrhaftigkeit, Intimität gehören zu ihrem universalen Glücksanspruch; sie lehnen ab, was Hierarchie verlangt: Kälte, Steifheit, Absonderung und Etikette. Beinahe voraussetzungslos, auf Ideen nur, nicht auf soziale, ökonomische, politische Gegebenheiten gestützt, sind sie dazu verurteilt, Außenseiter zu werden, nicht Revolutionäre, wie die Romantiker in anderen europäischen Ländern, die von ihren »romantischen« Dichtern einen anderen, politischen Gebrauch zu machen wissen.«

Christa Wolf spricht von der Notwendigkeit einer anderen Sicht, anderer Wörter: »Das Wort ›Seele‹ müssen wir hervorholen, ein Wort wie ›Sehnsucht‹ wieder in seine Rechte einsetzen, Vorbehalte fallen lassen. ›Schwebereligion‹, schreibt die Bettina an die Günderrode, eine Schwebereligion wollen sie gründen, und ihr oberstes Prinzip soll sein, daß wir keine Bildung gestalten – das heißt, kein angebildetes Wesen, jeder soll neugierig sein auf sich selber und soll sich zutage fördern wie aus der Tiefe ein Stück Erz oder einen Quell, die ganze Bildung soll darauf ausgehen, daß wir den Geist ans Licht hervorlassen.«

Der Kampf um ein menschliches Territorium spiegelt die zeitgenös-

Der Aufbruch

sische weibliche Literatur deutscher Sprache. In diesem Kampf knüpfen sie an die Erfahrungen ihrer Kolleginnen des vergangenen Jahrhunderts immer bewußter und immer stärker an. »Weibliche Kunstproduktion stellt sich, wie ich glaube, einem komplizierten Prozeß von Neu- oder Zurückeroberung, Aneignung und Aufarbeitung sowie Vergessen und Subversion dar«, schreibt Silvia Bovenschen. Der Weg der Frauen in die Literaturgeschichte verlief über das Briefeschreiben, das Tagebuch und den Briefroman bis hin zu den männlich bestimmten Formen der Prosa und Lyrik.

Den ersten Durchbruch schaffte schließlich Annette von Droste-Hülshoff (1797–1848). Furcht vor sich selbst und zugleich Mut, sich dem Unterbewußten zu stellen, mischten Werk und Leben. Weil sie sicher war, in ihren Kreisen einen ihren Ansprüchen genügenden Mann nicht zu finden, verzichtete sie auf eineKonvenienzehe, wie sie von damals sich emanzipierenden Frauen häufig eingegangen wurde. Immer nur zweifelnd an sich selbst, schrieb sie über die Ehe: »Mein ruheloses, törichtes Gemüt hat so viele scharfe Spitzen und dunkle Winkel, das müßte eine wunderlich gestaltete Seele sein, die da so ganz hineinpaßte.« Als Schriftstellerin zeichnete sie sich immer wieder als lebendig Tote, sah ihr Hirn voll von Wahnsinn und Frevel: »O welch ein Bild verschuldeten Verfalls! / O welch ein klägliches Bild der Niedrigkeit!« Ihr ganzes Tun erschien ihr als »Schutt und Geröll«, »aus Dorn und Höhle«, darin sich ihre »angstgeknickte Seele« aufrichten soll. Ihre Fähigkeit, zu dichten und sich zu diesem Beruf zu bekennen, sah sie als Schuld an, die mit zunehmender Isolierung einherging: »O Leichtsinn, Leichtsinn sondergleichen.« Alles, was sie als Dichterin groß machte, wurde von ihr lange Zeit als Sünde verworfen. Das Grauen der Natur, das sie in ihren Gedichten schildert, stellte eine Formverletzung des idealistischen Naturmythos dar, die Verletzung eines Tabus, neben der Goethes harmonische Gottnatur harmlos wirkt. Ihre Beschreibung dessen, was ist, wird von ihr als Heimsuchung empfunden: »Das ist die Schuld des Mordes an / Der Erde Lieblichkeit und Huld, / An des Getiers dumpfem Bann / es ist die tiefe, schwere Schuld, / Und an dem Grimm, der es beseelt, / Und an der List, die es befleckt, / Und an dem Schmerze, der es quält, / Und an dem Moder, der es deckt.«

Das »Ich« der Dichterin muß sich männlich geben, um Anerkennung zu finden, die sich 1844 mit einer Lyrikausgabe einstellte. Noch Ricarda Huch (1864–1947), die zu den ersten studierenden Frauen gehörte, promovierte 1892 – nicht in Deutschland, dort standen die Universitäten Frauen noch nicht offen –, diese Ricarda Huch, die im dritten Reich die Zivilcourage besaß, sich mit den »weggesäuberten« jüdischen und sozialistischen Autoren zu solidarisieren, erzählte Geschichte aus der Perspektive des Mannes. Zwischen ihr und der Droste-Hülshoff lag die erste Rebellion von Schriftstellerinnen deutscher Sprache. Der um die

Jahrhundertwende beginnende Ausbruch vieler Künstler in die Bohème, wie bei Erich Mühsam, Peter Hille, Jakob Haringer, Johannes R. Becher, Hugo Ball, Oskar Maria Graf, Klabund, Franz Jung und Viktor Hadwiger begünstigte die Befreiungsversuche einer Margarete Beutler, Franziska Gräfin Reventlow, Else Lasker-Schüler, Maria Luise Weissmann, Emmy Hennings und Rahel Sanzara. Als Musen der Bohémiens verfielen sie der gesellschaftlichen Ächtung einer bürgerlichen Welt, gewannen aber erstmals einen ungeahnten Freiheitsraum.

In der emphatischen Schilderung Margarete Beutlers klingt heute noch nach, was da passierte: »Geboren bin ich am 13. Januar 1876 zu Gollnow in Pommern. Eine Liebe zu meinen Blutsverwandten habe ich nie gefühlt, deshalb ist es unnötig, sie zu nennen. Erzogen bin ich durch die treueste aller Kinderfrauen: die Sonne. Was in mir reifte, reifte durch sie. Eines Tages lockte sie mich aus dem Elternhaus, das weder düster noch fröhlich war. Ich ging, ohne umzuschauen. Es war so bequem, die Sonne wies mir den Weg. In den böhmischen Wäldern ließ ich meinen Mädchenleib durchsonnen, bis er reif zur Liebe ward. Die Liebe stellte mich auf einen Hügel und ließ mich Umschau halten. Meine Augen wurden scharf, ich erkannte in trostlosen Dunkelheiten tausend und abertausend gequälte, verhetzte Wesen, die nicht wie ich den Trieb zur Sonne hatten. In dieser Zeit schrieb ich die »Bilder aus dem Norden Berlins«. In dieser Zeit ward mein Knabe empfangen in reiner, freier Liebe, denn ich bin meiner ganzen Veranlagung nach nicht für die Dauerehe geschaffen. Mein Knabe liebt die Sonne wie ich, und ich glaube, sie liebt ihn auch und wird ihn einst leiten wie mich.«

Margarete Beutler war die Tochter eines ehemaligen Hauptmanns, der in Gollnow Bürgermeister wurde. Sie ging nach Berlin und machte dort ihr Lehrerinnenexamen. 1902 erschien ihr erster, von Erich Mühsam gelobter Gedichtband. In Berlin gehörte zu ihren Freunden Christian Morgenstern. In München arbeitete sie vor dem Ersten Weltkrieg als Redakteurin an der Zeitschrift »Jugend« und gab zwei weitere Gedichtbände heraus. Vergessen und unbeachtet starb sie 1949. Ihr soziales Empfinden wird deutlich an dem Gedicht »Am Wege«, das 1903 erschien: »Ein Dampferpfiff und ein Entenschrei / Und ein Hornstoß aus naher Kaserne. – / Am Nebel wuchtet das Leben vorbei, / Laternen flimmern wie Sterne. / Im Dunkel haben sich zweie lieb. / Die ohne Heimstätte. – / Er ist der pfiffigste Taschendieb, / Sie wird die freche Grisette. / Das ist das alte Babellied / von den vom Lichte Verschmähten: / Zu wenig geküßt und zuviel geglüht, / Und am Wege verdorben, zertreten.«

Margarete Beutler trat auch im berühmten Kabarett »Elf Scharfrichter« in München auf, wo sich auch die aus Schleswig-Holstein stammende Gräfin Reventlow einfand, ebenfalls Mutter eines Sohnes, dessen Vater sie aus der Beziehung

Franziska Reventlow mit ihrem Sohn Rolf 1905 am Schreibpult. Else Lasker-Schüler und ihr Sohn Paul 1911: Zwei Frauen, die ein Kind bekamen und den Namen des Vaters nicht preisgaben

ausschaltete und dessen Namen sie auch nie preisgab. Der Sohn blieb Franziska Reventlows einzige, weil selbstgeschaffene dauerhafte Bindung. Er war der Inbegriff ihrer eigenen radikalen Emanzipation. Die 1871 in Husum als Landratstochter geborene Gräfin war dem Elternhaus entlaufen, um in Münchens Schwabing Malerei zu studieren. Das kam im Licht bürgerlicher Weltanschauung dem Entschluß zur Prostitution gleich. Vom Elternhaus verstoßen, in bürgerlichen Kreisen Münchens wegen ihrer zahlreichen Liebesbeziehungen als »Skandalgräfin« verschrien, schuf sie vier Romane, »Von Paul zu Pedro«, »Der Geldkomplex«, »Herrn Dames Aufzeichnungen« und »Der Selbstmordverein«, eine subtile Dekadenzstudie. Szenerie ihres literarischen Werkes war weitgehend München. Und München verdankt der Gräfin den unsterblichen Satz: »Schwabing ist kein Ort, sondern ein Zustand.«

Die als vergnügungssüchtig geltende Gräfin war in Wahrheit eine immens fleißige Frau, die alles tat, um sich und ihr Kind zu ernähren, um sich als Außenseiterin zu behaupten. In einem einzigen Jahr – 1898 – übersetzte sie allein für den Verlag Albert Langen acht Bücher mit fast zweitausend Seiten. Allein konnte Franziska Reventlow nicht sein. Aber das Zusammenleben, den Zwang zum Kommunizieren, lehnte sie ab. Liebe schenkte sie grenzenlos. Aber sie war nicht bereit, dabei ihre Freiheit aufzugeben.

Doch bei aller Unbedenklichkeit, mit der sie Amouren genoß, wußte

Der Aufbruch 43

sie genau, daß Liebe nicht schmerzfrei zu haben ist: »Ich bildete mir immer ein, mein Leben müsse etwas Fabelhaftes, Großes, Reiches werden, aber es geht mir alles wieder in Trümmer... immer das Gefühl, eigentlich gehöre ich allen. Und dann wieder der haltlose Jammer, daß ich gerade dadurch den einen verliere, der mich liebt.« Über den Philosophen Ludwig Klages schreibt sie: »Du bist der einzige Mensch, der fliegen kann. Und ich möchte noch einmal fliegen.« Als Klages ihr ein Heiratsangebot machte, schrieb sie ihm, sie werde »weder ihm noch irgend jemandem gehören«.

Im Abschiedsbrief an Klages heißt es: »Meine Seele ist nur Liebe, nur Liebe, Liebe wollen und Liebe geben... ich lebe nur, weil ich erotisch lebe... ich bin überhaupt kein Mensch, denke ich manchmal, wenigstens in den Stunden des Lebens nicht, da weiß ich nicht mehr, wer ich bin... einem Menschen volle und ganze Liebe geben, das kann ich nicht... man kann mir Geliebter sein auf Augenblicke, die in mir und für mich selbst unberechenbar sind, wie der Wechsel von Sonne und Regen... denn Beständigkeit kenne ich nicht, nur Wollust, Verlangen oder Versagen.« Am Ende ihres Lebens – sie starb 1918 im Alter von 47 Jahren – schrieb sie: »Weh, der Mut war so müde und die Sehnsucht so groß.«

Franziska Reventlow hat die sozialen Bestrebungen der Frauenbewegung unterstützt, sie sah aber zugleich in ihr »die ausgesprochene Feindin aller erotischen Kultur, weil sie die Weiber vermännlichen

Illustrationen zu den eigenen Büchern: Else Lasker-Schüler warf ihrem Leben und Werk ein orientalisches Kostüm über. Ihr Briefroman »Mein Herz« erschien 1912. In dem 1923 veröffentlichten Gedichtband »Theben« zeichnete sie sich als Jussuf, der arabische Name für den biblischen Josef, den seine Brüder preisgeben und verkaufen. Else Lasker-Schüler wurde 1933 von den Nazis aus Deutschland verjagt und starb 1945 in Jerusalem

will«. Sie bekannte sich zur »geschlechtlichen Attacke« als der »Urleistung des Mannes«, sah in der Hingabe nichts Erniedrigendes und forderte volle geschlechtliche Freiheit für die Frau: »Das ist, freie Verfügung über ihren Körper, die uns das Hetärentum wiederbringt.« In ihrem erotischen Radikalismus ähnelte die Gräfin der aus Wuppertal-Elberfeld stammenden Else Lasker-Schüler (1869–1945).

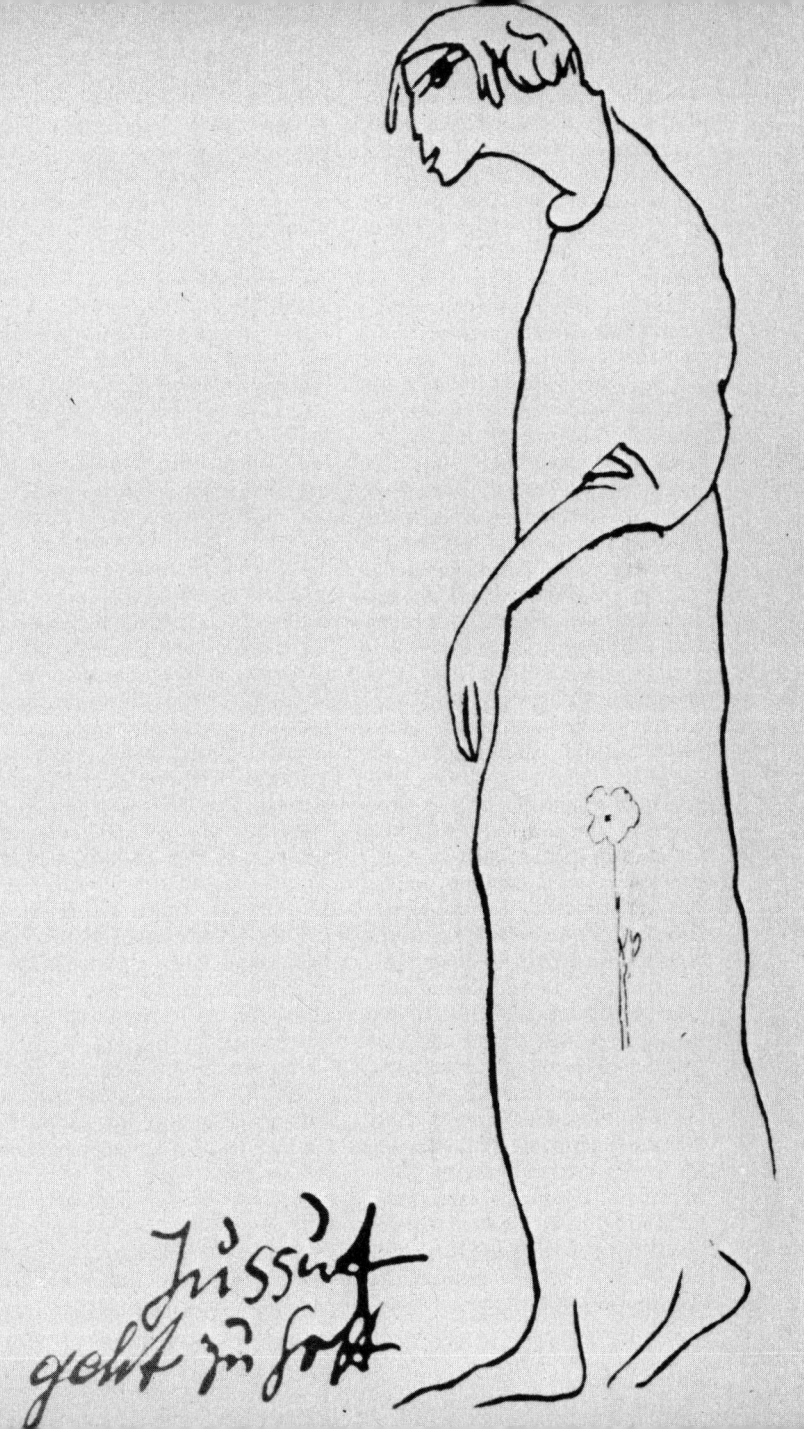

Auch sie wurde Mutter eines Kindes, ohne je den Vater zu nennen. Sie suchte Menschen, die »einen Himmel in sich tragen«, fast niemand konnte ihrer Zuneigung widerstehen, nicht Herwarth Walden, nicht Gottfried Benn, aber auf Dauer hielt ihr niemand stand.

»Ich will lieber eine Menschenfresserin werden als Nüchternheit wiederkäuen«, schrieb Else Lasker-Schüler. Als Dichterin wollte sie die Fesseln der Realität abwerfen, »die Zeit aufheben und zeitlos sein«. In der völligen Vereinsamung, die sie nach ihrer Vertreibung aus Deutschland durch die Nazis im palästinensischen Exil erfuhr, nahm sie ihr Ausgesetztsein, ihre »Todesverlassenheit« als ihre Identität an: »Die Dämmerung holt sich die Sichel aus der Dunkelheit / Und steckt sie mir ans Wolkenkleid / Ich bin die Nacht / Verletz dich nicht an mir, gib acht / Noch hat der Hirt die goldenen Lämmer nicht gebracht.« Else Lasker-Schüler brachte ihr Ich, »das Liebe in die Welt gebracht«, der Utopie zum Opfer.

Der Utopie ein Opfer bringen – das war auch das Bestreben der Emmy Ball-Hennings, die 1885 in Flensburg als Tochter eines Taklers geboren wurde. Sie hatte mit siebzehn einen Schriftsetzer geheiratet und sich schnell wieder von ihm getrennt. Von »Weglaufsucht« getrieben, wie sie es nannte, führte sie ein abenteuerliches Leben an einer Wanderbühne. Mit 23 Jahren war sie bereits eine bekannte Vortragskünstlerin. Während ihres Auftritts im Münchner Kabarett »Simplicissimus« lernte sie den Bohèmien Hugo Ball kennen, den sie 1920 heiratete. Die Gedichte, die sie vor ihrer Heirat schrieb, wurden von Franz Werfel entdeckt und in der furoremachenden Buchreihe »Der jüngste Tag« veröffentlicht: »Wir liegen in einem tiefen See / Und wissen nichts von Leid und Weh. / Wir halten uns umfangen / Und Wasserrosen rings um uns her. / Wir sterben und wünschen und wollen nichts mehr. / Wir haben kein Verlangen. / Geliebter, etwas fehlt mir doch, / Einen Wunsch, den hab ich noch: / Die Sehnsucht nach der Sehnsucht.«

Als Hugo Ball 1915 in die Schweiz emigrierte, folgte sie ihm. Der leidenschaftliche Kriegsgegner Ball gründete in Zürich als Zeichen seiner pazifistischen Auflehnung das »Cabaret Voltaire« und machte es mit Hans Arp, Richard Huelsenbeck und Tristan Tzara zum Zentrum der Dada-Bewegung. Als die Gruppe von sich reden machte, hatten er und Emmy Hennings sich von ihr bereits gelöst und ihre Wendung zum »inneren« Leben vollzogen. In bewußt mönchischer Armut lebend, widmete sich Emmy Hennings dem Werk ihres Mannes über dessen Tod im Jahre 1927 hinaus und gab dessen kulturkritische Schriften heraus. Sie starb 1948. Ihr eigenes lyrisches Werk blieb vergessen.

Vergessen wurden auch die literarischen Versuche der Maria Luise Weissmann, die 1899 in Schweinfurt als Tochter eines Gymnasialprofessors zur Welt kam. Ihre ersten Gedichte veröffentlichte sie unter dem Pseudonym M. Wels im »Fränkischen Kurier«. In Nürn-

Die »rote Emerenz« Meier aus Bayern emigrierte 1906 nach Amerika

Maria Luise Weissmann starb 1929 dreißigjährig an einer Angina. Sie hinterließ vier schmale Bändchen Lyrik und Prosa, darunter auch eine »Robinson-Dichtung«. Ihre Gedichte, bildhaft und musikalisch, greifen über die Grenze des Sichtbaren ins Traumhafte, ins Reich der Ungeborenen wie in das des Todes: »Hier sind nicht Städte mehr, die rufen: Bau! / Nicht Wein auch, der betörte: Komm und schlürfe! / Kein Trug der Sehnsucht um die fremde Frau / Und keiner tat, daß sie mein Tun bedürfe. / Hier fand sich wieder weit Versprengtes ein / Kristallen, inselhaft, ein klar Gefüge / Aus mir und mir, ersehnt und doch zu rein. / Daß es der Ungeweihte reinlich trüge: / Er fing ein Lamm im Weidenkäfig ein / Und pflegt es, zärtliche, geliebte Lüge.«

berg arbeitete sie als Sekretärin des »Literarischen Bundes« und heiratete 1922 den Verleger Heinrich F. S. Bachmair, der die ersten Gedichte von Johannes R. Becher herausgab und nach dem Zweiten Weltkrieg der erste Leiter des Ostberliner Aufbau-Verlags wurde.

Emerenz Meier (1874–1928) und Lena Christ (1881–1920), Volksdichterinnen aus dem Bayerischen, gingen an materieller Not zugrunde. Lena Christ kam unehelich zur Welt, von der Mutter gehaßt, geschlagen und geschunden, weggeholt vom gütigen Großvater, dessen sie in ihren Büchern gedenkt und den sie zum Helden ihres Romans »Mathias Bichler« macht. Später von der Mutter nach München geholt, entfloh sie den neuerlichen Schlägen und fand als Novizin Aufnahme in einem Kloster, in dem Irre auf mittelalterliche Weise gepflegt wurden. Sie flüchtete sich dann in eine Säuferehe, brachte in sechs Jahren sechs Kinder zur Welt, zwei davon als Totgeburten. Vergewaltigung und finanzielles Desaster waren ihr tägliches Brot.

Der Aufbruch

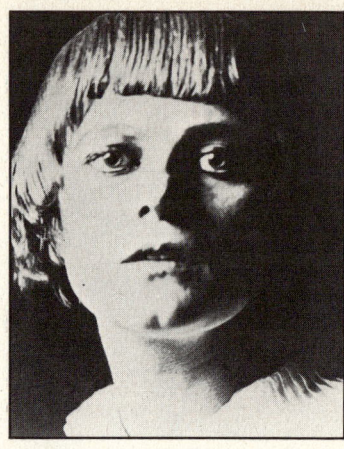

Marie Luise Weissmann
Emmy Ball-Hennings
Rahel Sanzara
Margarete Beutler
Lena Christ
(von links nach rechts)

Dichterinnen aus den ersten Jahrzehnten dieses Jahrhunderts: Frauen, deren Werk sich nicht durchsetzte

Sie ließ sich scheiden. 1911 schien das Schicksal der total verarmten, an Tuberkulose erkrankten Lena Christ sich zu wenden: Sie konnte sich als Dialektschreiberin bei dem Schriftsteller Peter Benedix ein wenig Geld verdienen und erhielt von Benedix die Anregung, ihr Leben niederzuschreiben. Es wurden die »Erinnerungen einer Überflüssigen«. So nannte sie das Buch. Sie heiratete Benedix. Dann zog dieser Mann in den Ersten Weltkrieg. Sie verliebte sich in einen anderen Mann. Diese Beziehung dauerte kurz. Um zu Geld zu kommen, signierte sie Bilder mit Namen bekannter Maler, verkaufte sie und wurde überführt. Die eine »Schande« traf mit der anderen »Schande« zusammen: Die Vorwürfe des Ehemannes wegen der Liebesaffäre während dessen Abwesenheit und das bevorstehende Gerichtsverfahren. Der Ehemann besorgte ihr Zyankali, mit dem sie sich auf

48 *Der Aufbruch*

dem Münchner Waldfriedhof umbrachte. Drei Romane, ein Band Erzählungen und ein Romanfragment hat sie ihrem Leben abgetrotzt, ein naives Erzähltalent, das von kleinbürgerlicher Schikanier-Atmosphäre erzählte, von Bauernstreit, Landleben, in dem sich Frömmigkeit, Bigotterie und Habgier mischen. Von Bettlern und Notquartieren, von einer Hoffnung in aller Bitterkeit: »D'Welt muaß boarisch bleibn – sinst is'n ja nimmer schee!«

Emerenz Meier – die »rote Emerenz«, wie man sie damals wegen ihres sozialen Engagements in der Heimat nannte – wurde 1897 mit dem Erzählungsband »Aus dem bayerischen Wald« bekannt, ohne vom Schreiben leben zu können. Die Tochter eines kleinen Land- und Gastwirts aus dem Dorf Schiefweg bei Waldkirchen, zu der der junge Hans Carossa beeindruckt von ihrer Prosa hinwanderte, wußte der Not nicht anders zu entkommen, als nach Amerika auszuwandern. In Chicago – verkannt in ihren wirklichen Fähigkeiten – ist sie gestorben.

Eine Erzählung von ihr beginnt so: »Es ist nun schon an die zehn Jahre her, daß das lustigste Weib, das je auf dieser traurig-lustigen Welt gelebt, seinen letzten Jauchzer ausgestoßen hat. Ich war damals elf Jahre alt und hatte meine Freude an jenem schrillen, markerschütternden Schrei, dessen Ausklang die Knochenfaust des Todes in der röchelnden Kehle erstickte. ›Juhuhu!‹ tönte es von dem elenden Lager, auf das die noch elendere Gestalt der achtzigjährigen Frau gebettet war, und wir Kinder, die wir ahnungslos-fröhlich wie an sonstigen Tagen im Kreis herumstanden, stimmten laut lachend mit ein...«

Rahel Sanzara war die Geliebte des Romanciers, Erzählers und Dramatikers Ernst Weiß. Gebürtig 1894 in Jena, Tochter eines Musikers, lautete ihr bürgerlicher Name

Der Aufbruch 49

Bleschke. Weiß hatte die Tänzerin Sanzara nach dem Ersten Weltkrieg beim Besuch einer Wanderbühne in Böhmen kennengelernt. Er schrieb für die Geliebte sein Theaterstück »Tanja« und ließ sie die Hauptrolle spielen. Das Stück fiel bei der Uraufführung durch, nur Rahel Sanzara wurde gelobt. Gustav Hartung, Intendant am Hessischen Landestheater Darmstadt, holte die Debütantin zu sich und verpflichtete sie unter der Bedingung, daß sie sich völlig seiner Schulung unterwarf. Ihre Auftritte in Darmstadt wurden glanzvolle Erfolge. Die Weltstadt Berlin holte die Sanzara. Dort versagte sie von Rolle zu Rolle mehr. Sie verschwand von der Bühne.

Gertrud Kolmar blieb 1933 in Deutschland und starb in einem KZ

Im Berliner Ullstein-Verlag staunte der Lektor Max Krell, als er ein Manuskript mit dem Titel »Das verlorene Kind« in die Hände bekam: »Eine Leistung mit der Faust geschrieben.« Die Geschichte über einen jungen Mann, der auf einem Bauernhof einen Lustmord an einem Kind begeht, entdeckt wird, ins Gefängnis kommt und nach seiner Entlassung zurückfindet in sein altes Dorf. Der Verfassername lautete Rahel Sanzara. Es war die Schauspielerin. Sie kam mit Ernst Weiß zur Vertragsverhandlung. Das Buch wurde ein internationaler Verkaufserfolg. Es kam das Gerücht auf, Weiß habe den Roman für sie geschrieben. Weiß wehrte sich: »Rahel Sanzara war eine Membran, die Schwingungen aufnahm. Etwas fing an, in ihr zu brennen. Ich konnte nichts anderes tun, als sie unter Arbeitsdruck zu halten. Bis sie, fast ohne Korrektur,

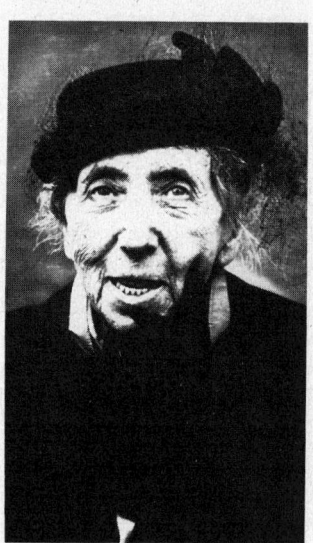

Annette Kolb entkam den Nazis nach Amerika und überlebte

bei der letzten Seite angelangt war und plötzlich wie ein ausgewrungener Lappen zusammenfiel. Ich habe das Manuskript erst kennengelernt, als es abgeschrieben war, ich habe weder ein Wort noch ein Komma daran geändert.« Doch so überraschend, wie Rahel Sanzara als große Schauspielerin aufgetaucht war, so schnell verging ihr Ruhm als Schriftstellerin. Sie trennte sich von Weiß und heiratete einen anderen. Ein Buch erschien noch von ihr und blieb ohne Resonanz. 1938 starb sie im Alter von 44 Jahren. Ernst Weiß, auf der Flucht vor den Nazis, beging 1940 in Paris Selbstmord.

In einem Konzentrationslager der Nazis kam die 1894 in Berlin geborene deutsche Jüdin Gertrud Kolmar um. Sie war die Tochter eines Strafverteidigers und ließ sich als Sprachlehrerin ausbilden. 1917 erschien ihr erster Gedichtband. Sie lebte im elterlichen Haus. Das Thema ihrer Lyrik: Kindheitserleben, Unerfülltsein, Sehnsucht nach Mütterlichkeit, Verwandlung der Kreatur. Sie schrieb einen Zyklus, in dem Robespierre als Märtyrer der Gerechtigkeit gefeiert wird. Und sie schrieb zuletzt Gedichte über die Situation der Juden unter den Nazis: »Ich werde sterben, wie die Vielen sterben; durch dieses Leben wird die Harke gehn/Und meinen Namen in die Scholle kerben.«

Als einzige der vier Geschwister blieb Gertrud Kolmar über 1933 hinaus in Deutschland, weil der Vater die Heimat nicht aufgeben wollte. Er war pflegebedürftig; sie pflegte ihn. 1941 wurde der 80jährige in ein KZ verschleppt. 1943 wurde die Tochter zur Zwangsarbeit in einer Munitionsfabrik geholt und dann deportiert. Ort und Datum ihres Todes blieben unbekannt. Ihr nachgelassenes Werk konnte gerettet werden und erschien 1960 in der Bundesrepublik – mit wenig Resonanz.

Annette Kolb, 1875 in München als Tochter eines bayerischen Gartenbauarchitekten und einer französischen Pianistin geboren, verließ Deutschland 1933. Wie sie es bereits bei Ausbruch des Ersten Weltkrieges getan hatte. Damals war die Pazifistin in die Schweiz gegangen und hatte gegen den Chauvinismus der deutschen und französischen Nationalisten geschrieben (»Dreizehn Briefe einer Deutsch-Französin«). Zeitlebens fühlte sie sich den »Fahnen beider Länder vereidet« und hat sich immer wieder für eine deutsch-französische Aussöhnung eingesetzt. 1931 veröffentlichte Annette Kolb in der Zeitschrift »Uhu« einen aufrüttelnden Artikel gegen den Faschismus (»Alle Männer in Europa haben versagt«). Als Hitler an die Macht kam, notierte sie »Deutsch gern, aber nicht mehr teutsch« und emigrierte nach Frankreich. Beim Einmarsch der deutschen Truppen nach Frankreich floh sie in die Schweiz. Bei ihrem Versuch, nach Portugal zu gelangen, wurde die nun Gefährdete von den Nazis festgenommen, kam aber wieder frei. Sie überlebte den Krieg schließlich in New York, kehrte nach 1945 nach Paris zurück, lebte dort, in Badenweiler und München bis zu ihrem Tode 1967.

Yvan Goll mit Ehefrau Claire

Paula Ludwig

Annette Kolb war erst mit 38 Jahren in die Literatur eingetreten: mit dem Liebesroman »Das Exemplar«. Darin heißt es über die Liebe: »Denn das Gebundensein, das ist's! Das ist das Todesband, das uns alle Endlichkeiten knüpft. Die Befriedigung, das Lustgefühl, niemandem zu gehören hingegen ist so überbietend, daß man ebenso übermächtig daran hängen kann wie ein anderer am Genuß ... es fragt sich, wer mehr zurückbehält, der alle Dinge auskostet, oder dem es glückt, sich von keinem fangen zu lassen. Auf seiten des Verzichts liegt nur leider das Odium der Moral, aber man wird bald dahinterkommen, daß er nicht Sache der Tugend ist, sondern der Liebhaberei, genau wie das Klettern, ein Sport, dem des Fliegers vergleichbar, der, vom Boden losgerissen, auf der Luft dahinzieht.« In ihren Romanen hat Annette Kolb immer wieder autobiographische Stationen ihres Lebens variiert. Auch sie, die im Leben und Schreiben stets auf der Seite war, die erst nachträglich viele andere als die richtige erkannten, blieb ohne große Wirkung.

Mit Claire Goll und Paula Ludwig, mit Elisabeth Langgässer und Anna Seghers, Marieluise Fleisser und Irmgard Keun reicht literarisches Schaffen von Frauen über den Zweiten Weltkrieg hinaus. Claire Goll und Paula Ludwig – zwei Frauen, die der deutsch- und französischsprachige Dichter Yvan Goll geliebt hat. Claire Goll ein Leben lang im Vordergrund: Chagall hat sie gemalt, Jawlenskij, Delaunay, Léger und Kokoschka. Sie war die Geliebte des Verlegers Kurt Wolff, der Dichter Rainer Maria Rilke und Audiberti. Sie schwärmte ein Leben lang von maskuliner Selbstherrlichkeit und fand die männlichen Zweifel nebst ihren Folgen lächerlich, weil sie den Glauben der Männer an das Männliche destruieren. Sie blieb bei ihrer Meinung, »daß die Frau ein minderes Wesen ist und dem Mann niemals ebenbürtig sein wird« und fragte in ihren Memoiren »Ich verzeihe keinem«: »Können Sie sich vorstellen, daß Gott eine Frau wäre?« Doch ihre Lyrik und ihre Prosa straft ihre Provokation Lügen. Ihre Liebesgedichte, die sie mit ihrem Mann Yvan gemeinsam publizierte, gehören mit denen der Lasker-Schüler zu den schönsten und besten, die von Frauen deutscher Sprache stammen. Das trifft in gleichem Maße zu auf die Lyrik der Paula Ludwig, die 1900 in Vorarlberg zur Welt kam. Die Tochter eines Sargtischlers arbeitete als Dienstmädchen, war zeitweilig Hausiererin, verdiente sich Geld als Malermodell, ging nach München und wurde selbst Malerin, Schauspielerin und schließlich Lyrikerin. Ihr erster Gedichtband erschien 1920 unter dem Titel »Die selige Spur«. Im Berlin der späten zwanziger Jahre lernte sie Yvan Goll kennen und lieben. Mit einem Selbstmordversuch erzwang Claire Goll eine Entscheidung Yvans zu ihren Gunsten. Was geblieben ist von der Beziehung Paula Ludwigs mit Yvan Goll sind zwei Gedichtbände: »Dem dunklen Gott«, in dem Paula Ludwig ihre Liebe zu Yvan Goll erzählt, und »maliische Liebeslieder«, in denen Yvan Goll von seiner Liebe zu Paula Ludwig berichtet. Kurz vor dem Einmarsch der Deutschen in Frankreich entkamen die Nazi-Gegner Yvan und Claire Goll ins US-Exil, Paula Ludwig, wegen ihres Eintretens für deutsche Juden bedroht, floh nach Brasilien. Yvan Goll starb 1950 nach seiner Rückkehr nach Frankreich, Paula Ludwig 1974 in Darmstadt und die aus Nürnberg stammende Claire Goll 1977 85jährig in Paris.

Claire Goll in einem Gedicht an Yvan: »Zerreiß mich in tausend Stücke / Königstiger meines Herzens / Verstümmle mein Lächeln / Entlock mir Schreie größer als mein Leib / Pflanz an die Stelle meiner roten Haare / Die Weißen des Kummers / Laß altern meine Füße / Die dich vergeblich erwarten / Und vergeude all meine Tränen in einer Stunde / Ich kann doch nichts als deine Tatze küssen!«

Paula Ludwig an Yvan: »Der Stern der Mitternacht ist aufgegangen / Alle andern Gestirne sind nicht mehr / Der Wind hat aufgehört zu wehen / die Tiere atmen nicht mehr / Mein Leib ist nur noch Auge / Das starrt zum unendlichen Himmel / In seinen einzigen Stern.«

Die beiden Schriftstellerinnen jüdischer Herkunft aus Rheinhessen: Elisabeth Langgässer, geboren 1899 als Tochter eines Baurats in Alzey, und Anna Seghers, geboren 1900 in Mainz als Tochter eines Antiquitätenhändlers. Die eine in der immer stärkeren Zuwendung

Der Aufbruch

zum Katholizismus schreibend, die andere in einer immer stärkeren Abwendung von dieser Kindheitswelt. Beides religiöse Schriftstellerinnen, ewig der utopischen Hoffnung von der Erlösung des Menschen verpflichtet. Beide, in dem, was sie geschrieben haben, nicht wegzudenken aus der Verwurzelung mit der heimatlichen Landschaft, der Bischofsstadt und dem Ried.

Elisabeth Langgässer wuchs in Darmstadt auf und wurde Lehrerin: Dozentin der Pädagogik und Methodik an der Sozialen Frauenschule. 1929 zog sie nach Berlin. Fünf Jahre zuvor war ihr erster Gedichtzyklus herausgekommen: »Wendekreis des Lammes«. In Berlin gehörte sie zu dem Kreis um Oskar Loerke, Günter Eich und Peter Huchel, die in der Zeitschrift »Kolonne« publizierten. Weitere Bücher erschienen von ihr, darunter »Proserpina – eine Kindheitsmythe« und »Gang durchs Ried«. Das eine spiegelt in mythischer Sprache die Verschlüsselung der Existenz durch antik-heidnische Symbole, im anderen bricht christliches Geheimnis hervor. Die Verbindung beider Elemente in ihren Werken, die nach dem Krieg erschienen, machten es schwierig, sie einzuordnen. Die einen hielten sie für die repräsentative katholische Dichterin, die anderen für eine christlich getarnte Heidin.

Elisabeth Langgässer heiratete 1935 den Philosophen Wilhelm Hoffmann. Als »Halbjüdin« erhielt sie ein Jahr später von der Reichsschrifttumskammer Schreibverbot. Sie stand unter

Die 28jährige Elisabeth Langgässer im Jahre 1927. »Proserpina« erschien 1932. Als Halbjüdin wurde die Autorin 1936 mit Schreibverbot belegt. 1942 entstand das Foto mit ihren vier Töchtern. Die älteste wurde nach Auschwitz deportiert

ständiger Beobachtung der Gestapo. Sie wurde für einen Rüstungsbetrieb zwangsverpflichtet, sie erkrankte. Die ersten Anzeichen einer Multiplen Sklerose wurden diagnostiziert. Heimlich schrieb sie an ihrem Roman »Das unauslöschliche Siegel«, der 1946 erschien und sie über Nacht berühmt machen sollte. Rückblickend erkannte sie: »Jetzt erst wurde ich mir meines von Geburt an mitgegebenen christlichen Erbes bewußt.« Die äußeren Lebensbedingungen waren für die Langgässer aufreibend. Sie versorgte die Familie als Hausfrau: den Ehemann, der sie als »Arier« vor dem Abtransport ins KZ bewahrte, und ihre vier Töchter. Cordelia, die älteste, stammte aus einer früheren Verbindung und wurde wegen ihres Vaters als »Dreivierteljüdin« eingestuft. Sie wurde der Familie entrissen, kam nach Theresienstadt und von dort in das KZ Auschwitz, wo sie zu den wenigen Überlebenden gehörte.

Angst, Not, Verzweiflung, Hunger, Krankheit und Demütigungen durch die Nazis bestimmten Elisabeth Langgässers Leben im »Dritten Reich«. In einem Brief an eine Freundin aus jener Zeit heißt es: »Du weißt nicht, was es heißt, als Frau eine Kathedrale allein zu bauen.« Die Kathedrale Dichtung. Ihr großer Roman »Das unauslöschliche Siegel«, die Geschichte eines Juden aus ihrer rheinischen Heimat, Lazarus Belfontaine, der ohne Glauben und ohne Liebe, aus wirtschaftlich-gesellschaftlichen Gründen die Taufe empfängt, aber eben dieses unauslöschliche Siegel an sich trägt und schließlich nach allen Sünden, Verstrickungen und Fluchtversuchen von der Gnade ein- und heimgeholt wird.

»Das Buch ist ein Hexen- und Engelskessel, in dessen Tiefen es unaufhörlich gärt und kocht, während die Oberfläche darüber – in dichtester und dabei zartester Bewegung wie kaum sonst in einem Prosawerk – mit allen Farben des Zaubertums schillert«, schrieb Hermann Broch 1949 in den »Literarischen Blättern«. Broch bezeichnete das Buch als »ersten vollkommenen Roman des Surrealismus«. Elisabeth Langgässer schockierte ihre Kirche durch ihre schonungslosen Darstellungen sexueller Orgien, die notwendig zu ihren zwischen Engeln und Teufeln hin- und hergerissenen Menschen gehörten. Sie machte nicht halt vor Tabus und Traditionen. Die katholische Kirche erwog allen Ernstes, das »Unauslöschliche Siegel« auf den Index zu setzen.

Über die Schwierigkeit, Schriftstellerin und Hausfrau zu sein, schreibt Elisabeth Langgässer: »Wie schrecklich ist doch ein Leben, das nur noch Mühsal kennt, und noch dazu die Plackerei als sittlichen Wert ansieht, die Unfreiheit, die Eingliederung in den verfluchten Termitenbau dieses Daseins.« 1947 heißt es in einem Brief: »Die Alltagsarbeit wird von Tag zu Tag schwieriger, und der Haushalt verschlingt die letzten Kräfte wie ein triumphierender Moloch, dem die Saftbrühe rechts und links vom Maul herunterläuft...« Und: »Immer fühle ich, was es heißt, eine Kerze an beiden Enden anzuzünden.« In ihrem literarischen Werk versuchte sie zu verwirklichen, was der Ausgang ihres Schreibens war und was sie ganz früh so formuliert hat: »Gesegnet sei die Materie, die zwischen uns und dem offen Hymnischen steht und erst das Tagewerk ermöglicht.« Posthum erhielt sie 1950 wenige Monate nach ihrem Tode den Büchner-Preis und wurde dann wieder vergessen.

Anna Seghers, Kleist-Preisträgerin des Jahres 1928 und Büchner-Preisträgerin des Jahres 1947, weltberühmt geworden durch ihren im mexikanischen Exil erschienenen Roman »Das siebte Kreuz«, wurde seit Beginn des »Kalten Krieges« 1948 in der Bundesrepublik wegen ihres Votums für die DDR verketzert. Die Literaturkritik hierzulande kennzeichnete alles, was sie nach 1945 schrieb, ziemlich unisono als das Werk einer aufgehörten Schriftstellerin. Der Mut der Anna Seghers im Kampf gegen den Faschismus – auch das große Thema der Mehrzahl ihrer Bücher – wurde aufgerechnet mit ihrem Schweigen zu Fehlentwicklungen beim Aufbau des Sozialismus in der DDR. Ohne Erfolg allerdings wurde versucht, die Veröffentlichung ihres Spätwerks in der Bundesrepublik zu verhindern. Ihre Vaterstadt Mainz konnte sich nicht dazu verstehen, ihr zum 75. Geburtstag die Ehrenbürgerwürde zu verleihen. Als ihr die Johannes-Gutenberg-Universität in Mainz zwei Jahre später die Ehrendoktor-Würde verlieh, fühlte sich die Stadt hintergangen, und es gab einen Eklat in den heimischen Medien und der einheimischen Politik. Die unbezwingbare Hoffnung der Anna Seghers, in der sie lebt und geschrieben hat, ist das Vertrauen auf »die Kraft der Schwachen«. Geborgenheit fand sie im Sozialismus: »Ein Tisch, an dem man für dich auseinanderrückt, das ist es, was einen hält, das ist es, warum man nicht zugrunde geht.«

Die unerlöste Provinz, die ein Thema der Anna Seghers war, blieb das ausschließliche Thema Marieluise Fleißers, die in den zwanziger Jahren mit ihren Theaterstücken »Pioniere in Ingolstadt« und »Fegefeuer in Ingolstadt« bekannt wurde. Die Tochter eines Ingolstädter Kaufmanns, die sich in Bertolt Brecht verliebte und später einen Kaufmann heiratete, während des Zweiten Weltkrieges als Verkäuferin von Tabakwaren und Schnaps in ihrer Heimatstadt arbeitete und schließlich in einer Munitionsfabrik dienstverpflichtet wurde, blieb lange über 1945 vergessen und wurde erst wieder kurz vor ihrem Tode entdeckt. Ihr Schreiben galt den jungen Frauen und Mädchen, den in der Liebe Zukurzgekommenen, den immer Zurückgesetzten und Ausgenutzten. Ihr Werk spiegelt die Welt der Kleinbürger von innen, eine Welt, in der zuerst das Geschäft kommt und dann die Lust. Die menschlichen Beziehungen auf einen Tauschwert zusammengeschrumpft. Marieluise Fleißer zeigt, wie das aussieht: die rücksichtslose Nutzbarmachung der Frauen zu geschäftlichen und geschlechtlichen Zwecken.

»Sie lernte Männer kennen«, schreibt sie von sich, »und einer war wie der andere und hatte für die Mädchen ein System und keine Gnade. Die natürlichen Feinde waren sie ja. Sie war arm, sie hatte darum nicht viel zu sagen. Sie war in diesem Durcheinanderwimmeln von Leben nur eine Wärme, keine Person. Sie hatte nur recht, solang sie wohltat. Was fühlt ihr von mir, dachte sie, was wollt ihr in mich hineinsehen? Ihr schaut doch immer nur selber heraus, euer Egoismus, der schaut heraus.« Marieluise Fleißer faßt ihre Kindheitsgeschichte in ganz wenige Sätze zusammen, die alles sagen: »Heinrich, auffallend gescheit, stirbt mit zwei Jahren an der Englischen Krankheit, die Mutter kann sich vor Schmerz über seinen Tod nicht fassen. Der Vater tröstet sie: Sei still, ich mach dir wieder einen Buben.« Das wird dann die Fleißer. Gegen den patriarchalischen Imperativ »Sei still« schrieb sie an und geriet in ihrem Leben und in der Liebe an den schlimmsten Männerchauvinisten unter den Dichtern, an Bertolt Brecht, der ihr sagte: »Einen Fetzen muß man aus euch machen.«

In der autobiographischen Erzählung »Avantgarde« schreibt die Fleißer über ihre Beziehung zu Brecht in den zwanziger Jahren: »Natürlich war es gefährlich, der Mann saugte sie auf. Sie hätte sich widersetzen müssen, dafür war sie zu jung. Sie grenzte sich noch nicht ab. Ihr war es gegeben, mehr zu ahnen, als sie verstand, sie hatte ein inneres Auge. In der Zeit glaubte sie ihm einfach alles. In der Zeit wußte sie nur, daß sie in die Kunst hineinwuchs, blieb sie ihm nah. Für sie ging es durch diesen Menschen.

Marieluise Fleißer verliebte sich in den zwanziger Jahren in Bertolt Brecht. In der Titelgeschichte des Erzählungsbandes »Avantgarde«, der 1963 erschien, schreibt sie von ihrer Liebesbeziehung

Sie konnte sich gar nicht mehr vorstellen, daß es ohne ihn ginge. Es war ein unbewußtes Drängen im Dunkel, pflanzenhaft und so verletzlich wie Pflanzen... Sie war blutjung, eine kleine Studentin, die sich noch nicht kannte, den Kopf vollgesponnen mit Wollen... Mit diesem Wollen geriet sie an ihn und wurde ganz zerbrochen, der Mann war eine Potenz, er brach sie sofort. Es würde sich zeigen, ob sie es überstand, wenn nicht, war sie es eben nicht wert.«

Marieluise Fleißer hat die vielen Verletzungen mit ihrem Rückzug, mit ihrer Rückkehr nach Ingolstadt überstanden, wo sie 1974 72jährig starb. Während der Nazizeit und auch lange danach hat sie kaum noch etwas geschrieben. Die literarische Kontinuität war zerbrochen. Sie hat die »Fröste der Freiheit« – so formulierte sie es – schließlich nicht ertragen.

Wie die Fleißer formulierte auch die Fabrikantentochter Irmgard Keun, 1910 in Berlin geboren und heute in Köln lebend, den Anspruch der Frau auf Selbständigkeit, Würde, Liebe und Zärtlichkeit. Doch, was sie unter Liebe verstand, fand sie so wenig wie die Ingolstädterin. Ihre Romane, wie »Gilgi eine von uns«, »Das kunstseidene Mädchen«, »Nach Mitternacht« und »Ferdinand, der Mann mit dem freundlichen Herzen« enthüllen eine Sehnsucht: die nach Kommunikation und das bittere Wissen, daß die Sehnsucht sich nicht erfüllen kann. Alles, was in Irmgard Keuns Büchern emporwächst, schrumpft sofort wieder ins Menschlich-Niederträchtige. Der

Irmgard Keun, die 1937 ihren Roman »Nach Mitternacht« im holländischen Exil veröffentlichte, als Nazi-Gegnerin das »Dritte Reich« überlebte, wurde nach 1945 in Deutschland vergessen

Der Aufbruch

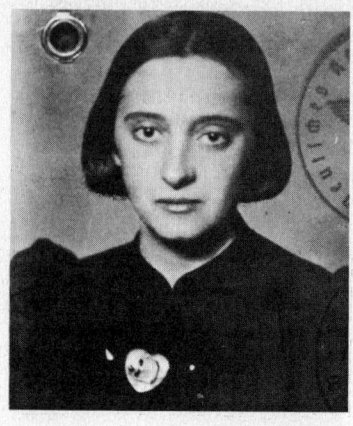

Schmerz wächst über die gestörte Vollkommenheit. Irmgard Keun hat aus ihrer Abneigung gegen die Nazis auch noch nach 1933 kein Hehl gemacht, floh vor deren Zugriff nach Holland, wurde dort von den deutschen Truppen überrollt, tauchte in Deutschland unter und überlebte. Erst jetzt, über 30 Jahre nach dem Krieg, erfährt ihr lange Zeit vergessenes Werk eine bescheidene Renaissance in der Bundesrepublik.

»Die Verlassenheit aller Anfänge, die Verlassenheit der Saatkörner, die aus warmen Händen in die kalte, feuchte Erde fallen«, schreibt Ilse Aichinger, eine Frau jüdischer Abstammung, die das Dritte Reich in Wien überlebte. Worte aus dem Jahre 1948. Sie treffen die Situation der Frauen auf ihrem mühseligen Weg, eine eigenständige Literatur zu formulieren. Im kulturellen »Kahlschlag« des Jahres 1945 blieben die Stimmen von Frauen Stimmen in der Vereinzelung. Aus der Erfahrung der rassischen Ver-

Christine Lavant als 24jährige und Nelly Sachs als 70jährige: Die eine entstammt einer Arbeiterfamilie, die andere kommt aus dem Großbürgertum. Sie schrieben von biblischem Glauben geprägte Gedichte

folgung begannen Ilse Aichinger, Nelly Sachs und Rose Ausländer zu schreiben und zu publizieren.

Nelly Sachs, 1891 in Berlin geboren, dem emanzipierten jüdischen Bürgertum angehörend, verbrachte sieben Jahre im »Dritten Reich«, ehe sie und ihre Mutter durch Vermittlung Selma Lagerlöfs Zuflucht in Schweden fanden. Sie wurde in ihrer Jugend von Privatlehrern erzogen und vom Vater zu musischer Ausbildung ihrer Fähigkeiten ermuntert. Eine Berufsausbildung hat sie nie erhalten. Tänzerin wollte sie werden. Die tänzerisch-rhythmische Überwindung der Schwerkraft hat sie später in ihre Literatur einzubringen versucht. Mit siebzehn Jahren schrieb sie ihre ersten Gedichte, die wie alle in Deutschland entstandenen konventionell ausgerichtet waren und sich an dem Bildungsgut ausrichteten, das Nelly Sachs in der großen väterlichen Bibliothek vorfand. Schon früh korrespondierte sie ehrerbietig mit der berühmten Selma Lagerlöf. Ihre der Lagerlöf gewidmeten »Legenden und Erzählungen«, die 1921 erschienen und kaum beachtet wurden, waren die erste und einzige Publikation vor Ende des Zweiten Weltkrieges.

Ihre Rettung vor den Nazis empfand sie als ein Wunder. Im Mai 1940 brachte der Briefträger in Berlin mit derselben Post die Schweden-Visa für sie und ihre Mutter und die Aufforderung an sie, sich in einem jüdischen Arbeitslager einzufinden, »das uns allen schon als KZ bekannt war – der Tod«. Als sich Mutter und Tochter bei der Gestapo meldeten, »gab den zitternden Frauen ein Kommissar – es gab auch solche Kommissare! – den Rat, nicht mit dem Zug zu fahren; wenigstens die Jüngere würde an der Grenze festgenommen werden. Am 16. Mai 1940 kamen sie mit dem Flugzeug nach Stockholm«, berichtete sie später selbst. Die Erfahrung mit der faschistischen Todesbedrohung prägte ihr lyrisches Werk, für das sie 1966 den Literatur-Nobelpreis bekam. Der Erfahrung mit der zerstörerischen Kraft der Gewalt setzte sie die bindende des Friedens entgegen. Zu der Erfahrung gehörte ein Verhör bei der Berliner Gestapo, nach dem sie fünf Tage lang im Kehlkopf gelähmt war: »Fünf Tage lebte ich ohne Sprache... Meine Stimme war zu den Fischen geflohen, ohne sich um die übrigen Glieder zu kümmern, die im Salz des Schreckens standen.« Die Bibel wurde ihr Ausgangspunkt des Schreibens. Und die Geschichte der Verfolgung der Juden wurde die Metapher für Verfolgung aller Menschen guten Willens: »O, daß nicht einer Tod meine, wenn er Leben sagt – / Und nicht einer Blut, wenn er Wiege spricht –«. Nelly Sachs starb 1976. Am unmittelbarsten spricht sie in ihrem ersten Lyrikband nach dem Kriege »In den Wohnungen des Todes«, der 1947 erschien: »Ihr Zuschauenden – / Die ihr keine Mörderhand erhobt, / Aber die ihr den Staub nicht von eurer Sehnsucht / Schütteltet, / Die ihr stehen bliebt, dort, wo er zu Licht / verwandelt wird.«

Erst nach 1945 konnte sich auch

die 1911 in Bayern geborene Lehrerstochter Luise Rinser entfalten. Nach Erscheinen ihres Erstlingsbuches »Die gläsernen Ringe« hatte die NS-Gegnerin, deren späteres Werk im Katholizismus wurzelt, Schreibverbot erhalten und war schließlich im Gefängnis Traunstein inhaftiert worden. Sie entkam der Hinrichtung wegen »Hochverrats und Wehrkraftzersetzung« nur durch das Kriegsende. Die Zeit nach dem Sieg der Alliierten über Deutschland wurde auch literarischer Ausgangspunkt für die Österreicherinnen Friederike Mayröcker, Ingeborg Bachmann und Christine Lavant. Mit der Lyriktrilogie »Die Bettlerschale« (1956), »Spindel im Mond« (1959) und »Der Pfauenschrei« (1962) erreichte Christine Lavant ihren dichterischen Höhepunkt.

Gerade ihr Lebensschicksal zeigt alle Konflikte einer Frau, die aus kleinsten Verhältnissen kommt und immer wieder gestört wird in den Versuchen, das zu tun, was ihr gemäß erscheint. Als neuntes Kind des Bergarbeiters Georg Thonhauser in Groß Edling bei St. Stefan im Lavanttal/Kärnten geboren, im Alter von fünf Wochen an Skrofeln auf Brust, Hals und im Gesicht erkrankt, dadurch fast erblindet, dann einjährig von einer Lungenentzündung erfaßt und nach einem Krankenhausaufenthalt für nicht mehr lebensfähig angesehen, wird ihre gesundheitliche Behinderung zur ersten Schwierigkeit in ihrem Leben. Eine Tuberkulose kommt hinzu und hinterläßt ihre Spuren. Sie leidet zeit ihres Lebens an Kopfschmerzen, Asthma, Rheumatismus. Armut ließ Pflege und Schonung nicht zu. Der Vater wird früh Invalide. Die Mutter, eine Strickerin, sorgte für den Unterhalt der Familie und konnte sich selbst »nie sattessen«, wie sich die Schriftstellerin später erinnerte. »Ich weiß nicht, ob der Himmel niederkniet, / Wenn man zu schwach ist, um hinaufzukommen?« fragt sich Christine Lavant später in einem Gedicht. Den Flußnamen ihres Heimattales wählte sie später als ihren Dichternamen und zeigt damit zugleich die Verbundenheit ihrer Literatur mit dieser Landschaft und ihren gesellschaftlichen Gegebenheiten an. Sie hat als Kind nicht einmal alle Klassen der Volksschule besuchen können. Seit frühester Jugend trägt sie bei zum Lebensunterhalt der großen Familie, hilft der Mutter beim Stricken und liest in den Pausen Bücher. Als 17jährige schreibt sie einen Roman, schickt ihn an einen Verlag und bekommt nach erster positiver Reaktion eine Absage. Sie vernichtet alles Geschriebene und gibt das Schreiben auf. Erst nach dem Krieg versucht sie es von neuem. 1948 erscheint als erstes eine Erzählung autobiographischen Charakters mit dem Titel »Das Kind« im Stuttgarter Brentano Verlag.

Später formuliert Christine Lavant: »Das Schreibenkönnen kommt nur als Zustand über mich und führt dann aus, was weder in meinem Gehirn noch in meinem Geblüt je wissenschaftlich geplant worden war. Wenn besagter Zustand nachläßt, verfalle ich in eine

Die Lyrikerin Hertha Kräftner beging wegen einer Liebesbeziehung Selbstmord. Thea Sternheim – hier mit Tochter – verschwieg lange, daß ihr Mann bei ihr abschrieb

unschöpferische Schwermut, die nichts mehr will als den Tod.« So »wissen« ihre Gedichte mehr als die Frau, die sie schreibt: »Trau der Mannschaft seines Seglers zu, / Daß sie tüchtig aus der Trunkenheit, / aufstehn könnte, immer wieder aufstehn, / Jeder noch übers Knie besoffen, / Aber hingehn und das seine tun...« Die Diskrepanz zwischen katholischer Lehre und christlicher Praxis ist ihr literarisches Thema. Man hat ihre Gedichte richtig als »Lästergebete« benannt. »Gott hat mir jeden leichten Ausweg verschlossen«, schreibt sie. »Von den beiden, die mir offenblieben, habe ich den dämonischen gewählt.« Dem billigen Trost in der Religion weicht Christine Lavant, die 1973 gestorben ist, aus und träumt in aller Bitterkeit von Erlösung: »Was jetzt geschieht, zermalmt in mir den Stein, / Doch du wirst vorher noch geborgen sein, / Ein blauer Vogel hilft dir flüchten. / Ich esse eine von den Erstlingsfrüchten / Des Menschenelends und zerkau den Kern.«

Im Auf und Ab ihrer Gefühle tastet sich die 1928 in Wien geborene Kaufmannstochter Hertha Kräftner in die Literatur. Sie studiert, will Bibliothekarin werden. Erste Gedichte erscheinen nach dem Krieg in Wiener Zeitschriften. Eine Liebesbeziehung, von der sie Befreiung erhofft und Begrenzung erfährt, treibt ihr Schreiben voran und stört es zugleich. Sie notiert: »Er sagt: lebe für mich.« Sie schreibt: »Seltsam – ich denke jetzt so viel an den Tod; gerade jetzt, wo ich am allerwenigsten sterben

Der Aufbruch 63

möchte.« In einer Prosaskizze heißt es: »Ein Kohlweißling schlägt sich tot zwischen den Fensterscheiben; die Sonne draußen und drinnen, draußen am Himmel, drinnen im Spiegel... Was soll ein Kohlweißling in solchen Fällen tun? Daß er weder nach außen noch nach innen kann, weiß er nicht. Ich habe ihn tot aus dem Fenster gezogen.« Sie macht Reisen nach Paris und nach Norwegen und beschreibt den Geliebten: »...Nur sein Gefühl ahnt manchmal eine Treppe bis zum Mond. / Ausgesetzt jener Liebe / Die die Einsamen haben: / Das Herz zu durchbohren / Und aufzufädeln auf ein Haar, / Das die Geliebte in der Leidenschaft verlor...«

Sie verliebt sich in einen anderen Mann, fühlt sich aber gebunden an das Versprechen, das sie dem ersten gegeben hat. In dieser Konfliktsituation nennt sie ihre Gedichte »dumme Reimereien« und begeht mit Veronal 1951 Selbstmord. In einem Schreiben, das sie hinterläßt, heißt es: »Auf diese Weise ist alles bestens geklärt. Der Tod ist etwas Sauberes. Er wäscht alle Lügen auf.«

In einer Prosaskizze hat sie vorher Gedanken dieser Art angestellt: »Wenn ich mich getötet haben werde, können die anderen voraussichtlich eine Menge Mutmaßungen, Verdachte, Motive und Interpretationen angeben. Am häufigsten wird man wohl davon sprechen, daß die unangenehmen Situationen, in die die meisten Menschen geraten, nur neurotischen oder gar psychopathischen Persönlichkeiten unerträglich werden. Ferner wird die Annahme berechtigt sein, daß ein hysterischer Selbstmordversuch unabsichtlich ein unglückliches Ende nahm... Die dritte Kategorie der Beurteilenden aber wird meinen Tod als völlig ursachlos empfinden, denn ihre Argumente heißen: Dieses Mädchen stand am Anfang ihres Lebens, sie war weder gefährlich krank noch häßlich oder verunstaltet... Sie hatte bereits schriftstellerische Erfolge... obwohl unter den vielen Leuten, die mich kennen, sich einer den stillen Vorwurf machen wird, daß man mir hätte helfen können? Er wird bald einsehen, daß er sich den Vorwurf ersparen kann, denn es war schließlich nicht seine Schuld, daß ich meine gefährdete Situation nicht deutlich genug zeigte.« Zwölf Jahre nach Hertha Kräftners Tod erschien ihr gesammeltes Werk in Österreich: Das Erstlingswerk einer Toten. 1977 wurde es neu aufgelegt.

Als ein Kuriosum gewertet wurde 1952 das Erscheinen des Romans »Sackgassen« von Thea Sternheim, in dem Hingabe sich immer wieder in Niedertracht anderer verfängt. Alle Ausbruchsversuche der Heldin scheitern, Sehnsucht endet im Gefängnis der Selbstbespiegelung. Thea Sternheim, 1883 geboren, war von 1907 bis 1927 die Frau des Dramatikers Carl Sternheim. Den Nazis wich sie 1932 nach Paris aus und wurde während der Besetzung Frankreichs durch die Deutschen während des Zweiten Weltkriegs zeitweilig in einem Internierungslager festgehalten.

Was kaum jemand weiß: Thea Sternheim arbeitete in der Zeit

ihrer Ehe mit dem Schriftsteller Sternheim aktiv an dessen Büchern mit, ohne daß ihr Anteil daran jemals anerkannt wurde. Carl Sternheim veröffentlichte 1917 in dem Sammelband »Mädchen« eine Erzählung mit dem Titel »Anna« unter seinem Namen. Aber nicht er, sondern seine Frau hatte sie geschrieben. Es waren die vier Anfangskapitel des von Thea Sternheim damals begonnenen Romans »Sackgassen«. Sternheim hatte die Erzählung »Anna« in sein Buch eingefügt, weil er zum Abgabetermin des »Mädchen«-Manuskripts nicht die vereinbarten drei Erzählungen fertiggestellt hatte, sondern nur zwei. Gottfried Benn, der in jungen Jahren mit Thea Sternheim befreundet war, hielt das ihm bekannte Roman-Manuskript »Sackgassen« für ein bedeutendes Buch und erreichte, daß der Limes Verlag es nach dem Zweiten Weltkrieg herausbrachte. Doch Benn blieb allein bei seiner Beurteilung. Das Buch setzte sich auf dem Markt nicht durch.

Ansätze zu einer Literatur von Frauen sind, wie die fragmentarische Geschichte der weiblichen Literatur zeigt, immer wieder verlorengegangen. Die Wende zugunsten einer rigorosen Entfaltung des weiblichen Ichs kam erst in den späten sechziger Jahren dieses Jahrhunderts. Da formulierte Günter Grass auf der Tagung der Gruppe 47 im Jahre 1967: »Sie drücken uns nicht, sie schreiben uns an die Wand.« Grass meinte damals speziell die Schriftstellerinnen Barbara Frischmuth, Helga Novak und Renate Rasp, die auf jener Tagung aus ihren Texten gelesen hatten. Und die heute 50jährige Christa Wolf sagte 1979 für die Situation der DDR: »Als ich anfing zu schreiben, war ich noch eine der wenigen Frauen, saß in den Gremien als eine der wenigen Frauen. Heute ist das anders.«

Im deutschsprachigen Bereich ist die Präsenz von Frauen inzwischen gewichtig und fast schon unübersehbar geworden. Es schreiben und veröffentlichen außer jenen, die bereits genannt worden sind: Angelika Mechtel, Gisela Elsner, Hannelies Taschau, Elisabeth Plessen, Ingeborg Drewitz, Silja Walter, Elfriede Jelinek, Margarete Hannsmann, Ursula Ziebarth, Katrine von Hutten, Elke Erb, Margot Schroeder, Maria Erlenberger, Sigrid Brunk, Hilde Domin, Karin Kiwus, Friederike Roth, Ursula Krechel, Karin Petersen, Jutta Schutting, Marianne Fritz, Elisabeth Alexander, Esther Knorr-Andersen, Elisabeth Albertsen, Elfriede Gerstl, Liesl Ujvary, Heidi Pataki, Karin Struck, Brigitte Schwaiger, Gabriele Wohmann, Christine Nöstlinger, Erica Pedretti, Marianne Fritz, Aldona Gustas, Brigitte Kronauer, Leonie Ossowski, Eva Zeller, Birgit Pausch, Claudia Storz, Hanna Johansen, Beate Klöckner, Marlene Stenten, Renate Schostack, Marie-Thérèse Kerschbaumer, Konstanze Radziwill, Diana Kempff, Angela Sommer.

Dichtung von Frauen steht zur Diskussion. Bücher, die nicht die erfolgreiche Frauenliteratur einer Marlitt (1825–1887) und einer Hedwig Courths-Mahler fortsetzen, jener ersten weiblichen Erfolgsautoren mit Millionenauflagen. Deren Art Realitätsbewältigung geschah immerhin noch aus der Verinnerlichung alter patriarchalischer Unterdrückungsmechanismen und spiegelt somit zugleich die Schwierigkeit der literarischen Einzelgängerinnen, die diese Einengung nicht hinnahmen. Die heutigen Autorinnen der neu dekorierten alten Spezies »Frauenroman« gehen dagegen ganz bewußt auf falsche Realitätsbewältigung aus, sie simulieren sie. Sie sind clevere Nutznießerinnen eines für sie lukrativen Bildungsgefälles. Die Bestseller-Autorinnen Alexandra Cordes, Utta Danella, Sandra Paretti schreiben mit ihren Romanen manipulierte Bedürfnisse von Frauen und die scheinhafte Befriedigung dieser Bedürfnisse fort und kommen einer immer schon stark verbreiteten Haltung von Menschen nach, die sich am liebsten von den politisch / sozialen Gegebenheiten abwenden. Die Frauenroman-Autorinnen bauen Fluchten in einen Scheinfrieden, Kosmen einer Scheinsicherheit in düsteren Zeiten. Sie betäuben rezeptfrei mit Worten.

Die schwierige Arbeit des Selbsterkennens und des Erkennens des Gegenübers leisten andere Frauen. Schriftstellerinnen, denen sich der Markt nur langsam öffnete. Ein radikales Umdenken in den männerorientierten Buchverlagen erzwang Karin Struck 1973 mit ihrem autobiographischen Roman »Klassenliebe«. Die »Klassenliebe« ging wie ein Gewitter über eine ideologisch vernebelte Bundesrepublik nieder. Karin Struck, ein Arbeiterkind, setzte ihr Bewußtsein gegen das übersaturierte der Männer: »Für uns ist Literatur wie tägliches Brot, wie Wasser«, schrieb sie. »Kommt das Leben ohne Brot? Was gehen uns die Parolen der linken Bürgersöhnchen an, Literatur sei Scheiße. Gar nichts. Wissen, was Sprache ist... Ohne Phantasie ist der Sozialismus nichts.«

Politische Hellsicht als literarischer Ansatz. Ein Aufschrei als Buch, als Kunstwerk gefeiert. Doch als solches erst erkannt, als es schon zum heimlichen Bestseller geworden war. Mit Erwartungen überschüttet, gestattete sich die damals 26jährige Autorin keine Ruhe mehr, keine Geduld. Inwendig brannte sie aus, auswendig lernte sie alles, was in Büchern zu lesen und an literarischen Mustern vorgegeben war. In ihrer Hektik und in ihrer Angst lebte sie sich Romane zusammen, ehe sie sie schrieb, stilisierte sich zu dem, was sie sein wollte: Fachfrau für Liebe, so ihre Worte, attackiert von zwei Seiten: aus der Frauenbewegung heraus und von der Literaturkritik wegen einer Darstellung von Sinnlichkeit, die sich mit dem von ihr progagierten Mythos des Urweiblichen immer stäker einem Biologismus näherte, der die Frau schon in der bürgerlichen Philosophie reduziert auf ein Naturwesen begriffen hatte. Je zwanghafter Karin Struck in ihren Büchern ihre Weiblichkeit zu entdecken versuchte, desto stärker verschlossen sich ihre schöpferischen Möglichkeiten.

»Literarische Falschmünzerei«

war das nicht, wie das eine zu Exekutionen schnell bereite männliche Kritik annehmen zu müssen glaubte, eher das Katastrophendokument einer Selbstzerstörung, die im Zusammenhang mit der mörderischen Entwicklung einer Literatur von Frauen steht. Es hängt mit dem zusammen, was Verena Stefan so formulierte: »Es heißt, Männer können besser abstrahieren. Im Extrem wird sich diese Fähigkeit als (Selbst)-Entfremdung auswirken und, was das Schreiben betrifft, als Kluft zwischen Literatur und Leben. Lebte Kafka wirklich?? Frauen sind verhafteter in dem, was – gesellschaftlich bedingt – ihre Umgebung, ihr Leben und Unterhalt, ihre Arbeit sind. Kinder, Mann, Haus. Ihr Leben hängt davon ab. Andere Leben hängen von ihnen ab. Sie kennen andere Gefühlsbindungen zwischen diesen verschiedenen abhängigen Leben... Und kaum eine unmittelbare Beziehung zu einer eigenständigen Arbeit. Wie lernen sie abstrahieren? Ihre Ausdrucksformen sind rasch sentimental. Männer leben nicht weniger sentimental, doch sie können trennen. Gedanken/Gefühle, Arbeit/Leben. Häuten Männer sich beim Schreiben? Lernen Frauen abstrahieren, ohne sich auszulöschen?«
In dem 1929 erschienenen Buch »Die Frau von morgen« schrieb Robert Musil: »Die Frau ist es müde geworden, das Ideal des Mannes zu sein, der zur Idealisierung nicht mehr die rechte Kraft hat, und hat es übernommen, sich ihr eigenes Wunschbild auszudenken... Sie will überhaupt kein Ideal mehr sein, sondern Ideale machen, zu ihrer Bildung beitragen, wie es die Männer tun...« Diese Problematik hat auch die heutige Generation junger Frauen fünfzig Jahre später noch nicht gelöst: Ihren Wunsch nach Selbstverwirklichung mit ihrer Bindung und ihren Aufgaben durch Ehe und Kinder zu vereinen. Das Zentrum des Konflikts liegt immer wieder in dem Dilemma eines gleichzeitigen Bedürfnisses nach Abhängigkeit und Unabhängigkeit. Im neunzehnten Jahrhundert, als die weibliche Suche nach Befreiung und Selbsterfüllung häufig in außerehelichen Liebesverhältnissen endete, die von der herrschenden Moral aufs schärfste verurteilt wurden, hatte das gleichzeitige Liebesbedürfnis nach Abhängigkeit für die nun nicht durch die Rolle geschützte Frau fatale Folgen.
Und wie ist es heute, wenn es um das Leben von Schriftstellerinnen geht? Die Lyrikerin Ursula Krechel sagt: »Man kann sich eine Frau nicht vorstellen, die sich wie Thomas Mann um soundsoviel Uhr an den Schreibtisch setzt, um zwölf aufhört, dann hat Katja Mann das Essen gerichtet oder wahrscheinlich das Dienstmädchen, dann geht es wieder an den Schreibtisch. Frauen sind viel mehr belastet...« Männer werden nach wie vor von der Muse geküßt. Sie finden meistens ihre Katja Mann fürs Alltagsleben. Wer küßt die Musen? Ohne den Hintergedanken, sie in ihre Gewalt zu bringen.

Der Aufbruch

Anna Seghers
»Alles, was Alleinsein aufhebt, kann einen trösten«

Sie könnte eine Integrationsfigur sein. Ihr Werk ist konsequent auf Versöhnung ausgerichtet. Ihre widersprüchlichen Geschöpfe streben nach Unschuld und werden mit Schuld beladen. Niemand unter den deutschen Schriftstellern hat so treffend, so ausführlich und entschieden erzählend den Nationalsozialismus beschrieben. Niemandem ist es derart gelungen, die Kluft zwischen Arbeitern und Intellektuellen zu überwinden. Niemand hat so festen Glaubens auf Heimat als dem sozialen Ort eines gewöhnlichen Lebens und eines gewöhnlichen Glücks bestanden wie sie. Ihr Heimweh nach Einheit – sie beschreibt es so: »Alles, was Alleinsein aufhebt, kann einen trösten.« Ihr Name: Anna Seghers.

Die 79jährige Anna Seghers ist in ihrem Vaterland keine Integrationsfigur geworden. Anna Seghers, so alt wie dieses Jahrhundert. Die Geschichte Deutschlands, in der sie lebte und lebt, in der sie sich bewährt hat in der Verfolgung durch den Faschismus, ist die Geschichte in ihren Büchern. Die Neigung vieler ihrer Zeitgenossen, sogleich Urteile zu fällen, ist bei ihr verworfen zugunsten der Leidenschaft, zunächst zu erkennen und zu beschreiben. Ihre Parteinahme gilt dem Sozialismus: Aber jeder, der sie liest, spürt, daß sie immer nur für ihn, den einzelnen, geschrieben hat. Die Größe der Anna Seghers besteht darin, daß sie innerhalb einer Ideologie dichtet und dennoch die Fesseln bloßer politischer Absicht sprengte.

Ohne Zweifel: Sie ist eine Autorin von Weltrang, die einzige lebende, die wir haben. Wir? Da beginnt das Dilemma. Wir leben in einer geteilten Nation. Jede Seite sucht Bestätigung für die Richtigkeit ihrer gesellschaftspolitischen Auffassung. Die Konfrontation färbt die Beurteilung ihrer Werke bis in die Literaturkritik hinein. Anna Seghers ist Kommunistin seit 1928. Sie lebt in der DDR und wird dort emphatisch gefeiert. In der Bundesrepublik wurde und wird ihre Entscheidung disqualifiziert als die »Kapitulation des Intellekts, Zusammenbruch eines Talents, Zerstörung einer Persönlichkeit«. Anna Seghers zwischen den Polen der Tagespolitik: Dort abgestempelt als Heilige, hier als Scheinheilige.

Von Christa Wolf, die so viel von Anna Seghers gelernt hat, wissen wir: Die Zeit der Anna Seghers »fließt anders, sie trägt ihr andere Beispiele zu, geschlossene Schicksale, sie sah nicht nur eine andere

Wirklichkeit – sie sieht auch Wirklichkeit anders... exaltierte Gefühle und Reaktionen mag sie nicht... in solchen Fällen gebraucht sie das Wort ›übertrieben‹: Das find ich übertrieben. Oder auch: arg übertrieben.« Man versteht nichts von Anna Seghers, wenn man das Dilemma einer Kunstlehre triumphierend gegen diese Frau ausschlachtet, einer Kunstlehre, die den Menschen sowohl als gesellschaftliches Wesen als auch als Individuum beschreiben will. Anna Seghers weiß von den Antinomien von Dichtung und politischer Aktion, und sie hat sie in ihrem Werk nie verkleistert.

Anna Seghers ist eine deutsche Jüdin. Ihr erstes Buch hieß »Aufstand der Fischer von St. Barbara« und erschien 1928. Im selben Jahr erhielt sie den Kleist-Preis, die renommierteste Literaturauszeichnung in der Weimarer Republik. Als die Nazis an die Macht kamen, verbrannten sie dieses Werk und zwei weitere, die in der Zwischenzeit entstanden waren, auf dem Scheiterhaufen. Anna Seghers wurde 1933 verhaftet und wieder freigelassen. Einer erneuten Verhaftung entkam sie durch Flucht nach Frankreich. Ihre Mutter wurde von den Nazis umgebracht. In Frankreich wurde Anna Seghers 1940 von den deutschen Truppen überrollt und von der Gestapo gesucht. Von Marseille aus gelangte sie ein Jahr später auf einem Schiff mit ihrer Familie über San Domingo und Ellis Island nach Mexiko, wo sie den Krieg überlebte.

Anna Seghers, damals 41 Jahre alt, Mutter von zwei Kindern im Alter

Das Werk der Anna Seghers, die 1928 den Kleist-Preis erhielt, ist fest verwurzelt mit ihrer Heimatstadt Mainz und deren Umgebung. »Das siebte Kreuz«, ihr größter Roman, der 1942 im Exil erschien, spielt im KZ Osthofen bei Worms. Das Foto entstand 1933 in diesem KZ

von zwölf und vierzehn Jahren. Sie hat diese Kinder durch die Gefahren der Verfolgung getragen, sie hat ihren Mann, einen ungarischen Wissenschaftler, aus dem französischen Internierungslager der mit Hitler kollaborierenden Vichy-Regierung, Le Vernet, vor dem Zugriff der Deutschen gerettet und in der Situation größter Bedrohung ihre zwei größten Romane geschrieben: »Das siebte Kreuz« und

»Transit« – die Geschichte eines aus einem deutschen KZ entflohenen Mannes, der durch die Solidarität einfacher Leute gerettet wird, und die Geschichte der von Hitler Verfolgten, die in Marseille um die rettende Schiffspassage nach Amerika kämpfen.

Anna Seghers kam am 19. November 1900 in Mainz zur Welt. Ihr Mädchenname lautete Netty Reiling. Sie entstammt großbürgerlichen Verhältnissen. Ihr Vater war ein weit über die Grenzen bekannter Kunsthändler, er besaß ein Antiquitätengeschäft und betreute auch die Kunstsammlungen des Mainzer Doms. Ihr Pseudonym als Schriftstellerin übernahm sie in den zwanziger Jahren einer eigenen Erzählung aus der Phase erster Schreibversuche. Es war eine »gruselige oder grauslige Geschichte von einem holländischen Kapi-

Anna Seghers

tän«, erzählt sie in der Ich-Form, als ob dieser Kapitän mein Großvater war. Ich mußte ihm ja auch einen Namen geben. Auf der Suche nach einem holländischen Namen kam ich auf Seghers, das ist ein Grafiker aus der Rembrandt-Zeit, wahrscheinlich ging mir das als Lautverbindung durch den Kopf. Nun mußte ich die Geschichte irgendwie zeichnen, und da dachte ich mir, als Enkelin des Alten müßte ich mich auch Seghers nennen.«

In Netty Reilings kosmopolitischem Elternhaus vollzog sich der Zugang zum Leben über Kunst und Literatur, über Märchen und Sagen, über die deutsche Klassik. Verse aus Goethes »Faust« mußte ihr die Mutter immer wieder vorlesen. Als Netty Reiling das Lesen erlernt hatte, faszinierten sie Schillers »Don Carlos« und »Wilhelm Tell«: »Schillers Dramen haben auf mich als Schulkind großen Eindruck gemacht, in der Zeit, in der ich begann, das Theater für eine andere Art Wirklichkeit zu halten.« Von einer anderen Art Wirklichkeit träumte sie in der ihr von den Eltern geschenkten überdimensionalen Puppenstube, die begehbar war.

In eine andere Art Wirklichkeit tauchte sie schreibend in ihren ersten Werken ein. Nicht von ihrer Biographie schrieb sie, wie es viele Schriftstellerinnen in ihren Erstlingswerken tun, sondern von dem Traum, anders zu sein, als sie lebte. In ihrer Erstlingserzählung »Grubetsch«, die 1927 in Fortsetzungen in der »Frankfurter Zeitung« erschien, heißt es: »Der Grubetsch ist wieder da, sagte Marie, jetzt wird es wieder ein Unglück geben. Sie lächelte und fing von neuem an, ihre Brust zu wiegen.« Anna heißt ein kleines Mädchen in der Erzählung, das sich bei den Worten Maries denkt: »Was ist das, ein Unglück? Ist es wie der Hof dort unten und wie das Zimmer dort hinten? Oder gibt es auch noch andere Unglücke, rote, glühende, leuchtende Unglücke? Ach, wenn ich so eins haben könnte!«

Die Schriftstellerin Anna Seghers tastete sich schreibend heraus aus der in sich ruhenden großbürgerlichen Welt des Elternhauses. Grubetsch, der Flößer, Liebhaber der unscheinbaren, kränkelnden Arbeiterfrauen im Hinterhof einer städtischen Mietskaserne, trägt »in das verzweifelnd graue Leben etwas von dem gefährlichen Wirbel des Stromes, von dem Glitzern der Sonne, von der Sehnsucht der Weite«. Grubetsch versteht es, »die geheimen Wünsche der Menschen nach dem Zugrundegehen zu erraten und jedem in seiner Weise zu erfüllen«. Die literarische Gestalt des Flößers Grubetsch: ein Name unter Namenlosen. Und Mainz, die Stadt am Strom, die Stadt am Rhein.

Die Schriftstellerin Anna Seghers erinnert sich an das Kind Netty Reiling: »Ich sah jeden Tag den Rhein mit Neid an, weil er bald in Holland ins Meer fließen wird.« Und rückblickend auf ihr literarisches Werk, das mit dem heimatlichen Mainz fest verwurzelt blieb, sagt sie: »Ein Fluß spielt fast in allen meinen Geschichten und all meinen Romanen eine gewisse

Rolle.« Die Sehnsucht nach einer »anderen Art Wirklichkeit« jenseits des bürgerlichen Alltags – das war der Ausgangspunkt für Anna Seghers, ähnlich wie bei Else Lasker-Schüler, doch anders in der Auflösung des Traumes, anders in der Hinwendung zum Nächsten, auch bei Anna Seghers zuerst einmal »die Lust auf absonderliche, ausschweifende Unternehmungen«, wie sie sagt, eine Lust, die zunehmend kontrastierte mit den »eigenen bläßlichen keinbürgerlichen Sippen, die zu keinem starken Gefühl, zu keinem Gefühlsausbruch fähig waren«.

»Als kleines Kind, als ganz kleines Kind, bevor ich in die Schule kam«, so erinnert sich Anna Seghers, »und im ersten Jahr, in dem ich in die Schule ging, war ich oft krank, und dabei lernte ich verhältnismäßig früh lesen und dadurch auch schreiben. Und dann erfand ich, hauptsächlich weil ich allein war und mir eine Umwelt machen wollte, alle möglichen kleinen Geschichten, die ich mir vorerzählte, und manchmal schrieb ich auch drei Sätze, sozusagen zu Abziehbildern.«

Anna Seghers besuchte vom sechsten Lebensjahr an eine Privatschule, von 1910 bis 1917 die »Höhere Töchterschule«, dann die Mainzer »Großherzogliche Studienanstalt«, an der sie 1919 das Abitur machte. An der Universität in Heidelberg belegte sie die Fächer Kunstgeschichte und Sinologie, und sie ging zu philosophischen, sozial- und literaturwissenschaftlichen Vorlesungen. Sie kam in eine aufgeregte und aufregende Zeit hinein. Das Deutsche Kaiserreich war im Ersten Weltkrieg untergegangen; in der Auseinandersetzung um eine sozialistische Republik zersplitterte sich die Arbeiterbewegung; die Schriftsteller artikulierten ihren Sozialismus im Expressionismus; die Oktoberrevolution in Rußland spielte in die Diskussion hinein; aus Ungarn kamen Emigranten nach Heidelberg, die im Kampf um eine Räterepublik gescheitert waren, darunter der Soziologiestudent Laszlo Radvanyi, Anna Seghers' späterer Mann.

Das waren Erschütterungen für die Mainzerin Netty Reiling: »Wir horchten erregt ihren Berichten, die damals vielen in Deutschland wie Greuelmärchen erschienen oder wie Vorkommnisse, die unvorstellbar waren in Mitteleuropa. Der weiße Terror hatte die erste Welle der Emigranten durch unseren Erdteil gespült. Und seine Zeugen, erschöpft von dem Erlebten, doch ungebrochen und kühn, uns überlegen an Erfahrungen, auch an Opferbereitschaft im Großen und Hilfsbereitschaft im Kleinen, waren für uns wirkliche, nicht beschriebene Helden. Wir waren um so feinhöriger, als Deutschland selbst noch in Aufständen zerwühlt war, von den Spartakuskämpfen bis zu den Hamburger Barrikaden.«

In Heidelberg, weit genug entfernt vom behüteten Elternhaus, wurde der Studentin Netty Reiling zum erstenmal klar, »daß es ein oben und unten, ein hoch und niedrig gibt«, und daß das klassische Humanitätsideal auf zu hohem Podest stand, als daß es Wirkungen hätte haben können auf eine von sozialen Gegenständen und Widersprüchen zerrissene Wirklichkeit: »Ich sah jetzt mit wachen Augen, daß es Menschen gab, die schlechter als andere gekleidet waren, daß es Menschen mit schlechten Schuhen gab. Ich scheute mich, bessere Schuhe zu tragen als diese. Ich sah mit erschrockenen Augen, wie man durch die Stadt einen Gefesselten führte, einen Menschen, der gegen weiß der Teufel was revoltiert hatte.« Anna Seghers sah, wie ihre alte Wirklichkeit entzweiging, spürte, wie sie sich verwandelte. Wohin? Noch las sie nicht Marx und Lenin. Aber die Bücher Dostojewskis, des Russen, erschienen ihr wie die prophetische Vorwegnahme der bürgerlichen Krise: »Eine Wirklichkeit ist uns aus den Büchern gekommen, die wir im Leben noch nicht gekannt haben. Für uns war es eine erregende, eine revolutionäre Wirklichkeit. Ich spreche jetzt nicht von der politischen Revolution, die ja nah war, zeitlich nah war damals, sondern ich spreche von einem revolutionären Herauswühlen, in Bewegung-Gehen des menschlichen Schicksals, etwas durch und durch Unkleinbürgerliches.« Wie Netty Reiling erging es bei der Lektüre dieser Bücher vielen aus der bürgerlichen Intelligenz.

Netty Reiling schloß 1924 ihr Studium an der philosophischen Fakultät in Heidelberg mit der Doktorarbeit »Jude und Judentum im Werke Rembrandts« ab. Das schien weit weg zu sein von dem, was sie in den Studentenjahren erregte. Der Ablösungsprozeß von der bürgerlichen Sphäre war ein langsamer Klärungsprozeß bei ihr. Die Entscheidung für den Sozialismus – das war für sie auch die Frage: Was kann hinübergetragen werden aus der Vergangenheit in die Zukunft? Hinübergeholt werden müssen die Aufrichtigen. Also Rembrandt, also dessen Unruhe. Nichts auf der Welt passiert zum erstenmal. »Die Grundstoffe haben sich seit zweitausend Jahren nicht geändert«, sagt Anna Seghers. Nur: »Die Abwandlungen sind vielfältig!«

Wie kann man den Bestimmungsort des einzelnen in dem historischen Gemeinplatz auflösen? Das Leben des Menschen – ein zielstrebiges Intervall zwischen einem bekannten Woher und einem unbekannten Wohin. Das Schlüsselwort heißt: »Diesseitige Unmittelbarkeit«. Es kommt bereits in der Dissertation der Netty Reiling vor. Sie heiratete 1925 den Soziologen Laszlo Radvanyi, der ein Jahr später Leiter der marxistischen Arbeiterschule in Berlin wurde. Als sie 1928 der Kommunistischen Partei beitrat, war eine Entscheidung gefällt, der persönliche Klärungsprozeß aber noch nicht abgeschlossen. Die Suche wurde noch in der 1930 erschienenen Erzählung »Auf dem Wege zur amerikanischen Botschaft« sichtbar, in der sich ein Mann einer Demonstration gegen die bevorstehende Hinrichtung der in Amerika zum Tode verurteilten Revolutionäre Sacco und Vanzetti anschließt.

Über diesen Mann heißt es: »Er hatte sein Gepäck am Bahnhof ab-

Zweite Buchpublikation der Autorin aus dem Jahre 1930. Sie enthält die drei Jahre zuvor in der »Frankfurter Zeitung« abgedruckte Erstlingserzählung »Grubetsch«

gestellt. Er wollte kein Zimmer drei Stockwerke über der Stadt, keine Sicherheit, keine vier Wände um sich. Die lernten nie, was eine Stadt war, spürten dort oben niemals solche Angst, die einen ganz hart machte, fügten niemals ihre Körper in eine Kette und stemmten.« Das beglückende Gefühl der Zugehörigkeit zu einer Gemeinschaft erfaßt den Mann im Demonstrationszug, Erlebnis der Solidarität, Ausbruch aus »vollkommen sinnloser Einsamkeit«. Doch dann der Satz der Anna Seghers: »Ging der Zug auseinander, dann war der Fremde wieder allein, wie frisch angekommen, dann fing alles nochmals von vorne an.«

Anna Seghers ist eine religiöse Schriftstellerin. Das heißt eine Frau, die auf Erfüllung aus ist. Auf der einen Seite der Mensch, auf der anderen der Ort, der ihn als Menschen bestimmt. Nur wenn beide Enden sich wie auf einem Bogen gegeneinander krümmen und im Augenblick der Entschließung zur Freiheit eins werden, übertrifft der Mensch sich selber. Bleibt die Sehne schlaff, so findet der Mensch am Ende nur den Ort seines spurlosen Todes. Gewachsen in der Erfahrung mit dem Faschismus, weiß sie später: »Da, wo der Faschismus die totale Mobilmachung beginnt, nämlich in den Köpfen, müssen wir vor ihm da sein, mit der totalen Mobilmachung von Kräften ganz anderer Ordnung. Einer Jugend, die der Faschismus daran gewöhnt hat, vom ›gefährlichen Leben‹ zu träumen, müssen wir eine von Grund auf andere Konzeption des Lebens bieten: eine Wahrheit, die weit verführerischer ist als die Lüge, das Aufsichnehmen von Gefahren für die Wahrheit.«

Wie die Vermittlung ihrer Wahrheit auch an der Kurzsichtigkeit und Engstirnigkeit ihrer eigenen Partei gescheitert ist, hat sie in aller Offenheit in ihren späteren Büchern beschrieben. Die Borniertheit von Kommunisten gegenüber Schwankenden und Abseitsstehenden geht ein in die Figur des Kommunisten Walter in ihrem 1937 im Exil erschienenen Roman »Die Rettung«, in dem es heißt, er »verstand« nur solche Menschen, die sich schon dicht an die Wahrheit herangefragt hatten«. Was Sozialismus sein könnte, hat die Schriftstellerin Anna Seghers sichtbar gemacht, und nicht so sehr die Partei, der sie angehörte. Ihre Literatur geht hin zu den einfachen Leuten. Das Höher-Hinauskommen war nie eine Gefahr für Anna Seghers, das tiefer Hinein war die eigentliche Schwierigkeit der Großbürgerstochter. Sie hat es mit Zuhören und in Zuneigung geschafft.

Man täte Anna Seghers Gewalt an, setzte man sie in Gegensatz zum Konzept einer sozialistischen DDR. Aber sie weiß auch, daß noch immer die Literatur mehr Menschlichkeit in die Gesellschaft eingebracht hat, auch in die der DDR. Der moralische Konflikt zwischen Vorstellung und Tat, zwischen Passion und Aktion, der von der Politik häufig genug mit dem Machtwort beendet und damit nicht gelöst wird, ist bei ihr vom dichterischen Einfall sicher getragen, und zwar deshalb, weil sie im Grunde das fatale Entweder-Oder zwischen antagonistischen Werten vermeidet. Die Wahrheit der Parteilichkeit bedarf ständiger Korrektur. Der soziale und geschichtliche Aspekt, das Zivilisatorische, kann nicht ausschließlich Lebensbestimmung sein, die Condition Humaine erschöpft sich nicht darin.

Den eigensinnigen Humanismus der Seghers gilt es in Deutschland West und in Deutschland Ost gleichermaßen zu entdecken – in seiner Reinheit, die ebenso nüchtern wie sinnlich ist, in seiner Reinheit, die nicht auf Kosten der Unbestechlichkeit geht. »Ein Roman hat nichts mit einem Leitartikel zu tun«, schreibt sie. »Er macht Handlungen und Regungen von Menschen unter verschiedenen gesellschaftlichen Zuständen bewußt, oft unbeachtete und unbeabsichtigte Handlungen, oft geheime und verkappte Regungen. Der Autor und der Leser sind im Bunde: sie versuchen zusammen auf die Wahrheit zu kommen.« Die Hoffnung der Seghers wird von Geduld getragen.

In ihren Büchern zeigt sie, »wie in unserer Zeit der Bruch, der die Welt in zwei Lager spaltet, auf alle, selbst die privatesten, selbst die intimsten Teile unseres Lebens einwirkt: Liebe, Ehe, Beruf sind sowenig von der großen Entscheidung ausgenommen wie Politik und Wirtschaft.« In der Literaturdiskussion der dreißiger Jahre mit dem kommunistischen Literaturwissenschaftler Georg Lukács hat Anna Seghers gegen die von ihm favorisierten Autoren eingewendet, sie hätten »es fertiggebracht, die Welt ganz zu entzaubern«, weil sie sich im »Vollbesitz der Methode des Realismus« glaubten, aber eine »unerlebte Welt« schilderten. Die Erkenntnis der Seghers lautete: »Die Bewußtbarmachung der Wirklichkeit durch die Kunst umfaßt alle Gebiete des Lebens. Die ›Tendenzkunst‹ hat große Gebiete unbeachtet gelassen, und der Faschismus hat später diese Hohlräume der Gefühle für sich benutzt. Die ›reinen‹ Künstler lassen einen gefährlichen Hohlraum, indem sie das wichtigste, das menschlichste, das geschichtsbildende Element auslassen.«

Ihre programmatische Maxime hieß: »Der Wirklichkeit einen

Anna Seghers sieben Jahre nach Erscheinen ihres Romans »Das siebte Kreuz« 1949 mit dem Literaturwissenschaftler Georg Lukács auf der Weltfriedenskonferenz in Paris

Steckbrief ausstellen.« Die Mitleidshaltung mit den im Leben am schwersten Betroffenen wird bereits 1928 in ihrer ersten Buchpublikation »Aufstand der Fischer von St. Barbara« sichtbar. Es ist die Geschichte einer Niederlage. Der Aufstand in einem kleinen Küstenort gegen die Abhängigkeit von einer Reedereigesellschaft wird niedergeschlagen, der Kampf um bessere Lebensbedingungen scheitert, der Revolutionär Hull, der nach St. Barbara kam und den Aufstand auslöste, ist gefangen. Sein Charisma mündet in Martyrium.

Die Seghers schreibt: »Aber längst, nachdem die Soldaten zurückgezogen, die Fischer auf See waren, saß der Aufstand noch auf dem leeren, weißen, sommerlich kahlen Marktplatz und dachte ruhig an die Seinigen, die er geboren, aufgezogen, gepflegt und behütet hatte für das, was für sie am besten war.« An den Revolutionär Hull bleibt die Erinnerung: »Er brauchte nur in die Hände zu klatschen, dann sprang der Aufstand aus ihm heraus, aus der Stadt über die Küste, vielleicht über die Grenze.«

Das Scheitern der Handelnden – Anna Seghers hat es in ihrem tausende Seiten umfassenden literarischen Werk immer wieder variierend beschrieben. Das Motiv des Martyriums hat seinen Bezug zur biblischen Geschichte. Das wird ganz deutlich im Inhalt vieler ihrer Bücher und selbst erkennbar für denjenigen, der deren Inhalt nicht kennt, an Titeln, wie »Das siebte Kreuz«, »Das Licht auf dem Galgen« und »Die Kraft der Schwachen«. Der Marxismus in der Ab-

Anna Seghers mit schwarzer Kappe auf dem Internationalen Kongreß proletarischer und revolutionärer Schriftsteller 1930 im sowjetischen Charkow. Hinter ihr mit erhobenem Arm Franz Weiskopf, der später ihr »Siebtes Kreuz« rettet. Anna Seghers gehörte 1933 zu den Mitgründern der wichtigen Exil-Zeitschrift »Neue Deutsche Blätter«

lösung von der christlichen Ideologie, der Marxismus als eine Geschichte, die die geschichtliche Erfüllung ins Diesseits verlegt.
Anna Seghers trat im Erscheinungsjahr ihrer ersten Buchpublikation in die KPD ein: Der Aufstand gegen Armut und Elend, der Aufstand zur Aufhebung der Klassengegensätze soll nicht scheitern. Die Kleist-Preisträgerin wurde Mitglied des sich innerhalb der KPD konstituierenden Bundes proletarisch-revolutionärer Schriftsteller, zusammen mit den ebenfalls aus dem Großbürgertum kommenden Autoren Johannes R. Becher und Ludwig Renn. Sie schrieb Artikel und Berichte für die kommunistische Presse, sie nahm an Diskussions- und Vortragsveranstaltungen teil, sie war »Lehrerin« für Autoren, die aus der Arbeiterklasse kamen. Sie gehörte dem PEN-Club an und arbeitete im Untersuchungsausschuß über den NS-Terror, einem Gremium, das der Schutzverband deutscher Schriftsteller einberief. Sie nahm am Antikriegskongreß in Amsterdam teil. Die Schriftstellerin Oda Schäfer erinnert sich an eine antifaschistische Kundgebung im Januar 1933: »Dort sprach unter anderen Erich Mühsam, während die von mir bewunderte Anna Seghers mit der Sammelbüchse herumging.«
Daß Anna Seghers nach ihrer Verhaftung durch die Nazis im selben Jahr wieder freigelassen wurde, verdankt sie ungarischer Intervention. Ihr Mann war ja Ungar. Sie floh über die Schweiz nach Paris. Jeanne Stern, eine französische Sprachlehrerin, mit der sie sich anfreundete, erinnert sich: »Während die meisten Emigranten noch her-

umschwirren und in Hotels kampieren, hatte sie sich schon verankert, nur vorläufig und mit der inneren Bereitschaft, jederzeit die Anker zu lichten, aber doch so fest, daß sie in relativer Ruhe arbeiten konnte. Sie nahm sich in einem Vororthäuschen eine möblierte Wohnung. Wenige nur kannten ihre Adresse. Es war gut so: Wegen der französischen Polizei, der das Kommen und Gehen vieler Fremder auffallen konnte... der Mann setzte seine wissenschaftliche Forschung in Bibliotheken und Instituten fort. Und wenn der Haushalt mit seinen kleinlichen Sorgen sie belästigte, wenn die vier Wände sie zu bedrücken drohten, packte Anna Seghers ihr Manuskript in die Mappe, fuhr mit dem nächsten Vorortzug nach Paris, setzte sich in ein Kaffeehaus, immer dasselbe, an einen leeren Tisch, unbekümmert um das Gewirr, um das Gewoge, und schrieb.«

So entstand im ersten Exiljahr der Roman »Der Kopflohn«, der im Amsterdamer Exilverlag Querido erschien. Ein Buch verwurzelt mit der rheinhessischen Heimat. Dort, in einem Dorf, spielt die Geschichte eines steckbrieflich gesuchten jungen Arbeiters, der 1932 bei Bauern Unterschlupf gefunden hat, wo er schließlich von SA-Mitläufern gefunden, zusammengeschlagen und weggebracht wird. Ausgebreitet wird ein Panorama der Landbevölkerung im Sommer vor Hitlers Machtergreifung. Die wirtschaftliche Misere, die Unzufriedenheit der Leute, deren wachsende Erlösungssehnsucht wird gezeigt. Egoismus, Zukunftsangst und manisches Besitzdenken mischen sich mit Gleichgültigkeit und müdem Warten auf den nächsten Tag.

In dem 1937 erschienenen Roman »Die Rettung« greift Anna Seghers zurück in das Jahr der großen Wirtschaftskrise 1929 und endet mit der nationalsozialistischen Machtergreifung. Sieben Bergleute einer oberschlesischen Kohlengrube, die unter Tage eingeschlossen sind, werden gerettet, aber sie gehen verloren an den Faschismus.

In dem Roman »Der Weg durch den Februar« läßt Anna Seghers einen illegalen Kommunisten von den Nazis sagen: »Die tauchen überall auf, wo wir was an unseren Leuten versäumt haben. Wo wir was brachliegen ließen, wo wir Menschen auf was haben hungern lassen, da bringen die schnell ihre Ersatzware an, liederliche, schimmlige, aber manche merken das gar nicht und sind gierig und schlucken.« Anna Seghers will unter Verzicht jeglicher Schwarzweißmalerei zeigen, warum die Arbeiterschaft 1933 versagte und der Nationalsozialismus sie gewann. Sie schrieb und kämpfte für eine deutsche Volksfront gegen die Nazis. Sie schenkte der These der KPD, wonach deren Niederlage nur ein »vorübergehender Rückzug« war, keinen Glauben. Ihre Partei löste sich nur zögernd von der Auffassung, daß der Faschismus die letzte unstabile Form des bürgerlichen Systems sei und die SPD bekämpft werden müsse als »die Hauptstütze der Bourgeoisie«. In der Katastrophe lenkte die KPD schließlich im Exil ein, die SPD nicht. Schließlich aber machte der Hitler-Stalin-Pakt die Versuche deutscher Kommunisten, im westlichen Exil mit der SPD einvernehmlich zu handeln, zur Farce.

Anna Seghers war dabei, als in Paris der in Deutschland von Goebbels aufgelöste Schutzverband deutscher Schriftsteller wiedergegründet wurde. Der Verband organisierte antifaschistische Kundgebungen, Vorträge und Autorenabende. Sie gehörte wie Oskar Maria Graf und Wieland Herzfelde zu den Mitbegründern der in Prag erscheinenden Literaturzeitschrift »Neue Deutsche Blätter«, in der es programmatisch hieß: »Wir werden alle zu Wort kommen lassen, wenn sie nur gewillt sind, mit uns zu kämpfen.«

Auf dem internationalen Schriftstellerkongreß zur Verteidigung der Kultur hielt sie ihre berühmt gewordene Rede unter dem Titel »Vaterlandsliebe«. Darin erinnerte sie an Hölderlin, »gestorben im Wahnsinn«, Georg Büchner, »gestorben durch Gehirnkrankheit im Exil«, Karoline Günderrode, »gestorben durch Selbstmord«, Kleist, »gestorben durch Selbstmord«, Lenz und Bürger, »gestorben im Wahnsinn«. Anna Seghers erklärte: »Diese deutschen Dichter schrieben Hymnen auf ihr Land, an dessen gesellschaftlicher Mauer sie ihre Stirnen wundrieben. Sie liebten gleichwohl ihr Land. Sie wußten nicht, daß das, was an ihrem Land geliebt wird, ihre unaufhörlichen, einsamen, von den Zeitgenossen kaum gehörten Schläge gegen die Mauer waren. Durch diese Schläge sind sie für immer die Repräsentanten ihres Vaterlandes geworden.«

Unter Mitwirkung von Anna Seghers entstand in Paris eine »Deutsche Freiheitsbibliothek«. Sie schrieb Aufsätze über den in einem deutschen KZ sitzenden und später ermordeten KP-Führer Thälmann und den Kommunisten Hans Beimler, dem die Flucht aus einem deutschen KZ gelang, der im spanischen Bürgerkrieg in den internationalen Brigaden kämpfte und im Kampf gegen Franco ums Leben kam. Sie nahm im Juli 1937 am zweiten internationalen Schriftstellerkongreß in Madrid teil und überlebte dort einen Bombenangriff der deutschen Legion Condor, die auf seiten Francos kämpfte.

Bei Kriegsausbruch wurden die deutschen Emigranten von den Franzosen in einem Pariser Stadion zusammengetrieben. Ihr Mann befand sich darunter. Er wurde nach Le Vernet in ein Internierungslager gebracht; Anna Seghers entging der Internierung. Dann kam der Einmarsch der deutschen Truppen.

Die Schriftstellerin 1933 nach geglückter Flucht aus Deutschland in Paris

»Der Abend aller Tage schien gekommen«, erinnert sich Anna Seghers. »Aus allen Betrieben, aus allen Schichten des Volkes, zu Fuß und auf Lastwagen. Dämchen und Herrchen, Nonnen und Metallarbeiter, Postbeamte und Krüppel, Schulklassen, alles ergoß sich zusammengewürfelt, ungezügelt und führerlos, von widersprechenden Anordnungen verstört. Aus der ungeheuren Stadt der Loire zu. Schon drängten flüchtige, aufgelöste Regimenter zurück ... zertrümmerte Wagen mit Resten von Kornsäcken, Kinderwagen und Nähmaschinen und blutige Leichenfetzen und tote Pferde versperrten die Flucht.«

In dieser Situation beging der mit Anna Seghers befreundete Schriftsteller Ernst Weiß in einem Pariser Hotelzimmer Selbstmord. Er nahm Gift, legte sich in die Badewanne und schnitt sich die Pulsadern auf. Das Schicksal des 56jährigen, von den Nazis verfolgten Mannes hat Anna Seghers tief erschüttert. Noch in Frankreich nahm sie das Schicksal von Ernst Weiß zum Anlaß, einen Roman zu schreiben: »Transit«. Anna Seghers hatte Ernst Weiß nach der Internierung ihres Mannes kennengelernt. »Er war mutterseelenallein, denn die meisten Leute waren arretiert oder sonstwie weg. Durch Zufall kamen wir zusammen, Ernst Weiß und ich. Das Café, in dem wir saßen, war verdunkelt wegen Fliegergefahr. Da wir beide allein waren, setzten wir uns an einen Tisch. Da kamen wir rasch und erregt ins Gespräch, als ob wir uns lange und gut kennen würden.«

Anna Seghers floh mit ihren Kindern aus Paris, kurz bevor die Deutschen die Stadt erreichten. »Vorher, ich weiß selbst nicht, wieso mir gerade dieser Gedanke kam, fragte ich«, so erinnert sie sich, »ob man nicht nach dem Ernst Weiß sehen soll – so einer weiß sich doch sicher nicht zu helfen.« Dann fiel ihr ein, daß ihr jemand erzählt hatte, zwei Freunde von Ernst Weiß hätten versprochen, ihn mit dem Auto mitzunehmen. Die Freunde, einer von ihnen der Schriftsteller Walter Mehring, hatten es nicht getan, wurden selbst von den sich überstürzenden Ereignissen davongerissen.

Anna Seghers: »Wir wußten uns übrigens auch nicht zu helfen, wie sich bald herausstellte, denn nach vielen Fußwegen, Beschießungen durch Tiefflieger, gezwungenem Aufenthalt in einem Dorf, beschlossen meine Kinder und ich, nach Paris zurückzukehren. Zum Glück nicht in die eigene, ehemalige Wohnung, denn die wurde durch die Gestapo und die französische Vichy-Polizei durchsucht. In dem deutsch-belagerten Paris ging ich sofort in die alte Wohnung von Ernst Weiß, und die Wirtin gab mir ungefähr die Antwort, die auch in meinem Buch ›Transit‹ steht. Die Wirtin hat mir also mit Zögern und Stocken ängstlich erwähnt, ›er ist gar nicht mehr da‹. Ich sah ihr an, daß er tot war. Und bald darauf hörte ich, er habe sich das Leben genommen.«

Der Roman »Transit« erschien 1944 in Mexiko, den USA und Großbritannien. In deutscher Sprache kam er erst nach dem Zweiten Weltkrieg heraus, 1948 in Konstanz. »Ein Transit – das ist die Erlaubnis, ein Land zu durchfahren, wenn es feststeht, daß man nicht bleiben will«, so heißt es im Buch. Ein Transitvisum – das war eine der wichtigsten von zahlreichen Voraussetzungen für Emigranten, um den Deutschen zu entkommen. Ein Transit-Visum brauchten die Emigranten, um über Franco-Spanien in die portugiesische Hauptstadt Lissabon zu kommen. Von dort gingen Schiffe in Richtung Amerika.

»Transit« – ein apokalyptisches Buch. Das Thema: Krieg, Niederlage, Heimatlosigkeit, Bedrohung und Verfolgung. Ein junger Monteur, vor Kriegsbeginn aus einem deutschen KZ nach Frankreich geflohen, gerät in den Strudel der Niederlage Frankreichs. Er rettet, bevor er aus Paris nach Marseille entkommt, das letzte Buchmanuskript des Selbstmörders Ernst Weiß, der im Roman den Namen Weidel trägt. Was nicht in dem Roman steht: Es hat tatsächlich ein solches Manuskript gegeben: einen Hitler-Roman, der nach dem Krieg in New York auftauchte und posthum 1963 in der Bundesrepublik unter dem Titel »Ich – der Augenzeuge« veröffentlicht wurde. »Transit« enthält die Klage der Anna Seghers über den toten Ernst Weiß: »Er hätte weiterschreiben sollen, zahllose Geschichten... wenn er mich rechtzeitig gekannt hätte... ich hätte ihn angefleht, am Leben zu bleiben. Ich hätte ihm ein Versteck gefunden. Ich hätte ihm Essen und Trinken gebracht.« »Transit« – das ist der Roman über die unmittelbare Bedrohung durch Terror und Zufall, transportiert in die mittelbare Bedrohung durch Warten. Das Warten der Menschen auf die rettenden Reisedokumente.

Anna Seghers hatte noch im unbesetzten Paris ihren Roman »Das siebte Kreuz« fertiggestellt. Nach der Besetzung von Paris flüchtete sie nach Marseille. Jeanne Stern, die Freundin, die französische Sprachlehrerin, erinnert sich: »Die Gestapo machte Jagd auf deutsche Antifaschisten. Anna Seghers übernachtete, wo es sich gerade ergab. Sie wechselte oft das Quartier. Der Sohn hatte bei Bekannten ein Obdach gefunden. Die Tochter schlief bei uns. Eines Tages ließ mir Anna durch ihre Tochter bestellen, ich solle zu ihr kommen, sie möchte mich noch am selben Abend sprechen... Zum erstenmal hätte sie mir die Adresse von mir Unbekannten gegeben, die sie beherbergten. Sie fragte mich ohne Umschweife, ob ich ihr und ihren Kindern bei der Flucht über die Demarkationslinie zwischen dem besetzten und dem noch unbesetzten Frankreich helfen könnte. Ich sagte ja.«

Die vier fuhren im Zug nach Moulins am Allier, einem Nebenfluß der Loire: »Zu meiner Verwunderung kramte sie aus ihrer großen Handtasche eine Strick- oder Häkelarbeit hervor, ich weiß es nicht mehr genau, obwohl ich damals über dieses ungeahnte hausfrauliche Talent nicht wenig staunte. Nie zuvor, nie nachher sah ich sie stricken oder häkeln. Sie schien darin vertieft. Vielleicht überwand sie auf diese Weise eine quälende Nervosität. Doch würde ich eher meinen, daß sie für die Mitfahrenden ihr hartnäckiges Schweigen rechtfertigen wollte.« Das Französisch der Anna Seghers hatte einen fremdländischen Klang: »Sie durfte nicht auffallen. Ihre Kinder hingegen sprachen wie gewöhnliche Pariser.« Der Sohn Peter ließ sich nach dem Krieg in Paris nieder, wurde Franzose und arbeitet als Physiker. Die Tochter Ruth lebt in Ost-Berlin in der Nähe der Mutter als Ärztin.

Jeanne Stern fand in Moulins eine Bäuerin. Diese brachte die Kinder sicher über die Demarkationslinie. Jeanne Stern begleitete die Kinder. Anna Seghers blieb in einer Gaststätte zurück. Als Jeanne Stern zurückkehrte, stellte sie fest: »Anna war nicht mehr da! Mir zitterten die Knie. Auf einem Stuhl stand verlassen der Rucksack. Ich bemühte mich, meinen Schreck zu verdrängen, und setzte mich in die leere Gaststube neben den Rucksack. Der Wirt kam aus der Küche an meinen Tisch: »Sie können ruhig sein; Ihre Freundin hat einen sicheren Begleiter gefunden, ich kenne ihn gut. Auf Wiedersehen!«

Anna Seghers hatte ihre französische Freundin einem noch größeren Risiko durch weitere Hilfe nicht aussetzen wollen. Jenseits der Demarkationslinie fand Anna Seghers ihre Kinder wieder.

Mit ihren Kindern fuhr sie über Toulouse nach Palmiers in die Nähe des Internierungslagers Le Vernet, wo ihr Mann mit tausenden anderer Antifaschisten festgehalten wurde. Es war zwecklos, von Palmiers aus konnte sie die Freilassung ihres Mannes nicht erreichen. Sie fuhr nach Marseille. Die nächsten Monate verbrachte sie – von der Gestapo gesucht – dort mit den zermürbenden Versuchen, die Freilassung ihres Mannes zu erreichen und die erforderlichen Papiere für die Ausreise zu beschaffen. Ihr Ziel war Mexiko, dessen Regierung sozialistischen Emigranten nicht in dem Maße die Einreise verweigerte, wie es die USA taten.

Über Martinique, die Dominikanische Republik und die USA gelangte die Familie der Anna Seghers 1941 nach Mexiko. Der 1979 in Hamburg gestorbene Professor Alfred Kantorowicz, der im selben Schiff nach Amerika entkam, hat in seinem 1971 erschienenen Buch »Exil in Frankreich« geschrieben: »Bis zur letzten Minute blieb ungewiß, ob man uns nicht wieder vom Schiff holen würde. Jedoch ließen die deutschen Kontrolloffiziere den Franzosen in diesem Fall freie Hand. Es war die Zeit, in der Hitler die Pétain-Regierung schonte, um ihre Unterstützung oder doch wohlwollende Neutralität im Kampf gegen England zu gewinnen. Als die ›Paul Lemerle‹ auslief, waren außer einer für Martinique bestimmten Fracht rund zweihundert Flüchtlinge an Bord, in der Mehrzahl Frauen, Kinder und alte Männer. Wir waren in den Laderäumen auf Pritschen untergebracht.« Die Reise dauerte drei Monate. Aus dem Jahre 1941 stammt ein Brief der Anna Seghers an den Schriftsteller Bodo Uhse, in dem es heißt: »Ich hab das Gefühl, ich wär ein Jahr lang tot gewesen...« In Mexiko schloß sich Anna Seghers den deutschsprachigen exilierten Schriftstellern an. Hier hatten Egon Erwin Kisch, Ludwig Renn, Bruno Frei, Alexander Abusch und der kommunistische Politiker Paul Merker Zuflucht gefunden. Im Zeichen der Volksfront konstituierte sich in Mexiko die Bewegung »Freies Deutschland«, die eine der wichtigsten Exilzeitschriften herausbrachte. Anna Seghers wurde Präsidentin des Heinrich-Heine-Klubs in der mexikanischen Hauptstadt. Auf einer der ersten öffentlichen Veranstaltungen las sie aus ihrem bereits in Frankreich fertiggestellten Roman »Das siebte Kreuz«, der sie berühmt machen sollte.

Schon 1939 waren Passagen des Romans in der in Moskau erscheinenden Zeitschrift »Internationale Literatur« abgedruckt worden. Doch nach dem Zustandekommen des Hitler-Stalin-Pakts war die Fortsetzungsreihe abgebrochen worden. Ein weiterer Abdruck hätte das deutsch-sowjetische Bündnis gestört. Nun erschien der Roman 1942 in der enormen Auflage von 600 000 Exemplaren erstmals in englischer Sprache in den USA. Die Geschichte der sieben Kreuze, die der Kommandant des KZ Westhofen für sieben Häftlinge errichten läßt, die ihm entflohen sind. Sechs werden wieder eingefangen und an Platanen angebunden, die zu Kreuzen hergerichtet sind. Das siebte Kreuz bleibt leer und wird zum Symbol, daß die faschistische Gewaltherrschaft zu überwinden ist. Dem siebenten Flüchtling gelingt die Flucht ins Ausland durch die Hilfsbereitschaft kleiner Leute, deren Menschlichkeit stärker ist als ihre Infizierung mit dem Faschismus.

Die Handlung des Romans spielt in der Umgebung von Mainz, und das KZ Westhofen ist leicht als das Konzentrationslager im rheinhessischen Osthofen zu entschlüsseln. In einem Grußtelegramm, das Anna Seghers anläßlich ihres 75. Geburtstages nach Mainz schickte, heißt es: »In dieser Stadt, in der ich meine Kindheit verbrachte, empfing ich, was Goethe den Originaleindruck nennt; den ersten Eindruck, den ein Mensch von einem Teil der Wirklichkeit in sich aufnimmt, ob es der Fluß ist, oder der Wald, die Sterne, die Menschen. – Ich habe versucht, in vielen meiner Bücher festzuhalten, was ich hier erfuhr und erlebte, es ist kein Zufall, daß mein Roman: ›Das siebte Kreuz‹ in der Gegend von Mainz spielt, daß der Flüchtling Georg Heisler sich eine Nacht im Mainzer Dom versteckt, kein Zufall, daß ihm auf einem Rheinschiff die Flucht gelingt.«

Die Menschen in der Heimat blieben ein Leben lang ihre Hoffnung. Der Mensch, der seine Menschlichkeit nicht endgültig verliert, der Mensch, der durch die Verwerfungen seiner Biographie seine Herkunft nicht verleugnet, der erkennt, daß er nicht schlecht, nicht böse zur Welt gekommen ist, der sich auf seine Kreatürlichkeit besinnt, das heißt auf seine Hilfsbedürftigkeit, gewinnt seine Menschlichkeit in der Bereitschaft zur Hilfe gegenüber dem anderen. Der Roman »Das siebte Kreuz« wurde noch im Jahr seines Welterfolgs im mexikanischen Exilverlag El Libro Libre in deutscher Sprache herausgebracht. Hollywood verfilmte ihn mit Spencer Tracy in der Hauptrolle. Buch und Film brachten Aufklärung über die Verbrechen der Nazis in den deutschen Konzentrationslagern für ein Millionenpublikum.

Daß das Manuskript dieses Buches nicht verlorenging, grenzt an ein Wunder. Geschrieben im französischen Exil, fertiggestellt, als die Deutschen in Paris einmarschierten, ging Anna Seghers lange davon aus, daß sie das Buch in den Wind geschrieben hatte. Sie hatte ihr eigenes Exemplar auf Verlangen der Zimmerwirtin, die sie in

Paris versteckt hielt, verbrennen müssen, damit nichts an ihre Arbeit erinnere. Auf gut Glück hatte sie vorher ein weiteres Exemplar an den in den USA im Exil lebenden Schriftsteller Franz Weiskopf geschickt. Ein drittes Exemplar wurde von den Nazis bei einer Haussuchung in Paris gefunden, ein Exemplar, das Franzosen versteckt hatten. Es wurde beschlagnahmt. Und Franz Weiskopf erhielt dann tatsächlich das einzig übriggebliebene Manuskript in Amerika und sorgte für Übersetzung und Veröffentlichung.

1943 verunglückte Anna Seghers auf einer Straße in der mexikanischen Hauptstadt. Bertolt Brecht notierte in seinem Arbeitsjournal im Exil: »Früh halb neun. Im Radio: Anna Seghers liegt in einem Mexikospital im Koma, nachdem sie gestern auf der Straße aufgefunden wurde, überfahren oder, wie die Polizei annehme, aus einem Auto geworfen.« Und der Schriftsteller Bodo Uhse erinnerte sich zum 50. Geburtstag der Anna Seghers in einem Brief: »Ein vorbeirasendes Auto hatte Dich umgerissen, als du die Straße überqueren wolltest, und nie ist geklärt worden, ob leichtfertiges Ungeschick oder wohlüberlegte Absicht dabei das Steuer geführt hat. Nicht Tage, Wochen schwanktest Du zwischen Leben und Tod.« Mit zertrümmerter Schädeldecke hatte Anna Seghers für Stunden bewußtlos am Rande der Straße gelegen, ehe sie entdeckt und in ein Krankenhaus eingeliefert wurde. An den Folgen dieses Unfalls leidet die Schriftstellerin noch heute.

Nach ihrer Entlassung aus dem Krankenhaus schrieb Anna Seghers die Erzählung »Der Ausflug der toten Mädchen«. Es ist das einzige Buch, in dem sie von sich selbst spricht, von den Erinnerungsbildern der Schülerin Netty Reiling in Mainz, die an einem Klassenausflug teilnimmt. Deutsche Vergangenheit und mexikanische Gegenwart mischen sich zu einer Geschichte, in der gezeigt wird, wie der Faschismus den Charakter der Freundinnen von einst schon lange verformt hatte, bevor der Faschismus hereinbrach.

Der Krieg ging zu Ende, und Anna Seghers wußte, was sie wollte. Bis zum Februar 1947 dauerte der Aufenthalt in Mexiko. Dann hatte sie alle Papiere zusammen. Über Schweden und Frankreich kehrte die 47jährige Schriftstellerin heim nach Deutschland. Sie machte sich keine Illusionen: »Die enttäuscht waren, hatten sich die Befreiung anders vorgestellt. Sie hatten sich vorgestellt, man könne die Freiheit wie eine Fahne auf einer eroberten Stadt hissen; sie könnten dadurch schlechterdings von allem befreit sein, was sie quälte, nicht nur von dem Druck der letzten zwölf Jahre... Sie hatten nicht damit gerechnet, daß ihnen Befreiung nur etwas Last abnahm, so daß sie einmal aufatmen konnten und ihre Arme recken, damit es weiterging auf dem unerläßlich schweren Weg.«

Schon 1941 hatte Anna Seghers klar gesehen: »Der Prozeß der Entfaschisierung des deutschen Volkes wird durch furchtbare Leiden gehen, durch die Dezimierung

Die 55jährige Anna Seghers, Präsidentin des DDR-Schriftstellerverbandes, im Jahre 1955 mit Thomas Mann bei der Schiller-Ehrung in Weimar

der deutschen Jugend, durch die Verzweiflung von Millionen Müttern, durch die grausamsten Erfahrungen, mit denen die ›Erziehung vor Verdun‹ vergleichsweise eine zarte, milde Erziehung war: Er wird durch Rückschläge gehen, durch bittere Enttäuschungen, durch unermüdliche Geduld, durch sehr viel Zeit...«
Anna Seghers' Heimkehr nach Deutschland war zugleich verbunden mit den Anfängen des »Kalten Krieges«, der Konfrontation zwischen Ost und West. Sie besuchte ihre Vaterstadt Mainz. In Ost-Berlin ließ sie sich nieder. Noch vereinte der erste deutsche Schriftstellerkongreß die Autoren aus allen Besatzungszonen. Noch war es möglich, der Schriftstellerin 1947 in Darmstadt den Büchner-Preis zuzuerkennen. Die Sowjetzone bemühte sich um die Emigranten unter den Schriftstellern, die Westzonen bemühten sich nicht. Der aus Moskau zurückgekehrte Dichter Johannes R. Becher gewann neben Anna Seghers Bertolt Brecht, der aus den USA zurückkam, Arnold Zweig, der von Palästina anreiste, Ludwig Renn, der in Mexiko im Exil war, und Heinrich Mann, der vor seiner Rückkehr aus den USA starb, für Ost-Berlin. Die meisten exilierten Schriftsteller im Exil waren Autoren sozialistischer Prägung gewesen, und sie sahen voraus, daß ein sozialistisches Modell nur in der Sowjetzone eine Chance haben würde.
Rigoros wurde dort eine Landreform in Angriff genommen; alte Nazis erhielten im Staatsapparat, in der Justiz und in der Wirtschaft keine neue Chance. Im Westen Deutschlands war das anders. Für Anna Seghers wurde die DDR eine geschichtliche Realität, die an die Stelle der Utopie rückte. Anna Seghers war alt genug, um gesehen zu haben, wie in der ersten deutschen Republik nach 1928 Stück für Stück des gewünschten Sozialismus durch ein Wiedererstarken des Bürgertums liquidiert worden war – mit allen Finessen, mit denen lange genug auch vom Westen her die russische Oktoberrevolution von 1917 hatte rückgängig gemacht werden sollen. Wer sich auf Geschichte einläßt, weiß das und weiß inzwischen auch, daß der 17. Juni 1953 in der DDR zwar ein spontaner Aufstand unzufriedener Arbeiter war, daß dieser Aufstand aber von massiven westlichen Versuchen begleitet war, der DDR den sozialistischen Weg zu verbauen.
In die Konfrontation zweier Systeme, deren Grenze durch Deutschland verlief, fiel das Wort der Anna Seghers. In der Bundesrepublik wurden fortan alle Bücher, die sie nun noch schrieb, als schwach, als eine Unterordnung der Künstlerin unter die Zwänge der Partei disqualifiziert, besonders ihre beiden Romane »Die Entscheidung« und »Das Vertrauen«, die sich mit Enteignung in der DDR und Aufbau dieses Staats beschäftigten.
»Und als ich wiederkam, da – kam ich nicht wieder«, sagte der Schriftsteller Alfred Döblin 1945 nach seiner Rückkehr aus amerikanischem Exil. Er kam guten Glaubens in den westlichen Teil Deutschlands. Er kam als französischer Staatsbürger, die franzö-

sische Staatsbürgerschaft hatte ihm das Land zuerkannt, für das einer seiner Söhne im Zweiten Weltkrieg gefallen war. Dem Alfred Döblin verzieh man nie die Uniform des französischen Kulturoffiziers, die er nach seiner Rückkehr in Mainz getragen hatte. Er begleitete den Neuanfang im Westen mit seiner Zeitschrift »Das goldene Tor« und scheiterte. Er ging zurück nach Frankreich. Sein letzter Roman »Hamlet oder Die lange Nacht nimmt ein Ende« wanderte von einem westdeutschen Verleger zum anderen. Keiner wollte das Buch drucken. Es erschien in Ost-Berlin in der DDR, dort, wo nicht wie in der Bundesrepublik vom »Verrat der Emigranten an Deutschland« gesprochen wurde.

Anna Seghers sagt: »Ich verdanke der Deutschen Demokratischen Republik die Freiheit, über den Stoff schreiben zu können, über den ich schreiben will. Mein Stoff ist die Wirklichkeit, diese in Veränderung begriffene Wirklichkeit mit Widersprüchen, mit auf und ab, eine rauhe Wirklichkeit, in der manchmal das Hemmende und Störende überwiegen kann, und manchmal wieder das Helle, das Ziel aufblitzt, so daß das Störende und Hemmende zurückweichen kann.«

1962 veröffentlichte Anna Seghers in Ostberlin Erzählungen unter dem Titel »Karibische Geschichten«. Eine davon spielt auf Guadeloupe, die andere auf Haiti: Die Antillen mit ihrem geschichtlichen Hintergrund. Zeit der Handlung ist die französische Revolution und das Konsulat Bonapartes, als den Negern auf Haiti und Guadeloupe die Bürgerrechte verliehen wurden. Die Neger auf Haiti, frei und gleich geworden, sperrten ihre Insel ab, um die gerade erworbenen Rechte gegen Bonaparte zu sichern. Die Neger von Guadeloupe handelten nicht restriktiv; sie kamen wieder unter das Joch der Sklaverei.

In diesen Geschichten wird sichtbar, was Anna Seghers in der DDR hält. Der Westen ist für die Schriftstellerin keine Alternative. Die Freiheit dort ist für sie entweder Ausdruck sozialer Verantwortungslosigkeit, oder sie steht im Dienst neuer Ausbeutung. In ihrem 1971 erschienenen Roman »Überfahrt« heißt es: »In dieser sich ständig verändernden, weiterstrebenden Welt, in der wir jetzt leben, ist es gut, wenn etwas Festes in einem für immer erhalten bleibt, auch wenn das Feste ein unvergeßliches Leid ist.« Das erlebte Exil kannte nicht die Fragen der Frauenemanzipation. Es gab nur in der Gefahr vereinte Menschen, die zusammen für ihre Vision von einer gerechten Gesellschaft kämpften. Diesen Kampf hat Anna Seghers beschrieben wie kein zweiter deutscher Autor in diesem Jahrhundert: glaubwürdig. »Weder Mitleid noch Reue«, so heißt es bei ihr, »noch Menschenverachtung heben die Widersprüche auf in der Welt, in der wir leben. Und furchtbar bedroht ist die Liebe.«

Ihre Hoffnung ist die »Kraft der Schwachen«, wie der Titel eines ihrer Bücher heißt. Die Hoffnung ist bei Anna Seghers immer der Wirklichkeit voraus.

Luise Rinser

»Es gibt nur eine Schuld im Leben der Menschen: Lieblosigkeit«

Die Schriftstellerin Luise Rinser ist eine gläubige Katholikin. Aber sie weigert sich zu glauben, daß die CDU/CSU christliche Politik betreibt und daß die katholische Amtskirche ihrem christlichen Anspruch gerecht wird. Die Parteiführer Kohl und Strauß sind deshalb nicht gut auf sie zu sprechen, und den Bischöfen ist sie ein Dorn im Auge.

Luise Rinser stammt aus Bayern, und sie wohnt bei Rom. Die Schriftstellerin engagiert sich für die SPD, doch den Sozialdemokraten, sofern sie auf den Pragmatiker Helmut Schmidt fixiert sind, ist sie nicht ganz geheuer. Von der Springer-Presse wurde sie als Sympathisantin des Terrors diffamiert. Und den Beurteilungskriterien deutscher Kritiker für hohe Dichtung genügt die Schriftstellerin auch nicht.

Geliebt und gelesen wird sie dennoch von Millionen von Menschen. Und wegen ihrer moralischen Entscheidung wird sie bewundert von einer nicht organisierten linken Minderheit in West und Ost, die ihren Glauben respektiert. »Natürlich bin ich ein Weltverbesserer«, sagt sie, »aber ich bin ein machtloser Mensch, ich kann es nur über das Bewußtsein versuchen. Ich verleugne meine Überzeugung nicht, ich gebe eben, was ich weiß, was ich erfahren habe. Das nenne ich praktizierte Weltveränderung.«

Luise Rinser fragt: »Warum läßt man lieber die Menschheit ersticken, erfrieren, vergiften, als daß die großen Unternehmer und Konzerne ein bißchen weniger reich würden? Wer hält noch etwas von Regierungen, Rechten, Linken, brav Demokratischen, wenn sie uns so dumm und frech belügen?« Sozialismus bedeutet für sie: »So lange hungern, bis kein Kind der Dritten Welt mehr verhungert. So lange auf Entbehrliches verzichten, bis alle das Unentbehrliche haben. So lange untröstlich sein, bis alle getröstet sind.«

Auf ihren Reisen durch Europa, in den Fernen und Nahen Osten, in die USA und nach Südamerika hat sich die Schriftstellerin beharrlich für die gesellschaftlichen Minderheiten eingesetzt, ob es Dissidenten, unterdrückte Juden, Menschen im Gefängnis, Kranke, Pazifisten oder verfolgte Kommunisten waren. Genauso, wie sie in der Bundesrepublik die 68er Studentenbewegung in Schutz nahm. In ihrem jüngsten Tagebuch »Kriegsspielzeug« schreibt sie: »Die braven Bürger sind bereit, ihre kriminellen Kinder zu opfern... Sie wollen lebendige Menschenopfer für ihre armselige bürgerliche Sicherheit.«

Zum Kapitel Terrorismus in der Bundesrepublik meint sie: »Ein ganzes Volk in Angst, Verwirrung, Hysterie, weil einige Terroristen einige Leute umbrachten... Dasselbe Volk nimmt es stumpf hin, daß Terroristen größten Stils ihren Schlag vorbereiten: unsere Vernichtung durch Nuklearwaffen. Dasselbe Volk ist zufrieden, wenn die Warner vor dem viel größeren Terror als Sympathiesanten der kleinen Terroristen verfemt werden.

Luise Rinser kam am 30. April 1911 in Pitzling bei Landsberg am Lech zur Welt. Sie ist ein Kind Bayerns mit den besten Traditionen dieser Landschaft. Sie trägt den bayerischen Barockhimmel in sich, unter dem der Glaube ein Abenteuer bleibt und keine unsinnige Angelegenheit. Sie ist, was die besten Bayern dem »Rest von Deutschland« immer vorgelebt haben – eine Aufsässige, eine Empörerin, eine Aufrührerin.

»Als junges Mädchen in den zwanziger Jahren«, schreibt sie, »hörte ich einen Streit zwischen meinem Vater und einem Großonkel, der katholischer Pfarrer war. Der Großonkel sagte zu meinem Vater: »Du kannst als Katholik nur eine christliche Partei wählen, also das Zentrum. Du aber hast es mit den roten Sozis. Die Sozis sind Kirchenfeinde.« Dabei war mein Vater ein sehr guter Katholik. Er war Lehrer und gab Religionsunterricht. Er erzog seine Schüler zu

Die 19jährige Luise Rinser 1930 nach ihrem Abitur. Sie wurde 1935 Lehrerin. Nach dem Kriege heiratete sie den Komponisten Carl Orff. Es war ihre dritte Ehe.

Christen. In der Pfarrkirche zu Übersee am Chiemsee spielte er die Orgel. Der Großonkel starb, sein Irrtum lebt weiter.«

Luise Rinser nennt sich eine »leidenschaftliche Bayerin«. Aber sie hat in der Zeit der Berufsverbote und anderer Strangulierungen des Grundgesetzes die Erfahrung gemacht: »Wenn ich nach Deutschland, nach Bayern komme, erfrier ich zunächst in der mir fremd gewordenen Mentalität. Ich fühle mich sehr wohl unter Italienern, obwohl ich ihre Fehler kenne.«

Provozierend meint sie: »Wer ein Land ohne Streiks wünscht, möge seine Ferien in Ost-Deutschland verbringen, wer ›Ordnung‹ wünscht, gehe nach Chile, wer Luxus und Sauberkeit will, in die Schweiz. Wer Menschlichkeit wünscht, kann diese in Italien finden.«

Die Schriftstellerin analysiert: »Deutschland hat kein ruhiges Nationalbewußtsein wie die Franzosen, Italiener, Engländer, Schweizer. Es kann jeweils aufgeputscht werden dazu, sich wild als kriegerische Nation zu gebärden, wenn man ihm ein Feindbild aufbaut. Das weiß Strauß. Sein Feindbild heißt: Terroristen und ihre Sympathisanten. Damit manipuliert er ein Volk, das leicht zu verschrecken ist. Ein im Grunde unpolitisches Volk, ein Volk, das seine Hitler-Vergangenheit verdrängt und an der Verdrängung krankt, ein gescheites, tüchtiges Volk, ein unsicheres und darum gegen jede Kritik von außen und von innen überempfindliches, das seine Unsicherheit kompensiert mit jenem Imponiergehabe, das uns dem Ausland so unsympathisch macht.«

»Es wird so kommen«, meint sie, »daß alle Mittelmeerstaaten, alle Staaten ringsum sich mit dem Sozialismus auseinandersetzen und solidarisieren und ihre Form von Sozialismus finden. Dann steht mittendrin Deutschland – ganz allein und möchte jeden einsperren, der auch nur ein Wort zu sagen wagt zugunsten des Sozialismus. Das ist die Gefahr, sie raubt mir den Schlaf. Denn ich liebe mein Vaterland. Es ist das Land, mit dessen Sprache ich arbeite. Ich habe Angst. Ich habe nie Angst um meine Person gehabt, ich habe einfach Angst um Deutschland. Die Kräfte sind ungeheuer stark, die da wirken, die uns aus einer Ecke drohen, aus der schon einmal Gefahr kam.«

Luise Rinser hat über 30 Bücher geschrieben: Romane, Erzählungen, Theaterstücke, Essays, Kampfaufrufe und Tagebücher. Sie ist die erfolgreichste zeitgenössische deutsche Schriftstellerin von Rang. Ihr literarisches Werk wird in aller Welt gelesen, ist in 21 Sprachen übersetzt, vom Holländischen bis ins Japanische.

Sie hat eine Wohnung in München und ein Haus in Italien. Sie war eine Gegnerin des Nationalsozialismus, kam 1944 ins Gefängnis und wurde durch das Kriegsende vor dem Galgen gerettet. Sie ist Mutter zweier erwachsener Söhne, der eine ist Filmregisseur in München, der andere Religionslehrer in Köln.

Luise Rinser ist Künstlerin, Politikerin und Moralistin. Und das eine ist da nicht vom anderen getrennt. Sie schreibt ehrlich, mutig und wahrhaftig. In ihr bedrängen sich das Ernste und das Heitere, das Sinnliche und das Sentimentale, das Gute und das Schlechte, das Schöne und das Häßliche, das Tiefsinnige und das Banale. Die Menschlichkeit dieser Frau macht ihre Größe aus. »Ich kenne nur eine Schuld: Lieblosigkeit«, sagt sie.

Die 67jährige Schriftstellerin sitzt mir an einem Gartentisch auf der Terrasse ihres Hauses in Rocca di Papa gegenüber: vor sich die italienische Landschaft ihres Gartens mit Zitronen-, Mandel- und Ölbäumen, Lavendel- und Ginstersträuchern. Sie hat dieses Stück Land in den Albaner Bergen, 20 Kilometer vor Rom, vor 14 Jahren billig gekauft und ihr Haus darauf gebaut. Es war die Einsamkeit, die sie damals brauchte, als ihre letzte Ehe mit dem Komponisten Carl Orff in die Brüche gegangen war.

Luise Rinser ist allein geblieben, aber längst nicht mehr einsam. Inzwischen siedeln hier auch zahlreiche Römer, die sommers der Hitze der Stadt entfliehen und die leichte Brise an den Hängen genießen. Eine Kanalisation wurde angelegt, es gibt jetzt eine neue Wasserleitung, der Weg ist befahrbar, und das Telefon verbindet die Abgeschiedenheit mit der Welt. Ein Hausmeisterehepaar mit Kindern und Kindeskindern sorgt für Luise Rinser. Die Schriftstellerin hört Kindergeschrei, Kinderlachen und Kinderweinen. Sie hat alles, was sie sich wünscht. Auch den Wein von den eigenen Reben.

Sie sagt: »Ich war mit 40 älter, trauriger und skeptischer als ich es heute bin, und mit 17 war ich eine müde Greisin mit Selbstmordgedanken. Mir scheint, meine Jugend sei unverbraucht aufbewahrt worden und stehe mir jetzt zur Verfügung.« Spätestens um sechs Uhr morgens steht Luise Rinser auf, im Sommer wie im Winter, frühstückt, geht in ihr Arbeitszimmer mit Blick auf den Garten, setzt sich an den Schreibtisch und schreibt bis gegen zehn. Dann kommt die Post, darunter viele Briefe von Menschen in Not, Lesern, die um Rat in privaten Konflikten bitten. Die Schriftstellerin beantwortet diese Briefe. Danach legt sie sich eine halbe Stunde schlafen. »Mittags hänge ich durch«, sagt sie, »da weiß ich nichts mit mir anzufangen. Da muß ich mich schon zwingen, etwas zu tun. Komm, sag' ich mir, du kannst nicht so herumsitzen. Und ich arbeite dann weiter bis halb sieben. Phantasie braucht die Kontinuierlichkeit der Disziplin als Grundlage.«

Sie spricht quirlig wie ein Mädchen, von sich, Gott und der Welt. Den Kopf voller Wissen über Religion, Philosophie und Naturwissenschaft. Jahrelang hat sie von Blaise Pascal über Teilhard de Chardin bis Martin Heidegger alles in sich gespeichert, hat sich durch die schwergewichtigen Werke gekämpft und dabei die eigene Sprache bewahrt. Begriffliches Denken muß durch den Filter ihrer Naivi-

Die Schriftstellerin in ihrem Haus in Rocca di Papa

tät, die ihr nicht verlorengegangen ist.

Der scharfsichtige und scharfzüngige Dichter Hermann Kesten schrieb nach einer Begegnung mit Luise Rinser: »Was für eine reizende Frau! Feminin, charmant und féline, stets hingegeben, der Unterhaltung, dem Leser, dem Augenblick, der flüchtigen Empfindung und auch dem lieben Gott, als wäre er der flüchtigste Passant. Sie ist mit aller Entschlossenheit verführerisch, begeistert inmitten eines Wirbels von Konflikten.«

Luise Rinser ist mit Würde alt geworden und deshalb jung geblieben. Die 67jährige sagt: »Man muß mit 30 anfangen, alt zu werden, dann ist es wundervoll. Man lernt die wirkliche Realität der Umstände zu begreifen und wird durch den Intellekt, durch die Hinwendung zu philosophischer Klarheit ungemein frei. Vorher freilich muß man sich in Leid und in Leidenschaft vollständig hineingeben, muß riskieren, wie ein zerrupfter Tiger aus den Situationen hervorzugehen. Sonst bleibt man ein kraftloses Kätzchen.« Sie meint, daß die meisten Menschen sich vor Kommunikation fürchten und vor der Hingabe, die damit verbunden ist. Und daher komme letzten Endes auch die Furcht vor dem Sterben: »Leute, die sich nie hingegeben haben, können auch nicht sterben, weil Sterben die letzte Hingabe ist.«

Die Lust der Luise Rinser, Geschichten aufzuschreiben, begann früh. Der Vater, ein Volksschullehrer, fand's am Anfang lustig. Und die Mutter, die einer Freundin das erste Gedicht der Tochter zu

Luise Rinser mit ihren Söhnen Stephan und Christoph. Sie entstammen ihrer ersten Ehe mit dem Kapellmeister und Nazi-Gegner Horst-Günther Schnell, der 1943 als Angehöriger einer Strafkompanie fiel

lesen gab, lachte dabei so laut, daß die Achtjährige sich vorerst ans Verseschreiben nicht mehr herantraute.

Als 14jährige begann sie von neuem. Die Eltern sollten davon nichts wissen. Nachts, wenn alle schliefen, machte sie sich an die Arbeit, bis der Vater sie erwischte und die Sicherung für die Lampe in ihrem Zimmer herausdrehte. Doch Luise gab nicht auf, sie behalf sich mit einer Taschenlampe. Einige ihrer damaligen Herz/Schmerz- und Liebe/Triebe-Gedichte bewahrt sie noch heute in Rocca di Papa auf und liest sie lachend vor.

Luise Rinser studierte nach dem Abitur Pädagogik und Psychologie. Sie wurde 1935 Volksschullehrer wie ihr Vater. In der Freizeit

spielte sie Geige. Dabei lernte sie ihren ersten Mann kennen. Das war in Ohlstadt bei Garmisch. Dort lebte die Witwe des Malers F. A. von Kaulbach, einst gefeiert als Geigerin unter dem Namen Frida Scotta. Die spazierte durch den Ort und hörte das Geigenspiel Luise Rinsers und unweit davon, aus einem anderen Haus, das Klavierspiel des Musikstudenten Horst-Günther Schnell. Die Witwe lud die jungen Leute zu sich, und fortan spielten die beiden zusammen.

Luise Rinser: »Er gab mir Klavierunterricht. Er lebte von einem kargen Stipendium, und ich bezahlte die Stunden. Ich verliebte mich in ihn. Ich vergesse nie, wie er mir auf die Finger schlug und schimpfte: ›Verdammt noch mal, jetzt spielen's doch richtig.‹ Dabei spielte ich doch nur falsch, weil ich mehr an ihn als ans Klavier dachte. Irgendwann kriegte er Grippe. Ich hab' ihn gepflegt. Da geschah es. Wir haben beschlossen, wir gehören zusammen – für alle Ewigkeit.«

Die »Ewigkeit« dauerte sieben Jahre. Horst-Günther Schnell wurde Kapellmeister. 1943 steckte man ihn wegen kritischer Äußerungen gegen die Nazis in eine Strafkompanie, noch im selben Jahr fiel er in Rußland. Luise Rinser, die ihren Lehrerberuf aufgeben mußte, weil sie nicht in die Partei hatte eintreten wollen, blieb allein mit zwei Söhnen, dem zweijährigen Christoph und dem vier Monate alten Stephan. Sie hatte eigentlich sechs Kinder haben wollen.

Ein Jahr vor dem Tode ihres Mannes war in dem von Peter Suhrkamp geleiteten S. Fischer Verlag ihr erstes Buch mit dem Titel »Die gläsernen Ringe« erschienen, eine Kindheitsgeschichte, ihre.

Der berühmte Hermann Hesse, der in der Schweiz lebte, las das Buch und schrieb der 30jährigen Debütantin: »Ich habe mit wahrer Freude wieder einmal ein reines, edles Deutsch gelesen... Ich bin durch Ihre Geschichte wie durch einen Garten gegangen, mit jedem Bilde dankbar, mit jedem einverstanden, und es wird nicht lange dauern, bis ich es zum zweitenmal lese.«

Daß Luise Rinser im Schreiben Mut zu sich selber fand, verdankt sie ihrem Mann. Und einem Schriftsteller, den die Nazis als ihren literarischen Ideologen ansahen: Ernst Jünger. Von ihm hatte sie das Buch »Das abenteuerliche Herz« gelesen – »brillante Skizzen«, wie sie sagt, und darunter die detaillierte Beschreibung einer Tigerlilie.

»Ich kaufte mir eine weiße Lilie und bekam eine zweite geschenkt, weil der Stiel gebrochen war«, erinnert sich die Schriftstellerin. »Dann setzte ich mich an meinen Tisch und sagte mir: Das beschreibst du jetzt genauso exakt wie Ernst Jünger.« Da kam Horst-Günther Schnell – es war kurz vor der Hochzeit – und entwand der sich Sträubenden die von ihr beschriebenen Blätter, las sie und rief: »Aber du kannst ja dichten.« Luise Rinser reagierte irritiert: »Du mußt ja irrsinnig in mich verliebt sein, daß du mich gut findest!« Er überredete sie, die Geschichte

an die im S. Fischer Verlag herauskommende »Neue Rundschau« zu schicken.
Eine Woche später hatte sie Antwort: von Karl Korn, der damals die »Neue Rundschau« redigierte, und von Peter Suhrkamp. Karl Korn teilte ihr mit, daß er ihre Geschichte veröffentlichen werde. Suhrkamp, der die Geschichte ebenfalls gelesen hatte, forderte sie auf, ihm alles zu schicken, was sie sonst noch geschrieben habe. Sie hatte nichts. Sie antwortete: »Ich heirate jetzt. Ich will Kinder haben. Ich will nicht Schriftstellerin sein.«
Peter Suhrkamp ließ die Anfängerin nach Berlin kommen und stellte sie im Verlag mit den Worten vor: »Das ist unsere junge Dichterin.« Luise Rinser: »Ich habe mich wahnsinnig geschämt. Ich hab' gedacht, der macht sich lustig.« Suhrkamp, der Väterliche unter den deutschen Verlegern, klopfte seiner zukünftigen Autorin auf die Schulter und sagte: »Du wirst jetzt ein Buch schreiben. Du wirst viele Bücher schreiben. Du wirst bis an dein Lebensende schreiben.«
Der für seinen Spürsinn berühmte Suhrkamp behielt recht. Während der Zeit des »Dritten Reiches« schrieb Luise Rinser nach ihrem Erstling »Die gläsernen Ringe« noch zwei Romane, die aber beide nicht erscheinen durften. Ihre nazifeindliche Haltung war bekannt. Obwohl man ihr konkret nichts nachweisen konnte, erhielt sie Publikationsverbot. Nach dem Tode ihres Mannes lebte sie in dem oberbayrischen Dorf Kirchanschöring. Ihr schnell vergriffenes erstes Buch »Die gläsernen Ringe« durfte nicht mehr aufgelegt werden.
Im Radio hörte sie heimlich die Nachrichtensendungen der britischen Rundfunkanstalt BBC, verwickelte junge Soldaten auf Heimaturlaub in politische Gespräche, öffnete ihnen die Augen über den Nationalsozialismus, klärte sie über die Sinnlosigkeit des Kampfes auf, überredete sie, sich zu verstekken und sich nicht als »Kanonenfutter« benutzen zu lassen.
Sie hatte eine Freundin aus gemeinsamen Studienjahren. Die glaubte noch 1944 an den Nationalsozialismus. »Ich hab' ihr gesagt, daß sie ihren Glauben an Verbrecher gehängt hat, hab' ihr alles erklärt, was zu erklären war«, erinnert sich die Schriftstellerin. »Die Freundin schrieb ihrem Mann, der bei der Feldgendarmerie war: Die Luise hat das und das gesagt. Ist das wahr? Haben wir alles falsch gemacht? Der Mann zeigte mich an.«
Im Herbst 1944 wurde Luise Rinser wegen Hochverrats und Wehrkraftzersetzung verhaftet und kam ins Frauengefängnis von Traunstein.
Die Denunziation brachte auch den Schriftsteller Klaus Herrmann in Gefahr, den Luise Rinser wenige Monate vor ihrer Verhaftung geheiratet hatte. Herrmann war ebenfalls ein Gegner der Nazis. In seinem Wohnort Berlin hatte er lange Zeit unter dem Schutz des Dichters Gerhart Hauptmann gestanden, den die Nazis schätzten. Um den Kommunisten und überzeugten Pazifisten Herrmann vor dem Kriegsdienst zu bewahren,

Luise Rinser 99

hatte Gerhart Hauptmann ihm einen verschwiegenen Arzt empfohlen, der dem Kriegsgegner eine Sehne in der linken Hand durchtrennte und ihn so dienstuntauglich machte. Diesen Klaus Herrmann, den sie beim Verleger Suhrkamp kennengelernt hatte, glaubte Luise Rinser nicht mehr so gefährdet, wenn er bei ihr in dem oberbayrischen Dorf lebte. Als die Behörden in Berlin seine Rückkehr anordneten, heiratete Luise Rinser ihn; denn als ihr Ehemann konnte er in Bayern bleiben. Es war keine Liebesheirat. Um jeden Verdacht zu zerstreuen, fand die Hochzeit nicht nur vor dem Standesamt, sondern auch in der Kirche statt. Das Brautpaar feierte die Eheschließung in dem von Nazis bevorzugten »Österreichischen Hof« in Salzburg.

In ihrer Traunsteiner Zelle schrieb Luise Rinser ein »Gefängnistagebuch«, das der Desch-Verlag 1946 veröffentlichte. Es sind die kleinen zermürbenden Geschichten von tausend Ängsten: Das Ende des Krieges ist nahe, aber die Hoffnung der Häftlinge auf Befreiung droht immer wieder unterzugehen in der Panik der Bewacher, in den Kurzschlußhandlungen der letzten Tage. Luise Rinser kehrte zurück zu ihren Söhnen, die während ihrer Haft bei den Eltern waren. Klaus Herrmann ging in die DDR, konnte endlich ungehindert Romane schreiben und starb 1972. Der Mann, der Luise Rinser angezeigt hatte, wurde Lehrer in Bayern.

Luise Rinser mußte fast zehn Jahre warten, bis ihre zweite Ehe von der Kirche annulliert wurde. Sie arbei-

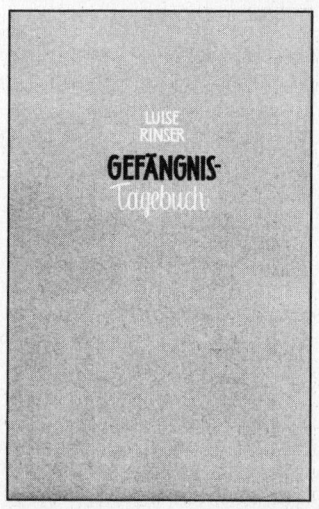

Hinter diesen Mauern des Gefängnisses Traunstein schrieb Luise Rinser 1944/45 ihr »Gefängnis-Tagebuch«, das ein Jahr nach Kriegsende erschien

tete in München als Literaturkritikerin für die »Neue Zeitung«. In Vorträgen setzte sie sich für einen demokratischen Sozialismus in Deutschland ein, in dem das Christentum seinen integrierenden Platz haben sollte. Eines Tages wurde sie – so erzählt die Schriftstellerin – vom württembergischen Sonderministerium für Entnazifizierung eingeladen, einen Vortrag über den Faschismus im sogenannten Intellektuellenlager 96 in Ludwigsburg zu halten, wo die NS-Prominenten aus Wissenschaft, Kultur und Kunst interniert waren.

Die Schriftstellerin sagte zu: »Ich wurde vom Ministerium mit einem Mercedes ins Lager gefahren. Ich dachte, meine Begleiter würden mitgehen. Mitnichten. Sie setzten mich hinter Stacheldraht ab. Ich war plötzlich mit SS-Leuten mutterseelenallein. Es war grauenhaft. Nicht, daß ich Angst gehabt hätte, sie täten mir etwas, sondern da war wieder die Atmosphäre, der ich gerade entronnen war. Der Saal, in dem ich redete, war voll. Ein Teil der Internierten verließ nach meinen ersten Ausführungen empört den Raum. Andere, die blieben, fingen an, hysterisch zu schreien, einige weinten. Doch trotz allem brachte ich meinen Vortrag zu Ende. Dann wurde diskutiert, bis nach Mitternacht. Am nächsten Tag bin ich ins Ministerium gefahren und hab' mich für Internierte eingesetzt, bei denen ich das Gefühl hatte, sie bereuten. Ich hab' gesagt: Laßt sie frei. Wenn ihr sie länger dort laßt, dann steckt einer den anderen wieder an.« Luise Rinser setzte mehrere Freilassungen durch.

Württemberg: Da gibt es eine zweite, frischere Erinnerung. Im September 1977 sagte die Volkshochschule Gerlingen bei Stuttgart eine vereinbarte Dichterlesung mit Luise Rinser ab »wegen der Gefahr für Sicherheit und Ordnung«. Nach der Entführung des Arbeitgeberpräsidenten Schleyer war die Schriftstellerin als Baader-Meinhof-Sympathisantin eingestuft worden.

Der Vorfall, der zu dieser Diffamierung führte, lag weit zurück. 1970, als es noch keine RAF, keinen Bombenterror, keine Morde gab, war Luise Rinser von Gudrun Ensslin und Andreas Baader in Rom aufgesucht worden, und sie hatte mit ihnen diskutiert. Luise Rinser hat die Begegnung nie verschwiegen. Sie hat davon in ihrem bereits 1972 erschienenen Tagebuch »Grenzübergänge« berichtet – hellsichtig schrieb die Rinser damals: »Je stärker ihre Störmittel werden, und je mehr sie sich dem nähern, was man kriminell nennt, desto mehr Grund liefern sie dem Bürger, nicht nur ihre Mittel, sondern auch ihr Ziel für verbrecherisch zu betrachten. Und schon hat er sein Alibi dafür, daß er nichts zu verändern brauche, ja, daß Veränderung an sich schlecht sei.« Das Ziel aber, »die Umwertung der gängigen Werte Besitz und Macht« hielt und hält Luise Rinser nicht für verbrecherisch.

Luise Rinser sagt: »Man muß von einem Intellektuellen verlangen, daß er analysiert, auch die Terrorakte, und daß er versteht, wie es dazu gekommen ist. Etwas völlig anderes ist's, ob er dies gutheißt.

Ich verstehe die Verzweiflung von Jugendlichen in einem satten Staat. In dem jeder – grob gesagt – nur Geld scheffeln will und nur an sich und seine Sicherheit denkt. Ich kann verstehen, daß eine idealistische Jugend, und dazu gehört auch Gudrun Ensslin, deren Vater im Widerstand gegen Hitler gekämpft hat, daß diese Jugend explodiert, nur – Änderungen mit Gewalt sind abzulehnen. Abzulehnen ist aber auch die andere Art von Gewalt – der Gesinnungsterror. So, wenn man Intellektuelle diffamiert, die zu sagen wagen: ›Wir verstehen diese Leute.‹«

In ihrem gerade erschienenen Tagebuch »Kriegsspielzeug« schreibt die 67jährige: »Man hat uns Intellektuellen vorgeworfen, wir hätten schwere Schuld auf uns geladen, indem wir nicht gegen den aufkeimenden Terror geredet haben. Als ob man auf uns gehört hätte! Als ob man uns nicht nach wie vor als überflüssiges Gesindel, als Erhards ›Pinscher‹ ansähe, deren Wort in der Politik nichts gilt! Jetzt auf einmal sollen wir Verantwortung haben für das Unglück unserer Jugend, das offene und das verborgene? Als ob es nicht die Aufgabe der Eltern wäre, Kinder zur Gewaltlosigkeit zu erziehen! Als ob die Gewaltverherrlichung in Film und Fernsehen nicht ganze Generationen verdorben hätte! Als ob jemand auf uns hörte, wenn wir ein striktes Verbot der Herstellung von Kriegsspielzeug verlangen! Als ob die versteckte Aufforderung ans Volk, Lynchjustiz zu üben an Terroristen und ihren Sympathisanten, nicht Aufruf zur nackten Gewalt

Brandt-Bewunderin Rinser mit dem Bewunderten 1977 in München. In ihren Tagebuch-Notizen richtet sie Kritisches an die Adresse der Politiker

wäre! Als ob die schlecht getarnte Verbrüderung mit faschistischen Diktatoren nicht das Bekenntnis zur Gewalt wäre!«

Als Luise Rinser 1977 im württembergischen Gerlingen ausgeladen wurde, ermunterte Ministerpräsident Filbinger, der ein knappes Jahr später über seine eigene NS-Vergangenheit stürzte, zur Intoleranz gegen Luise Rinser: Sein Staatsministerium sah im Vorgehen gegen die Schriftstellerin ein »Erkennen und Bekämpfen der Wurzeln des Terrorismus«.

Luise Rinser zieht die Gegner auf sich. Seit einem Jahrzehnt tritt sie als Wahlhelferin für die SPD auf. Und die SPD, die sie meint, heißt

nach wie vor Willy Brandt. Sie sagt: »Dieser Willy Brandt ist einfach eine Nummer zu groß für das heutige Deutschland. Deshalb setzen seine Gegner ihn herab. Aber von der Versöhnung, die er mit den Ländern des Ostens eingeleitet hat, davon profitieren sie stillschweigend als Geschäftemacher. Brandt denkt human und utopisch. Helmut Schmidt denkt pragmatisch und national.«

Die SPD des Kanzlers Brandt hat sie vor neun Jahren charakterisiert, indem sie sich die CDU/CSU vorknöpfte: »Eine Partei, welche mit offener oder versteckter Gewalt festhält an den Privilegien der Reichen, eine Partei, welche sich jeder Kontrolle der großen Unternehmen widersetzt, eine Partei, die auf Kosten der Ärmeren und darum Schwächeren mit den Kapitalisten paktiert, eine solche Partei ist nicht christlich, sie ist antichristlich. Das ›C‹ ist heute dort, wo es nicht im Parteinamen auftritt: Es ist in der SPD.«

Dem sozialdemokratischen Kanzler Helmut Schmidt schrieb sie jüngst: »Geben Sie acht, was aus Ihrer SPD wird. Die jungen Leute laufen Ihnen weg, das Juso-Problem haben Sie eliminiert, aber jetzt zeigt sich, man kann es nicht eliminieren. Sehen Sie doch einmal ein, daß Ihre Partei, für die ich mich eingesetzt habe, für die Ju-

gend nicht mehr attraktiv ist. Es ist ja kein Leitbild da. Nur Reichtum anhäufen und Sicherheit geben, das ist Gott sei Dank für die jungen Leute kein Motiv zu arbeiten. Da müßte man ganz anders ansetzen – mit idealen Zielvorstellungen.«
Luise Rinser ist froh, daß der Radikalenerlaß von Führungspersönlichkeiten der SPD endlich als falsch empfunden und zur Revision gestellt wird. Sie ist froh darüber, daß bei dieser Diskussion endlich einmal auch über das verdrängte Problem des deutschen Faschismus gesprochen wird: »Die Gesellschaft in der Bundesrepublik ist schwer neurotisch. Da kann man nicht sagen: Denkt vorwärts und nicht zurück. Wo Neurosen auftreten, muß gegraben werden.«
Graben als ein Bild für aufrichtiges Handeln. Aufrichtig hat diese Frau stets gelebt. Aufrichtig hat sie stets geschrieben.
Da ist ihre 1948 erschienene Erzählung »Jan Lobel aus Warschau« – die Geschichte eines jüdischen Jungen, der einem Häftlingstransport entkommt und bei zwei Frauen Zuflucht findet, dessen innere Einsamkeit aber auch nicht durch die Liebe dieser beiden Frauen überwunden werden kann. Der Junge macht die beiden auf »eine sehr schwierige und atemlose Art glücklich«, flieht weiter und ertrinkt bei dem Versuch, auf illegalem Weg Palästina zu erreichen. Die Erzählung erhielt glänzende Kritiken – und wurde wenig gelesen. »Jan Lobel aus Warschau« ist ein Buch ganz in der Nachbarschaft des Meisterwerkes von Anna Seghers, »Das siebte Kreuz«.

Dem literarischen Durchbruch folgte 1950 der Publikumserfolg mit dem Roman »Mitte des Lebens«, der später mit dem Roman »Abenteuer der Tugend«, zu einem Buch unter dem Titel »Nina« zusammengefaßt wurde. Nina gehört der »geschundenen Generation« Luise Rinsers an, ist die Geschichte eines Lebens zwischen 1928 und 1956. Die epische Welt der Rinser ist eine weibliche Welt, wo die Männer nur Nebenfiguren sind, die Anlässe für weibliche Konflikte liefern. Nina sieht sich als Opfer ihrer Männer, Kinder, Liebhaber und Freunde. In ihrer Lebensgier nach Liebe, Leidenschaft und Glück, nach dem Alles und dem Immer, verfehlt sie immer alles.
Luise Rinser gewann mit dem Roman »Mitte des Lebens« ein Millionenpublikum und verlor in den zunehmend vom katholischen Glauben geprägten weiteren Romanen (»Daniela«, »Die vollkommene Freude«) die Kritiker, die ihre Werke nun unter Erbauungsliteratur rubrizierten. Doch das Leserpublikum blieb ihr treu. Daß die Hinwendung Luise Rinsers zum Katholizismus keine Kapitulation vor den Konflikten des Lebens war, zeigten ihre Tagebücher »Baustelle« (1970), »Grenzübergänge« (1972) und »Kriegsspielzeug« (1978).
Die Schriftstellerin sagt: »Religion hat Konsequenzen. Wenn man das Evangelium liest, kommt man zum Sozialismus in seiner menschlichsten Form. Die Amtskirche ist nicht die Kirche allein. Die Kirche, die ich meine, ist revolutionär, wie

Die Katholikin Rinser 1958 zur Audienz bei Papst Pius XII.

die Botschaft Christi revolutionär gewesen ist. Als einzelne können wir diese Welt nicht verändern. Man braucht etwas Strukturiertes. Wir haben nichts anderes als die Parteien.«

Luise Rinser hält es nie lange in ihrer bayrischen Heimat aus. Sie fühlt sich wohler in Italien, »dem Land mit sinnlichen Menschen und offen ausgetragenen Leidenschaften«, wie sie sagt. »Ohne Sinnlichkeit ist das Leben kein Leben.« Sie hat eine Lust zu leben, und sie hat in ihrem Leben nichts geschluckt, was sie nicht wieder ausgespuckt hätte. Sie hat immer gekämpft, sie hat sich gewehrt. Sie hat sich nicht zerbrechen lassen. Auch nicht in ihrer dritten Ehe, die sie 1954 mit dem Komponisten Carl Orff eingegangen war.

»Carl Orff ist ein Genie. Das Format erklärt alles«, sagt Luise Rinser. »Es mußte alles nach seiner inneren Uhr laufen. Er ist ein Mann voller Schwermut und völlig unheimisch in dieser Welt. Wir hätten nicht heiraten dürfen. Eine Freundschaft wäre da besser für uns gewesen.« Da klingt Trauer durch, und Bitterkeit artikuliert sich unabsichtlich: »Ich bin seit meiner Scheidung in keine Orff-Oper mehr gegangen.« Und doch: »Ich verdanke ihm sehr viel. Musik. Die ganze Monteverdi-Zeit hat er mir geöffnet. Das war schön, das wird schön bleiben. Das löscht man nicht aus. Ein schöpferischer Mensch braucht Raum.«

Carl Orff und Luise Rinser, zwei schöpferische Menschen, trennten sich nach fünfjähriger Ehe und ließen sich scheiden.

Luise Rinser hat das Alleinsein angenommen, sie braucht es, sie sagt: »Mein Leben ist viel zu kurz für all meine Einfälle, die ich niederschreiben möchte.«

In ihrem Tagebuch »Grenzübergänge« heißt es: »Im Älterwerden sieht man den Sand durchs Stundenglas rinnen, aber man darf auch sehen, wie das, was sich in der unteren Hälfte sammelt, einen Glanz erhält, den es in der oberen nicht hatte. Die Freude, die lang chiffrierte Botschaft endlich entschlüsselt zu haben, wiegt alle Mühe des Lebens auf.«

Ilse Aichinger

»Anarchie muß wieder werden, muß viel weiter gehen«

Die Brücken sind gebrochen. Aber es gibt genug Möglichkeiten, über das Eis zu kommen. Das Glück finden, bevor der Tod da ist. Glück? Magisches Wort. Erschrecken zeichnet das Gesicht der Ilse Aichinger. Die schnellen Bedeutungen stauen sich im Mund, während das Herz noch nach dem Sinn des Wortes tastet. »Glück ist da, wenn man es überhaupt nicht merkt«, sagt sie, stockt und setzt neu an: »Wenn man es merkt, ist es schon so nah am Abschied.«

Das ungenaue Wissen und die wissende Ahnung. Glücksverlangen. Ein Traum oder kein Traum, man kann es nennen, wie man will, aber es bleibt da. Man wird mit der Empfindung niemals fertig werden. Philemon und Baucis, Liebesgestalten aus der Mythologie, zwei, die im Tode zu einem Baum zusammenwuchsen. Vorstellung von der Bewahrung des Glücks, von der absoluten Verbundenheit.

Da ist die Einsamkeit der Schriftstellerin Ilse Aichinger, Frau im 58. Jahr, seit sieben Jahren durch den Tod getrennt von ihrem Mann Günter Eich, dem Lyriker. Witwe nach zwei Jahrzehnten Ehe, in der »alle Hoffnung«, wie sie sagt, »in der anderen Hoffnung zusammengefaßt« war. Zwei Menschen, die im Schreiben die Liebe bezeugten, in der sie lebten.

Es ist noch alles in Großmain so da, wie es Günter Eich verlassen hat: das große gelbe Haus mit den Gittern an den Fenstern, die Wildnis eines gewesenen Parks, das Zimmer im Parterre mit seinem Schreibtisch, seinem Bett, seinem Fontane und seinem Seume, den geliebten Dichtern der Jugend und des Alters, und daneben die Küche mit der Sitzecke, in der sie geschrieben hat, dann nach dem Tode des Mannes verstummte und nun wieder schreibt.

In ihrem 1978 erschienenen Gedichtband »Verschenkter Rat« heißt es

Zum ersten
mußt du glauben,
daß es Tag wird,
wenn die Sonne steigt.
Wenn du es aber nicht glaubst,
sage ja.
Zum zweiten
mußt du glauben
und mit allen deinen Kräften,
daß es Nacht wird,
wenn der Mond aufgeht.
Wenn du es aber nicht glaubst,
sage ja
oder nicke willfährig mit dem Kopf,
das nehmen sie auch.

Ilse Aichinger

Von der Küchenbank aus sieht sie den Prachtfinken in seinem Käfig vor dem Fenster, wie er sich auf die Flügel gelegt hat, damit die einfallenden Sonnenstrahlen den Flaum durchdringen. Der Prachtfink heißt nur so und ist ein Weibchen. Zerzupft ist es. Die Federn um die Kehle herum hat ihm das Männchen ausgerupft. »Liebevoll«, wie Ilse Aichinger sagt. Das Männchen ist auch schon tot. Seit zwei Jahren.

Das Radio läuft mit dem Musikprogramm von »Österreich drei«. Das brauchen sie beide, der Prachtfink und die Ilse Aichinger. Der Vogel piepst, und die Schriftstellerin schreibt. Die Klangkulisse gehört dazu. »Das Leben ist eine heilsame Grausamkeit«, heißt es in einem der Texte der Schriftstellerin.

Es gab eine Zeit, die war einmal. Menschen lebten, die warten konnten, bis sich das Gefühl, bis sich das Wort erschließt. Die erlösenden Gefühle und die erlösenden Worte – sie liegen nicht da frei zum Konsum. Damals begegneten sich Ilse Aichinger und Günter Eich. Die 30jährige Österreicherin jüdischer Herkunft und der in Lebus geborene 44jährige Günter Eich, gewesener Soldat der »Großdeutschen Wehrmacht«. Es war die fünfte Tagung der »Gruppe 47«, jene lockere Verbindung von Schriftstellern, die der deutschen Literatur neue freiheitliche Impulse gaben.

Die Tagung fand 1951 im pfälzischen Bad Dürkheim statt. »Da hab' ich den Günter noch gar nicht so richtig wahrgenommen«, erinnert sich Ilse Aichinger. »Erst, als wir gegen Schluß in einem VW einen Ausflug nach Speyer machten, fiel er mir auf. Er saß am Steuer, und alle redeten über Raben, die in einem Hörspiel von ihm vorkommen sollten. Wie wohl ich mich in seiner Gegenwart gefühlt habe, habe ich erst viel später gemerkt. Von vorn hab' ich ihn auf der Fahrt nie gesehen. Von der Seite. Das war's.«

Bei der nächsten Tagung, ein Jahr später in Niendorf an der Ostsee, war Ilse Aichinger wieder dabei und wunderte sich: »Mein Gott, dachte ich, was ist mit mir los? Die Ostsee ist doch schön, die Freunde sind nett. Und doch ist es so öd. Ich wußte nicht warum. Es wurde gelesen. Ich schaute zum Fenster des Lokals hinaus, und plötzlich wußte ich, daß es nicht mehr öd sein würde. Da ging ein Mann vorbei und kam herein. Ich sah ihn im Profil. Es war Günter, der Mann mit den Raben. So fing alles an zwischen uns.«

Ilse Aichinger mit Wohnsitz in Wien und Günter Eich mit Wohnsitz in Geisenhausen bei Landshut. »In Niendorf haben wir uns gesagt, jetzt muß jeder noch etwas schreiben, bevor wir uns wiedertreffen«, erinnert sich Ilse Aichinger. Ans Heiraten hat sie damals nicht gedacht: »Das war mir furchtbar fremd. So eine Ehe, die die ganze Zukunft sein soll.« In jener Zeit entstand Günter Eichs berühmtes Hörspiel »Die Mädchen aus Viterbo«, mit dem er seinen Ruf als Meister einer neuen literarischen Form begründete.

Ilse Aichinger in Wien schrieb nichts, löste das Versprechen von

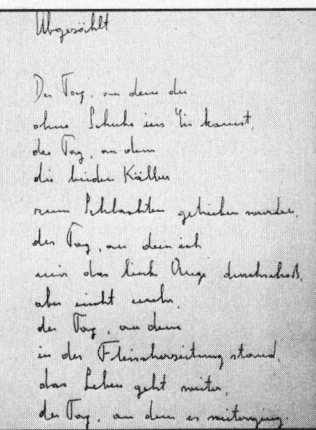

Der 65jährige Schriftsteller Günter Eich kurz vor seinem Tod 1972 mit der 15jährigen Tochter Mirjam. Seine Frau Ilse Aichinger schrieb nach seinem Tod dieses Gedicht

Niendorf erst nach der Hochzeit im Jahre 1953 ein: »Da hat ihm immer ein Knopf an dem einen Hemd gefehlt und dann zwei. Ich habe' sie ihm nicht angenäht, aber ich hab' dann mein Hörspiel ›Knöpfe‹ geschrieben.«

Das Jahr bis zur Hochzeit war ein Jahr des Wartens. Liebe, die wachsen darf. Die Erfindung des Telefons war längst gemacht. Aber wer telefonierte damals, wer hatte das Geld dafür? Wer konnte es sich leisten, hin- und herzufahren? Das natürliche Warten hatte noch eine Chance. Damals waren der Ungeduld des Herzens noch Grenzen gesetzt. Die Hektik nicht das Normale. Erfüllung wurde; wurde nicht hergestellt.

»Man hat sich mit Briefen eine solche Freude machen können«, sagt Ilse Aichinger, »daß man sich hingesetzt hat, nachgedacht hat und dann geschrieben hat. Wörter, die noch Geschenke waren. Heute spricht die Sprache nicht mehr, sie ist sprachlos geworden.«

Die Worte haben ihren Wert verloren. Jeder erreicht jeden und erreicht niemanden mehr. Der faule Zauber, Verbindungen mühelos herzustellen. Der Trugschluß, die Schwierigkeit des Menschen, zu

Ilse Aichinger 109

sich selbst zu finden, überspielen zu können. Kaum jemand noch, der den Schmerz in sich austrägt. Gegen den Schmerz jedes Mittel – die Abkürzungen durch die Tablette, das Auto, das Telefon. Man greift dazu. »Das ist so gefährlich«, sagt Ilse Aichinger, »es gerinnt alles zur Depression, also in die Erstarrung der Gefühle.«

»Lebensqualität«, so fügt sie hinzu, »ist ein Wort, das aufgekommen ist, seit dieses Bewußtsein nicht mehr existiert.« In ihrem Erzählungsband »Eliza Eliza« heißt es: »Ihr Lieben unter den Firsten, es war alles umsonst... Hat es viel Sinn gehabt, daß ihr die Balken schräg eingesetzt habt und die Lampen als Kugeln an die Hausmauer? So viele Fragen und alle gesprochen, so viele Häuser und alle gebaut... Die Vögel angelockt und den Himmel immer wieder gemalt, bis er verschwand.«

Ilse Aichinger, geboren am 1. November 1921 in der österreichischen Hauptstadt, Kind mit »falschen« Großeltern, nämlich jüdischen, ihr Vater »Arier«, sie »Mischling«, junge Frau, die im Dritten Reich überlebte und die eigene Mutter vor der Deportation in die Gaskammern der Nazis rettete, die nach dem Zweiten Weltkrieg über jene Zeit ihren ersten Roman mit dem Titel »Die größere Hoffnung« schrieb, das versöhnlichste Buch, das es nach 1945 in deutscher Sprache gibt.

»Ihre Schuld war, geboren zu sein«, heißt es in dem 1948 erschienenen Roman, »ihre Angst war, getötet, und ihre Hoffnung, geliebt zu werden: Die Hoffnung, Könige zu sein. Um dieser Hoffnung willen vielleicht wird man verfolgt... Peitscht uns, tötet uns, trampelt uns nieder, einholen könnt ihr uns erst dort, wo ihr lieben und geliebt werden wollt. Wo ihr den Fliehenden auf der Spur bleibt, um Zuflucht bei ihnen zu finden. Werft eure Waffen weg, und ihr habt sie erreicht.«

Roman einer verlorenen Wirklichkeit, die nicht mehr wissen will von einer Welt, in der das Spiel des Königs David auf der Leier, das Dudelsackstück des lieben Augustin und das Matrosenlied des Seefahrers Kolumbus zusammengehören.

Ilse Aichinger berichtet von Kindern und vom Kindsein, in diesem ersten Roman und später in ihren Erzählungen. »Die Erwachsenen bei uns reden in fremden Sprachen«, heißt es bei ihr. Kinder wissen den Sinn des Lebens: »Was wir tragen, trägt uns.« Wenn die Kinder gefragt werden, warum sie im Dunkeln spielen, antworten sie: »Damit man besser sieht.«

Alles Zerrissene des Menschen findet im Spiel zusammen. Das Spiel – zweckfreies Tun – ist die eigentliche Wirklichkeit. Kindlich heißt bei ihr hellsichtig und traumhaftvisionär. Der Junge, der den ausbrechenden Wahnsinn des Hauslehrers für Spiel hält; das kleine Mädchen, das sich auf den Eisenbahnschienen in den Tod tanzt; das Kind am Fenster, das über die Gasse hinweg spielend den Dialog mit dem Narren am Fenster gegenüber aufnimmt – sie alle, so Ilse Aichinger, besitzen mehr Wirklichkeit als die Erwachsenen.

Günter Eich, ihr Mann, hat einmal geschrieben: »Am meisten hasse ich Vater Staat und Mutter Natur.« Sie unterstreicht diesen Satz und fügt erläuternd hinzu: »Das Gemeinste an der Entwicklung des Menschen ist der Verlust der Kindheit. Dagegen ist Altern gar nichts. Man verliert nicht mehr so viel.«
Ilse Aichingers Kindheit, das heißt Leben mit der Großmutter, bei der sie und ihre heute in England wohnende Zwillingsschwester ein zweites Zuhause hatten. Die Mutter war Ärztin, der Vater Lehrer. Die Eltern wurden sehr früh geschieden. Daß die Großeltern jüdischer Religion waren, wußte Ilse Aichinger. Sie selbst wuchs im katholischen Glauben auf.
Die Großmutter, die Stille um sich verbreitete, die aus der Stille heraus die Märchen zum Leben erweckte, die vorlas und mit ihr spielte, von der sie mehr lernte als nur hören und sehen: nämlich ein Horchen und Erkennen, jener Zusammenhang von innen und außen, den sie später als Schriftstellerin in die provokativen Worte faßt: »Weg von diesen Irren, die Schwere zum Gesetz erheben, die Freiheit ist dort, wo dein Stern steht.«
Geliebte Großmutter. An einem Tag im Jahre 1942 wird sie von der Gestapo geholt, wird »eine Straße mit Juden ausgehoben«, so die Sprache von damals. Ilse Aichinger, die 21jährige Schreibkraft in einer Apotheke, wo sie Zuflucht, Arbeit und Brot gefunden hat, irrt durch die Straßen. »Jemand ist hinter mir – nein, niemand ist hinter mir – niemand – die Leere der Welt«, heißt es in dem Roman »Die größere Hoffnung«. »Holt das Geheimnis ein! Lauft blindlings, lauft mit ausgestreckten Armen, lauft wie Kinder...«
Noch einmal sieht Ilse Aichinger ihre Großmutter. Auf einem Lastwagen mit anderen Juden. Neben der Großmutter eine Tante Ilse Aichingers. Die 21jährige ruft, schreit, wird von ihrer Tante bemerkt. Die Tante redet auf die Großmutter ein. Die Großmutter sieht nicht mehr zurück. Ilse Aichinger, Tochter mit »arischem Vater«, in jener Sekunde der absoluten Verlassenheit niemandem zugehörig. Mischling. Opfer und doch nicht Opfer.
Leben in der verfluchten Gnade der Henker. »Alle Leute müssen Sterne tragen«, sagt eines der jüdischen Mädchen von sich und den anderen in Ilse Aichingers Roman. »Ich nicht«, ruft erbittert eines unter ihnen, »ich darf ihn nicht tragen! Zwei falsche Großeltern zuwenig. Und sie sagen, ich gehöre nicht dazu.« Der Roman endet mit dem Tod des Mädchens, das von einer explodierenden Granate zerrissen wird. »Über den umkämpften Brücken stand der Morgenstern.« Die Wirklichkeit ist ein offener Horizont, der Himmel »tödlich offen«.
Ilse Aichinger und das Schuldgefühl, überlebt zu haben. »Einfach, daß man übriggeblieben ist, daß man es geschafft hat, daß man zäh genug war«, erklärte sie. Ihre Todesverbundenheit und zugleich die alte, immer wieder aufbrechende Todesangst um den anderen. Um Menschen, die sie liebt. Die Mut-

Ilse Aichinger

ter, die bei ihr in Großgmain wohnt, ist jetzt 88 Jahre alt. In ihr haben sich die Schreckenserlebnisse der Verfolgungszeit verfestigt. Je älter die Mutter wird, desto deutlicher wird es. Auch das Eingeschlossensein. So wie sie im Krieg Wien nicht verlassen durfte. Der Verlust der Freunde, umgeben nur noch von der Tochter und den Enkeln heute. Die zunehmende Begrenzung auf das Haus macht alle Ängste wieder wach. Die Ängste der Mutter, es könne jemand einbrechen. »Es ist so, als ob sich die Nazizeit wiederholen würde«, sagt die Schriftstellerin, »wo die Mutter auch immer bedroht war, wo es auch davon abhing, daß ich gerade nicht da war.«
Ilse Aichinger war siebzehn, als Österreich 1938 an Deutschland angeschlossen wurde. Als »Mischling« durfte sie damals das Abitur noch machen. Die Universität freilich blieb ihr verschlossen. Die Mutter mußte damals in einer Fabrik arbeiten. Aus dem Staatsdienst als Schulärztin war sie entlassen. Die Familie wollte nach England emigrieren. Doch nur die Zwillingsschwester der Schriftstellerin kam noch hinüber und lebt noch heute dort: als Malerin. Bei den Bemühungen um ein Einreisevisum für die Mutter gab es damals Schwierigkeiten. Ärzte wollte man in England nicht haben. Man fürchtete die Konkurrenz. So blieb Ilse Aichinger bei der Mutter in Wien.
Ohne die Tochter wäre die Mutter mit Sicherheit deportiert worden. Mit ihr war sie geschützt durch eine Vorschrift, wonach jüdische Frauen, die Mischlingskinder hatten, vom Abtransport ins Konzentrationslager ausgenommen waren. Das galt, solange diese Kinder nicht volljährig waren. Von 1942 an – da war Ilse Aichinger 21 Jahre alt – war die absolute Gefahr für die Mutter da: Mit Tricks, der verbotenen Hilfe von »Ariern« und Glück brachte die Tochter ihre Mutter ins Jahr 1945. Die Mutter, die der Ilse Aichinger 1921 das Leben geschenkt hatte. Die Tochter, die der Mutter das Leben schenkte.

»Die große Angst«, so erinnert sich die Schriftstellerin, »sie war trotz alledem sekundär. Man hat auf Abruf gelebt. Aber das Stück bis zum Abruf war ungeheuer intensiv. Nie mehr habe ich so viel Freiheit geschöpft wie damals aus dem Zwang des Verfolgtseins. Man hatte nicht diese gehetzten Gefühle, die die Menschen heute haben. Nicht diese Eile im Herzen. Man war viel ruhiger, so grotesk das heute klingt. Jede Mahlzeit war eine Freude. Ein Zusammensein, auch wenn es noch so schäbig war. Man hatte Pfefferminztee gekocht. Es war alles ein Fest.«

Der Gedanke, nicht zu überleben, »hat mich nie geschreckt«, fügt sie hinzu. »Man stirbt leichter, wenn man jung ist. Man kann alles besser, wenn man jung ist. Die große Angst wurde bewältigt durch die Zuversicht, daß Hitler verschwinden wird. Groß war die Gefahr nur dann, wenn sich jemand der Angst preisgab oder von ihr überwältigt wurde. Das war die Schwäche, die aus den vorbestimmten Opfern erst wirklich Opfer macht. Sicher, das Ende konnte auch kommen, wenn

jemand stark war.« Ilse Aichinger spricht von der »irrationalen Hoffnung«, aus der eine andere Freiheit wuchs.
Die Freiheit, daß das »Heilige Land« im eigenen Herzen zu finden ist. »Übermorgen wird Morgen und Morgen wird heute. Es gibt keine Gewesenen: Es gibt solche, die sind, und solche, die nicht sind, Gewordene und Ungewordene – das Spiel von Himmel und Hölle...« Diejenigen, die ihr Leben nicht durch ein System von Daten gegen das Unerwartete absichern, die nicht »beweisen wollen«, »daß das Heute ist«, verwirklichen das Heute.
Es gab die schlimmen Zeichen. Im Zimmer der Mutter in Großgmain liegt noch immer die Postkarte, die damals geschrieben wurde von einer Frau mit einem kleinen Mädchen: »Liebe Frau Doktor, Luci und ich, wir werden jetzt auf eine größere Reise gehen, um uns ein bißchen zu erholen. Alles Gute, geben Sie acht auf sich.« Die Schriftstellerin sagt: »Wir wußten ja, was die größere Reise war. Der Weg ins KZ.« Da ist auch die Erinnerung an eine 16jährige Freundin, die deportiert wurde und der es noch gelang, aus Riga einen Zettel an Ilse Aichinger zu schicken, auf dem standen die Worte: »Ich bin zwar bis hierhin gekommen. Aber von hier kommt keiner von uns zurück.«
Doch es gab auch die guten Zeichen. Ein Jesuitenpater, der sich für die Juden einsetzte, mit ihnen zusammentraf, ihnen gütige Worte gab, die eine Kraft waren, und von dem sich Ilse Aichinger und Gün-

Erinnerung an Deutsche, die sich Hitler widersetzten: der Sanitäter Hans Scholl mit seiner Schwester Sophie und dem Freund Christoph Probst von der Widerstandsgruppe »Weiße Rose« 1942, ein Jahr vor der Hinrichtung

Ilse Aichinger

ter Eich 1953 in Salzburg trauen ließen.

Da war auch das Beispiel der Geschwister Scholl, die in München Flugblätter gegen Hitler verteilten, gefaßt und hingerichtet wurden. »Daß jemand so mutig war, der nicht jüdisch war, der es gar nicht nötig gehabt hätte, das hat uns Mut gemacht«, erinnert sich Ilse Aichinger. »Das hätte uns auch Mut zum Sterben gegeben. Deswegen werde ich auch so wütend, wenn manchmal heute zu hören ist, daß die Handlungsweise der Geschwister Scholl unvernünftig gewesen sei, weil zwecklos. Was heißt denn unvernünftig? Das war das einzig Mögliche. Nur konnte man es von niemandem verlangen, weil man gar nicht weiß, wie weit man selbst gegangen wäre. Aber die Nachricht von der Tat der Geschwister Scholl – sie ging ja wie ein Lauffeuer auch durch Wien – war ganz sicher für viele Juden im letzten Augenblick eine Hilfe, einfach deshalb, weil die Geschwister Scholl gehandelt haben.«

Nach jahrelanger Verfolgung dann die Befreiung Wiens durch die Russen. »Es war ganz merkwürdig«, sagt sie. »Der Druck war weg. Aber was kam, war eine gewisse Trauer. Man war plötzlich wieder besorgter um das eigene Leben. Das hat einen an einem selbst enttäuscht.« Enttäuscht hat sie auch, daß die Verfolgung nun andersrum gegangen ist. Sie sah, wie ein SA-Führer in voller Uniform abgeführt wurde, wie er Spießruten laufen mußte: »Das war mir so billig. Ich hab' mir gedacht, wenn sie jetzt wieder mit so etwas anfangen,

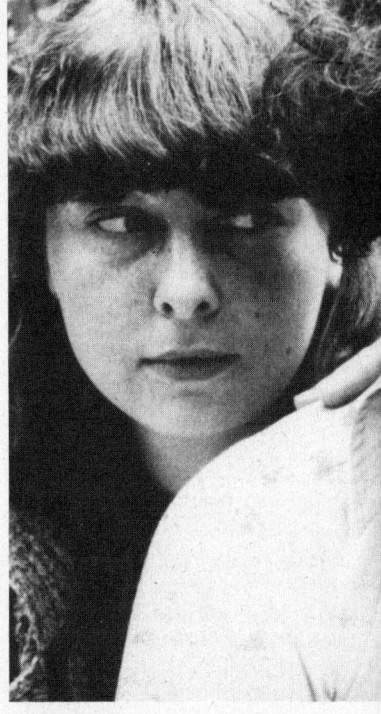

Die 58jährige Ilse Aichinger mit ihrem Sohn Clemens und der Tochter Mirjam sieben Jahre nach dem Tode ihres Mannes Günter Eich, des Büchner-Preisträgers: eine Familie, in der der Tote lebendig geblieben ist. Die Liebe der Ilse Aichinger begann 1952 in Niendorf, wo sie mit Eich und Heinrich Böll in diesem Schnappschuß eingefangen ist

wenn es nun wieder andere Verfemte gibt, dann beginnt ja alles von neuem.«

Die gravierendste Enttäuschung aber war 1945 für sie das Eingeständnis, daß die Großmutter nicht mehr zurückzuholen war. Dieses Ende einer irrationalen Hoffnung: Wenn der Krieg zu Ende ist, dann fahren wir nach Minsk und holen unsere Großmutter.

Ilse Aichinger begann in Wien zu studieren, fünf Semester Medizin. Dann erschien ihr erster Roman »Die größere Hoffnung« im Verlag Bermann Fischer. Und sie hat sich gesagt: »Schreiben war für mich notwendiger.« Im Verlag Bermann Fischer nahm sie eine Stelle als Lektorin an. Von Inge Scholl, einer Schwester der hingerichteten Freiheitskämpfer, wurde sie nach Ulm geholt und beteiligte sich am Aufbau der Ulmer Hochschule für Gestaltung.

Ein neues Leben, in dem das alte nicht vergessen wurde, sich auch nicht vergessen ließ. Die tote Großmutter blieb lebendig. »Wer die Toten vergißt«, hat Ilse Aichinger geschrieben, »bringt sie noch einmal um. Man muß den Toten auf der Spur bleiben. Ich hab' die Verbindung zu meiner Großmutter. Sie hat eine gute Art, dazubleiben. Dazubleiben, wie auch Günter.« Ihr Mann. In einer Ecke in seinem Zimmer liegt ein Stapel, obenauf Zeichnungen von ihrer Tochter Mirjam, die Bühnenbildnerin werden will. Darunter Liebesbriefe von Günter Eich, die er geschrieben hat in der Zeit zwischen der Literaturtagung in Niendorf und der Heirat.

»Ich möchte sie eigentlich nicht mehr lesen«, sagt sie, »weil ich... ich denk mir, er sollte mir neue schreiben.« Schreibt er ihr neue? Sie antwortet: »Ja, ich glaub' schon.«

Die Zeit mit Günter Eich – sie war für sie die längste und zugleich die kürzeste. »Man sagt, wie im Flug«, erklärt sie. »Es war wirklich so... so rasch war sie vorbei. Man macht sich ja keine Vorstellung, wenn man beisammen ist, daß man plötzlich... daß es plötzlich nicht mehr sein könnte... da denkt man die ersten Monate nach dem Tod, er kommt wieder... bis man weiß, er ist gestorben... das dauert sehr lange.«

»Bis daß der Tod euch scheidet« ist etwas, was Ilse Aichinger nicht akzeptiert. »Wie soll einen der Tod scheiden, ausgerechnet der Tod, wenn einen sonst nichts scheidet. Gewiß, schöner wäre es, man könnte gemeinsam gehen.« Sie denkt da an den Tod eines Freundes von Günter Eich: »Dessen Frau ist ihm so rasch nachgestorben. Das hab' ich eigentlich bewundert. Sie hat einfach zu trinken begonnen in einem Maß, das eigentlich einem Selbstmord sehr ähnlich war.«

Sie fügt hinzu: »Die Männer sind fragiler als die Frauen. Sie sterben schneller, was ich für ihr Glück in einer guten Beziehung halte. Die Möglichkeit zu gehen, wenn es an der Zeit erscheint, das wäre gerade für die Frauen so wichtig.« Da klingt an, was in Ilse Aichinger vorgegangen sein mag, als Günter Eich ging und sie zurückließ mit zwei Kindern und der Mutter. Der

Sohn Clemens ist heute 25 Jahre alt, Schauspieler an den Städtischen Bühnen Frankfurt, die Tochter Mirjam, 23jährig, besucht das Mozarteum in Salzburg.
Ilse Aichinger und die Ehe mit Günter Eich. Die vielen Briefe, die sie sich geschrieben haben vor der Hochzeit und dann das Telegramm, das sie ihm von Heidelberg aus schickte, wo sie im Studio des Süddeutschen Rundfunks zu arbeiten begonnen hatte und plötzlich wußte: Der eine Mann in ihrem Leben, er würde immer Günter Eich heißen. Auf das Telegramm hin kam er sofort nach Heidelberg, holte sie zu sich. Ein zärtlicher Mann, der viel gelöst hat in ihr? »Alles«, sagt sie.
»Wir haben uns gegenseitig geschützt«, erinnert sie sich. »Da hat sich jeder um den anderen gekümmert. Er war ein stiller Mann. Er war ein Aufrührer. Er hat Bakunin geliebt. Geduldig war er mit allem Schwachen, ungeduldig mit Gott und der Biologie. Er war unfähig zur Rivalität. Er konnte es nicht ertragen, daß er etwas besser kann als die anderen.«
Voller Hingebung in der Ehe, ein Versteckspieler nach draußen. Für die Biographie außerhalb seines literarischen Werkes galt ein Satz aus einem seiner letzten Gedichte: »Nur keine Spuren hinterlassen.« In dieser Zurückhaltung hinterließ Günter Eich ein aufrührerisches Werk. »Um die Kritik der Macht geht es, darum, ihrem Anspruch das Ja zu verweigern«, hat er 1959 bei der Verleihung des Büchner-Preises in Darmstadt gesagt. »Und obwohl Macht schon vor dem Sündenfall eingesetzt war, bestehe ich unbelehrbar darauf, daß sie eine Institution des Bösen ist...«
Er dichtete:

Nein, schlaft nicht, während die Ordner der Welt geschäftig sind!
Seid mißtrauisch gegen ihre Macht, die sie vorgeben für euch erwerben zu müssen.
Wacht darüber, daß eure Herzen nicht leer sind, wenn mit der Leere eurer Herzen gerechnet wird!
Tut das Unnütze, singt die Lieder, die man aus eurem Mund nicht erwartet!
Seid unbequem, seid Sand, nicht das Öl im Getriebe der Welt.

Ilse Aichinger erzählt: »Er konnte so schön Orangen schälen. Es hat alles besser geklappt, wenn er etwas in die Hand genommen hat. Er war ein sehr praktischer Mensch. Diese merkwürdige Mischung aus ungeheurer Sensibilität und einer großen Zähigkeit. Er hat sich nicht weich machen lassen. Selbst als er wußte, daß er nur noch kurz zu leben hatte.« Mehrere Herzinfarkte, eine kaputte Leber, eine kaputte Niere, zuckerkrank, aber dem Leben abtrotzend, solange er lebte.
Er zechte gern, er trank gern, er aß gern und gut, es las seiner Frau aus Büchern vor, er wanderte gern in den Bergen. Bis er zusammenbrach und in das Krankenhaus von Bad

Ilse Aichinger 117

Reichenhall eingeliefert werden mußte. Bad Reichenhall, dem österreichischen Großgmain benachbart. Leben auf der Grenze, an der Grenze. »Sie haben ihn sediert«, berichtet Ilse Aichinger. »Sie haben ihn in seiner Bewußtlosigkeit an Kanülen und Schläuchen gelegt. Ich habe gebeten, bei ihm bleiben zu dürfen. Man hat nein gesagt. Ich habe gesagt, er wird alles herausreißen, wenn er allein in der Nacht aufwacht. Und er hat alles weggerissen. Als ich am nächsten Tag zu ihm kam, waren die Wände mit Blut bespritzt. Man wollte ihn in eine Nervenklinik bringen. Da hab' ich ihn einfach wieder mit nach Hause genommen. Bevor er aufstand, hat er sich aufs Bett gesetzt. Und wir haben beide eine Zigarette geraucht...«
Gestorben ist Günter Eich am 20. Dezember 1972. »Der Pfarrer hatte keine Zeit vor Weihnachten«, erzählt Ilse Aichinger. »Da ist der

Bruder unseres türkischen Mädchens, das bei uns arbeitete, eingesprungen. Vor der Einäscherung hat der Türke seine muselmanischen Gebete gesprochen.« Günter Eich wollte, daß die Urne mit der Asche im Grabe des russischen Anarchisten Bakunin in Bern beigesetzt wird. Aber das wurde nicht gestattet. So ist er im Tode ins benachbarte Biel gekommen, seine Asche verstreut in den Weinbergen.

In ihrer Erzählung »Die Puppe« schreibt Ilse Aichinger: »Wieviel Gelöbnisse brauche ich jetzt noch, wer soll mich wecken, wer mich wieder holen? Denn ich liege nicht im Schlaf, ich bin so warm wie kalt, ich bin den Schmerzen entwendet...« Woanders heißt es: »An Land setzen! Ich möchte wissen, woher sie das Land nehmen. Es ist alles gepflastert...« Und dennoch auch die Erfahrung, Paradies gesehen zu haben: »Ob ich den Rest behalte? Ob ich ihn auf gut Glück an mein Herz nehme?«

In ihren Büchern schreibt sie gegen die gewohnte Erfahrung und die Logik einer sich vernünftig ausgebenden Welt an. »Es gehört vitaler Irrsinn dazu«, sagt sie, »auf der Welt zu bleiben und sich anzupassen.« In ihren Büchern bleibt die Phantasie Bewahrerin der tabuisierten Urbilder der Freiheit. Revolte gegen die brutale Herrschaft des Leistungsprinzips, Revolte der Sinnlichkeit gegen die stupide Vernünftigkeit. »Anarchie muß wieder werden, muß viel weiter gehen«, sagt sie. »Der Widerstand gegen die Selbstverständlichkeit der Grausamkeit in der Natur, in der Politik und in uns allen.« Die Nichtigkeit aller Fahrpläne, die Kurzsichtigkeit aller staatlichen Ordnung, die Phantasiefeindlichkeit einer Gesellschaft, die unter dem Gesetz des Profis steht, denn da sind die Wolken, die über alles Menschenwerk ziehen.

Ein kleines Mädchen, das bei seiner Großmutter wohnt, so erzählt Ilse Aichinger in ihrem Roman »Die größere Hoffnung«, will aus Not einem Käufer den alten, geliebten Schrank mit den Glastüren verkaufen. Sie spricht, um den Käufer zu ermutigen, viel Wunderbares zum Lobe des Schrankes und das Schönste: Seine Türen klirren leise, wenn der Zug vorbeifährt. Ilse Aichinger und das Horchen auf die unerlöste Sprache der Dinge. Die bezeugte Unreife bewahren! »Und hätt ich keine Träume«, heißt das letzte Gedicht in ihrem neuesten Gedichtband, »so wär ich doch kein anderer, / ich wär derselbe ohne Träume, / wer rief mich heim?«

Ilse Aichinger

Friederike Mayröcker

»Von kommenden Dingen kehren die Schiffe zurück...«

Der Ort der Einsamkeit ist der Treffpunkt. Die Eingangstür zur Wohnung ist gesichert durch ein Gitter. Die wachsame Hausmeisterin ruft mir zu: »Sie müssen klopfen. Die Klingel funktioniert nicht.« Ich bin pünktlich, ich werde erwartet, die Tür wird geöffnet ohne Klopfzeichen. Zeichen, Chiffren, Worte, Sprache. Ganz anders, als andere schreiben: Literatur, von der die Eingeweihten sagen, sie sei schwierig. Die sie schreibt, heißt Friederike Mayröcker, 54 Jahre alt, in Wien geboren, in Wien geblieben, in Wien wohnend, Autorin von 30 Büchern, Lyrik, Prosa, Wortcollagen, Hörspiele. In dieser Wohnung sind sie entstanden. Hier nur kann sie schreiben. Heimat.

Schwarzes, schweres Haar. Ein weißes, weiches Gesicht. Die Figur zerfließt im Grau des Korridors. »Mein verzagter Kopf... eine verlegene Haltung... in der Entfremdung leben mit mir selbst... zeitabwärts unterwegs.« Nur vor dem hüte dich, der die Einsamkeit entzaubert. Friederike Mayröcker wohnt seit 1951 in der Wiener Zentagasse 16, vierter Stock, die Toilette auf der Stiege. Mietshaus mit 30 Parteien. Wieviel Zimmer hat ihre Wohnung? Zwei, drei? Eingentlich nur eins, in das Licht fällt. Sonst Dämmerung, die Fenster verhängt, die Fensterbretter zugestapelt mit Kartons, Papier, Büchern. Eine Küche im Gang. Abstellplatz. Ein Durcheinander. Sichtbar Kekse und Nüsse.

Ihr lichtes Arbeitszimmer mit Blick auf den Hinterhof. 25 Quadratmeter groß. Die Tünche an den Wänden ist stumpf. »Eine Höhle«, sagt sie. Sie kann sich von nichts trennen. Zwei Schränke, Regale, ein Bett, ein Schreibtisch, ein alter Flügel, auf dem sie zuletzt als Kind gespielt hat. Zeichnungen, Plakate, Postkarten an der Wand. Pinnwände. Darauf Zettel mit Gedankenblitzen. Beutel mit Wäscheklammern zum Bündeln von Manuskripten. Das ganze Zimmer zugewachsen mit Büchern, Arbeitsmaterial, Puppen, die die Mutter gemacht hat. Erinnerungen. Nichts darf verlorengehen. Erinnerungen sinken vom Himmel und dringen durchs Fenster. Davor schreibt sie.

»Eine fliegende Festung«, heißt es in einem ihrer Bücher. Und: »Ich suche meinen Weg von innen nach außen.« Sie wird hier nie ausziehen, sagt sie. Gewaltsamkeiten schrecken sie. Man gibt Heimat nicht freiwillig auf. Abschied wäre immer ein Sterben. Die größte Gewaltsamkeit: der Tod. »Der Unfug des Sterbens«, sagt sie. »Warum wird die Schildkröte mehrere hundert Jahre alt, warum nicht auch der Mensch?« Und: »Ich kämpfe gegen das Verstreichen von Zeit.«

Die angrenzende Wohnung würde sie gern mieten. Das wäre die Verlängerung ihrer Höhle. Sie lebt, wie sie schreibt: es ist alles Nebeneinander. Es gibt kein Nacheinander.

Ich hänge an meinem Elendsquartier
hier eine Treppe vor dem Dachboden
inmitten von Hurrikanen aus Staub und miszgünstigem Gekläff
der Geruch von gekochtem Kohl steigt wie eine beklemmende Riesenpflanze
vom Erdgeschosz bis zum Dachboden ...
hier kann ich weinen niemand wird mich fragen
lesen und schlafen
nachdenken und Angst haben die Kette vorlegen
mich nach einem Haustier sehnen und es gutheiszen keines zu haben

freilich am späten Abend ist es manchmal still
dann rufe ich Freunde an oder den Wetterbericht
oder ich öffne die Fenster und lasse Nacht herein
oder ich versuche einen Brief zu schreiben
oder es fällt mir etwas Vergangenes ein

Vergangenes ist ihr Gegenwart geworden. Immer stärker durchwirkt die gegenwärtige Vergangenheit ihre Texte. Friederike Mayröcker hat einen langen Weg hinter sich. Das Gedicht »Horizont« steht für den Anfang, die Schwierigkeit zu leben wird am Inhalt des Gesagten sichtbar. Der Zweifel an der Form, wie etwas gesagt wird, der Zweifel, ob die traditionelle Form den Inhalt noch in unserer Zeit so tragen kann und darf, ist dann mit Vehemenz in den fünfziger Jahren in ihre Zeilen gerückt. Der Konflikt: welchen Wert hat die althergebrachte Sprache nach der Zerstörung einer Welt durch den Zweiten Weltkrieg? Machte ihr damaliger Mißbrauch sie nicht untauglich für eine Schriftstellergeneration? Inwieweit hatte Theodor W. Adorno recht mit seinem Diktum: Nach Auschwitz ist kein Gedicht mehr möglich?

Die Worte wieder unschuldig betrachten. Aber wie? Sich von den Mitteilungsformen der Alltagssprache abheben. Entfernung davon. Schwieriges Unterfangen, denn auf nichts beharrt der Mensch – gebrochen in seinen Lebensstrukturen – so sehr als auf Kontinuität der Sprache, in der er aufgewachsen ist. Spracherlernung als Anpassung an das zwingende Regelsystem einer geschlossenen gesellschaftlichen Ordnung. Diese Anpassung war im Deutschen gekoppelt mit dem Faschismus. Die Worte wieder unschuldig betrachten. Aber wie?

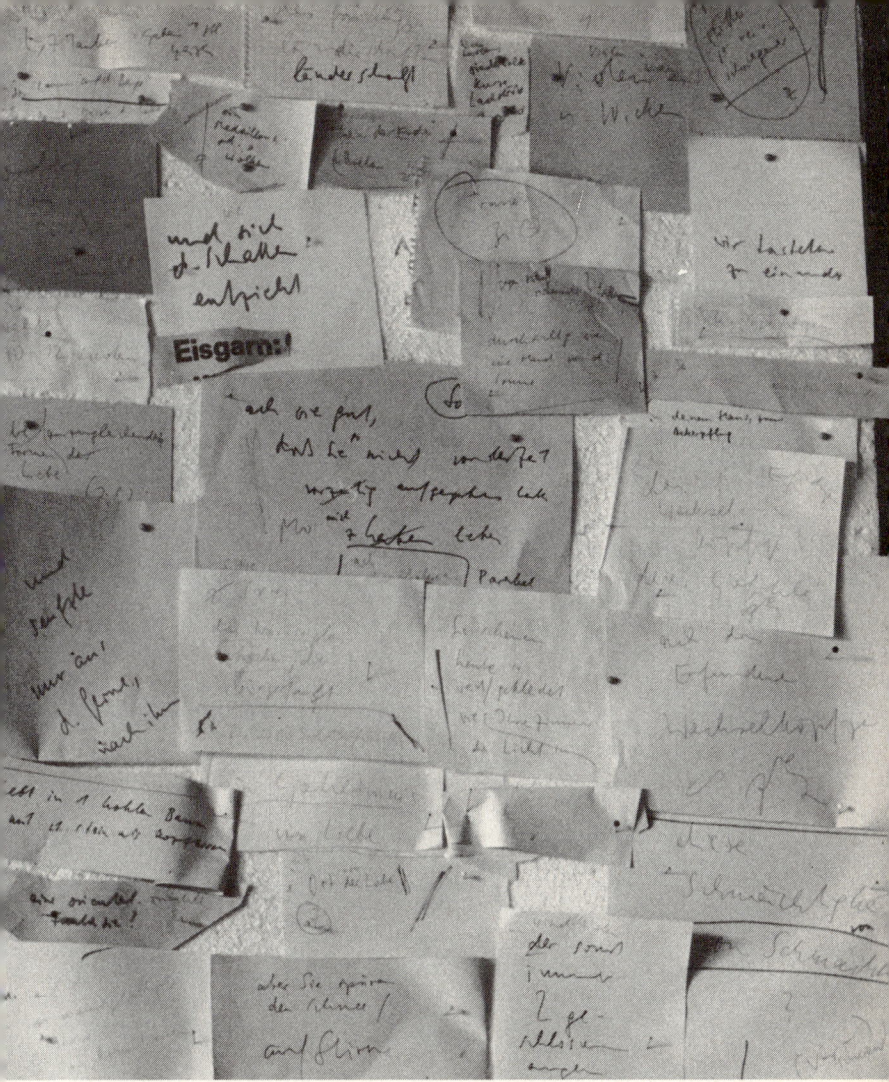

Eine der Pinnwände, die Friederike Mayröcker in ihrer Wiener Wohnung aufgestellt hat, mit Zetteln voller Notizen: Einfälle, die darauf warten, Dichtung zu werden

In Wien bildete sich in den fünfziger Jahren um die Schriftsteller H. C. Artmann, Friedrich Achleitner, Konrad Bayer, Gerhard Rühm, Oswald Wiener und Ernst Jandl eine Gruppe, die sich an der

In diesem Haus im österreichischen Deinzendorf verbrachte Friederike Mayröcker als Kind die Sommertage. Ein Ort, der immer wieder in ihrer Literatur auftaucht

literarischen Situation nach dem Ersten Weltkrieg orientierte. Dieser Gruppe stand auch Friederike Mayröcker nahe. Die Sprachzertrümmerung der deutschen Expressionisten und Dadaisten, der französischen Surrealisten und italienischen Futuristen trat ins Gesichtsfeld als ein Ansatz für neue Formen der Literatur. »Konkrete Poesie« hieß die neue Schöpfung. Das Lesepublikum spielte nicht mit. Es verweigerte sich der Neuentdeckung von Sprache als Form, das Gesellschaftliche von den Entstellungen des Faschismus zu befreien.

Konkrete Poesie: das bedeutete zuerst einmal die Reduktion der Sprache auf den einzelnen Satz, das einzelne Wort, den einzelnen Laut für die Setzung einer neuen Welt. Die Sprache wurde sich selbst zum Inhalt. Die Kausalzusammenhänge des herkömmlichen Erzählens entschwanden. Zerfall der Wirklichkeit zu Wörtern. Aufbrechen aller endgültig scheinenden Weltbilder zugunsten neuer Möglichkeiten des Wirklichen. Das war Kärnerarbeit und ein Regelverstoß gegen den eingefleischten ästhetischen Genuß. Daß kein Wort mehr stimmt, wissen wir heute, wenn wir Politiker reden hören. Nirgendwo wird die Verlogenheit der alten Sprache sonst so sichtbar: Klischee, Worthülse, beliebig verfügbar. Was man nicht meistert, muß man beherrschen. Friederike Mayröcker beherrschte die Sprache, aber sie wollte sie meistern. Das hieß: Worte begreifen und sie nicht in den Griff nehmen, wie man ewig Menschen in den Griff genommen hat. Das hieß: Sprache ausspielen und nicht Macht. Das hieß: Kampf gegen die Agonie und den Todestaumel der Zeit. Eine Sache nicht kennen, von der man alles weiß: Politik.

Aufstand gegen die Gefangenschaft der Sprache, in der Sprache, gegen die Abrichtung durch Sätze:

Lassen Sie die Wörter aufjaulen!
Machen Sie öfters mal boingg-boingg!
Vergessen Sie die ganze Sprache!
Legen Sie Silben auf Eis!
Wärmen Sie sich an den Deklinationen die Füsze!

Überhöhen Sie die Grammatik!
Fliegen Sie aufs alltägliche Gespräch!
Setzen Sie Winkelmasz und Zirkel aufs Spiel!
Stören Sie die Sprache ein wenig mehr!
Drücken Sie sie gegen die Wand bis sie schreit!
Fahren Sie mit ihr im Lift abwärts!
Lassen Sie sie vorüberfliegen!

(fond windzeug – so bunt nachmittag..heisz)

Verfliegen Sie sich mal schönster!
unterfliegen Sie sich mal ein biszchen!
(rötliches überauge säumiger ... dünen-junge-)

(Fliegen Sie über sich selbst hinweg!
   fliegen Sie über sich selbst hinweg!
      fliegen Sie über sich selbst hinweg!
& fort!)

Diese Zeilen bleiben vom Inhalt her auf Anhieb verständlich, selbstverständlich. Friederike Mayröcker hat Schwierigeres in den fünfziger und sechziger Jahren geschrieben: durchsprengtes Sprachmaterial, assoziative Reihungen, Wortmontagen. Als Autorin nur so weit vorhanden, als sie die Spielfelder der Worte abgrenzte. Variieren semantischer, lautlicher und syntaktischer Möglichkeiten. Verwendung englischer Sprachpartikel. Satzabbrüche. Kein Spaß für das hindernislose Rennen des Gewohnheitslesers. Man muß diese Texte immer wieder von neuem lesen, zu verschiedenen Zeiten, in verschiedenen Stimmungen. Worte werden über ihren baren Sinn hinaus mit einer musikalischen Eigenschaft aufgeladen, welche die Richtung des Sinnes steuert. Bilder werden auf die visuelle Einbildungskraft projiziert. Eine Gefolgschaft um den Preis geistiger Nachgiebigkeit hat Friederike Mayröcker nie angestrebt.

(modell 1/cleo):
erheitern erzürnen bis an die stirn
es geht auch ohne
900 kilo herz
barfusz über dem meeresspiegel
cleo cloistered
bundschuh & schweiz/hopfgarten blauer käse
schaut mir neugier auge blaut
in forchtenteich ach
strasz burg
(goebbels: »... wollt ihr den totalen krieg...!« – JAAA)

Friederike Mayröcker

Barfusz über dem Meeresspiegel... fuszlos über dem Boden... Der Traum vom Fliegen. Friederike Mayröckers Traum. Immer wieder variiert in ihren Texten: »Es wird ein Tag von Träumen. Immer wieder.« Aber sie sagt auch: »Es sind nicht die Träume die mich erstarren machen sondern meine wachen Gedanken die mir die Verwirklichung meiner Wünsche vereiteln, solcherart in Verwirrung die Schlüsseldaten unserer Liebe am verhängten Fenster...«

Die Schlüsseldaten unserer Liebe. Das heißt für Friederike Mayröcker: »Wir kehren immer wieder an jenen Punkt zurück den wir einmal berührt haben.« Deinzendorf und der Schriftstellerkollege Ernst Jandl: Schlüsseldaten. Deinzendorf, das ist der Ort der Kindheit, in dem sie den Sommer verbracht hat. Deinzendorf, das sind Vater und Mutter, Großvater und Großmutter. In ihren Büchern wird nie die Geschichte dieser Kindheit im Zusammenhang und ganz erzählt.

Geschichten hätten einen Anfang und ein Ende. Geschichten wären die Abschiede. Friederike Mayröcker lebt und schreibt Anfänge. »Ohne Kausalität zu leben«, der Satz geht wie eine Beschwörung durch ihr Werk. Das Hinnehmen der Kausalität wäre die Hinnahme des Todes.

»Alles, sage ich, sind nur Vorstufen für eine gegenwärtige Liebe«, schreibt sie. Die gegenwärtige Liebe: Ernst Jandl, der 55jährige. Seit einem Vierteljahrhundert leben sie getrennt zusammen. Sie hat ihre Wohnung, er seine ein paar Straßen weiter. Er in penibel ordentlicher Umgebung, ein chaotischer Pedant. Sie eine pedantische Chaotikerin. Die Umschreibung gilt vielleicht auch umgekehrt. Einsamkeit schadet dem anderen nicht: Sie macht ihm Platz. Zu Beginn ihrer Freundschaft, wie sie ihre Beziehung zu Jandl nennt, schrieb Friederike Mayröcker ihr Gedicht »Retour an dich mein totes Kind«:

ich habe ein Kind das liegt begraben
mit zwei blauen Augen-Augen
zwei Augen von der Farbe des Riechfläschchens
und die Reiszvögel aus Äthiopien scharen sich
um seine zwei blauen Augen um sie auszupicken
und die kleinen Schwäne aus Seckau
die zur Taufe kommen wollten
sind zurückgeflogen
mein schönes totes Kind ist auf mir gelegen
und hat über mir geatmet
und ich hörte seine langen schlafenden Züge
und es ähnelte dem Blätterrauschen in den Sommerbäumen
als es und ich unter den Dächern jener Sommerbäume hockten
und die edelsteingrünen Blätter rauschten
und es schaute mich an aus seinen blauen Augen
und dann rauschten die Bäume noch immer und rauschten:

es wird bald gestorben sein...
und dann bahrten wir es in der Kirche auf
und es hatte nur ein kleines Fensterchen
aus dem schaute es heraus
es ist mein Kind
und es hiesz wie der blaue Himmel und die Rosenwolke
und der Morgenwind im Frühling und die Blätter im rauschenden Wipfel
und die Narzisse und der schönste Tag
und obwohl ich ihm die Augen zugedrückt hatte
hoben sich die Lider immer wieder
es hatte blaue Augen und eine kleine runde Nase
und einen halb offenen Mund mit zwei schönen Zähnen
es war ein Knabe
und es war ein Geschenk wie ich nie vorher eines bekommen hatte
ich liebe es über alles
es ist tot
es kommt nie mehr zurück
in meinen linken Arm in meinen rechten Arm in meine beiden Arme
an meine Brüste auf mir liegend ich über es gebeugt
alle Vögel alle Bäche alle Steine alle Wolken und der Rauch
kommen ans Fensterchen und schauen mein totes Kind an
ich winde ihm einen Kranz aus wildem Löwenzahn
ich flechte ihm ein weiches Körbchen für sein Gesicht
ich werde seine blauen Augen einpflanzen in die Erde
wie ein Paar Krokusblumen
seine blonden Haare vergieszen
seine Nase seinen Mund seine Haut verstreuen
seine Knie und Schenkelchen
seine Nägel seine rötlich blonden Stellen in der Armbeuge
er spielte mit kleinen lockenmähnigen Pferdchen und Eselchen
mit geringelten Schnecken am Weg
und blies ins Schneckenhorn
und setzte sich die Schmetterlingsfühler lustig auf
und teilte mit den Fliederbüschen
die Regenwolken und die schönsten satten Siesta-Wolken und Balkone
kannte er mit Namen
und schrieb wie Miró auf sie: »s 5«, »s 5«, »s 5«, und immerfort
vieles überschlug er
und er wagte die tollsten Sprünge von einer Schafschnauze zur andern
bis die Wolle immer zerraufter wurde
er kräuselte gern das Wasser mit der Hand
und ich nähte seine Frisur zurecht
er zog die schwarze Flagge hervor
und versetzte seiner Gabel einen Schaft
schickte sie nach dem sanftschweifenden Osterlamm

Friederike Mayröcker

und ging durch die punktierte Rundung eines reifen
  Schneeballstrauchs
oft ging er fort mit meinem blauen Schirm
ich rief ihm nach und weinte über seine Süsze

(er ist tot er ist mein alles)

Dieses Gedicht meint Ernst Jandl. »Der Mann kann zugleich das Kind sein«, sagt Friederike Mayröcker, »verschmolzen in der Angst, der Geliebte könne sich einem wieder entfernen, verschmolzen in der Angst vor dem Tod des Mannes, dem Tod des Kindes im Mann.« Ernst Jandl antwortete ihr 1956:

ich liege bei dir. deine arme
halten mich. deine arme
halten mehr als ich bin.
deine arme halten, was ich bin
wenn ich bei dir liege und
deine arme mich halten.

Die Anfänge der Friederike Mayröcker. Liebe – die Gnade des ersten Augenblicks. Wie ist dieser erste Augenblick zu retten? »Wenn man die Zeit statisch sieht«, sagt sie. Und weiß das Ende nicht. Was geschieht, geschieht inmitten. Durch Hoffnung und Gedächtnis das Geheimnis überflügelnd, damit es strahle und nicht preisgegeben ist. Das wahre Leben als eine Einweihung in Zärtlichkeit. Nicht was zu uns kommt, sondern vielmehr was von uns ausgeht, ist das wahre Leben. Sein heißt nicht, sein Leben empfangen, sondern es erschaffen. Der Himmel ist kein Traum von Fieberkranken. Von Wien ging mit Sigmund Freud die Psychoanalyse aus: die Seele des Menschen in einen wissenschaftlichen Raster eingepaßt. Von Wien geht die Botschaft der Friederike Mayröcker aus, die Zeit und Raum sprengt.

»Wir wissen viel zu wenig voneinander«, schreibt sie und meint die Kommunikation unter Menschen. Die Botschaft einer anderen Schriftstellerin: »Ich sitze noch heute sitzengeblieben auf der untersten Bank der Schulklasse, wie einst... doch mit spätem versunkenen Herzen: 1 000- und zweijährig, dem Mädchen über den Kopf gewachsen.« Das schrieb Else Lasker-Schüler, geboren in Wuppertal, gestorben 1945 im palästinensischen Exil, kurz vor ihrem Tod. Im obersten Stock der Jerusalemer Universitätsbibliothek ist ihr literarischer Nachlaß aufbewahrt: Gedichte, Prosa, Briefe und – Zeichnungen: Bilder aus der biblischen Geschichte. Else-Lasker-Schüler: »Ich sterbe am Leben und atme im Bilde wieder auf.«

Auch Friederike Mayröcker zeichnet: Hunde, die wie Katzen aussehen. Katzenhunde. Metamorphose, Verwandlung. In ihren Büchern tauchen sie immer wieder auf. Ein Anfang: Else Lasker-Schüler. Ihre Bücher als ein Versuch, die Welt zu retten mit Dichtung. Ist das viel oder ist das zuwenig? Unten im Keller der Jerusalemer Bibliothek sind die handschriftlichen Originale Albert Einsteins in einem Tresor

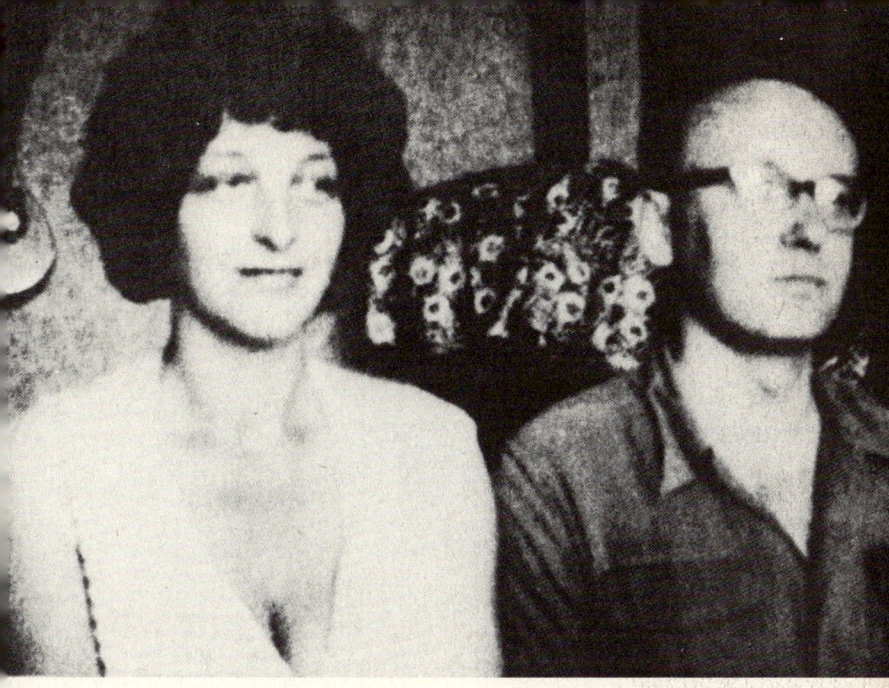

> liegen, bei dir
>
> ich liege bei dir. deine arme
> halten mich. deine arme
> halten mehr als ich bin.
> deine arme halten, was ich bin
> wenn ich bei dir liege und
> deine arme mich halten.
>
> ich habe dieses gedicht am 7. mai 1954
> für Friederike Mayröcker geschrieben.
>
> Ernst Jandl

Im Jahre 1954 lernten sich Friederike Mayröcker und Ernst Jandl kennen und lieben. Er schrieb ihr dieses Gedicht

aufbewahrt: die mathematische Formel, Zeit und Raum in eine naturwissenschaftliche Formel gebracht. Ist das mehr? Schauen wir uns um in der Welt. Einsteins Erkenntnis pervertiert 1945 in den Atombombenexplosionen von Hiroshima und Nagasaki. Ein anderer Anfang.

Else Lasker-Schüler und Friederike Mayröcker. Die eine setzte einen poetischen Anfang, die andere

Friederike Mayröcker illustriert gern ihre Bücher selbst: Diese Zeichnung in dem Buch »schriftungen: oder gerüchte aus dem jenseits« nennt sie »Mordlust der Jäger«

setzt ihn auf ihre Art fort. Die Dichterin aus Wien: »Für mich ist das Leben etwas Statisches. Ich kann mich noch als achtjähriges Kind fühlen. Irgendwie hat sich alles geändert und doch nicht. Irgendwie habe ich das Gefühl, daß alles stillsteht. Ich wehre mich gegen das Absterben. Der Tod. Immer wieder der Tod. Ist er der große Strich, der durch meine phantastische Rechnung gemacht wird?« Statische Zeit. Geschichtslosigkeit. Ist nicht zu viel verloren gegangen im allgemeinen Geschichtsbewußtsein?
Haltmachen. »Von kommenden Dingen kehren die Schiffe zurück«, heißt es in einem der Texte Friederike Mayröckers. Nichts gegen die Utopie, die die Geschichte bewegt. Doch alles gegen ihre Herabwürdigung. Die Welt geteilt zwischen zwei einander entsprechenden und gleichermaßen tödlichen Lügen: die politischen Revolutionäre und die politischen Pragmatiker. Die einen wollen die Macht unter dem Vorwand der Utopie, die anderen haben sie und brauchen keine Vorwände mehr. Da führt kein Weg von den Träumen zur Wirklichkeit, weil die Träume so billig auf eine verkommene Wirklichkeit aus sind, weil diese Träume keine wahren Träume mehr sind.
»Das Licht in der Landschaft«, so ist der Titel eines Buches von Friederike Mayröcker. Darin die Worte: »Welch ein Abgrund sagte ich, eine Vibration, die meinen ganzen Körper befällt! Flechtwerk lianenartig, um meine Füße, um meinen Kopf, die Vegetation üppig am

Seegestade! Mein Kopf der aus Schlinggewächsen taucht, mein Kopf der aus dem Spiegel taucht, meine Gedanken die aus meinem Kopf tauchen nämlich mein Kopf der aus dem Wasserspiegel taucht zieht Worte mit herauf, verschlungene Worte Härchen-Minister...« Else Lasker-Schüler und Friederike Mayröcker: Welch einen Abgrund zwischen Ölbaum und Mensch erblickt man! Die Dichterin aus Wien: »Durchs Moor gewandert das Meer überquert das Pflügen im Meer / Das Blei zu verwelken...«

»Wir wissen viel zu wenig voneinander«, schreibt sie. Und: »Es war kaum faßbar, wenn man meinte, es in Händen zu haben, hatte es sich längst aufgelöst.« Die Liebe. Die Liebe in ihren vielfältigen Formen. Das sind Positionslichter der Friederike Mayröcker. Literatur als sanfter Umgang mit dem verdrängten Bewußten, dem bereits Unbewußten. Friederike Mayröcker hat das Experiment mit der »konkreten Poesie« inzwischen hinter sich. Sie hat ihre Herkunft dabei nicht verloren: Die Kindheit in all ihren Bezügen zur Wirklichkeit, zur Geschichte der anderen.

»Konkrete Poesie«: Die Geschichte muß sich selbst erzählen, die Geschichte muß Sprache aussprechen. Die reine Sprache, die absolut reine Literatur. Und was ist mit der Sinnlichkeit, die sich querlegt zur Reinheit? Viele ihrer einstigen Weggefährten und heutigen Nachahmer haben sie verloren oder hatten sie gar nicht. Ihr Mangel. Nicht der Friederike Mayröckers. Sie hat mit den anderen eine Sprachwelt zerbrochen und schafft sich nun eine neue. Stark die rationalen Absichten der meisten ihrer einstigen Begleiter, doch besaßen sie wenig von jener Spontaneität, die Friederike Mayröckers erklärtes Ziel war. Die Ausnahme: Ernst Jandl, der Lebensgefährte Friederike Mayröckers.

Sie, der »Paradiesvogel der Avantgarde« – so hat sie die »Neue Zürcher Zeitung« einmal genannt. Singend, durchdrungen von Gefieder und Beständigkeit. Der alte Traum des Fliegens. Sich leichtmachen. Die Metapher als eine Verbindung von Traumverfahren und Kunstspiel. Zwischen den Polen des Traumbildes und des spielenden Kunstverstandes schließt sich die Metapher zusammen.

?come – ? come – fuszlos über dem Boden
fusz-schmerz im Zeitalter der renaissance
stadtbekannt / an ihren zitzen
solltet ihr sie erkennen;
(»wir haben aus Zeit Raum gemacht« – Italien 1961: durch Zeit
 eine Entfernung aufgehoben):
nouva persona / elefant / »glücksbringer«
durch verwandtschaft NETZ
NETZ-familie
 »bruchlandung«-

Friederike Mayröcker 131

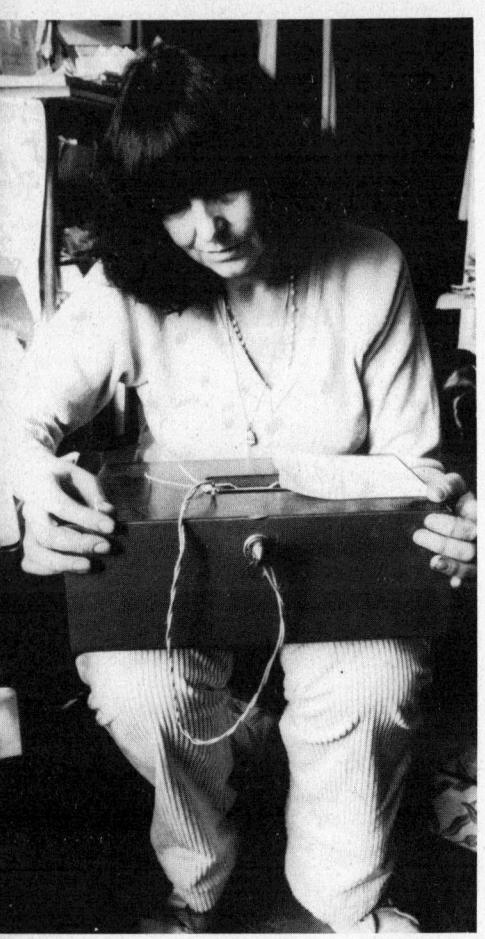

In einem feuerfesten Safe verwahrt die Schriftstellerin ihre unveröffentlichten Manuskripte

Eine Vergessenheit in Vorstellungen, Anblicken und Gefühlen: »Eine Anpassung deiner Schritte an dich.« Sensibilität. Sie ist da, sie schreitet nicht fort: »Lauter Gedankengeheimnisse Lotterblumen«. Wenn die Freiheit sich von selbst versteht, ist es eine Lust, sich zu verlieren, und diese Lust macht eben die Freiheit aus. »Nur Fremdheit ist das Gegengift gegen die Entfremdung«, heißt es bei Adorno. Die Entfremdung – sie entsteht, wenn die Fremdheit, diese Verlorenheit des Menschen, die Bodenlosigkeit seiner Existenz nicht akzeptiert wird.

Die Entfremdung sucht überall das verlorene Zuhause. Auch Friederike Mayröcker hat da lange gesucht. »Er sagte Deinzendorf dein Deinzendorf, begrab es endlich«, heißt es in einem ihrer Texte. »Es ist nämlich so gut wie vorüber, vielleicht noch so was wie'n Traum und eine Sehnsucht dahin zurückzukehren, eine Verliebung eine Verehrung einer Speisung bis zu den tiefsten Tiefen meiner verzerrten Perspektive nämlich sagte ich.« Deinzendorf, das Haus der Kindheit: »Das erste Motorrad, wo ich hinten aufsaß und wir kreisten im Innenhof des Landhauses. Und die sausende Sonne und der Staub... Die dörflichen Himmelfahrten...«

Gedächtnis, Erinnerung, Anfang: »Als die Dichter uns noch rasend kamen; früher, als die Bäume uns noch grünten.« Friederike Mayröcker, geboren 1924 in Wien. 1935 mußten die Eltern das Landhaus in Deinzendorf verkaufen. Als Erwachsene ist Friederike Mayröcker jedes Jahr rausgefahren zu diesem Ort, hat beobachtet, wie das Haus verändert wurde. Die Umbauten und schließlich:

»Mein Garten wurde weggetan.« Schmerzhafte Entfremdung. »Ich wollte das Haus zurückkaufen«, sagt sie, »ich wollte mich von dem Traum nicht trennen.« Sie hat es nicht zurückgekauft. Der Preis war zu hoch.
Wie hoch ist der Preis der Fremdheit? Sich leicht machen. Fliegen. »Literatur diese Hängematte«, schreibt sie. Die Befestigung lösen. Sie sitzt in der Wiener Zentagasse auf einem Stuhl: darunter ein blaues, ein rotes, ein braunes und noch einmal ein rotes Kissen. Wie fangen wir an? »Wenn es in Wien warm ist«, sagt sie, »spür ich heute noch, wie ich bloßfüßig durch den Staub der Straße von Deinzendorf gelaufen bin. Dort hab ich die Welt vermittelt bekommen, was Natur sein kann. Die Unmittelbarkeit von Blumen und Bäumen und Tieren.«
Neben ihrem Stuhl steht eine grüne Kassette, ein Schlüssel hängt dran. Auf der Kassette ein Blatt Papier festgeklebt. Darauf ihre Worte. »ACHTUNG dieses SAFE (versperrt) enthält mein unvollendetes Prosa-Werk ›Die Abschiede‹ – bei einer Brandkatastrophe, Erdbeben etc. retten oder (und) bei meinem Ableben an SUHRKAMP VERLAG...« Ein Buch geschrieben, nachdem der Vater vor einem Jahr im Alter von 82 Jahren gestorben ist. »Ich bin an meinem Vater sehr gehangen«, sagt sie. Der Vater war Lehrer. Sie ist Lehrerin gewesen, seit 1969 vom Schuldienst beurlaubt. »Mein Vater hat es vermocht«, sagt sie, »bis ins hohe Alter hinein mir eine Art von positiver Sicht von Leben zu erhalten. Er war immer gut aufgelegt. Alles hat seine gute Seite gehabt. Er ist immer im Hintergrund gesessen, hat beobachtet. Die anderen meinten, er zieht sich zurück. Aber es war seine Art von Bescheidenheit. Beschaulichkeit, nicht im Sinn von erhaben, sondern die Welt anschauen, meditieren.«
Das Manuskript in der Kassette. Ein Briefroman. Ein Text über die vielfältigen Abschiede. Der Tod des Vaters. »Ob er endgültig gegangen ist oder nicht«, sagt sie, »bleibt in dem Buch in der Schwebe.« Ihre assoziative Art zu schreiben – Kampf mit dem Sterben, mit dem Tod. Die Verbindung nicht aufgeben. Das Ende – wenn es denn sein muß – trifft einen selbst, nicht den anderen: »Kennst du den schmerzlichen Wunsch, diese beinah hörbar vorüberstreichende Zeit festhalten zu können?« An anderer Stelle die Worte:
»Die gelblichen Schnappschüsse die lila Wangen, ich stand seitlich ans Birkenholz gelehnt, ich höre zitternd die Schwalbenschreie ich sah ihre roten Kehlen als sie beinah den Staub der Dorfstraße streiften, da stand mein Vater und nahm mich an der Hand, die Kirschenpärchen hingen an meinen Ohren. Die zarten lila Wangen die Schwertlilien, die bläuliche Pforte zum Garten die weißen Kieswege durch den Garten das weiß blätternde Birkenholz da stand mein Vater und nahm mich an der Hand, da stand mein Vater an der Böschung zum Bach und schnitzte für mich an einer Weidenpfeife.«
Der Vater war Soldat in beiden Kriegen. Im Zweiten: Offizier bei

der Luftwaffe. Mitglied der Partei war der Vater nicht. Der Vater schrieb in seiner Freizeit zwei Bücher: eines über Testmethoden bei Schülern, das andere über die Verwertung von Pilzen und Pflanzen. Der Vater nahm die Frau und die Tochter zwei Jahre lang während des Krieges von Standort zu Standort mit. Der Vater hielt sich den Krieg vom Leib und war doch mittendrin. Von der Kriegszeit mit dem Vater spricht das Gedicht »Hammerklaviere«.

Hammerklaviere
Frau Bogunke
Hammerklaviere
gibt es nicht viele in Wien.
Aber im Elbsandsteingebirge
gibt es davon eine Menge.

Ich plärrte eben eine Stelle
aus Benjamin Brittens Serenade
da flocht er mir Rosen ins Haar
tatsächlich Rosen ins Haar
und Frau Bogunke sah zu.

Es gab in ihrer Gegend viel Mond
eine Fülle von Mond jeden Abend
die Gardinen flogen in den Garten hinaus
aber ich war verhext
und sie sagte zu mir:
Isz mein Kind!

Über Brieg stand der Mond Nacht für Nacht
ich bekam Briefe und Röteln
ich las Wallensteins Lager
ging Äpfel stehlen
preszte mich gegen die warme Herdplatte
und nahm winters Stunden im Skilauf.

Die Soldaten sangen das Lied vom Wagen
der wieder rollt.
Ich notierte auf einem grünseidenen Kanapee
mein erstes Gedicht.

»Das Dritte Reich hab ich nicht bewußt miterlebt«, sagt Friederike Mayröcker. »Ich arbeitete bis 1945 drei Jahre lang als Luftwaffenhelferin in einem Wiener Büro. Nebenbei bereitete ich mich auf meine Staatsprüfung für Englisch vor. Ich habe die Zeit wie hinter einem Schleier verbracht. Ich bin in einer Traumwelt gewesen. Und die

Schulwelt hat mich da nicht herausgerissen.« Die Traumwelt. Im Alter von einem Jahr erkrankte Friederike Mayröcker an einer Gehirnhautentzündung. »Es war ein furchtbarer Schock für meine Eltern«, sagt Friederike Mayröcker. »Ich kam wie durch ein Wunder mit dem Leben davon. Die Fieberanfälle wiederholten sich bis zu meinem vierten Jahr.« Die Eltern schirmten sie fortan ab von der Außenwelt. Kein Kindergarten, keine öffentliche Schule. Sie ging privat bei den Englischen Klosterfräulein zum Unterricht. Das Abitur hat sie erst nach der englischen Staatsprüfung gemacht. Da war sie bereits seit vier Jahren in Wien Englischlehrerin. Ein zusätzliches Germanistikstudium wollte sie machen, sie gab es auf, als ihr Vater 1951 schwer erkrankte.

»Ich glaube ganz fest an den heiligen Geist, was viele entsetzt«, sagt sie. »Ich habe das Gefühl, daß eine Hilfe von einer geistigen Sache kommt.« In ihrem Buch »Das Licht in der Landschaft« der Satz: »Im wilden Abbruchgarten der Dornbusch, daß er brannte, sah ich vom Fenster...« Das war 1939. Die 15jährige Friederike Mayröcker am Fenster der elterlichen Wohnung, in der sie bis 1951 lebte: »Es war ein merkwürdiges Erlebnis. Ich sah hinaus in den Hinterhof. Ich sah, wie die Büsche dort brannten. Das war die Idee mit dem brennenden Dornbusch. Das verbinde ich mit der Idee, daß der heilige Geist in Erscheinung getreten ist.«

Vor ihr auf der Fensterbank lag das in grünes Saffian gebundene Album

Die Großmutter mit der einjährigen Friederike: »Meine Großmutter wirft die Geldscheine, die ihr in den Laden schneien, bei der Ladentür wieder hinaus«

mit den Bildern ihrer Lieblingsschauspieler, die sie hineingeklebt hatte. Sie riß sie heraus und schrieb damals ihr erstes Prosastück. Die Mutter lebt heute allein in der alten Wohnung. Auch sie wie Ernst Jandl ein paar Straßen von der Zentagasse entfernt. Seit der Vater tot ist, geht die Schriftstellerin mittags zur Mutter, die für die Tochter kocht. Die Mutter, die einmal Modistin war, dann Teppiche knüpfte und schließlich Puppen machte.

»Nämlich meine Mutter wie sie an den äußersten Rand ihres Bettes rückt um zu vermeiden daß sie mich im Schlaf erdrücke«, schreibt

Friederike Mayröcker

Friederike Mayröcker in »Licht in der Landschaft«, »sie habe immer Angst davor gehabt sie sei an dem äußersten Rand des Bettes geblieben auch dann noch als ich längst in meinem Kinderbett schlief. Ich sei erst ein paar Tage alt gewesen die schreckliche Vorstellung sei aber auf mich übergegangen. Blind vor Tränen ein Vibrato, welch ein Abgrund sagte sie, so emsig speichelnd ihr tägliches Trachten: ihr eigenes Verzichtenwollen möge – ein himmlischer Handel – in verschwenderische Gnadengaben an mich umgewandelt werden, sie glaube ja an Gott.«

Die Tochter: »Bücher wie Hostien.« Die Erinnerung an die Großmutter, die einen Laden hatte und freizügig Geld verschenkte an Bedürftige. Friederike Mayröcker schreibt: »Meine Großmutter wirft die Geldscheine die ihr in den Laden schneien und in ihrer Schürzentasche verschwinden bei der Ladentür wieder hinaus...« Die Großmutter: »Vielleicht eine Sommerschwalbe, das hat sie aus ihrem Leben machen wollen. Ich hätte es ablesen können, es wäre zu entziffern gewesen, ich konnte es nicht im Gedächtnis behalten. Ich hätte es ablesen können, es wäre zu entziffern gewesen aber ich sah weg, man hatte mir frühest beigebracht ich solle nicht überall hinsehen...«

Was sind die Bedingungen des Glücks? Daß die anderen sich ein Gewissen daraus machen. »Das rücksichtsvolle Wegsehen wurde mir von meiner Mutter eingeprägt«, sagt Friederike Mayröcker. Distanziertheit aus Rücksicht auf den anderen: »Es ist geblieben. Ich kann nicht so direkt an die Menschen herangehen.« Schwäche und Stärke zugleich. Ein anderes Kommunikationsproblem als das der vielen heute um sie herum. Aber vielleicht ein Weg, der betreten werden kann: »Wir gehen auseinander. Indem wir die Beinahe-Unmöglichkeit menschlicher Kommunikation erkennen, suchen wir hartnäckig und immer von neuem, die Nähe des Menschen zu gewinnen.«

Schöpfungsgeschichte: die Trennung des Menschen in Mann und Frau. Geschlechterbeziehung als Ergänzung? »Mein weibliches, mein männliches Ich«, sagt Friederike Mayröcker, »ich bring sie zusammen.« Die Liebe zu sich selbst als Ausgang der Liebe zum anderen. Narzißmus als eine Möglichkeit. »Ich habe mich nie spezifisch als Frau gefühlt«, sagt Friederike Mayröcker. »Die Sache mit der Weiblichkeit ist mir nie in den Kopf gestiegen.« In ihrem Buch »Fast ein Frühling des Markus M.« heißt es: »Der Mensch, wie er umgeben, ja: gefangen ist von der obszönen Reflektion seines, technisierten, Zeitalters, muß anpassenderweise aus der Natur geraten.« Die Ehe als ein ideologisches Ritual der heilen Welt – die Liebe als ein antigesellschaftlicher Akt.

Haben wir zu eng auf Nachbarschaft gelebt, »so daß sie alle jetzt um Vereinzelung sich bemühen«? Friederike Mayröcker hat eine Ehe hinter sich, Ernst Jandl hat eine Ehe hinter sich. Gab es nicht mehr die Verlockung zusammenzuleben? »O ja«, sagt Friederike Mayröcker. »Aber wir haben es nicht getan, und es war gut so. Wir sind ja beieinander, aber wir haben das Geheimnis bewahrt: Keiner hat die Einsamkeit des anderen angetastet.« Und so kann sie in »Fast ein Frühling des Markus M.« schreiben: »So neben dir sitzend, hatte mich eben jene Sehnsucht erfaßt, stumme Zwiesprache mit dir zu halten als mit einem weit Entfernten...«

Friederike Mayröckers Kindheitslektüre: Peterchens Mondfahrt, Lambert Löffelmann, Sylvester Aser, das Märchen vom Karfunkelstein, Alice im Wunderland, Bonzos Abenteuer. 1945 die Offenbarung: ausgebombt mit der Mutter bei Bekannten. Die Mutter versteckte sich aus Angst vor den russischen Besatzern unter Bettüchern. Die Tochter saß unter dem Dach umgeben von einer riesigen Bibliothek in fieberhaftem Verlangen, alle Bücher in ein paar Tagen zu lesen.

Das Wissen um den »im Sand verschütteten Menschentorso«. 1945 das Gedicht:

Im Walde von Katyn
dort wo die Vöglein sangen
im Wald von Katyn
im Wald von Katyn
da sangen die Vöglein alle
(and the chariots swung the chariot
over the mediterranean sea over the sea)
im Wald von Katyn
im Wald von Katyn
dort wo die Vöglein sangen
im Wald von Katyn
da sangen die Vöglein alle
and the chariot swung the chariot
over the sea

Seit 1946 arbeitete Friederike Mayröcker als Englischlehrerin im 10. Wiener Bezirk. 23 Jahre hat sie dort unterrichtet, ehe sie sich beurlauben ließ für die Literatur. Unbezahlter Urlaub. Lebensunterhalt seitdem durch Literatur. Die Bücher verkauften, verkaufen sich schlecht. Das Geld zum Leben kam über den Rundfunk herein. Ein Dutzend Hörspiele sorgten für das finanzielle Minimum. Und eine Reihe literarischer Auszeichnungen: 1964 der Wiener Theodor-Körner-Preis, 1968 der Hörspielpreis der Kriegsblinden für »Fünf Mann Menschen«, eine Arbeit, die zusammen mit Ernst Jandl entstand. 1975 der österreichische Würdigungspreis für Literatur, 1976 der Preis der Stadt Wien, 1977 der Georg Trakl-Preis Salzburg. Lesereisen durch Österreich, die Bundesrepublik, Holland, Polen, Luxemburg, England, die USA, die Schweiz und die Sowjetunion. Übersetzungen ins Englische, Fransösische, Spanische, Italienische, Ungarische, Tschechische, Polnische, Rumänische, Holländische. 1978 in Wien ein internationales Mayröcker-Seminar. Seit einem Jahr bekommt die Schriftstellerin eine kleine Lehrerpension, die die Wohnungsmiete trägt.

»Ich war nie eine passionierte Lehrerin«, sagt sie. »Ich hatte nicht das Gefühl, etwas vermitteln zu können, nur als Mensch.« Ihre ersten Gedichte erschienen wie diejenigen Ilse Aichingers, Paul Celans und Erich Frieds in der österreichischen Zeitschrift »Plan« 1946. Ihre erste Buchveröffentlichung 1956

Friederike Mayröcker 137

im Wiener Bergland-Verlag: Prosa mit dem Titel »Larifari«. Da war sie 32 Jahre alt. »Das Buch ist gleich untergegangen, war eine Totgeburt«, erinnert sie sich. Fast ein Jahrzehnt Warten auf die nächste Veröffentlichung. In den Schulferien fuhr sie mit Ernst Jandl nach Stuttgart. Der von der der experimentellen Lyrik faszinierte Professor Max Bense empfing sie und brachte in der von ihm editierten Reihe »rot« je ein Bändchen heraus: »lange gedichte« von Jandl, »metaphorisch« von Friederike Mayröcker. Ein Jahr später – 1966 – entdeckte der Rowohlt-Verlag die »Wiener Gruppe«. Doch da gab es sie nicht mehr. Bereits 1964, als sich einer ihrer Protagonisten, Konrad Bayer, im Alter von 32 Jahren das Leben genommen hatte, war sie auseinandergefallen. Einer, der genau studiert hatte, was von der »Wiener Gruppe« geschrieben vorlag, hatte plötzlich Erfolg mit dem, womit die Avantgarde keinen Erfolg gehabt hatte: Peter Handke mit seinem Stück »Publikumsbeschimpfung«, das dort ansetzte, womit Konrad Bayer in seinem Stück »Schweißfuß« aufgehört hatte. Eben mit einer Beschimpfung des Publikums.

Die Nachhut Peter Handke gab der Vorhut »Wiener Gruppe« eine späte Chance. Peter Handke kam nach oben, die »Wiener Gruppe« blieb im Publikumsgeschmack unten. Von Friederike Mayröcker erschien im Rowohlt-Verlag der Ausschnitt ihres lyrischen Schaffens über zwei Jahrzehnte hinweg unter dem Titel »Tod durch Musen«, dann die Prosabände »Minimonsters Traumlexikon« und »Fantom Fan«. Friederike Mayröckers Sprachexperimente stießen auf ein in der Wohlstandsrepublik wieder gefestigtes traditionelles Sprachbewußtsein. Der Sensationserfolg Handkes blieb begrenzt auf Handke. Friederike Mayröcker mußte sich einen neuen Verlag suchen: Luchterhand nahm sie auf, wo auch die Werke Ernst Jandls erschienen. Von dort wechselte sie 1975 zu Siegfried Unselds Suhrkamp Verlag. Der trägt nun die Früchte des langen Wegs Friederike Mayröckers zu sich selbst: die Form in Friederike Mayröckers Werken hat sich beruhigt, die Syntax bleibt weitgehend unangetastet. Das, was noch in dem Prosaband »je ein umwölkter gipfel« (Luchterhand) ein Wunsch war, ist nun eingelöst: »mein gnadengrund... strahlende wörter... rufe fragen verschlungene gebilde. schmachtend... als ich sie lange genug bei mir gekaut hatte spie ich sie aus, zerstückelte sie, begann von neuem. kritzelte sie einzeln auf blätter, behängte möbelstücke mit ihnen, bedeckte sie mit küssen.«

Geduld mit Friederike Mayröcker. Es wäre eine Täuschung, würde ich behaupten, ich hätte diese Literatur in all ihren Linien verstanden. Auch ich befangen in der Gewohnheitsattitüde: dieser heimliche Wunsch angesichts einer mit sich selbst zerfallenen Wirklichkeit eine überschaubare, geordnete Welt präsentiert zu bekommen, die vertrauter, geschlossener Fiktion entspricht. 30 Bücher der Wienerin: wo ist da der Schlüssel zu finden, der öffnend den Blick in ihre Welt

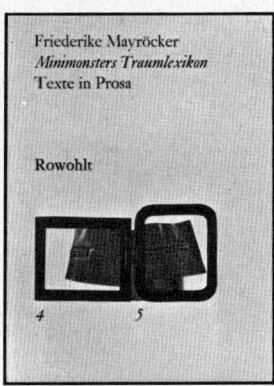

Friederike Mayröcker
Minimonsters Traumlexikon
Texte in Prosa

Rowohlt

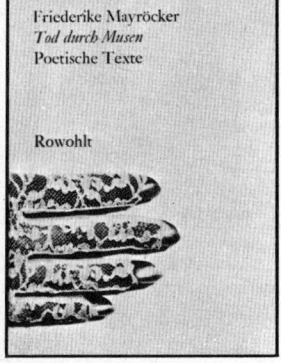

Friederike Mayröcker
Tod durch Musen
Poetische Texte

Rowohlt

Bücher Friederike Mayröckers, die zwischen 1966 und 1971 erschienen und ihren Rang als unverwechselbare Dichterin begründeten

zum Eigenerlebnis macht? Für mich war es der 1975 erschienene Prosa-Band »Das Licht in der Landschaft«, eine Liebesgeschichte, und dann »Fast ein Frühling des Markus M.«, ebenfalls eine Liebesgeschichte. Nicht das Was, sondern das Wie wird geschildert.
Lesehilfe der Autorin: »Ich schalte, um meine ›Bewusztseinsmaschine‹ in Gang zu bringen, auf Erinnerungspunkte irgendwelcher Vergangenheit, bringe dadurch, wenn es gelingt, etwas ganz intensiv in die Mitte meines Bewusztseins, wo es lebendig dasteht, zu sehen, zu hören, zu riechen, zu betasten, in einer Eigenbeweglichkeit, die es aus dem Zustand des Eingebettetseins in einen Erinnerungsablauf befreit. Es steht für sich selbst da, ... statisch, und zugleich in einem Strahlungskranz von Assoziationsmöglichkeiten.«

Friederike Mayröcker

Nach »Licht in der Landschaft« und »Fast ein Frühling des Markus M.« las ich ihren viel früher entstandenen Prosaband »je ein umwölkter gipfel«: innere Biographie, Gespräch zwischen Mann und Frau, Gespräch zwischen zwei Ichs, die doch eines sind, das der Friederike Mayröcker. Schließlich griff ich zu den 1979 erschienenen »Ausgewählten Gedichten«:

WINZIGE
  VERGISZMEINNICHT
flammende Flurnamen / endlich das Durstlöschen –
das Getroffensein
  das Verwundetsein
    das Betrachten
      das Zuhören

das aufeinander Zugehen
  das sich einander Zuwenden
    das einander Berühren

das Öffnen der Lippen das Verschwinden der Sonne

Das Umschlingen
  das Verschlingen
    das Umschlungensein
      das Verschlungensein

das Ablassen
  das Sinkenlassen
    das Versinkenlassen
      das Versunkensein ...

Friedrich Schlegel: »Der Mensch ist ein schaffender Rückblick der Natur auf sich selbst.« Friederike Mayröcker und die prima causa ihres schöpferischen Vermögens: Seele. Der Zustand drinnen verschlingt sich mit der Erfahrung des Draußen. Eine Abfolge von Welten, die im Herausbilden von Ich-Gehalt aufgeht: die einzelnen Ebenbilder ergeben kursorisch ein einziges Ebenbild.

Friederike Mayröcker in ihrer Wiener Wohnung. Auf dem Dual-Plattenspieler liegt verstaubt eine Platte, die Klaviersonate eins und zwei von Brahms. Sie hat ein Buch über Brahms, Chopin, Schumann, Bruckner und Schubert geschrieben. »Heiliganstalt«, 1978 erschienen. Der Versuch, aus Musik Wörter zu machen, die Musik sind. Sie hört beim Schreiben Musik, »als Antrieb«, sagt sie, »später schalte ich den Plattenspieler ab.« Sie ist ein Morgenmensch. In ihren Anfangsjahren als Schriftstellerin hat sie zum »Antrieb« Schlagerplatten aufgelegt, dann die Beatles, schließlich Bach und diejenigen

Die Schriftstellerin in der Wohnung ihrer Mutter, die vor ihrer Ehe Modistin war und in der Ehe eine Puppenmacherin wurde

Komponisten, über die sie die »Heiligenanstalt« schrieb.
In der Nähe des Plattenspielers steht ihre erste Schreibmaschine, eine »Hermes Baby«, die sie sich 1946 von ihrem ersten Lehrergehalt gekauft hat: darauf fehlt der Buchstabe »ß«. Also: sz. Also »...fuszlos über dem Boden...« Erkennungszeichen. Sie ist bei der alten Schreibweise der »Hermes Baby« geblieben, in den letzten Büchern nur noch in ihrer Lyrik. Sie spricht von ihrer Affinität zur

bildenden Kunst: Max Ernst, Magritte und Giacometti, der einmal gesagt habe, ihm schwebe eine gewisse Form bei seinen Arbeiten vor, die er nicht zu erreichen glaube, bis er gemerkt hat, daß es genau das war, was er machte. Ithaka suchend, Ithaka gefunden, doch lange nicht gemerkt. Es war in ihm. So auch Friederike Mayröcker.

Sie trägt ein Goldkettchen mit drei Anhängern: ein Herz, ein Jesusbild und ein Kreuz. »Es gibt weniger das Problem, daß man Inspiration habe sondern daß man sich eine unaufhebbare Verletzlichkeit bewahre: was bedeutet, daß man sich der Welt gegenüber keinen Panzer zulegen wolle dürfe so lieb einem dies manchmal wäre...«, heißt es in einer ihrer letzten Texte.

Sie hatte 1952 einen Lehrer geheiratet. Sie hatte sich zwei Jahre später scheiden lassen und sich ihren Mädchennamen zurückgekauft. »So war das damals«, sagt sie. Der Mann hatte wieder geheiratet, er hat eine Tochter und inzwischen ein Enkelkind. Die Trennung – »völlig reibungslos« damals, sagt sie. Auf den Jugendkulturwochen in Innsbruck lernte sie 1954 Ernst Jandl kennen, ebenfalls im bürgerlichen Beruf Lehrer. Er liest die Manuskripte der Schriftstellerin immer als erster. Aber erst dann, wenn Friederike Mayröcker ihnen die letzte Form gegeben hat. Davor zeigt sie nichts her. »Er kann unerbittlich, schonungslos in seiner Kritik sein«, sagt sie. »Doch er bietet Möglichkeiten der Veränderung an.« Das Hineinversetzen in den anderen. Es ist beider Glück. Friederike Mayröcker sagt: »Es war gut so, daß wir nicht in eine gemeinsame Wohnung gezogen sind. Leben in einer Beziehung wie im Walde. Ich stelle mir das mit Bäumen vor. Man braucht Luft um sich herum wie die Bäume.«

»Die Überwindung« heißt das jüngste Gedicht Ernst Jandls, das er Friederike Mayröcker widmete:

kaum habe er
geschrieben was an diesem einen tag
er schreiben habe wollen

so überkomme ihn
nicht durst nein
trinkenslust
auch wenn es nicht
der tageszeit entspreche
und wenn es nicht

der tageszeit entspreche
fange für ihn
ein scharfer zwiespalt an

am schärfsten spürbar wenn
der tagesplan
noch ein zusammentreffen vorsehe

ausgenommen mit der ihm engst vertrauten
von der er auch
wehenden alkohols nicht reuig stehe

also versuche er es
mit einem einzigen gläschen
wodka

wobei er ein recht großes
glas benütze
zur verringerung der kontrolle

es aber höchstens
ein drittel fülle
meist etwas weniger

es werde leer
es werde voll
es werde leer

schon fürchte er nicht mehr
treffen mit irgendwem
und aus den händen

lästiges kribbeln
vollends
sei geschwunden

so habe er sich wieder überwunden

Friederike Mayröcker sagt: »Ich habe eine melancholische Art. Aber ich bin bereit, jeden Morgen Mut zu schöpfen. Bei ihm ist die Melancholie stärker, sie könnte stärker werden.« Sie ist abends bei ihm in der Wohnung. Doch die Tage mehren sich, wo er zu ihr kommt in ihre Einsamkeit. Am Tag zunehmend Anrufe bei ihm. Er ist verschlossener als sie, schwerer, schwieriger das Leichtmachen, das sie beide in ihrer Literatur anstreben. Sie haben vier Hörspiele gemeinsam geschrieben und doch nicht gemeinsam. Zwiegespräche in den Ferien unter ein Thema gestellt und als Dialog auf dem Tonband festgehalten. Dann die Abschriften im Doppel. Jeder arbeitete für sich seinen Teil aus. Das Schreiben mit all seinen Konflikten der Schreibsperre, der Schreibhemmung, des Scheiterns und der zeitweiligen Aussichtslosigkeit – keiner stört dabei den anderen dadurch, daß ihm etwas glückt und dem anderen gerade nicht. Jeder ein sicherer Ort für die Klagen des anderen. Die Nähe in einem Zimmer nur auf Reisen oder Studienaufenthalten.

Er stützt sie. Sie trägt ihn. »Morgendämmerung Adam«, heißt es bei Friederike Mayröcker.

Friederike Mayröcker

Ingeborg Bachmann

»Haltet Abstand von mir, oder ich sterbe, oder ich morde mich selbst«

Nimm das geängstigte Gewissen weg, so kannst du ihr Leben schließen. Ingeborg Bachmann und das Beschreiben einer Wahrheit, auf die sich so, wie sie es getan hat, kaum einer einlassen will. »Ja, Liebe führt in die tiefste Einsamkeit. Wenn sie ein ekstatischer Zustand ist, dann ist man in keinem Zustand mehr, in dem man sich durch die Welt bewegen kann. Man sieht die Welt nicht mehr mit den Augen der anderen«, hat sie gesagt. Ingeborg Bachmann und der Aufbruch ins Utopische, das ruhelose Wellenwesen, die Undine, die Frau, die in einem Riß in der Wand verschwindet. So hat sie sich gesehen, so hat sie sich in ihrer Literatur beschrieben – von ihren Gedichten bis hin zu dem Roman »Malina«.
Ingeborg Bachmann und von Anfang an das Befragen aller Möglichkeiten zwischen Ich und Du:

Erklär mir, Liebe, was ich nicht erklären kann:
sollt ich die kurze schauerliche Zeit
nur mit Gedanken Umgang haben und allein
nichts Liebes kennen und nichts Liebes tun?
Muß einer denken? Wird es nicht vermißt?

Da ist die alte bürgerliche Hoffnung von der Totalität des Individuums. Doch die Menschheitsgeschichte wies dem Mann den Verstand zu und der Frau das Gefühl. Ingeborg Bachmann ist eine emanzipierte Frau gewesen, lange bevor sich eine Frauenbewegung in den sechziger Jahren lautstark zu Wort meldete. In ihrer Prosa heißt es über die Männer: »Ihr mit euren Musen und euren Tragtieren und euren gelehrten, verständigen Gefährtinnen, die ihr zum Reden zulaßt.« In der Erzählung »Undine geht« schreibt Ingeborg Bachmann: »Die heftigen Menschenfrauen schärfen ihre Zunge und blitzen mit den Augen, die sanften Menschenfrauen lassen ein paar Tränen laufen, die tun auch ihr Werk.« Sie, die sich den heftigen Menschenfrauen zurechnete, wußte von Anfang an: »Es kommen härtere Tage. / Die auf Widerruf gestundete Zeit / wird sichtbar am Horizont.« Sie ahnte, daß sie für ihre Heftigkeit zu zahlen haben würde.
Es wuchs für sie »die Erfahrung«, wie sie schrieb, »daß die Menschen sich an einem vergingen, daß man selbst sich an ihnen verging«, daß

»die Liebe zur Revanche wird für alles, was auf Erden erträglich ist«. Das Gefühl, »eine Art Aberglauben...«, als wäre es jedem von uns zugedacht, genau das ertragen zu müssen, was man am wenigsten erträgt, sich mit dem Menschen ganz einlassen zu müssen, an dem man zuschanden wird mit seinem tiefsten Verlangen«. Ingeborg Bachmann und die Klage, nicht zu wissen, »wie man Platz nimmt in einem anderen Leben«. Die ekstatische Liebe, die allein Schutz böte gegen die »ungeheuerliche Kränkung, die das Leben ist«. Sie hat die Zeit gegen sich.

In ihrem Roman »Malina« schreibt Ingeborg Bachmann: »Ich bin die erste vollkommene Vergeudung, ekstatisch und unfähig, einen vernünftigen Gebrauch von der Welt zu machen.« »Anrufung des großen Bären« heißt einer der beiden Gedichtbände von ihr. Sie beschwört darin einen imaginären Partner, ihre rettenden Gegenbilder inmitten des gefährdeten Lebens anzunehmen:

Mein lieber Bruder, wann bauen wir uns ein Floß
und fahren den Himmel hinunter?
Mein lieber Bruder, bald ist die Furcht zu groß
und wir gehen unter.

Ingeborg Bachmanns Lyrik ist evokativ, aber die Lyrik hat noch eine Hoffnung. Die Prosa der Schriftstellerin hat diese Hoffnung nicht mehr. Im Roman »Malina« heißt es zwar noch: »Ein Tag wird kommen, an dem werden die Menschen schwarzgoldene Augen haben, sie werden die Schönheit sehen, sie werden vom Schmutz befreit sein und von jeder Last.« Aber dann nimmt die Schriftstellerin diesen Glauben zurück: »Kein Tag wird kommen...« Die private Erfahrung ließ Ingeborg Bachmann zurück in einer heillosen Verwirrung der Gefühle. Daß die von ihr imaginierte Liebesvorstellung als Zustand nicht zu halten ist und immer eine Leidensgeschichte ist – darüber schreibt sie in ihrer Prosa.

»Die Liebe hat einen Triumph, und der Tod hat einen, die Zeit und die Zeit danach. Wir haben keinen«, heißt es bei ihr. Ingeborg Bachmann wurde 47 Jahre alt. Die in Klagenfurt geborene Tochter eines Lehrers starb in Rom, wo sie mit Unterbrechungen seit 1953 gelebt hatte. Zuletzt arbeitete sie an ihrem Roman-Zyklus »Todesarten«, zu dem das erschienene Buch »Malina« gehört. Erschöpft vom Schreiben, aber unfähig einzuschlafen, nahm sie in der Nacht zum 26. September 1973 Beruhigungstabletten, legte sich ins Bett und rauchte eine Zigarette. Dabei schlief sie ein. Ihr Nachthemd fing Feuer. Sie stürzte unter die Dusche, löschte die brennenden Fetzen, ließ Wasser in die Badewanne laufen und kühlte die Brandwunden. Dann alarmierte sie per Telefon eine Bekannte.

Die Ärzte in der römischen Klinik Sant' Eugenio konnten sie nicht retten. 40 Prozent ihrer Haut waren verbrannt. Die Schriftstellerin starb am 17. Oktober 1973 und wurde in Klagenfurt beerdigt. Ihr Sterben machte Schlagzeilen. Sie war eine international bekannte Dichterin. Sie hatte in der Bundesrepublik alle renommierten Literatur-Auszeichnungen bis hin zum Büchner-Preis erhalten. Schon zu Lebzeiten war diese Schriftstellerin ihre eigene Legende. Ihr Ruhm gründete auf zwei schmalen Gedichtbänden: dem Erstling »Die gestundete Zeit«, der 1953 erschienen war, und »Anrufung des großen Bären« (1956). Danach hatte sie keine Gedichtbände mehr veröffentlicht.

Innerhalb der »Kahlschlagliteratur« wurden ihre Gedichte damals von der Kritik als eine »Sensation« empfunden. Das Lob war einmütig. Da hatte jemand das Empfinden einer Generation getroffen, die am Krieg selbst nicht mehr schuldig war und doch an der Schuld trug:

Wo Deutschlands Himmel die Erde schwärzt,
sucht sein enthaupteter Engel ein Grab für den Haß
und reicht dir die Schüssel des Herzens.

Eine Handvoll Schmerz verliert sich über den Hügel.

Sieben Jahre später
fällt es dir wieder ein,
am Brunnen vor dem Tore,
blick nicht zu tief hinein,
die Augen gehen dir über.

Sieben Jahre später,
in einem Totenhaus,
trinken die Henker von gestern
den goldenen Becher aus.
Die Augen täten dir sinken.

In ihren Vorlesungen – Ingeborg Bachmann war im Wintersemester 1959/60 die erste Dozentin auf dem von der Frankfurter Universität eingerichteten Lehrstuhl für Poetik – sagte die Schriftstellerin: »Hätten wir das Wort, hätten wir die Sprache, wir bräuchten die Waffen nicht.« Und: »Die Fragwürdigkeit der dichterischen Existenz steht zum ersten Mal einer Unsicherheit der gesamten Verhältnisse gegenüber... daß Dichten außerhalb der geschichtlichen Situation stattfindet, wird heute niemand mehr glauben.« Doch sie beharrte darauf, daß die äußerste Subjektivität den Dichter ausmache und daß er von daher seine Existenzberechtigung erfahre: »Gelingen kann ihm, im glücklichsten Fall, zweierlei: zu repräsentieren, seine Zeit zu repräsentieren, und etwas zu repräsentieren, für das die Zeit noch nicht gekommen ist.«

Ingeborg Bachmann

Diese zwei Gedichtbände machten Ingeborg Bachmann in den fünfziger Jahren berühmt. Es blieben ihre einzigen

Ingeborg Bachmann war von Anfang an eine Schriftstellerin, die davon ausging, daß sie der Zeit nicht helfen kann, geschweige denn sie retten, sondern die nur ausdrückt, daß diese Zeit untergeht. Die rettende Bemühung aber galt ihr selbst, war ihre Bemühung für sich im privaten Leben. In diesem Widerspiel von Unmöglichem und Möglichem schrieb sie. Solange sie es im Bereich der Lyrik, die allzumal rational nie ganz auflösbar ist, tat, wurde sie gelobt. Lyrik war für sie zuerst einmal auch eine Verschanzung. Eine Verschanzung, die nachgibt in der Prosa und die Autorin dort wehrlos-menschlich zeigte. In der Prosa wurde ihr ihre subjektive Position als Ich-Monstrosität ausgelegt, als ein peinlicher Exhibitionismus.

Die Prosa der Ingeborg Bachmann rief die Zyniker auf den Plan, die jedes totale Gefühl madig machen, um nur in ihrer Sicherheit, in ihrem Distanzgehabe nicht gestört zu werden. Als Prosaistin wurde die Schriftstellerin, die die Erzählungsbände »Das dreißigste Jahr« (1961) und »Simultan« (1972) sowie den Roman »Malina« (1972) vorlegte, weitgehend von der Kritik abgelehnt. Für diese Kritik war Ingeborg Bachmann, als sie starb, schon längst eine »erledigte« Schriftstellerin, eine Frau, die nur mit ihren Gedichten bestehen konnte. Doch dieselbe Kritik nutzte die Aura der Autorin, um sich unter ihrem Namen selbst zu produzieren und seit 1977 einen Ingeborg-Bachmann-Preis in Klagenfurt zu vergeben.

Immer ist diese Frau ein Gegenstand der Neugier gewesen. Als sie

Ingeborg Bachmann am Anfang ihres Weges in die Literatur

1953 bekannt wurde, gehörte sie mit Ilse Aichinger zu den jungen Frauen, die die männliche Szenerie der Gruppe 47 verschönerten. Sie war eine Frau, die es noch einmal wagte, den Anspruch der Frühromantik in der deutschen Literatur in Wirklichkeit umzusetzen: Leben und Werk in Einklang zu bringen. Eine Frau, die am Ende bitter vermerkte: »Mein Teil, es soll verloren gehen.« Ingeborg Bachmann – die ganz Andere, die Gezeichnete, die Zauberin, die darauf bestand, wie sie einmal formulierte, »bis zum Äußersten zu gehen, die Grenzen zu überschreiten, die uns gesetzt sind«: »Du haftest in der Welt, beschwert von Ketten, / doch treibt, was wahr ist, Sprünge in die Wand. / Du wachst und siehst im Dunkeln nach dem Rechten, / dem unbekannten Ausgang zugewandt.«

Immer liefen Geschichten über die Schriftstellerin um. Immer wußten

Literatur-Insider etwas zu flüstern. Immer war Geheimes öffentlich. Sie war nicht jemand, der über die Liebe und die Geschlechterproblematik im Patriarchat schrieb, sie war eine Frau. Das erhöhte den Reiz. Sie war eine Frau, die zugleich publikumsscheu und publikumssüchtig war. Eine Schriftstellerin, die sehr wenig über ihre Biographie preisgab, geprägt von einem Weh-Mut und nicht von einer Wehmut. Den Freunden war sichtbar, daß sie eine von zahllosen Ängsten Gejagte war. Aber sie hat es nicht einmal in ihrem autobiographischen Roman »Malina« gewagt, diese Ängste offen darzulegen.

In traumhaften Visionen spricht sie von einem »Vater« als der Inkarnation des Schreckens. Der »Vater« erscheint als KZ-Scherge, der seine Tochter in einen Saal mit schwarzen Schläuchen einschließt, »die größte Gaskammer der Welt«. Sie beschreibt in Wahnsinnsphantasien, wie sie an den »Vater« durch Hörigkeit und Inzest gebunden bleibt. Die grausame Vaterfigur könnte für alles stehen, was Glück und Entfaltung des fühlenden Menschen verhindert: für Krieg, Haß, Verfolgung und Gewalt, die von Menschen an Menschen verübt wird, für die Nachstellungen, denen man auf der Welt ausgesetzt ist. So könnte es sein, es könnte auch etwas anderes sein. Wir wissen es nicht.

Was die Freunde wissen, ist die Erfahrung, daß Ingeborg Bachmann von Ängsten besessen war. Und so erklärt sich ihr immer wieder geübter Sprung in die Öffentlichkeit hinein, in Parties und Veranstaltungen.

Ein Buch, das mit hämischer Kritik bedacht wurde

Sie, die in ihrer Einsamkeit Verstörte, war darauf angewiesen, sich aller Dinge und aller Menschen zu versichern, um ihre Ängste wenigstens zeitweise loszuwerden. Sie mußte alle Menschen haben können. Ihre Hilflosigkeit wurde erkannt. Und sie hat dann gelernt, daß die Inszenierung von Hilflosigkeit ein ungeheures Machtmittel sein kann. Sie kreierte schließlich eine Schutzbedürftigkeit, da sie ihr mit Sicherheit Schutz einbrachte.

»Menschlichkeit: Den Abstand wahren können. Haltet Abstand von mir, oder ich sterbe, oder ich morde mich selber. Abstand, um Gottes Willen!« schrieb sie zugleich. Der Schriftsteller Hans-Jürgen Fröhlich weiß von einer Begebenheit in Spoleto, wo Ingeborg Bachmann in einem Café an der Piazza saß und eine Frau mit den Worten zu ihr kam: »Ich liebe Ihre Gedichte. Sie wissen viel vom Leben. Helfen Sie mir.« Die Frau erzählte der Schriftstellerin ihre unglückliche Lebensgeschichte, und Ingeborg Bachmann reagierte mit den Worten: »Ich kann Ihnen nichts sagen. Wie soll ich Ihnen helfen?« Hans-Jürgen Fröhlich meint: »Ingeborg Bachmann hat für sich selbst keinen Rat gewußt und kein Rezept gehabt. Sie hat geschrieben und schreibend versucht, das Chaos nicht zu ordnen, sondern zu formulieren.«

Ihr Tod durch Feuer schien folgerichtig, erschien so, als sei er herbeigeschrieben. Und das klingt zynisch. Dieser Flammentod steigerte noch das Legendenbild, das die Öffentlichkeit von Ingeborg Bachmann hatte. »Und zurückbleiben wird das Bett, an dessen einem Ende die Eisberge sich stoßen und an dessen unterem Rand jemand Feuer legt«, hatte sie geschrieben. Und: »Das Feuer, das plötzlich ausbricht,... ist die Rettung.« Und: »... wenn ich befeuert bleib, wie ich bin und vom Feuer geliebt.« Und: »Du wirst fallen zuletzt aber ins Feuer.« Und: »Wenn ich im Rauch behelmt wieder weiß, was geschieht.«

Die Schriftstellerin Ursula Ziebarth zählt in ihrem Buch »Hexenspeise« (1976) an die hundert Stellen auf, in denen Ingeborg Bachmann in ihrem literarischen Werk das Feuer wie eine Erlösung herbeizuschreiben schien. Und Günter Grass schrieb der Bachmann als Nachruf dieses Gedicht:

Du hast sie gesammelt:
Schränke voll,
deine Aussteuer.
In leichteren Zeiten, als das noch anging
und die Metapher auf ihren Freipaß pochte,
wäre dir (rettend) ein Hörspiel gelungen,
in dem jener typisch doppelbödige Trödler,
durch dich vergöttert, alte Todesarten verliehen
neue aufgekauft hätte.

Bedrängt von.
Keine kam dir zu nah.
So scheu warst du nicht.
Wichsende Knaben hatten den Vorhang gelöchert:

jeder sah alles, Seide und chemische Faser
die jüngste Kollektion, bezügliche Zitate.

Todesarten: außer den windigen Kleidchen
diese probieren und diese;
die letzte paßt.

Ingeborg Bachmann

War es denn so, daß sich das literarische Werk der Ingeborg Bachmann im Sterben dieser Frau erfüllte? Nein und doch Ja in ganz anderer Beziehung, läßt man noch einmal ihre Gedichtzeile nachklingen: »Wart meinen Tod ab und dann hör mich wieder...« Als Ingeborg Bachmann von den Männern verlassen war, die sie liebte, wählte sie den Tod im Leben: Entbindung einer Produktion, rastloses Arbeiten an dem Roman-Zyklus »Todesarten«. In »Malina«, dem ersten Teil dieser Arbeit, gibt es Spuren verstummender Eindrücklichkeit, die an Erschütterungsfähigkeit die meisten Romane mit ihren abgegriffenen Ehebruchsgeschichten unendlich übertreffen. Wenn man den heutigen Menschen in seiner Lebensgier, seiner Betäubungssucht und seiner Verlorenheit begreifen will, muß man diesen Roman lesen. Ingeborg Bachmann steht dort nicht über den Menschen, sie steht mittendrin.

Es ist die Geschichte einer ausweglosen Liebe zum Nächsten. Die Ich-Erzählerin lebt in dem Roman mit dem Mann Malina zusammen und liebt einen anderen Mann namens Ivan. Doch Malina ist in Wirklichkeit der männliche Doppelgänger der Ich-Erzählerin, eine in die Realität projizierte Figur mit den Eigenschaften des Rationalen, Produktiven, die der Frau in ihrer alles verzehrenden Liebe zu Ivan abhanden gekommen sind: »Ich habe in Ivan gelebt, und ich sterbe in Malina.« Unerbittlich ausgebreitet ist hier ein Thema, das symbolhaft bereits dargestellt ist in ihrem 1958 gesendeten Hörspiel »Der gute Gott von Manhattan«. Da geht ein Bombenleger durch New York. Seine Opfer sind ausschließlich Liebespaare, die er in den Himmel »sprengt«.

Doch die Liebesgeschichte zwischen dem jungen Mann Jan zu dem Mädchen Jennifer, die wie Ruth in der Bibel spricht: »Wo du hingehst, da will auch ich hingehn...«, bringt der Frau allein den Tod. Die Bombe, die in ihrem Hotelzimmer explodiert, zerreißt Jennifer. Jan hat sich für einen Augenblick vom Liebesrausch beurlaubt und sitzt in der Hotelbar. Die Liebe, so spricht der Bombenleger in dem Hörspiel, kann nicht geduldet werden, es sei denn in der gezähmten Form eines »Heilmittelunternehmens gegen die Einsamkeit, einer Kameradschaft oder wirtschaftlichen Interessengemeinschaft.« Und: »Ich glaube, daß die Liebenden gerechterweise in die Luft fliegen und immer geflogen sind.« In Ingeborg Bachmanns Hörspiel überlebt der Mann, weil er die Fähigkeit besitzt oder den Mangel, ein übermächtiges Gefühl zu unterbrechen und weil er in die Normalität einzutauchen versteht.

Die Verteidigung der Liebe aber ist für die Bachmann immer ein antigesellschaftlicher, gefährlicher Akt. Um sich zu verwirklichen, muß die Liebe das Gesetz der Welt durchbrechen. Die Liebe ist deshalb, so wie sie von Ingeborg Bachmann dargestellt wird, ein Skandalon, Unordnung. Unordnung deshalb, weil die Gesellschaft auf der Beständigkeit einer Beziehung, der

Ehe oder der Familie, beruht, die nichts anderes zum Ziel hat als die Reproduktion. derselben Gesellschaft. Die Darstellung der Liebe durch Ingeborg Bachmann ist zwei Sternen vergleichbar, die das fatale Gesetz ihrer Bahn mißachten und sich im Raum begegnen. Die romantische Auffassung, zu der Bruch und Untergang gehören, ist die einzige, die wir kennen. Es ist auch die der österreichischen Schriftstellerin.

So war es denn auch nicht verwunderlich, daß der Kritiker Marcel Reich-Ranicki in der »Zeit« die Prosa Ingeborg Bachmanns als »ein trübes Gewässer« denunzierte und ihr »backfischhafte Überspannung« vorwarf. Daß die Kritikerin Sibylle Wirsing in der »Frankfurter Allgemeinen« über »Malina« meinte: »Obwohl das Romanthema die Selbstaufgabe ist, kennt das Ich nur einen Faszinationspunkt: den eigenen Nabel.« Daß der Kritiker Friedrich Wilhelm Korff persönlich wurde: »Zu verstehen ist es freilich, daß eine unglückliche Frau gelegentlich gezwungen ist, ihr weibliches Minus als ein Plus der Literatur zuzuschlagen, unverständlich bleibt aber, daß sie darin gleich so weit geht, ihr Unglück auch in Szene zu setzen, um es alsdann literarisch auszukosten...« Es ist eben das alte »Unglück« der Bourgeoisie, die immer meint, als Publikum reagieren zu sollen.

Ingeborg Bachmann setzte das Dichten absolut, und sie setzte die Liebe absolut. Dieser Zwiespalt war den »männlichen Schriftstellern« zur Genüge bekannt. Der dänische Dichter und Philosoph Sören Kierkegaard hat ihn im vergangenen Jahrhundert in seinem Leben und in seinem Werk (»Tagebuch eines Verführers«) beklemmend ausgetragen. Kierkegaard setzte sich ab im Sprung in den christlichen Glauben. Weiter als er ging kaum jemand, der schrieb. Eher ein wenig zurück ins Selbstmitleid darüber, daß rechtzeitige Kapitulation vor der totalen Liebe notwendig ist. Die Liebe blieb für die »männlichen« Schriftsteller weiter ein beliebtes Thema, aber sie wurde dargestellt als eine ständige Rechtfertigung für den ewigen Wechsel der Beziehungen. Das Thema gewann an Extensität, was es als Intensität verlor. Die Liebesthematik der »männlichen« Schriftsteller wurde im Wesentlichen verständig, und die Leidenschaft – im wörtlichen Sinne – verflüchtigte sich. Die Frau blieb durchgehend in dieser Literatur Ausdruck männlicher Eitelkeit und Unruhe.

Ingeborg Bachmann erklärt ihren Roman »Malina« so: »Ich wollte zeigen, daß unsere Gesellschaft so krank ist, daß sie auch das Individuum krank macht. Man sagt, es stirbt. Doch das ist nicht wahr: Jeder von uns wird letzten Endes ermordet. Diese Wahrheit nebelt man in der Regel ein, und nur bei einer Bluttat sprechen die Zeitungen davon. Das weibliche Ich meines Buches wird fortwährend in vielen ›Todesarten‹ ermordet. Doch niemand fragt, wo dieses Töten beginnt. Auch die Kriege sind in meinen Augen nur die letzte Konsequenz dieser verborgenen Verbrechen.«

Ingeborg Bachmann

Wo begann das Töten? In »Malina« erinnert sich die Ich-Erzählerin an das Erlebnis eines sechsjährigen Mädchens, an eine autobiographische Geschichte: »In einer Großaufnahme steht die kleine Glanbrücke da... diese mittägliche übersonnte Brücke mit den zwei kleinen Buben, die auch ihre Schultaschen auf dem Rücken hatten, und der Ältere, mindestens zwei Jahre älter als ich, rief: »Du, du da, komm her, ich geb dir etwas!« Die Worte sind nicht vergessen, auch nicht das Bubengesicht, der wichtige erste Anruf... das Stehenbleiben, Zögern, und auf dieser Brücke der erste Schritt auf einen anderen zu, und gleich darauf das Klatschen einer harten Hand ins Gesicht: »Da, du, jetzt hast du es!« Es war der erste Schlag in mein Gesicht und das erste Bewußtsein von der tiefen Befriedigung eines anderen, zu schlagen.« Erkanntwerden und Erkennen. Täuschung und Enttäuschung. Vertrauen und Betrug.

»Ich sage Glück«, so widersetzt sich die Ich-Erzählerin im »Malina« aller schlechten Erfahrung und sagt dann doch, daß alle Männer unheilbar krank seien: »Daß das Unglück der Frauen ein besonders unvermeidliches und ganz und gar unnützes ist.« Die Schriftstellerin Ingeborg Bachmann hat zwei Männer geliebt: den Komponisten Hans Werner Henze. Die Beziehung ging in die Brüche. Und den Schriftstellerkollegen Max Frisch. Die Beziehung ging in die Brüche. Für ihre Umgebung war Ingeborg Bachmann die bestaunte »neue Frau« im Leben und auf der Litera-

Komponist Hans Werner Henze mit Ingeborg Bachmann 1965 auf einer Party in München. Sie hatte ihn 1952 auf der Tagung der Gruppe 47 in Niendorf an der Ostsee kennengelernt und ihm Libretti für seine Werke geschrieben

turszene. Sie drehte den Begriff in der Erzählung »Drei Wege zum See« um und ließ ihre literarische Figur Elisabeth, eine fünfzigjährige Liebende, resümieren: »... und solange es diesen neuen Mann gab, konnte man nur freundlich sein und gut zueinander, eine Weile. Mehr war daraus nicht zu machen, und es sollten die Frauen und Männer am besten Abstand halten, nichts zu tun haben miteinander, bis beide herausgefunden haben aus der Verwirrung und Verstö-

Ingeborg Bachmann

rung, der Unstimmigkeit aller Beziehungen. Eines Tages konnte es dann anders kommen, aber nur dann, und es würde stark und mysteriös sein und wirkliche Größe haben, etwas, dem sich jeder unterwerfen könnte.

Hans Werner Henze: Ingeborg Bachmann lernte ihn in Niendorf an der Ostsee auf der Tagung der Gruppe 47 im Jahre 1952 kennen. Sie schrieb eine neue Textfassung für dessen Ballettpantomime »Der Idiot«. Sie wurde 1960 in Berlin aufgeführt. Der Monolog des Fürsten Myschkin aus diesem Libretto ist in Ingeborg Bachmanns Erstling »Die gestundete Zeit« enthalten. Nach einem Libretto von Ingeborg Bachmann entstanden Hans Werner Henzes Opern »Der Prinz von Homburg« (Uraufführung 1960 an der Hamburgischen Staatsoper) und »Der junge Lord« (Uraufführung 1965 an der Deutschen Oper Berlin).

In ihrer Erzählung »Undine geht« schrieb Ingeborg Bachmann: »Ja, diese Logik habe ich gelernt, daß einer Hans heißen muß, daß ihr alle so heißt, einer wie der andere, aber doch nur einer. Immer einer nur ist es, der diesen Namen trägt, den ich nicht vergessen kann... Wie könnte ich je an die Wichtigkeit eurer Verstrickungen glauben? Wie euch glauben, solange ich euch wirklich glaube, ganz und gar glaube, daß Ihr mehr seid als eure schwachen, eitlen Äußerungen, eure schäbigen Handlungen, eure törichten Verdächtigungen. Ich habe immer geglaubt, daß ihr mehr seid, Ritter, Abgott, von einer Seele nicht weit, der allerköniglichsten Namen würdig. Wenn dir nichts mehr einfiel zu deinem Leben, dann hast du ganz wahr geredet, aber auch nur dann. Dann sind alle Wasser über die Ufer getreten, die Flüsse haben sich erhoben, die Seerosen sind gleich hundertfach erblüht...«

»Undine geht«, das ist Anklage und Klage zugleich: »In euren schwerfälligen Körpern ist eure Zartheit zu loben. Etwas so besonders Zartes erscheint, wenn ihr einen Gefallen erweist, etwas Mildes tut. Viel zarter als alles Zartes von euren Frauen ist eure Zartheit, wenn ihr ein Wort gebt oder jemand anhört oder versteht.« Was die Autorin in den Männern attakkiert, ist deren letztliche Flucht vor der höchsten Verwirklichung der Liebe: Zwei Einsamkeiten, die sich einander öffnen, die ihre eigene Welt schaffen und damit die gesellschaftliche Lüge zerstören, Zeit und Arbeit aufheben und sich für autonom halten.

Und so heißt es in »Undine geht«: »Verräter! Wenn euch nichts mehr half, dann half die Schmähung. Dann wußtet ihr plötzlich, was euch an mir verdächtig war, Wasser und Schleier und was sich nicht festlegen läßt. Dann war ich plötzlich eine Gefahr, die ihr noch rechtzeitig erkanntet, und verwünscht war ich... Ihr habt Altäre rasch aufgerichtet und mich zum Opfer gebracht. Hat mein Blut geschmeckt?... Mein Gedächtnis ist unmenschlich. An alles habe ich denken müssen, an jeden Verrat und jede Niedrigkeit.«

Max Frisch: Er hat seine Beziehung zur Bachmann in der autobiographischen Erzählung »Mon-

tauk« 1975 veröffentlicht. Vier Jahre lang, zwischen 1958 und 1962, waren sie beieinander. Abwechselnd in Rom und in Zürich. Max Frisch präsentiert sich in »Montauk« als sympathischer Versager. Er spricht von Eifersucht, von Hörigkeit, öffnet Ingeborg Bachmanns Briefe, liest darin über einen anderen Mann, er spricht ein wenig von Qual, aber er stellt sie nicht dar, er berichtet von Kleinigkeiten: »Sie zu beschenken ist eine Freude; sie strahlt. Sie verlangt den Luxus nicht, wenn er da ist, so ist sie ihm gewachsen. Ihre Herkunft ist kleinbürgerlich wie die meine; nur ist sie frei davon. Wenn sie rechnet, dann rechnet sie mit Wundern... zu meinem fünfzigsten Geburtstag lädt sie mich nach Griechenland ein.« Und: »Das Ende haben wir beide nicht gut bestanden.«
Ja, was ist denn nun passiert, daß diese Beziehung zerbricht? Was soll dieser Exhibitionismus, der sich nicht traut? Entweder man läßt sich auf einen Menschen ein oder nicht. Entweder man läßt sich auf ein Buch ein oder nicht. »Montauk« aber ist kein ehrliches Buch geworden. Hat er die Bachmann überhaupt geliebt? Liebt er eine Frau, kann er eine lieben? Hat die Bachmann ihn geliebt? Warum sind beide in diesen Kampf verwickelt? Ist das Buch »Montauk« eine seiner Rechtfertigungen, um nicht seine Angst vor dem Geschlecht besprechen zu müssen? Seine Liebe, wenn es denn eine war, ist eine Angst gewesen. Die Angst, er könnte die Bachmann in sich verleugnen. Und er verleugnete sie ja

Ingeborg Bachmann 1964 im schweizerischen Graubünden

auch, so wie er über sie in diesem Buch schreibt.
Schreibend liebt dieser Max Frisch nur sich selbst. Schreibend entzündet er Liebe. Schreibend bestimmt er den Tod der Liebe. Im Leben hat er andern die Erfahrung des Todes zugefügt, indem er sie verließ. Verlassenwerden aber ist Tod erleben. Das ist das Brutale an Max Frisch und zugleich das Menschliche, weil es so alltäglich ist.
Erkannt hat Max Frisch dies als junger Mann, wenn er schreibt: »Angst vor dem Schmerz bringt uns zur Rücksicht, nie zum Leben, und so wie Du einmal erzogen bist und wie wir fast alle erzogen sind... Mit einem Gewissen, das

die Ausmaße eines Geschwürs annimmt... versündigen wir uns in diesem Leben mehr durch Rücksicht als durch das Gegenteil, vorab durch Rücksicht gegen uns selber.« Doch dann ist Max Frisch der alten Moral gefolgt: Der Kunst, ohne Schmerzen durchzukommen. Max Frisch hat sich in seiner Erzählung »Montauk« völlig im Griff. So kann er über Ingeborg Bachmann schreiben: »In ihrer Nähe gibt es nur sie, in ihrer Nähe beginnt der Wahn. Soviel habe ich schon gewußt. Noch meine ich, es sei zu entscheiden wie mit einer Münze, die man wirft: Kopf oder Schrift? Es ist aber schon entschieden. Zum Hohn bloß werfe ich tatsächlich eine Münze, 100 Lire, nehme sie vom Boden, ohne hinzusehen, ob Kopf oder Schrift; ich warte nur noch, bis es einen Kaffee gibt...« Diese männliche Haltung, die in der Liebe der Wahrheit aus dem Wege geht und in der Literatur der Wahrhaftigkeit, unterscheidet Max Frisch von der Ingeborg Bachmanns. In der Beurteilung der Literaturkritik war Max Frischs »Montauk« Kunst und Ingeborg Bachmanns »Malina« Kitsch. Auch der Kritik blieb der von Frisch benannte »MALE CHAUVINISM« vertrauter und lieber. Er hat die Literaturgeschichte auf seiner Seite.

Und manche Kritikerin hat diese Haltung so verinnerlicht, daß sie ihr als die eigene vorkommt. So Lore Thoman in der Zürcher Zeitung »Die Tat« über Ingeborg Bachmann und Max Frisch: »Sie war eine geistige Potenz von Millionärsrang, mit der eigentlich kein Mann sich einzulassen wagte, keiner außer ihm; aber er war selbst zu sehr Star, um es durchzuhalten. Er brach ihr Herz... Vielleicht mußte er sie literarisch verfremden, um seine eigene Seele zu retten?« Lore Thoman spielt auf Frischs Roman »Mein Name sei Gantenbein« an, der in verschlüsselter Form ebenfalls seine Beziehung zu Ingeborg Bachmann darstellt. Lore Thoman meint über Frisch: »Er hatte immer die Unterhaltung des Lesers dabei im Auge, er kann noch in Salamanca als Svoboda mit einer Münze ans Glas klopfen, um zu zahlen, während sie selbst als Prinzessin Kagran (in ›Malina‹) nur ›plötzlich einen Schilling im Mund‹ haben kann, ›leicht, kalt, rund‹, den Obolus für den Fährmann, der sie ins Totenreich führt. Er kann zu seinem eigenen Begräbnis gehen, und es wird unterhaltsam werden... während sie... nur noch aufpassen muß, daß sie ›mit dem Gesicht nicht auf die Herdplatte falle, mich selber verstümmele, verbrenne‹.«

Ingeborg Bachmann: Geboren 1926 in Klagenfurt. In der Erfahrung des Faschismus aufgewachsen: »Es hat einen bestimmten Moment gegeben, der hat meine Kindheit zertrümmert. Der Einmarsch von Hitlers Truppen in Klagenfurt. Es war so etwas Entsetzliches, daß mit diesem Tag meine Erinnerung anfängt: Durch einen zu frühen Schmerz, wie ich ihn in dieser Stärke vielleicht überhaupt nicht mehr hatte... Diese ungeheuerliche Brutalität, die spürbar war, dieses Brüllen, Singen und Marschieren – das Aufkommen meiner ersten Todesangst.« 1944 machte Ingeborg

Bachmann ihre Matura. Sie studierte in Graz, Innsbruck und Wien, wo sie 1950 mit einer Arbeit über »Die kritische Aufnahme der Existenzphilosophie Martin Heideggers« promovierte. Sie wurde Redakteurin am Sender Rot-Weiß-Rot. 1952 ging ihr erstes Hörspiel mit dem Titel »Ein Geschäft mit Träumen« durch den Äther. Ein Jahr später kam ihr erster Gedichtband heraus. Noch im selben Jahr erhielt sie den Preis der Gruppe 47.

In ihrer Literatur hat sie vom Hörigsein, vom Verstummen, vom Einanderdulden, vom Dursten und doch Nüchternbleiben, dem Bereuen und dem Rückzug in die Moral geschrieben und nichts davon akzeptiert. Es sind die klassischen Bedrückungen menschlicher Existenz, nicht ihre aktuellen Folgeerscheinungen. »Washington und Moskau und Berlin sind bloß vorlaute Orte, die versuchen, sich wichtig zu machen«, hat sie in ihrer Literatur geurteilt. Und sie hat ihr Einverständnis mit dem Land Österreich erklärt, das »aus der Geschichte ausgetreten ist«. Sie hat diesen Austritt als »ein Beispiel für die Welt« genannt: ... »weil hier keine verschonte Insel ist, sondern an jeder Stelle Untergang ist, ist alles Untergang, mit dem Untergang der heutigen und morgigen Imperien vor Augen«. Sie hat ihre Literatur dargestellt als eine Möglichkeit »zu neuer Wahrnehmung, neuem Gefühl, neuem Bewußtsein«. Sie hat verteidigt, was es in der Geschichte nicht gibt: die »Herzländer«. Sie meinte jeden einzelnen Menschen.

In ihrem Nachlaß fand man eine »Hommage à Maria Callas«, an eine große Künstlerin, die der Aufdringlichkeit der Öffentlichkeit ausgesetzt war und über die zuletzt niemand mehr etwas Positives sagen mochte. Was Ingeborg Bachmann über die Callas schrieb, könnte auch für sie gelten: »Sie wird nie vergessen machen, daß es Ich und Du gibt, daß es Schmerz gibt, Freude, sie ist groß im Haß, in der Liebe, in der Zartheit, in der Brutalität, sie ist groß in jedem Ausdruck, und wenn sie ihn verfehlt, was zweifellos nachprüfbar ist, ist sie noch immer gescheitert, aber nie klein gewesen. Sie kann einen Ausdruck verfehlen, weil sie weiß, was Ausdruck überhaupt ist.«

Die Lyrik der Ingeborg Bachmann ist entdeckt. Sie wurde in dem Maße überschätzt, in dem ihre Prosa unterschätzt wurde. Eine Prosa, die mit ihren Fragen und Zweifeln tiefer geht als das Gedicht. Ihre Prosa ist die Herausforderung. Die Aufforderung, wie der Salamander durchs Feuer zu gehen. »Wohl euch, ihr werdet geliebt, und es wird euch viel verziehen«, schreibt Ingeborg Bachmann. »Doch vergeßt nicht, daß ihr mich gerufen habt in die Welt, daß euch geträumt hat von mir, der anderen, dem anderen, von eurem Geist und nicht von eurer Gestalt, der Unbekannten, die auf euren Hochzeiten den Klageruf anstimmt, auf nassen Füßen kommt und von deren Kuß ihr zu sterben fürchtet, so wie ihr zu sterben wünscht und nie mehr sterbt: ordnungslos, hingerissen und von höchster Vernunft.«

Gabriele Wohmann

»Der Mensch – ein Unternehmen, das Zeit, Notwendigkeit, Glück und was nicht alles gegen sich hat«

Eine Frau mit schwarzem, kräftigem Haar. Die Haare fallen, wie sie fallen, zu bändigen nur mit breitzinkigem Kamm. Doch Kämme mag sie offensichtlich nicht. Ein hageres, aber kein karges Gesicht. Eine schmale Figur. Dünn, mager, drahtig? Kennzeichnung, die trifft und doch nicht. Eine Schriftstellerin »mit bösem Blick«, hat man sie genannt, nennt man sie noch immer.

Gabriele Wohmann – eine Frau mit Negativ-Image. Sie liebt die Farbe Grau in der Landschaft, wenn Regen fällt, sie beschreibt in ihren Büchern den grauen Alltag in der Differenzierung dieser Farbe. Wer sie kennt, kennt sie als Hosen- und Pullover-Menschen in Schwarz. Sie bekennt sich zum Dunklen, zur Dunkelheit. Ins Dunkel gehüllt will sie aus dem Dunkel heraus. Qua Intellekt. Und das Herz? Doch wie kommt das Herz ins Hirn? Und werden die Gefühle nicht von ihr selbst immer wieder auf dem Weg ins Gehirn abgeschnitten?

Sie liest in der Aula des Würzburger Mozart-Gymnasiums. Die Aula ist fast voll. Gabriele Wohmann sitzt mit fahlem Gesicht vorn auf dem Podium an einem Tisch. Es ist still unter den Zuhörern. Sie fahren mit in einem Text der Schriftstellerin, in der literarischen Darstellung einer Zugfahrt. Gabriele Wohmann hat sie eingefangen.

Die Doppeltür am anderen Ende der Aula quietscht, obwohl sie vorsichtig geöffnet wird. Ein mächtiger Mann tritt ein, sucht die Störung gering zu halten. Doch der Holzfußboden knarrt unter seinen Schritten. Er setzt sich auf einen der frei gebliebenen Stühle, aber es hört sich an wie ein Fallen. Die Leute schauen hin zu ihm, Gabriele Wohmann schaut auf zu ihm. Die Gegenwart des späten Besuchers läßt ihr Gesicht rot aufflammen. Sie liest weiter.

Danach geht man in die Gastwirtschaft. Eine kleine Gesellschaft Interessierter. Der mächtige Mann ist dabei. Und auch der Schülerredakteur aus der Unterprima Peter Roos. Peter Roos erfährt, daß der späte Besucher Ernst Meister ist, Lyriker aus dem westfälischen Hagen-Haspe. Gabriele Wohmann bittet den Unterprimaner Roos, wenn er schon fotografieren will, sie nicht mit Ernst Meister zusammen zu fotografieren. Roos fotografiert getrennt für seine Schülerzeitung.

Der Besuch Meisters ist kein Zufall. Gabriele Wohmann, seit 16 Jahren verheiratet, liebt diesen Mann, der nicht ihr Ehemann ist. Sie sind unzertrennlich in jener Zeit, treffen sich, wo immer einer von ihnen liest. Auch Ernst Meister ist verheiratet. Ernst Meister legt die Hand um sie, und Gabriele Wohmann errötet wieder.

Das geschah am 23. Januar 1969. Das ist schon lange her. Inzwischen haben sich die beiden getrennt. Ernst Meister hatte bald eine neue Geliebte. Und Gabriele hat sich in ihre Ehe zurückgezogen und 1978 den Zeitpunkt ihrer silbernen Hochzeit erreicht. Doch die Bücher, die sie seitdem geschrieben hat – von den Romanen »Ernste Absicht« bis hin zu »Frühherbst in Badenweiler« – umkreisen die gescheiterte Beziehung zu Ernst Meister, werfen Gabriele Wohmann immer wieder zurück auf das Damals. Das Damals, das ihr, der Harmoniesüchtigen, Erlösung auf Dauer nicht zu geben schien, eine Erlösung, die sie nun ausschließlich in der Auseinandersetzung mit dem Sterben und dem Tod sucht.

Die Angst vor der Vergänglichkeit. Sie ist diese Angst, seitdem sie Ernst Meister kennenlernte, nicht mehr losgeworden. Gabriele Wohmann ist angebunden an die Vergänglichkeit dieser Beziehung, die sich als die Vergänglichkeit menschlichen Lebens überhaupt ausgewachsen hat. In den Augen ihrer Leser scheint Gabriele Wohmann vom Intellekt bestimmt zu sein. Gefühle werden ihr nicht zugetraut. Zu sehr würgt sie in ihren Büchern die Sinnlichkeit ab. Ihr erbarmungsloser Intellekt, der erbarmungslos gegen sie selbst gerichtet ist. Der Mensch, der lebt, um zu sterben. Der Mensch, der liebt und den Tod der Liebe erlebt hat. Wohin fällt er? Fällt er nicht immer ins Nichts?

Gabriele Wohmann braucht Vokabeln heute, braucht Worte, um zu überleben: Güte, Trost und eben Erbarmen. Die alte Harmoniesehnsucht. Wie stellt sich Harmonie ein? Sie versucht sie herzustellen, zu erzwingen. Eine Schriftstellerin, die erbarmungswürdig und zugleich erbärmlich die Liebe reduziert, weil sie der Unberechenbarkeit einer Liebe nicht mehr gewachsen zu sein glaubt. Sie hat in ihrem Leben alles auf die mittleren Werte eingependelt. Ihre Überlebensvokabel heißt Vernünftigkeit. Vernünftigkeit verzerrt sie, ist der Ausdruck totaler Verkrampfung. Man sieht es, und wenn man sie anfaßt, merkt man es. Sie läßt sich nicht gern anfassen. Sie glaubt nicht mehr an die Erlösung durch Berührung.

Sie hat sich präpariert für das Altwerden. Mit Goethe-Weisheiten, den milden Sprüchen, Poesie des Alters, Poesie der Resignation. Die Sprüche liegen zusammengetragen in einem kleinen Bändchen neben ihrem Bett. Das Bett steht inmitten der Atelierwohnung. 90 Zentimeter breit. Zu schmal für die Überwindung der Einsamkeit. In der Einsamkeit hat sie sich eingerichtet. Aber allein kann sie nicht leben. Sie schreibt wie eine Wahnsinnige, mehrere Bücher pro Jahr,

Nur getrennt ließ sich das Liebespaar fotografieren: Gabriele Wohmann mit dem Lyriker Ernst Meister 1969 in Würzburg. Sie war 16 Jahre verheiratet, als sie sich in Ernst Meister verliebte. Sie blieb bei ihrem Ehemann. Den Konflikt von einst trägt sie noch immer in ihren Büchern aus

mehr, als ein Verlag drucken kann. Je mehr sie sich aus der Lebendigkeit zurückzieht, aus der Sinnlichkeit, desto stärker glaubt sie sich hinübergetragen in eine Art Unsterblichkeit, die sie für dieses Leben entschädigen soll. Sie ist fixiert durch Todesangst. Die Werke werden bleiben. Sie zehren ihr Leben aus.

Die Wohmann – das ist ein Leben in der Problematik einer langen Ehe, in der sich niemand mehr etwas zutraut. Gewöhnung. Sie liebt dieses Wort. »Eine Art Selbstmordversuch mit Selbsterhaltungstrieb« heißt es in einem ihrer Bücher. Sie sieht das und will es nicht sehen. »Du mußt in deinen Schrei Ordnung bringen«, heißt es an anderer Stelle. Gabriele Wohmann ist versessen auf Ordnung. Sie hat ihre Lektion gründlich gelernt. Sie war im bürgerlichen Beruf Lehrerin. Und ihre Lektion heißt Erfahrung, heißt Wissen, daß jede Leidenschaft aus dem Chaos steigt, aber auch hineinführen kann. Sie hat im Schmerz den Schmerz objektiviert.

Sie hat in dieser Objektivierung

Gabriele Wohmann

eine panische Angst vor den Krankheiten des Körpers. Der Körper, der rebelliert gegen die Vergewaltigung zum Ausgleich, zur Ausgeglichenheit. Mit vielfältigen Beschwerden, die ihr den zukünftigen Tod vergegenwärtigen. Ihre Rück-Sichtslosigkeit ist zu einer Vor-Sicht geraten, die nur auszuhalten ist im Schreiben.

»Jedes Gefühl ist ein Doppelgefühl«, schreibt sie. »Gernhaben ist immer Zugernhaben. Sie hat ihren Mann zu gern, und sie hat Ernst Meister zu gern gehabt. Doppelgefühle, die sich verdoppelten. Wie und wo ist da Trennung möglich? Das Leben geht weiter. Sie trägt die Doppelgefühle mit sich herum. Sie ist ein Katastrophenmensch. Gabriele Wohmann weiß, daß sie einer neuen Katastrophe nicht gewachsen wäre.

Also schützt sie sich vor der Überraschung der Sinnlichkeit, klammert sie die Sinnlichkeit aus, stellt sie sie in ihrer Literatur als sexuellen Plunder dar. Sinnlichkeit hat in ihrem Werk die karitative Ursprünglichkeit der Heilsarmee. Schlimmer: Als Schriftstellerin stellt sie die Sinnlichkeit nur noch im Prisma der Ironie dar wie Thomas Mann, ebenfalls einer, der sich so eine trügerische Ruhe vor der eigenen Unberechenbarkeit sicherte.

Nicht immer hält die Wohmann ihre Ironie durch. In einem Gedicht beschreibt sie sich und ihren Mann vor dem Fernsehapparat, wie sie sich einen Western ansehen:

Du bewegst deine Füße, du gehst ganz schön mit
du hast Sachen an, die ich befürwortet habe
irgendwann in deinem Herrentextilgeschäft
plötzlich konnte ich kaum noch Luft kriegen vor Liebe zu dir
und ich entschied für uns, daß wir am liebsten
in einem Film an den Folgen sehr guter Schüsse
sterben würden und nicht aus uns selbst heraus.
Mir fiel der kleine Rest von Heidelbeerkuchen ein,
ich holte ihn schnell aus dem Eisschrank
und du ißt das Stück
als wäre es nicht vergiftet!

Gabriele Wohmann ist inzwischen 47 Jahre alt. Sie kam in Darmstadt zur Welt, und sie ist in Darmstadt geblieben. Sie ist die Tochter eines Pfarrers. Sie hat zwanzig Bücher mit Erzählungen, sieben Romane und zwei Gedichtbände geschrieben. Für den Rundfunk entstanden acht Hörspiele, für das Fernsehen sechs Filme. In einem der Filme – »Entziehung – ein Tagebuch« – spielte sie selbst die Hauptrolle, eine tablettensüchtige Frau. Gabriele Wohmann war tablettensüchtig. Sie ist es nicht mehr. Gabriele Wohmann trank exzessiv Alkohol. Sie trinkt keinen Tropfen mehr. »Trinken ist das Herrlichste« heißt ein Erzählungsband aus dem Jahre 1963 von ihr.

Gabriele Wohmann sagt von sich: »Ich habe Erfahrungen gemacht,

Eine Autorin schwört ihren Anfängen ab: Sinnlichkeit wird in ihrem 1978 erschienenen Roman »Frühherbst in Badenweiler« der Lächerlichkeit preisgegeben

die mich nicht als einen besonders vernünftigen Menschen gezeigt haben. Vielleicht habe ich daraus gelernt und möchte nun lieber eine zuverlässige Person sein. Ich will für den anderen berechenbar sein. Er soll sich auf mich verlassen können, so absolut, wie ich das Gefühl der Zuverlässigkeit bei meinen Eltern erlebt habe. Ich will ein normaler Mensch sein. Mutwillig gehe ich kein Risiko mehr ein. Genußsüchtig bin ich insofern, als alles seine Ordnung haben muß. Zur rechten Zeit meinen Espresso kriegen, zur rechten Zeit schreiben, zur rechten Zeit fernsehen.«

Gabriele Wohmann heiratete mit 21 Jahren. Sie brach damals ihr Studium der Philosophie, Germanistik, Romanistik, Anglistik und Musikwissenschaft an der Universität Frankfurt nach sechs Semestern ab. Ebenso wie ihr Mann Reiner Wohmann. Beide gingen für ein Jahr als Lehrer-Hilfskräfte auf die Nordseeinsel Langeoog an ein privates Internat, auf dem Gabriele Wohmann auch ihr letztes Schuljahr absolviert hatte. »Privatschulen waren damals sehr knapp an Lehrern, und der Direktor hat uns auch fast nichts bezahlt. Wir bekamen 175 Mark pro Person bei freier Kost und Logis. Das war eine gewisse Kühnheit von uns. Das Abenteuerliche haben wir damals hinter uns gebracht«, sagt sie rückblickend.

»Die Selbsttäuschung ist für den Sinn des Lebens da«, heißt es in einem der Bücher Gabriele Wohmanns. Warum spricht sie heute so

abschätzig vom Abenteuer? Gabriele Wohmann nimmt ihr Goethe-Bändchen in die Hand und legt sich auf ihr Bett, zitiert: »Man verliert nicht immer, wenn man entbehrt.« Und: »Man sei erst selber liebenswert, wenn man geliebt werden will.« Sie schaut zu mir herüber. Ich stehe an ihrem Bücherregal, ärgerlich über diese Art von Lebensklugheit, ich suche und finde tatsächlich zwei verstaubte Bücher von Else Lasker-Schüler, der in Jerusalem gestorbenen Liebesdichterin, die trotz aller Enttäuschungen am Abenteuer Liebe festgehalten hat bis in den Tod.
Während ich blättere, höre ich noch Gabriele Wohmanns Worte: »Der Goethe ist eben ein vernünftiger Mensch gewesen. Daran kann man sich festhalten. Daran sollten Sie sich festhalten!« Ich halte ihr Else Lasker-Schüler entgegen: »Du weißt doch, was ich von der Liebe halte, wäre sie eine Fahne, ich würde sie erobern oder fallen.« Und: »Das ewige Leben dem, der viel von Liebe weiß zu sagen. Ein Mensch der Liebe kann nur auferstehen...«
Gabriele Wohmanns Stimme bricht schrill in das Gedicht: »Hören Sie auf, mir wird übel. Diese verfluchte Rausch-Literatur. Ich könnte nicht eine Woche so leben wie die Lasker-Schüler. Das ist Chaos. Das würde mich umbringen. Das ist einfach unrealistisch.«
Da schreit sie nun, die lebenskluge Gabriele Wohmann, gerät einen Augenblick aus der Kontrolle, offenbart, was sie für sich als Gefährdung ansieht, offenbart sich als Vulkan mit zugepfropftem Krater, ein Vulkan, der literarischen Kaltdampf abläßt. In ihrem jüngsten Roman »Frühherbst in Badenweiler« beobachtet die Hauptfigur ein junges Liebespaar auf einer Wiese, »ihr jubilierendes Elend, ihren triumphalen Ausnahmezustand«. Und diese Hauptfigur, ein Komponist, hinter der sich die Schriftstellerin Wohmann versteckt, notiert: »... daß der Neid ausblieb auf die Lust der beiden nach Belekken, Einanderanstarren, diversen Feuchtigkeiten, mußte er auf eine Produktionskrise seines Hormonhaushaltes zurückführen.«
Was ist denn da passiert, daß jemand so über die Liebe schreibt? Gabriele Wohmann und ich haben in ihrer Darmstädter Wohnung drei Tage lang verbal gekämpft. Ich um Offenheit, sie dagegen. »Ich werde nichts Wahres über mich eindeutig zugeben«, hat sie einmal geschrieben. Das war's. »Nicht so nah heran zu mir, nicht so intim!« heißt es in einem ihrer Bücher. Als Schriftstellerin ist sie eine Frau, die in ihren Büchern beispielhaft die Fragwürdigkeit von Bindungen, die Ratlosigkeit der Menschen, die Mißverständnisse, die sie voneinander trennen, die Angst vor dem lebendigen Leben beschreibt.
Es sind Bücher einer Autorin mit einer erschütternden Mutlosigkeit zu sich selbst. Das wäre dann auch – das ist Dichtung. Dichtung über Menschen mit verleugnetem Leben: »Der Mensch – ein Unternehmen, das Zeit, Notwendigkeit, Glück und was nicht alles gegen sich hat.« Die Seele. Das Gehirn: »Gedächtnismoleküle, die Seele

pulverisiert.« Gabriele Wohmann hat sich eine Kathedrale aus den Versatzstücken der Hoffnungslosigkeit gebaut, damit niemand sie mehr enttäuschen kann: »Ich sterbe, am Leben, immer weiter. Unverbindlich, unentschlossen. Sterbend enttäusche ich keine einzige Ansicht über mich.«

Gabriele Wohmann und ihr Elternhaus: »Eltern, die so lieb waren, daß man sie zwischendurch kaum gemerkt hat.« Der Vater bis zu seiner Pensionierung als Pfarrer zugleich Direktor des hessischen und rheinisch-westfälischen Diakonievereins, ist 1974 gestorben. Der Vater taucht seit seinem Tod immer stärker in ihren Büchern auf. Er verkörpert in den Augen der Tochter eine heitere Ausgeglichenheit, die sie nun ihrerseits herzustellen versucht. »Rigoroser als du kann man nicht zärtlich sein«, heißt es in »Frühherbst in Badenweiler« über den Vater. Des Vaters gedenkt sie, wenn sie in ihrem Roman »Ausflug mit der Mutter« sich mit ihr als Witwe beschäftigt. Die Mutter, die mit dem Tod des Vaters ihren Lebensinhalt verloren hat: »Du bist allein, einfach allein, ganz und gar allein. Das ist das einzige, was sich von jetzt an noch von selbst versteht.«

Die Eltern gaben der Gabriele Wohmann in der Kindheit einen totalen Schutz. Sie war das zweite von vier Kindern. Den Eltern versucht Gabriele Wohmann heute nachzuleben. Aber die Vorstellung, die sie von ihnen hat, ist die Perspektive der Tochter. In dieser Perspektive haben Mutter und Vater als Mann und Frau, als Liebespartner keinen Platz. Die Dimension der Sinnlichkeit und der Erotik in der Ehe der Eltern wird verdeckt vor den Kindern. Nicht umsonst verbindet sich ja mit dem Protestantismus eine jahrhundertealte Geschichte der Prüderie. In dieser Lebenshaltung gegenüber Kindern eines evangelischen Pfarrhauses steckt denn auch eine gewaltige Portion Lüge.

Die Geborgenheit, die Gabriele Wohmann erfahren hat und die sie heute geradezu anhimmelt, entpuppt sich als ein potemkinsches Dorf. Denn bei Eltern muß vorausgesetzt werden, daß sie wissen, wie das Leben draußen ist. Eben nicht geborgen. Und so sind die Kinder dieses Pfarrers in ihren bürgerlichen Berufen alle erst einmal gescheitert, wie sie selber sagt. Die totale Geborgenheit im Elternhaus hat Gabriele Wohmann schutzlos gemacht fürs Leben. Sie weiß, daß sie, wenn sie sich zu ihren Gefühlen bekennen würde, es maßlos täte. Deshalb hat sie sich heute alles verboten. Bis aufs Schreiben. Ausflucht aus einem Dilemma, das inzwischen den Namen Langeweile trägt.

Irgendwann als Jugendliche hat Gabriele herausgewollt aus diesem Elternhaus, und nun wundert sie sich, daß sie draußen ist. Ihre Sehnsucht heute ist eine Sehnsucht nach einer ungeschehenen Erfahrung. Rückzug in eine Frage, bevor es die Fragen gab, für die sie heute als Schriftstellerin eine Antwort finden müßte. Von der Welt, die in ihrer Kindheit nicht ins Pfarrhaus drang, im Stich gelassen, kapselt sie sich ein, glaubt sie, in der Abkapse-

168 *Gabriele Wohmann*

Die Schriftstellerin mit ihrer 67jährigen Mutter, über die sie nach dem Tod ihres Vaters einen Roman schrieb

lung einen Trost in ihrer Mutlosigkeit zu finden. Vom Mut zum Abenteuer will sie nichts wissen. So sind ihre Bücher immer stärker Variationen der Darstellung eines verpfuschten Lebens geworden.

Gabriele Wohmann – das ist das Schicksal einer Intellektuellen, die ihre Intellektualität haßt wie den Sündenfall, ohne von dieser Intellektualität loszukommen. Ihr Wahrnehmungszwang läßt sie alles sehen, wo sie doch dauernd auf Verstecken aus ist. Das Niederschlagen der eigenen Sinnlichkeit, die die Denkvorgänge nur noch schärfer, unerbittlicher macht. Könnte, müßte man nicht Mut zum Abenteuer haben, wenn man weiß, daß es schlechter nicht werden kann? Ihre Sehnsucht nach einer Zeit, wo sie nicht dachte, ist der Trugschluß, daß das, was für das Kind gut war, dem Erwachsenen unbedingt helfen wird.

»In der Beziehung von Eltern und Kindern darf sich grundsätzlich am Lebensalter und an den mit ihm verbundenen Lebensäußerungen nichts ändern«, heißt es in dem Roman »Ausflug mit der Mutter«. »Das Erwachsensein eines Kindes ist eine Verkehrtheit. Wer in seiner Kindheit sehr kindlich und völlig aufgehoben war, vergeht sich später als Erwachsener an seinen Eltern.« Das sind Sätze, in denen sich die Schriftstellerin in ihrer ganzen Heillosigkeit offenbart. Im Gespräch ist sie schnell über ihre Kindheit und Jugend hinweg. Sie sagt, Einzelheiten seien ihr nicht erinnerlich, dafür aber dieses Klima der »absoluten Zuverlässigkeit« im Elternhaus.

Im Jahre 1932 geboren, hat sie noch ein Bewußtsein dessen, was im »Dritten Reich« passierte. Die Eltern haben die NS-Zeit durchschaut. Sie schützten die Kinder vor der Vereinnahmung durch die Nazis, »vor der widerwärtigen Außenwelt«, wie Gabriele Wohmann sagt. Die Abkapselung blieb über das Kriegsende hinaus erhalten. »Pfarrerskinder, das hatte vor 1945 einen schlechten Geruch, sagt sie. »Das hat noch immer einen schlechten Geruch.«

Die Güte der Eltern – dieser Himmel auf Erden im begrenzten Raum des Pfarrhauses. Gabriele Wohmann erinnert sich, wie ihr ältester Bruder sie als Kind hat

Gabriele Wohmann

Fremdwörter abschreiben lassen: »Ich habe die Wörter absichtlich falsch abgeschrieben. Ich hab mich absichtlich dumm verhalten. Ich wollte, daß er sich über mich ärgert, daß er mich bestraft. Und er hat mich dann auch aus Ärger geschlagen.«

Sie straft sich noch heute, wenn sie über ihre Jugend ein paar Sätze verliert. Gabriele als flotte Tänzerin. Es gibt Leute, die sie so einst in Darmstadt gesehen haben. »Das bedeutet nicht flott«, wehrt sie mit lauten Worten ab, »sondern verschlampt, blöd, doof, verlottert, töricht!« »Das würden Sie alles so einreihen?« hake ich nach. »Ja, kindisch«, antwortet sie. »Versessen auf Abwechslung. Das ist doch dumm. Das ist doch absolut lächerlich gewesen.«

Mit Ausnahme ihrer Eltern eliminiert Gabriele Wohmann alles, was an schönen, lustigen und spontanen Dingen in ihrem Leben passiert ist. Sie bringt es im Gespräch und in ihren Büchern in den Bereich des Gewöhnlichen und Abgeschmackten. Sie hat Angst vor den alles niederreißenden Empfindungen. »Nach dem zweiten Reh war ich mit Rehen eingedeckt«, heißt es in einem ihrer Gedichte. »Und für den restlichen Spaziergang / wunschlos verriegelt – soviel Wirklichkeit muß ja nicht sein.«

Ihre Wirklichkeit hat sie in die Gewohnheit abgedrängt, ins Klischee mechanischer Verrichtungen. Sie hat eine Lust entwickelt, nur noch »Grund zur Aufregung« – wie ein Gedichtband von ihr heißt – dort zu finden, wo sich nichts mehr regt.

Sie schreibt: »In einer Anhänglichkeit darf einer nicht sich selber verlorengehen. In der Zweierbeziehung muß jeder Partner ein eigenes Selbst entwickeln, es kaltblütig gewissenhaft hegen und fördern. Er muß etwas Unabhängiges von sich aus der Bindung mit dem anderen Partner heraushalten. Dieses Unabhängige sollte gefühllos vom anderen geschieden bleiben, so daß es nicht zu irgendeinem Zeitpunkt wie etwa dem des Todes oder auch nur einer banaleren Trennung in die Gefahr kommen kann, von Empfindungen heimgesucht zu werden.«

Der Trost, den sie sich damit einhandelt, ist eine Lebenslüge, die um so ungeheuerlicher ist bei soviel Intellekt dieser Schriftstellerin. Sie konstituiert da eine Roboterwelt, eine leidferne Welt. Solche Realität aber gibt es nicht unter Menschen, eine Realität, die nicht von Empfindungen heimgesucht wird. Schreiben wird da nicht zu einem Rettungsakt, sondern zu einer zusätzlichen Entziehungskur, wo Gabriele Wohmann eh schon vom Entzug lebt.

»Mein schlimmstes Gift bin ich selbst«, hat sie einmal gesagt. »Daher auch der Versuch, mich durch sogenannte Tranquilizer zu bremsen. Aber selbst hohe Dosen von Beruhigungsmitteln halfen mir nicht. Schließlich hatte ich mich so an Tabletten gewöhnt, daß ich eine Entziehungskur machen mußte.«

Mit Tabletten geht sie heute vorsichtig um. Ihr Mann sagt: »Sie ist ein sehr motorischer Mensch. Ihre Sensibilität ist extrem, ein normaler Mensch ist doch viel stumpfer.

Selbst nach der Einnahme von Valium 10 kann sie nicht einschlafen.«

Reiner Wohmann fügt hinzu: »Ich weiß, daß sie ein fürchterliches Innenleben hat. Ich bin da mehr stumpfsinnig. Deshalb wundert es mich, daß sie es so schwer hat oder alles so schwer nimmt.« Reiner Wohmann ist für seine Frau heute unerläßlich. Er ist immer in ihrer Nähe. Bei jedem Gespräch mit Journalisten und auf vielen Lesereisen von ihr. Er ist Oberstudienrat an einem Studienkolleg und unterrichtet ausländische Studenten in Deutsch. Er bereitet das Essen zu, er sorgt für Ordnung in der Wohnung, er wälzt die Kursbücher für sie, er fährt sie zum Bahnhof und setzt sie in den richtigen Zug, er ist der erste Leser ihrer Manuskripte und gibt Ratschläge, er schlägt sich mit dem Finanzamt herum, er sichert den Tagesablauf vor allen kleinen Tücken, die sie in panische Aufregung versetzen können und auch versetzen.

Reiner Wohmann – das ist die Fortsetzung des Vaters mit demselben Beruhigungseffekt, den sie aus dem Elternhaus kennt. Dieser Mann kommt in ihren Büchern nicht gut weg. In ihren Büchern rebelliert sie gegen ihn, und im Roman »Frühherbst in Badenweiler« verliert sie sich in Resignation vor soviel Angebundenheit, die sie braucht. Reiner Wohmann trägt sein Schicksal mit Gelassenheit. Die Schriftstellerin Gabriele Wohmann ist für ihn zur Lebensaufgabe geworden. Er ist ihr Lebensretter.

Als Gabriele Wohmann 1954 mit ihrem Mann nach einjährigem Aufenthalt auf der Insel Langeoog nach Darmstadt zurückkehrte, hat er noch einmal zu studieren begonnen, hat er sein Staatsexamen gemacht, hat er die Ordnung mit einem Brotberuf nachträglich hergestellt. Sie gab vorübergehend Unterricht an einer Handelsschule und an einer Volkshochschule und begann zu schreiben. Im Jahre 1958 erschienen von ihr in dem kleinen Verlag Eremitenpresse die ersten zwei Erzählungen unter dem bezeichnenden Sammeltitel »Mit einem Messer«. Anfang eines Erzählstils, der sie heute als Meisterin der Kurzgeschichte erscheinen läßt.

Gabriele Wohmann veröffentlichte diesen Band noch unter dem Mädchennamen Guyot. In ihren folgenden Werken nahm sie auch als Autorin den Namen ihres Mannes an. Und inzwischen verbirgt sie sich in ihren Romanen »Schönes Gehege« und »Frühherbst in Badenweiler« als Männerfigur, wird das Eheleben folgerichtig im Literarischen in die Verkehrung der Geschlechterrolle gebracht. Durchgängig ist die Thematik geblieben: Beschreibung des durchschnittlichen Menschen, der lautlose Terror des lieben Nächsten in der Sklaverei der Gewohnheiten. In die Durchschnittlichkeit, die sie bei anderen beschreibt, hat sie sich einbezogen. Hat sich auf Durchschnitt herabgestuft, auf Gewöhnlichkeit, die sie im eigenen Leben anstrebt, um vom Außergewöhnlichen nicht mehr bedroht zu sein, ohne von ihrer Außergewöhnlichkeit absehen zu können.

Gabriele Wohmann

172 *Gabriele Wohmann*

Der Außergewöhnliche unterliegt den Brutalitäten der Umgebung. Das steht bei ihr fest. »Das ist die ›Wahrheit‹ über uns, wie eine Erzählung von ihr betitelt ist. Das Niederschmetternde dieses Standpunkts flackert im Gespräch auf, wenn Gabriele Wohmann sagt: »Man spricht nicht über seine allergrößten Kümmernisse. Das ist eine Art von Diskretion, weil man weiß, das hilft auch keinem weiter. Wenn ich meinen schwersten Schmerz jemandem anvertraue, ist damit niemandem gedient.«

Gabriele Wohmann ist vom Schatten so eingeengt, daß sie einfach nicht mehr daran glaubt, ihn überspringen zu können. Sie hat es einmal ausprobiert, ist gescheitert und ist dann zu den alten Werten des Elternhauses, der Kindheit zurückgekehrt. Die Liebe zu dem damals 58jährigen Lyriker Ernst Meister – Gabriele Wohmann hat sie in ihrem Roman »Ernste Absicht« beschrieben. In einem 500-Seiten-Monolog bedenkt die Ich-Erzählerin bei einem Krankenhausaufenthalt ihr Leben. »Es ist der unordentlichste Roman, den ich kenne«, schrieb der Schweizer Kritiker Heinz F. Schafroth über dieses Buch. Eine Liebesgeschichte, in der die Ich-Erzählerin von der Angst besessen ist, daß das Immer der Beziehung nicht möglich ist, daß ihre Ewigkeitssehnsucht nicht befriedigt werden kann.

Da ist der von ihr geschiedene Mann, ein ehemaliger Anstaltsgeistlicher, der zu seinem Beruf so unfähig ist wie zu »wissenschaftlichen Arbeiten«, die den Grund für seine vorzeitige Pensionierung

Das Ehepaar Wohmann 1978 in seiner Darmstädter Wohnung: Die Autorin läßt sich von ihrem Mann die Haare schneiden

abgeben. Und da ist Rubin, dieser »Halbedelstein« von Geliebtem, das Spiegelbild des Ehemannes, wegen dem sich die Ich-Erzählerin scheiden ließ. Ein Intellektueller, der sich für die Arbeit an dem ewig geplanten, nie realisierbaren »umwerfenden Roman« mit dem Titel »Wahrheit« von Gönnern aushalten läßt. »Rubins Untätigkeitsphasen sind jedoch denkerisch, zerfurcht, produktiv in Richtung auf ein DEMNÄCHST und DANN ABER«, schreibt Gabriele Wohmann. So demnächst, wie dieses »große pläne- und ränkeschmiedende, alternde Kind Rubin glaubt«, daß er sich, »wie seit Jahrzehnten halluziniert, EINES BALDIGEN TAGES« aus seiner Ehe »endgültig absetzt«. Er bleibt.

Dieser Rubin bleibt in der Ehe, wie auch Gabriele Wohmann in der Ehe geblieben ist. Das Hier der Ehe, so schreibt sie, das ist »eine gute Regelung für dich. Hier: Eine Ordnung. Hier: Mein Bett, mein Tisch, meine einstige Entscheidung für immer. Hier: Mein lebenslänglich geplantes Behagen. Hier: Ein

Tatort, an den du wie alle Verbrecher zurückkehren kannst.« In Gedichten von Ernst Meister, der im Juni 1979 starb, heißt es:

Du hörst mir zu,
ich hör dir zu.
Zu leben und
zu lieben die Dinge
(ein Satz von dir), wie
soll das gehn?
Man hat wohl Liebe
genug. Doch
keinem Leide, das
vollkommen Leid ist,
und keinem Tode
helf ich auf.

Und:

Am Ende sagt
von zweien
der eine noch:
Ich hab
dich eingelebt
in die Verlassenheit.
Am Ende sagt
von zweien
der andere noch:
Sieh, alles Nahe
ist so weit,
so weit.

Gabriele Wohmann hat im Gespräch mit mir den Namen Ernst Meister nicht genannt. Immer wieder habe ich mit meinen Fragen das Buch »Ernste Absicht« umkreist. Ich fragte: »Vor dem Roman ›Ernste Absicht‹ muß doch etwas Entscheidendes mit Ihnen passiert sein. Da sind Sie doch an einen Punkt gekommen, wo man hätte nach links oder rechts gehen können?« Sie antwortete: »Ja, aber beide Seiten erschienen mir nicht besonders attraktiv.« Ich sagte: »Einen der nicht attraktiven Wege haben Sie ja dann doch eingeschlagen.« Sie: »Ja, den besseren.« Ich: »Den vernünftigeren.« Sie: »Ja, aufs Ganze gesehen den bekömmlicheren für alle Beteiligten.«

Wir sind am Ende. Ich gehe noch einmal durch das Haus des Ehepaars Wohmann. Ein Bungalow mit einer Empore, zu der eine Freitreppe hochführt. Oben schreibt sie auf einer elektrischen Olivetti. Oben ist die Pinnwand voll von Sprüchen: »Die Welt ist ein Gefängnis, in dem Einzelhaft vorzuziehen ist« (Karl Kraus)... Remember, remember / the twentyfifth of september / and what was the matter? / I think, there was the letter / man, who said to me, I love you...« Und: »Morgen werde ich mein Leben ändern.«

Unten im großen Wohnraum stehen ein Strandkorb und ihre Puppenstube, hängen Gemälde aus der Wohnung ihrer Eltern, ist das Sofa ihrer Kindheit aufgestellt. Auf den Schränken und auf dem Fenstersims sind leere Schnapsflaschen, leere Bierdosen, sind Bierdeckel postiert Gabriele Wohmanns Vergangenheit. In einem winzigen Zimmer hat der Mann sein Bett.

Ein fliegender Vogel klatscht gegen das große Verandafenster. »Was ist denn da los«, schreckt Gabriele Wohmann auf. Reiner Wohmann springt auf, jagt die Katze weg, die beharrlich Tag für Tag auf ein Vogelunglück wartet. Beim Aufspringen ist ein Korken von der Lehne des Sofas herabgefallen. Gabriele Wohmann hebt ihn auf, stellt ihn an seinen Platz zurück, sagt: »Es ist eine Erinnerung. Aber wir wissen nicht mehr den Anlaß.«

Gabriele Wohmann

Barbara Frischmuth

»Die Macht neu verteilen, so daß sie keine Gefahr mehr für die Welt bedeutet!«

Sie hatte sich oft und genau vorgestellt, wie es sein würde, wenn sie auf und davon ginge. Aber der Gedanke an eine wirkliche Trennung erschreckte sie durch den Anstrich von Endgültigkeit. Sie wartete. Sie wartete ab. Den Kopf voller Wünsche und Bilder, dachte sie an ihren Mann, den sie liebte und nicht aufgeben wollte. Barbara Frischmuth, verheiratet mit einem Trabertrainer und Trabrennfahrer, Mutter eines Kindes, Österreicherin, Schriftstellerin.

In der »Rotunde«, einem Wiener Kaffeehaus auf dem Gelände des Wiener Praters saß sie immer wieder, trank einen Mokka nach dem anderen, hoffte und wußte von der Vergeblichkeit der Hoffnung. Hier, in seinem Stammlokal nahe der Trabrennbahn, in der Gesellschaft von Rennprofis, von Zuhältern, käuflichen Mädchen und einsamen Alten glaubte sie ihn doch noch zu finden. Viele kamen, ihr Mann kam nicht. Das Ende ihrer Liebe in endloser Wiederholung des Wartens.

Die Einsamkeit mündete in den Schmerz. Der Schmerz in die Enttäuschung. Die Enttäuschung in die Bitterkeit. Und selbst die Bitterkeit wurde zu einem abgenutzten Gefühl. Der Mann kannte sie, er vertraute auf ihre Geduld, er ging seinen Geschäften nach und den Frauen, die er noch nicht kannte. Toleranz hat ihre Grenzen. Und Barbara Frischmuth war lange Zeit tolerant. Nun merkte sie, wie ihr Körper rebellierte. Krankheit signalisierte die Katastrophe.

Die Katastrophe wuchs sich aus als eine Geschwulst in ihr. Sie mußte in ein Krankenhaus. Sie wurde operiert. Sie versuchte zu sammeln, was noch an Kraft in ihr war. Nicht die Verzweiflung der Veränderung vorziehen. Sie lief zum Scheidungsrichter und war zehn Tage später geschieden. Auch geschieden konnte sie den Mann nicht abschütteln, konnte sich die Liebe nicht abtreiben.

Kehlkopfkrämpfe jagten sie in die Panik von Erstickungsvorstellungen. Die Erstickungsvorstellungen jagten sie aus der großen Verführung, aufzuhören zu leben. Doch der Sohn Florian gab ihr Halt. Sie fuhr mit ihm nach Altaussee, sie fuhr zurück an den Ort, in dem sie geboren wurde. In der schlimmsten Krise ihres Lebens schrieb sie ein Buch gegen das Fallenlassen in Resignation: den Roman »Amy oder Die Metamorphose«.

Verwandlung. Träumerin Barbara Frischmuth. Rückkehr in die Erinnerung. Zurücktreten aus dem Wissen: die Dinge unschuldig sehen, um seinen Ort zu finden im Anfang der Zeit. Wo die Nacht die Grenzen verwischt und der Phantasie Spielraum gibt, ist Barbara Frischmuth zu Hause. Die Unangepaßtheit an die Welt bewahren. Sobald ein Gefühl groß wird, tut es auch weh. Schmerz als der Preis des sich Offenhaltens.

»Geschehen ist«, heißt es in dem Roman, »daß Amy Stern sich in ihrem Körper gefunden hat, daß sie ihn gefordert hat, als er ihr beinahe abhanden gekommen wäre.« Geschehen ist, daß Barbara Frischmuth sich in ihrem Körper gefunden hat, als er ihr beinahe abhanden gekommen wäre. »Man kann Krankheiten nie jemand anderem anlasten«, sagt sie rückblickend. »Als ich mich einst zu entscheiden hatte, Schriftstellerin zu werden oder eine Laufbahn auf der Universität einzuschlagen, hatte ich dieselben Kehlkopfbeschwerden bekommen wie am Ende meiner Ehe. Erst als ich mich entschieden hatte, wurde ich wieder gesund.«

Auf der deutschsprachigen Literaturszene gibt es die österreichische Autorin seit über einem Jahrzehnt. Eine Schriftstellerin, die sich jeder Verfügbarkeit zu entziehen wußte und sich nicht anpassen ließ an die jeweiligen literarischen und ideologischen Moden. Obwohl von ihr inzwischen mehr als ein Dutzend Bücher vorliegen – Romane, Erzählungen, Kinderbücher und Hörspiele –, ist sie ein literarischer Außenseiter geblieben. Ihr Glaubensbekenntnis, mit dem die 27jährige 1968 auftauchte, war ein kunstvolles Stück Trotz in der Verzweiflungsliteratur unserer Zeit. Die Geschichte einer Internatserziehung, der selbst erfahrenen, als ein Ausbruch aus der allmächtigen Ordnung in die Freiheit des Außerordentlichen, des Aufrührerischen. Protest. Die allmächtige Ordnung erfuhr die Schülerin Frischmuth im Katholizismus. Die Botschaft der Liebe unter den Geboten der Drangsalierung verschüttet. Du sollst! »Klosterschule« hieß das Buch der Debütantin. »Wenn niemand schaut« heißt es da, »werfen wir Schneebälle an die Dachränder der Häuser oder an die Äste der Bäume und bücken uns nach herabfallenden Eiszapfen, die wir lutschen, so lange, bis wir ertappt werden.«

Frei sein – dieser kindliche Traum. Aber: »Wir sollen, ob wir wollen oder nicht, unseren Willen einem Höheren unterordnen...« In einer ihrer Geschichten möchte ein Mädchen das Wunder des Glaubens wie ihre Freundin Melanie erleben: »Siehe, er kommt mit den Wolken, und es werden ihn sehen alle Augen.« Aber das Wunder will sich nicht einstellen: »Da war keine weiße Wolke, kein Wind, der ihn hätte bringen können, der Himmel kein Meer, von dem der Kaplan gesprochen hat.« Dort, wo das Mädchen das Wunder am Himmel erwartete, entdeckte es etwas anderes: ein totes Lamm, zerfressen, in einer Grube, ein widerlicher Anblick, Geruch, der es erbrechen läßt, in den Kadaver des Lamms hinein. Entzauberte Welt, realistische Schilderung eines Vorgangs,

178 *Barbara Frischmuth*

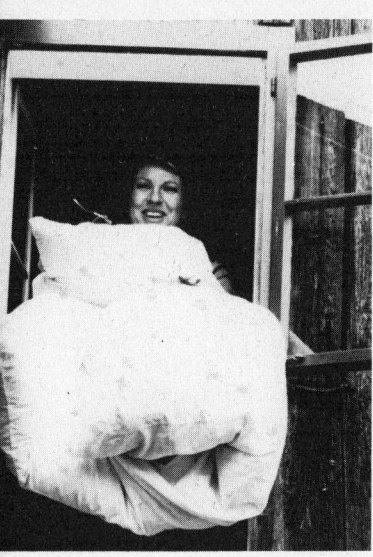

Barbara Frischmuth in ihrem Geburtsort Altaussee: Hier verbringt die heutige Wienerin die Sommermonate

aus dem ein Kind mit verändertem Bewußtsein hervorgeht, ratlos über das Phänomen des Wunders: »Hast du gesehen? fragte ich Melanie, als wir wieder beieinander waren. – Und sie nickte. – Wie war es? fragte ich. – Ich kann es nicht sagen. Lauter Gold. Und Du? – Da wußte ich keine Antwort und dachte nur, wie es gerochen hat.«

Nur kein lieblicher Betrug. Die sinnliche Unbefangenheit der Barbara Frischmuth. Es muß den Weg geben von einem Lebenden zu einem Toten. Aber nicht über die abgegriffene Wunderdoktrin, diese grenzenlose Dürftigkeit. Tat, Sehnsucht, Traum – ein einziger Abgrund. Das Abgrundgefühl, abgelöst von der Katholizität, bedroht die selbständig Werdende und peinigt sie mit seiner Versuchung. Sich preisgeben der eigenen Erfahrung oder der Sicherheit derjenigen, die für alles eine beruhigende Erklärung haben. Man hält stand, oder man stürzt. Aber wenn man stürzt, stürzt man allein – mit und ohne Doktrin. Niemand teilt den Tod des anderen.

Vom ersten Buch an ihr ständiger Versuch, die Sprache aus dem Zwang vorgegebener Interpretationen zu befreien, sich selber lösend an unverbrauchten Möglichkeiten. Beharrlich arbeitet sie an sich und der Sprache, um sich auszudrücken. Schriftstellerin wollte sie werden. Dafür war ihr keine Arbeit zu billig. Allein ein ganzes Jahr gab sie daran, den Roman »Finnegans Wake« von James Joyce, der zu den schwierigsten der Weltliteratur gezählt wird, zu erforschen und für sich zu entdecken. Sie grub sich durch das Labyrinth der Bücher des ebenso schwierigen Deutschen Arno Schmidt. So gründlich wie sie war von den jungen männlichen Autoren kaum jemand. Sie amüsierten sich über soviel Kraftaufwand einer Frau. Kraftaufwand, der auch darauf aus war, der eigenen Muttersprache neu gegenüberzutreten, um die abgenutzten Worte wieder ursprünglich zu erfahren. Dafür lernte sie Sprachen: Englisch und Italienisch nebenher. Türkisch und Ungarisch an Ort und Stelle. Sie ist Diplomdolmetscherin, hat diesen Beruf aber nie ausgeübt. »Ich war haupt-

Die Eltern der Schriftstellerin bei der Hochzeit im Jahre 1936. Als das Foto mit der vierjährigen Tochter und ihrem Schäferhund entstand, war der Vater tot, gefallen in Rußland

sächlich verrückt im Hirn«, sagt sie rückblickend. »Ich hab immer das gemacht, was die anderen nicht gemacht haben. Von mir hat nie jemand etwas erwartet. Nur ich selbst erwartete von mir alles.«
Barbara Frischmuth, Dichterin aus Altaussee in der Steiermark. Ort der Faszination für die Schriftsteller des vergangenen und dieses Jahrhunderts: Adalbert Stifter, Nikolaus Lenau, Hugo von Hofmannsthal, Arthur Schnitzler, Jakob Wassermann, Erich Beer-Hofmann, Ernst Waldinger, Hermann Broch. Die einen kamen immer wieder zu Besuch, die anderen wohnten hier.
Barbara Frischmuth wurde in Altaussee am 5. Juli 1941 geboren. Die Eltern besaßen ein Hotel am See. Der Vater bei der Geburt der Tochter nicht da. Im Krieg. Ein Jahr später in Rußland gefallen.

Die Mutter führte das Unternehmen. Für die Tochter blieb keine Zeit.
Eine Geburt zu ungünstiger Zeit. Sommer. Hochsaison. Das Haus voller Hotelgäste. Nach fünf Tagen Kindbett stand die Frau wieder ihren Mann. Mutter – ein Wort für Nähe. Die Tochter lernte es sprechen. Es schmeckte nach Distanz, Entfernung. Barbara Frischmuth wuchs mit wechselnden Kindermädchen auf. Vater – auch ein Wort. Und doch mehr: »Die Finger meines Vaters / eingeklemmt im Schutt von Kiew. / Aus seiner Angst / ist ein Nußbaum gewachsen. / Manchmal betete ich, / daß er nicht frieren möge, / als ob der Tod / Frostbeulen bekäme. / Ich habe noch niemanden / sterben sehen / außer einem Pferd...« Gedicht der Tochter, als sie 18 war.
Die Mutter war da und doch nicht

da. Arbeitend eröffnete sie der Tochter eine phantastische Freiheit. Tun können, was man will. Der Preis: das Alleinsein annehmen. Mit sich selbst sein. »Einsamkeit macht mich unheimlich groß«, heißt es später bei Barbara Frischmuth: »Ich kann überhaupt noch nicht oder noch nicht gut schwimmen. Ich gehe und gehe, bis ich nur mehr auf den Zehen stehe und das Wasser mir über den Kopf reicht. Ich sehe die Wasseroberfläche, auf die die Sonne auffällt über mir, und finde sie so schön, daß ich danach greifen möchte. Da erwischt mich jemand am Arm und zieht mich hoch und dann ans Ufer. Ich weine und spucke Wasser aus.«

Wasser – eine Faszination, die der erwachsenen Barbara Frischmuth geblieben ist. Als schönes Ertrinken, Untergehen, Verlockung und Angst zugleich.

Als Sechzehnjährige betrachtet sie sich in einem Spiegel. Der Spiegel wird silbriggrau. Sie sieht sich nicht mehr, wehrt sich gegen das Verlöschen ihres Gesichts, wird ohnmächtig und sieht sich wieder im See unter Wasser stehen. Inmitten der Ohnmacht kämpft sie nun darum aufzutauchen. Und im Auftauchen gewinnt sie das Bewußtsein zurück. Von nun an wiederholen sich alle paar Monate diese Ohnmachtszustände immer mit derselben Traumvision. »Man hielt mich für eine Epileptikerin«, erinnert sich die Schriftstellerin. Sie bekam Kalziumspritzen. Doch die Anfälle hörten erst auf, als sie sich in ihren späteren Mann verliebte. Da war sie 26 Jahre alt.

Barbara Frischmuth und ihre Kindheit: »Im Hotel wohnt ein Mann, der von Beruf Schlangenzüchter ist. Er nimmt mich manchmal zu seinen Spaziergängen mit und erzählt von einer Farm, die er irgendwo hat und wo es Hunderte von Schlangen gibt.« Er erklärt ihr auch, wie man eine Schlange halten muß, damit sie einen nicht beißen kann. »Ich frage ihn, ob ich das probieren kann. Er sagt ja, und gibt mir eine Ringelnatter, die ich mit dem Daumen und Zeigefinger gleich hinterm Kopf festhalten muß.« Die Schlange ringelt sich mit ihrem Körper um den Unterarm des Kindes. »Mir ist nicht ganz geheuer dabei«, erinnert sich Barbara Frischmuth schreibend, »aber ich habe keine Angst. Als ich mit der Schlange in die Hotelküche komme und meine Mutter mich sieht, wird sie ohnmächtig.«

Ohnmacht als ein kurzer Schreck. In der wirklichen Gefährdung hat die Mutter die Tochter nicht gesehen. Ihre Freiheit als Kind ist der Schriftstellerin heute bewußt als ambivalentes Gefühl: als die Feststellung, daß sie gelitten hat an der Abwesenheit der Mutter, die sie zugleich bewundert. »Die Mutter hat alles geschleppt.« Allein auch sie. Das Hotel, Angestellte, Kindermädchen. Es war alles da, aber immer am Rande des Ruins. Beschlagnahme des Hotels durch die Nazis, nach 1945 durch die Sieger. Und schließlich wieder zurückgegeben. Heruntergekommen. Mit aller Anstrengung erhalten und schließlich verkauft, um dem Konkurs zuvorzukommen.

»An der Mutter lag es nicht«, sagt die Tochter Barbara. »Die Mutter

Barbara Frischmuth   181

hat für alles geradegestanden. Sie hat mir Selbstbewußtsein gegeben. Das Selbstbewußtsein, daß die Frau alles kann. Es ist nur eine Frage des Wollens.« Und doch das Leiden an der Mutter: Es ist gewachsen aus dem Unterbewußtsein heraus als eine Wunde, die die Tochter erst spät und langsam erkannt hat. Der Mangel an Geborgenheit, der ein Mangel an Eingrenzung ist. Der Mangel entfaltet sich in der Tochter als eine Gier nach Abenteuer. Und war das aus der Kindheit hervorgegangene Unbehaustsein.

Der Halbbruder, sechs Jahre nach Barbara Frischmuth geboren, bekam all die Zuwendung der Mutter, die deren Tochter vermißt hatte. Die Mutter hatte nach dem Krieg wieder geheiratet. Der Sohn war an einem Novembertag zur Welt gekommen, zu einer Zeit also, als das Hotel leer war und die Mutter Zeit für das Kind fand. Diese sichtbare Bevorzugung des Stiefbruders erwies sich als die erste Bitterkeit im Leben Barbara Frischmuths. Sie setzte sich in der Phantasie von daheim schon ab, als sie noch daheim war. Der Stiefbruder blieb zu Hause und wurde Koch.

Barbara Frischmuth ist heute selbst Mutter eines Kindes. Sie hat einen Sohn, der fünf Jahre alt ist und Florian heißt. Der spürt, daß er alle Zuwendung hat. Was Barbara Frischmuth seit der Geburt Florians geschrieben hat, ist nicht mehr denkbar ohne diesen Sohn. Dessen Phantasie entfaltet sich aus einer umfangenden Geborgenheit, die Barbara Frischmuth als Kind

Barbara Frischmuth unterwegs mit ihrem Sohn Florian. Bis zum frühen Nachmittag ist der Junge im Kindergarten. Kindsein ist ein Thema, das sich wie ein roter Faden durch das literarische Werk der Autorin zieht

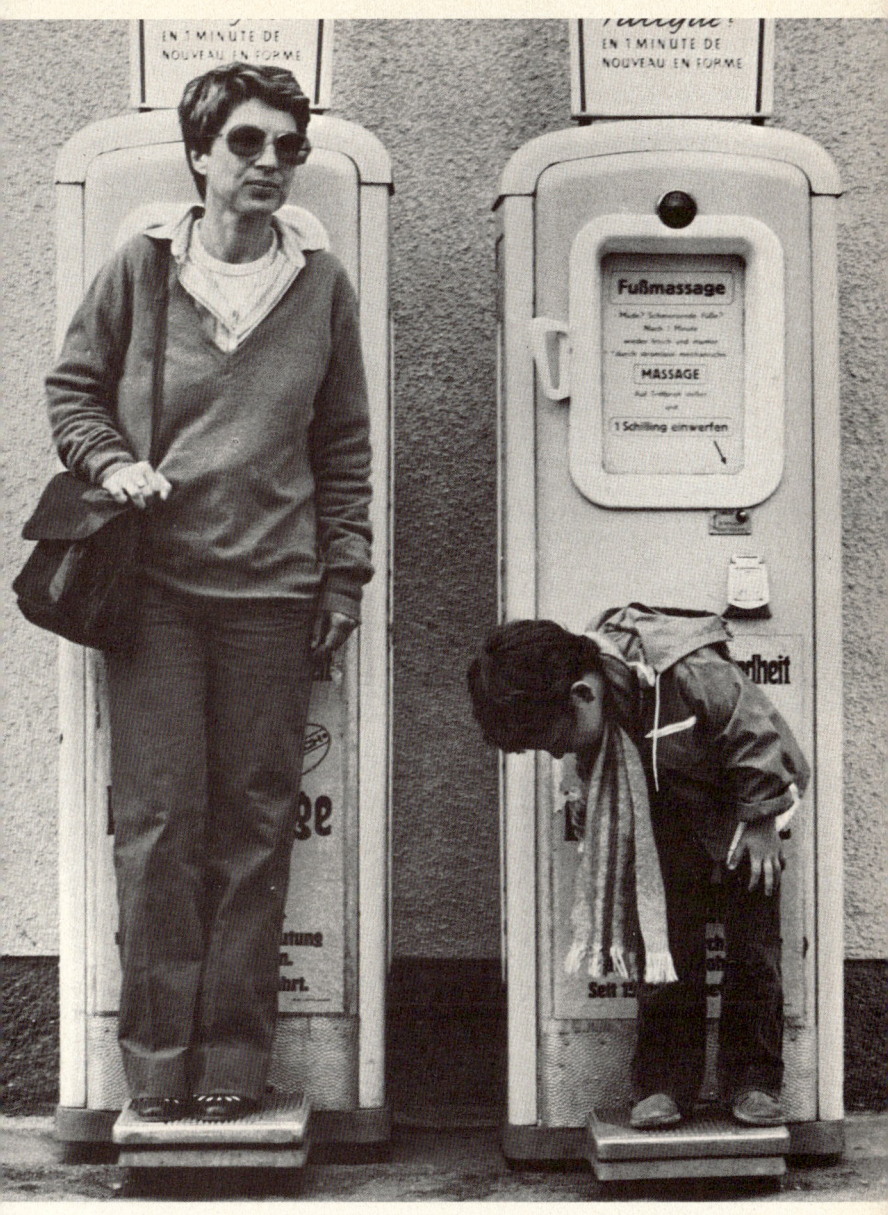

Barbara Frischmuth

nicht erfahren hat. »Bei Eltern gibt es keine mildernden Umstände«, sagt sie. »Zuerst ist man für das Kind die Mutter oder der Vater und nicht der Schriftsteller. Auf Künstler kann man da nicht machen.« Den Sohn Florian genießt sie als »die intakteste Beziehung ihres Lebens«, die alle Gefühle intensiviert hat. Chaotik kann sie sich nicht leisten. In ungeheurer Konzentration teilt sie den Tag: die erste Hälfte für das Schreiben, mit dem sie den Unterhalt zu sichern hat, die andere Hälfte für den Sohn, den sie morgens in den Kindergarten bringt und am frühen Nachmittag wieder abholt. Freundschaft mit Frauen, die ähnlich leben. Man hilft sich gegenseitig. Der Dichter – das zerbrechliche Wesen, Mensch mit Genie und Macken: da ist sie nicht dabei: »Das ständige mit seiner Verletzlichkeit Hausierengehen mag ich nicht«, sagt sie. »Geniale Menschen, die dauernd ihre dünne Haut auf der Fahnenstange haben, die halten das Leben meistens viel besser aus, als man meint, sonst könnten sie nicht schreiben.« Und sie fügt hinzu: »Ich hab' einfach erfahren in all den Jahren, wo es mir manchmal wirklich ganz, ganz lausig gegangen ist, wieviel Kraft man hat und haben kann, wenn man überleben will, wenn man sich nicht immer fallen läßt, wenn man bereit ist, für das, was man macht, auch einzustehen. Ohne Vorbehalte.«

Das heißt für Barbara Frischmuth: »Ich muß beim Schreiben voll da sein und beim Kind, ohne mich zu kompromittieren oder zu prostituieren, und ich muß trotzdem noch Geld verdienen.« Die Schriftstellerin hat eine Wohnung in Wien und eine in Altaussee. Zwei Drittel des Jahres lebt sie in der Stadt, den Sommer über auf dem Land.

Die Zweitwohnung am Geburtsort bezeichnet sie als einen Luxus, von dem sie weiß, daß er inzwischen lebensnotwendig geworden ist: Ihre Bücher entstehen in Altaussee. »Der Ort ist mir Mutter und Vater.« Das ist eine Erfahrung nach ihrer Scheidung vor zwei Jahren. Seitdem weiß sie Heimat zu schätzen.

Wie sie auch Organisation zu schätzen gelernt hat: »Wirklich aufstehen, wenn der Wecker läutet. Dem Kind Zeit lassen. Es soll noch spielen, bevor wir aus dem Haus gehen, nicht schlaftrunken anderen Menschen ausgesetzt werden. Wehren soll er sich zumindest schon können. Das Gabelfrühstück nicht vergessen, die Jause, am Donnerstag die Eislaufschuhe oder die Badehaube, die Papiertaschentücher, Servietten und Seifen am Monatsanfang. Der vorwurfsvolle Blick vorm Haustor zum Kindergarten, und dann im Flur schon das Vor-einem-Hertrippeln in Erwartung der Welt und all ihrer anderen Menschen.«

Dann: »Auf dem Rückweg über den Markt gehen, rasch einkaufen und sich möglichst wenig ablenken lassen, vielleicht schon einen Satz im Kopf haben, einen, mit dem man sofort anfangen kann, aus dem sich etwas ergibt. Wenn man Glück hat, auch schon die Post mitnehmen können, damit auch diese Art von Irritation von vornherein erledigt ist. Die Wohnung aufsperren, die Fenster zumachen, die Betten und was sonst noch rumliegt wegräumen, vor der Maschine sitzen. Das Kind ist gesund und im Kindergarten. Die Post ist gekommen. Nichts Unangenehmes dabei. Das Telefon läutet nicht. Und man hat Zeit. Man hat sechs gute, sechs herrliche Stunden lang Zeit zu schreiben.«

Seit sie das Kind hat, gibt es für sie keine Schreibhemmungen mehr. Sie muß am Vormittag schreiben, also kann sie. Die Gedanken während des Geschirrwaschens am Vorabend stellen sich verläßlich wieder ein. Zeit, zu leben für sich, Zeit, zu leben für das Kind. Am Nachmittag mit dem Sohn über den Markt streifen, Maroni oder bunte Kaugummikugeln kaufen, zum Wurstelprater gehen, mit den Lego-Bausteinen basteln oder ein Buch wie »Higgelti Piggelti Pop oder Es muß im Leben mehr als alles geben« von Maurice Sendak vorlesen. Am Abend Waschen oder Bügeln. Dazu Musik hören. »Genuß und Notwendigkeit in solchem Maß vereint, ermöglicht ein Gefühl der Befriedigung.«

Nachts Besorgnis um die Träume des Kindes. »Ein Mauzen Florians im Schlaf, und ich bin wach«, sagt sie. Taxieren, ob ein Wort oder ein Streicheln notwendig ist. Dasein. Gefühl der Einsamkeit für die Frischmuth in der eigenen Kindheit. Dasein. Gefühl der Zweisamkeit für die Frischmuth heute. Das Kind durch die Nacht begleiten, ihm vorausgehen.

Sie tut es, weil sich nicht wiederholen soll, was ihr nächtens in ihrem Kinderzimmer zugestoßen ist. Das Aufwachen aus bösen Träumen, die Angst und die Gewißheit, daß niemand kommt, wenn sie ruft. Die Mutter noch immer im Hotel. Als Ersatz ein schummriges Lämpchen im Zimmer. Die Dämonen, die nächtens der Maserung in der Holzdecke entschlüpfen. Warten auf Rettung.

Warten – meist bitteres Erlebnis der 38jährigen Schriftstellerin. Warten, erkannt zu werden. Warten, ergriffen zu werden, ergriffen zu sein. »Jeder erwartet die große Liebe«, sagt Barbara Frischmuth. »Jeder hat auch sein Wunschbild. Jeder weiß, wie die Liebe auszusehen hat. Wunschbild, gefährlich, weil es uns fixiert. Dem läufst du hinterher und sitzt ihm auf. Niemand tut etwas, niemand hält sich ganz einfach offen, ohne sich vorher eine Vorstellung zu machen, ohne vorher zu wissen. Und so fallen wir alle mit dem Leitbild der großen Liebe auf den Mund.«

Auch Barbara Frischmuth ist darauf reingefallen. Und noch dazu besonders schlimm, weil sie ihre Liebe besonders geschickt zu verwirklichen glaubte.

Sie wollte immer zuviel: alles wissen, alles erfahren, alles können, alles genießen. Der Verstand, der alle Möglichkeiten eröffnet, der Verstand, der zugleich betrügt. Den Katholizismus in der Haut und die Märchen aus 1001 Nacht – ihr Lieblingsbuch – im Herzen. Barbara Frischmuth und die Erziehung zur Unterwürfigkeit und zur rigiden Moral in der steirischen Klosterschule Gmunden. Später dann in Graz nach dem Abitur die Erziehung zur politischen Unterwürfigkeit unter den Marxismus und dessen rigide Moral. Ein einjähriger Studienaufenthalt 1961 in der Türkei macht sie wach für das Elend und seine Ursachen. Ein einjähriger Studienaufenthalt in Ungarn 1963 beweist ihr, daß der bisher praktizierte Sozialismus das Elend nicht beseitigen wird.

»Jede Ideologie, die glaubt, Menschen umbringen zu müssen, um einen sozialen Prozeß zu beschleunigen, ist für mich nicht akzeptabel«, sagt die Schriftstellerin. »Es geht nämlich nichts dadurch weiter. Was mich aufregt an den militanten Vertretern einer marxistischen Theorie, ist, von den anderen die Veränderung in ihrem Sinne zu verlangen und sie mit Mitteln der Gewalt zu erzwingen, die diese vorgeblichen Sozialisten selbst als veränderungsunfähig und veränderungsunwillig enthüllt.«

Barbara Frischmuth ist nie modisch in ihren Ansichten gewesen. Sie war vielen ihrer Zeitgenossen in Erkenntnissen und Erfahrungen beträchtlich voraus. Ihren Karl Marx las sie, als es noch nicht schick gewesen ist, ihn zu studieren. Über die Situation von Frauen, denen in der Männergesellschaft oft Kreativität, Spontaneität und Freude genommen ist, über deren stille Verzweiflung und ihre Versuche, sich zu befreien, schrieb sie in ihrem Erzählungsband »Haschen nach Wind«, als die Feministinnen noch nicht das Feld beherrschten.

Sie war knapp zwanzig, als sich in Graz junge Autoren wie Alfred Kolleritsch, Wolfgang Bauer, später Peter Handke, zusammenfanden, um sich der etablierten österreichischen Literatur zu widersetzen. Als einzige Frau war Barbara Frischmuth unter ihnen. Handke und die Frischmuth verliebten sich ineinander. Der eine milchtrinkend, die andere dem Milchtrinken abgeneigt. Mit Milch aus dem Beutel spritzte Handke den Namen der Freundin an die Wände der Stadt Graz. Gemeinsam lasen sie William Faulkners Roman »Als ich im Sterben lag«. Gemeinsam gingen sie ins Kino, oft dreimal am Tag. Gemeinsam wollten sie es allen zeigen.

Graz als Anstoß, über Graz hinauszukommen. Peter Handke schaffte es 1966 mit einem Skandal, als er auf der Tagung der Gruppe 47 in Princeton (USA) die Bücher der Arrivierten als herabgekommene »Beschreibungsliteratur« verhöhnte und in Deutschland auf der Bühne mit seiner »Publikumsbeschimpfung« die junge Generation im Handstreich auf seine Seite brachte. Als Barbara Frischmuth zwei Jahre später mit ihrer »Klosterschule« im Suhrkamp-Verlag debütierte, war Handke ein berühmter Autor und seine einstige Freundin in der trügerischen Gewißheit der Liebe ihres Lebens.

Als Liebe ihres Lebens erschien ihr ein Wiener Trabrennprofi, ihr späterer Ehemann. All ihre Freunde staunten ein bißchen mehr als sonst. Denn zum Staunen war, was Barbara Frischmuth anbelangte, immer Stoff genug. Damals, als sie nach dem ersten Semester ihres Sprachenstudiums ein Stipendium für die Türkei angenommen hatte und auch noch in den finstersten Osten jenes Landes gegangen war. Die Nachricht, daß sich die ehrgeizige Barbara orientalisiert habe, und drauf und dran sei, die Frau eines türkischen Augenarztes zu werden, der Major in der Armee war, überbrachte ein Grazer Student nach seiner Rückkehr von einem Türkei-Trip, wo er die Kommilitonin umgeben von ihrer Sippe entdeckt hatte. Doch die 19jährige Barbara Frischmuth, verlobt mit dem Türken, war dann doch zurückgekehrt, hatte die Verbindung aufgelöst.

Als sie sich in Wien verliebte und vier Jahre später heiratete, glaubte sie, den richtigen Mann gefunden zu haben. Es war alles genau kalkuliert: »Mit jemandem leben, der mir nicht ständig in meine Literatur hineinquatscht, der mich auf diesem Gebiet in Ruhe läßt und nicht mit mir konkurriert. Ich dachte mir, da kann man die Emotionen reinhalten. Da muß man sich nicht ständig bekriegen, da kann man einander gelten lassen. Ich habe mich gefreut, wenn er ein Rennen gewonnen hat, und er hat sich gefreut, wenn ein Buch von mir herauskam. Neidlose gegenseitige Anerkennung. Ich kam mir damals ungeheuer gescheit vor.«

Zuerst wohnten sie und der Trabrennfahrer in Wien, dann zogen sie 50 Kilometer hinaus nach Oberweiden an die tschechische Grenze, wo der Mann das ehemalige Rothschild-Gestüt übernahm und es zu einer Traberschule ausbaute. Mit Darlehen, Krediten, geliehenem Geld. Aus den roten Zahlen kam er nicht heraus. Aber als erfolgreicher Trabrennprofi geriet er in eine Welt der Schmeichler und Bewunderinnen, die ihn die Nöte des Alltags vergessen ließen. Barbara Frischmuth gab sich tolerant. Und sie faßte überall an. Sie mistete Ställe aus, sie fütterte die Pferde, sie striegelte sie.

Das Jugendbuch »Ida und Ob«, das 1971 fertig wurde, spielt dann auch im unmittelbaren Erfahrungsbereich der Frischmuth: im Milieu der Pferde und Trabrennfahrer. Jahre, bevor sie ihr Kind bekam, versuchte sie sich an Texten für Kinder, versuchte sie anzuknüpfen an ihre Welt von einst. So entstand eines der besten Bücher über Kinder für Kinder und Erwachsene, die Kinder liebhaben: »Amoralische Kinderklapper.«

Ein Buch, von dem der Schweizer Autor Peter Bichsel 1969 im NDR sagte, daß es sich von allem unterscheide, was bisher über Kinder geschrieben worden sei: »Barbara Frischmuth erfindet nicht, sie entdeckt.« Sie entdeckt eine Welt, in der Sprache ausprobiert, in der mit Worten gespielt wird, in der Schöpferisches noch möglich ist, in der auf Ordnung erpichte moralische Reglementierungen noch nicht greifen. Sprachgebrauch, bei dem nicht nur gemeint ist, was gesagt wird, sondern auch genau getan wird, was gesagt ist. Wenn diese Kinder »tot sein« spielen und »ins Gras beißen«, dann beißen sie wirklich ins Gras. Und wenn sie das Kindermädchen über die Klinge springen lassen wollen, dann lassen sie es über die Rasierklinge springen, die sie an der Türschwelle versteckt haben. Die Metapher, die

Hinterhältigkeit signalisiert, wird realisiert. Was wie Grausamkeit aussieht, ist nichts anderes als eine offene Anwendung von vorgegebenen Ausdrucksweisen, die Verdrängungsprozesse der Erwachsenen beinhalten. In ihrem Buch läßt die Autorin die Kinder sprechen: »Als ob wir keine Augen im Kopf hätten, um zu sehen, was wir nicht sehen sollen. Als ob wir keine Ohren hätten, um zu hören, was so gesprochen wird.« Für die Kinder bedeutet in dem Buch »besseres Leben«: »...wo man vor dem Essen schon essen darf und beim Essen nicht essen muß, aber nach dem Essen wieder kann, wenn man will...«

Barbara Frischmuth wendet sich mit ihrer »Amoralischen Kinderklapper« gegen eine Pädagogik, die das Kind vor den Konflikten der Erwachsenen bewahren will. Sie wendet sich gegen die kollektive Verdrängung der animalischen Natur des Menschen, eine Verdrängung, die Ausdruck sozialer Desintegration und individueller Zerstörung ist. Insofern erweist sich das Buch der Österreicherin als der Dreh- und Angelpunkt ihres literarischen Schaffens. Es weist zurück auf den Erstling »Die Klosterschule«, auf die Darstellung und Ablehnung einer katholischen Erziehung mit ihrer augustinischen Position, wonach das ganze Leben in die lebendige Totalität der göttlichen Ewigkeit hineinzustellen sei. Und es weist in eine Zukunft, die begonnen hat mit der Romantrilogie »Die Mystifikationen der Sophie Silber« (1976), »Amy oder Die Metamorphose« (1978), und »Kai und die Liebe zu den Modellen« (1979).

Eine Welt wird geschildert, die den Menschen in der Einheit von Wirklichkeit und Phantasie, Naivität und Wissen zeigt. Eine Welt, in der die »langexistierenden Wesen«, wie Barbara Frischmuth Feen, Elfen und Wassergeister bezeichnet, die Geschichte der Menschheit mitschreiben. Die Welt der Kindheit als verändernder Einbruch in die Welt der Wirklichkeit. Realitätsflucht im positiven Sinne als Suche nach einer umfassenden Realität, die ihr Ziel erreicht, weil sie die herrschende Realitätssucht negiert, sie als reduzierte Wirklichkeit sichtbar macht. Der Bevorzugung des analytischen Geistes, der die Natur und ihre Geheimnisse zu durchschauen meint, setzt Barbara Frischmuth die unbegrenzte Phantasie des Menschen als Korrektiv entgegen.

Ihr Aufenthalt in der Türkei, ihr Studium der Orientalistik offenbart eine Affinität zu einer dem Europäer verlorengegangenen Geisteswelt. Schon der Franzose Antonin Artaud war sich sicher: »Der Kampf spielt sich heute zwischen dem präzisen, toten abendländischen Wissen und dem wirren, aber lebendigen Wissen um ein ewiges Dasein ab, über das der orientalische Monismus verfügt.«

Die christliche Religion ist der österreichischen Autorin ein Sinnbild für den Niedergang der sinnlichen Dimension im abendländischen Menschen, einer sinnlichen Dimension, die der Orient nicht aufzugeben bereit war. »Nehmen

Romantrilogie mit der Vision von einer neuen Kommunikation

wir nur die Madonna«, sagt die Schriftstellerin. »Die Maria taugt nichts, leider. Nur als Pietà ist sie was wert. Der menschliche Zug an ihr trauert. Die Madonna kann nichts mehr. Sie hat alle Magie verloren. Sie kann nur noch trauern. Sie muß immer bitten, weil der Vater im Himmel omnipotent ist. Vater Gott, der immer nur gestattet.«
Von der Faszination, die der Orient in ihr auslöste, schreibt Barbara Frischmuth in ihrem Türkei-Roman »Das Verschwinden des Schattens in der Sonne«, der 1973 erschien. Doch zugleich schildert die Ich-Erzählerin in dem Roman die Unmöglichkeit für eine Europäerin, in das wirkliche Instanbul einzudringen. Unmöglich deshalb, weil sie sich der Türkei von den Fabeln und Legenden her nähert und sich dabei der gegebenen politisch-gesellschaftlichen Realität entzieht. Da sich die Ich-Erzähle-

rin über die Faszination dem Lande nähert (»mir wird noch träumen von dieser Stadt... seit ich diese Sprache spreche, die die Seele als einen Vogel sieht, verfolgen mich solche Bilder«), scheitert sie: »Ich hatte... keinen Widerstand geleistet. Ich hatte mein Kritikvermögen hinter die Anpassung gestellt und Erfahrungen gemacht, die sich als Fehlschläge erwiesen hatten. Ich hatte mich den Umständen anheimgestellt, mich zu leichtfertig identifiziert.«

Die Betroffenheit darüber, sich einem Land falsch genähert zu haben, ist eingebettet in eine erotische Dreiecksbeziehung, in die Barbara Frischmuths private Beziehung zu ihrem damaligen türkischen Verlobten einfließt. Die Vermischung von Realem und Phantastischem, die ihren Türkei-Roman auszeichnete, hat Barbara Frischmuth fortgesetzt in ihrer Trilogie »Die Mystifikationen der Sophie Silber«, »Amy oder Die Metamorphose« und »Kai und die Liebe zu den Modellen«, nur daß sie nun in der Historie ihrer Heimat bleibt. Hier sind die Erfahrungen ihrer gescheiterten Ehe verarbeitet – und das Gelingen ihrer Beziehung zum eigenen Kind. Es geht um die Geschichte einer Fee, die sich in einen Menschen verwandelt.

Die »lang existierenden Wesen«, die im ersten Teil der Trilogie geschildert werden, beschließen nämlich, da sie sehen, daß die Menschheit in ihr Verderben rennt, menschliche Gestalt anzunehmen, um »die Macht neu zu verteilen, so zu verteilen, daß sie keine Gefahr mehr für die Welt bedeutet«. Die Fee Amaryllis Sternwieser wird Amy Stern. Es ist die Geburt einer Erwachsenen. Und mit dem Bewußtsein einer Erwachsenen sieht sich Amy Stern dieser Welt konfrontiert, beobachtet sie zuerst passiv die Umwelt und nimmt dann aktiv teil. Sie verliebt sich in Klemens, einen Mann, der immer noch einer wichtigeren Aufgabe als der Liebe nachläuft. Sie bekommt von ihm ein Kind und zieht es allein auf.

»Wir fallen auf jede Art von Sehnsucht herein und fühlen uns unsicher, wenn wir uns nicht in allem bewähren. Am liebsten wären wir alles in einem, die ideale Geliebte, Mutter, Köchin, Hausfrau, Ärztin, Künstlerin, was immer du willst. Wir haben gelernt, nach dem zu greifen, was wir haben wollen, und haben die tiefe Sehnsucht nach dem Ergriffenwerden noch nicht überwunden. Welche von uns träfe nicht der Vorwurf bis auf die Knochen, sie hätte keine Ahnung von der Kindererziehung? Was aber wollen wir wirklich?« Amy Stern will das Kind, das sie erwartet. Und sie will Schriftstellerin werden. Beides gelingt ihr: die Erziehung des Sohnes Kai und das Schreiben.

Eine Frau zwischen Orient und steirischer Heimat: So sieht der Illustrator Heinz Treiber die Frauenfigur in Barbara Frischmuths Buch »Entzug – ein Menetekel der zärtlichsten Art«

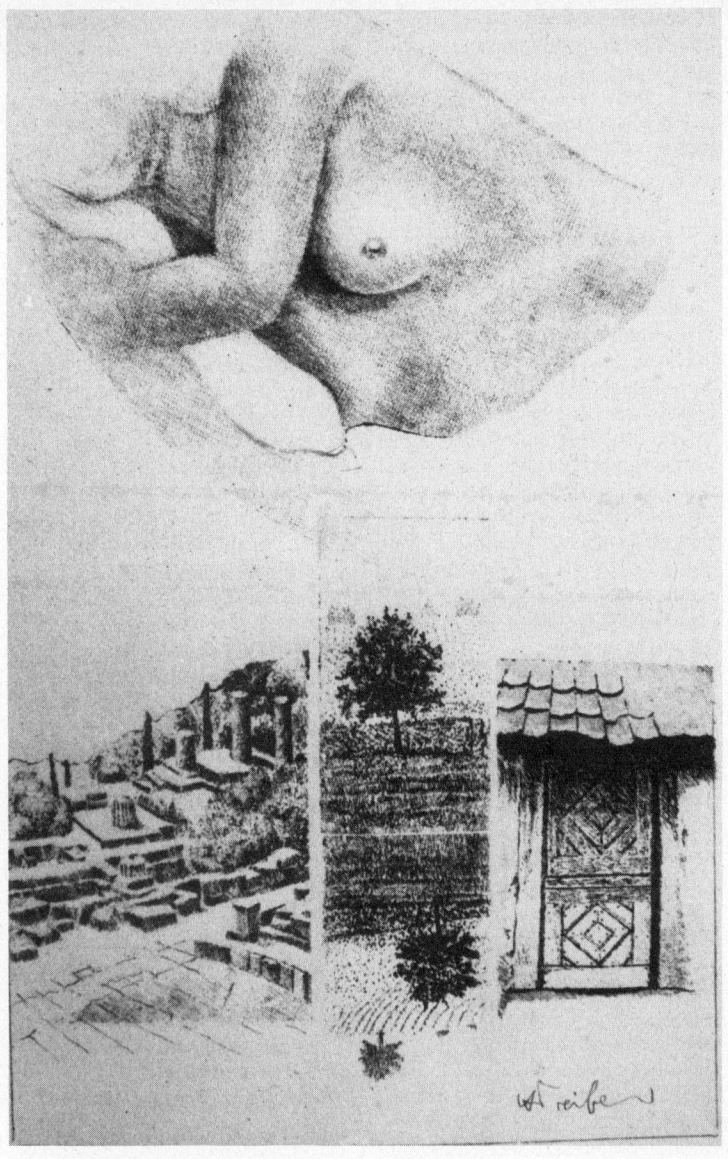

Barbara Frischmuth

Doch vom Gelingen ist im dritten Teil der Trilogie nicht die Rede. Kein Hosianna auf die Freiheit, ein Kind allein aufzuziehen. Vielmehr die Beschreibung der Schwierigkeiten, »all die kleinen Risse in der Glasur zu kitten«. Nirgendwo Wehleidigkeit, sondern das Gefühl: »Jedenfalls bin ich mittendrin.«

Es gibt in der deutschsprachigen Literatur dieses Jahrhunderts kein Romanwerk, das so zentral das Kindsein, das Erziehung derart in den Mittelpunkt stellt wie Barbara Frischmuth. Sie bricht nicht dort ab, wo das Kind zur Welt kommt. Sie träumt als Schriftstellerin nicht den Traum von der »großen erotischen Mutter« wie Karin Struck. Sie beschreibt das Muttersein nicht nur aus ihrer Perspektive, sondern zugleich aus der des Kindes. In »Kai und die Liebe zu den Modellen« entwickelt das Kind die Mutter.

Barbara Frischmuth Ausgangspunkt: »Die Begriffe der Menschen sind völlig durcheinandergeraten. Nur was sie besitzen, beruhigt sie. Am meisten aber wollen sie einander besitzen, und diese Art von Besitz nennen sie Glück ... Sie ertragen ihre Leiden nur, wenn sie auch andere Leiden sehen. Sie haben aus dem Leiden einen Kult gemacht, der Läuterung verheißt. Sie lieben es, sich ihn vorführen zu lassen ... Ihre Phantasie hat sie im Stich gelassen ... Je weniger sie es verstehen, miteinander zu lieben, desto strenger sind ihre Anforderungen an die Gemeinschaft. Sie verlangen voneinander, was keiner von ihnen kann ... Immer durchsichtiger werden die Verkleidungen für ihr Streben nach Macht, aber sie glauben an die Verkleidung.«

Über die Schuld hinauskommen. Während überall die wechselseitige Schuldzuweisung narzißtisch in allen Variationen gespielt wird, gibt die 38jährige Österreicherin mit ihren Büchern der Welt lebenswerten Raum zurück. Als ein Angebot. Was man falsch findet, hat man falsch gesucht.

In ihrem Buch »Entzug – ein Menetekel der zärtlichsten Art«, das 1979 erschien, schreibt sie: »Sich durch die Welt tasten, greifen und ergriffen werden. Der Verrat an der Sprache. Gehen Empfindungen vor? Oder sind die Worte schon längst an jene erste Stelle getreten, von der sie sich nicht mehr vertreiben lassen? Welche Einschränkung der Sinne, jede Erregung in Worte fassen zu müssen. Ich wünsche mir, geradewegs aus der Kehle reden zu können, mit den Lauten eines sprudelnden Blutstrahls, der im Schweigen von einer Rose niedergehalten wird. Meine, deine, unser aller Körperhaftigkeit, das zum Reden verkrustete Erlebte. Komm, wir wollen uns ineinanderlegen, wie die beiden Enden eines Satzes im Konjunktiv. Anders gesagt, wir wollen gemeinsam in einem Pullover stehen. Ich zapfe das Blut an und reise deine Halsschlagader entlang bis zum Herzen, worin ich liegen bleibe und schwerer und schwerer werde.«

»Entzug – ein Menetekel der zärtlichsten Art« spricht vom Warten auf den geliebten Mann und von dessen Kommen: »Wie uns nach

langer Stummheit die Vokale munden. Wir reden auf eine wiedergeborene Art und suchen nach Steigerungsformen, die die Sprache nur unwillig hergibt. Diese Art Außersichsein duldet sie nur in wenigen Fällen, wenn Zufall und Notwendigkeit sich auf naturgesetzliche Weise verbinden. Dann aber gießt sie sich aus. Weh uns, wenn wir auch nur die Reste verkommen lassen, selbst ihr Abfall ist Tausender Zungen wert. Laß uns alle Vorsilben aufheben, wir wollen uns bücken nach jedem Komparativ, gib vor allem acht, daß uns keine Vokative entkommen, ihr Verlust würde uns um die schönsten Schreie bringen.«
Und: »Nichts fürchte ich so sehr wie das Erwachen. Nicht meines, sondern deines. Und schon wäre ich gerne tausend Magierinnen, um das Bild, das du liebst, in dir festzuhalten. Mit den ungeschützten Fingerkuppen an eine kreidige Tafel stoßen. Diese Art von Staub bringt selbst die Stimme eines Wolfes zum Kreischen. Es fällt mir so schwer, mich gänzlich auszugeben, so muß dem Samen zumute sein, wenn er fürchtet, auf steinigen Grund zu fallen. Ich liebe die Hand, die meinen Nacken festhält, meine Schritte lenkend mit Gesten, die die Wirbelsäule vom Weg verständigen. Eine Knochensprache, die Hingabe, aber keine Unterwerfung fordert... Nie noch hab ich mir so gewünscht, daß es einmalig wäre... Ich möchte dir ganze Grammatiken schenken und deine Aufmerksamkeit auf die Kostbarkeit von Satzfügungen lenken, die zwischen dem Ural und dem Altaigebirge erfunden wurden. Mein Kopf ist voll von Wörtern, an die man Silben hängen kann... Nimm sie und spiel damit, als hätte ich sie deinetwegen im Gedächtnis behalten.«

Christa Wolf

»Ich fühle auf einmal, daß es böse endet, wenn man alle Schreie frühzeitig in sich erstickt«

Karoline von Günderrode. Wer ist das? Wir ahnen: ein Name aus der Vergangenheit. Christa Wolf. Wer ist das? Wir wissen: ein Name aus der Gegenwart. Ein bekannter Name. Christa Wolf, Schriftstellerin aus der DDR, in beiden Teilen Deutschlands gleichermaßen bekannt, seit sie 1963 den Roman »Der geteilte Himmel« veröffentlichte, eine undoktrinäre Sozialistin mit einem Bekenntnis, das leitmotivisch durch ihr ganzes literarisches Werk geht: »Die Luft ist schwer von Bekenntnissen, als hänge jetzt viel davon ab, daß aus dem Innersten des Menschen die Wahrheit an den Tag kommt.« Welche Wahrheit?

Die Wahrheit in einer geteilten Welt. Hier Kapitalismus. Dort Marxismus. Ein starker Schmerz oder eine starke Konzentration erleuchtet das Innere eines Menschen. »Den Himmel wenigstens können sie nicht zerteilen«, schreibt Christa Wolf und prüft das Gefühl an der Erfahrung ihres Lebens. Den Himmel? Dieses ganze Gewölbe von Hoffnung und Sehnsucht, von Liebe und Trauer? »Doch«, sagt sie leise, »der Himmel teilt sich zuallererst.« Er teilt sich in der Anpassung des Menschen an den technischen Fortschritt, an ein Industriezeitalter mit seiner grenzenlosen Gleichgültigkeit gegen die einzelne Produktivkraft Mensch.

Die Knechtung in einer arbeitsteiligen Welt. Die Genügsamkeit der Menschen, die sich am Konsum orientieren. Ist das Glück? Wir spüren den Mangel des Mehr-haben-Wollens, für das wir opfern, worauf Christa Wolf nicht verzichten will: »Ich kann die Liebe nicht vertagen. Nicht auf ein neues Jahrhundert, nicht auf das nächste Jahr. Um keinen einzigen Tag.« Die sozialistische Utopie: ja. Aber sie stellt sich nicht ein mit Technokraten und ihrem »Gerede von Vorangekommensein«, ihrem kaltschnäuzigen Umgang mit den Leiden der Menschen.

Christa Wolf: »Ich kann die Welt in gut und böse nicht teilen; nicht in zwei Zweige der Vernunft, nicht in gesund und krank. Wenn ich die Welt teilen wollte, müßte ich die Axt an mich selber legen, muß mein Inneres spalten, dem angeekelten Publikum die beiden Hälften hinhalten, daß es Grund hat, die Nase zu rümpfen. Wo bleibt die Reinlichkeit? Ja, unrein ist, was ich vorzuweisen habe.« Den Menschen lieben, heißt ihn nackt akzeptieren. »Die Entdeckung, daß die Welt, aus eisernen Definitionen entlassen, sich unserem Zugriff wieder öffnete, uns nötig zu haben schien mit unseren Unvollkommenheiten.«

Also Karoline von Günderrode. Sie trug mit ihrem Leben aus, wozu sich Christa Wolf schreibend bekennt. Karoline von Günderrode war die Tochter eines Kammerherrn und kam 1780 in Karlsruhe zur Welt. Als 26jährige nahm sie sich in Winkel am Rhein das Leben, weil Liebe bereits in ihrer Welt nicht herzustellen war. Verkleinert man diese Aussage, so starb sie, weil der Mann, den sie liebte, sie sitzenließ. Unsere Welt ist aus Verkleinerungen aus, um von den Erschütterungen des Gefühls nicht behelligt zu werden, um »ruhig und ordentlich« leben zu können. Die Konflikte der Zuneigung, des Hingegebenseins werden mehr gefürchtet als das schleichende Unheil des Vorbeilebens.

Das schleichende Unheil des Vorbeilebens. Es ist das durchgängige Thema der Schriftstellerin Christa Wolf: »Ich fühlte auf einmal mit Schrecken, daß es böse endet, wenn man alle Schreie frühzeitig in sich erstickt... Ich wollte an einem Leben teilhaben, das solche Rufe hervorbrachte.« Jeder Doktrin, auch ihrer eigenen, der sozialistischen, setzt Christa Wolf die Phantasie als Notwendigkeit entgegen, das Leben ganz zu leben: als Spiel mit offenen Möglichkeiten. »Wofür arbeiten wir? Wofür machen wir überhaupt den Sozialismus? Denn es kann passieren, daß über den Mitteln Politik, Ökonomie – das Ziel vergessen wird: der

In der Prosa-Anthologie »An den Tag gebracht« aus dem Jahre 1961 ist Christa Wolfs erste Erzählung »Moskauer Novelle« enthalten

Mensch.« Es passiert. In Ost und West. Es passiert schon lange.

Karoline von Günderrode. Das beginnende 19. Jahrhundert. Karoline von Günderrode war mit ihrer Freundin Bettina von Arnim eine der ersten Frauen, die sich an Fähigkeiten maß, welche den Männern als Domäne zugeschrieben wurden. So ungewöhnlich war ihr Tun, daß sie sich hinter einem Pseudonym verbergen mußte. Als Autorin von Geschichten, Prosa und dramatischen Fragmenten nannte sie sich Tian. Ihr Thema waren die Widersprüche zwischen Individuum und Gesellschaft, zwischen Geist und Macht.

Karoline von Günderrode gehörte zum Kreis der Frühromantiker um

Clemens von Brentano, deren Vision von einem menschlichen Adel weder Herrscher noch Beherrschte kennt. Die Entwicklung der menschlichen Sinne – das hieß für die Frühromantik: die Phantasie an die Macht.

Doch schon ihre Zeit, die des Beginns der Industrialisierung, ließ ihr keine Chance, Leben so zu leben, wie sie es leben wollte. So blieb unvollendet, was fast zwei Jahrhunderte später eine andere Frau aufgriff: Christa Wolf. Sie hat 1979 ein Buch über Karoline von Günderrode geschrieben. Und das Debakel der Dichterin von einst liest sich wie das Schicksal der Menschen von heute. Im Rückgriff auf Karoline von Günderrode spielt die Schriftstellerin Christa Wolf die Möglichkeiten weiblicher Emanzipation noch einmal durch.

Und mehr. Auf die Gegenwart bezogen, sagt Christa Wolf: »Der radikale Ansatz, von dem wir ausgegangen sind (Befreiung der Frau), droht steckenzubleiben in der Selbstzufriedenheit über eine Vorstufe, die wir erklommen haben und von der aus neue radikale Fragestellungen uns weiterbringen müßten. Fragestellungen der Art: Ist es denn das Ziel der Emanzipation, kann es überhaupt erstrebenswert sein, daß die Frauen werden wie die Männer, also dasselbe tun dürfen, dieselben Rechte wie sie bekommen und immer auch mehr wahrnehmen können, wo doch die Männer es so sehr nötig hätten, selbst emanzipiert zu werden?«

Weg also von der Holzhammermethode. Differenzieren – das heißt für die DDR-Autorin: »Anzuerkennen, daß die beiden Geschlechter unterschiedliche Bedürfnisse haben und daß nicht der Mann das

Modell für den Menschen ist, sondern Mann und Frau. Auf diese Idee kommen die meisten Männer überhaupt nicht, aber auch nur die wenigsten Frauen versuchen, ihrem permanent schlechten Gewissen – weil sie einfach nicht schaffen können, was ihnen abverlangt wird – einmal auf den Grund zu gehen: Der Grund wäre ihre eigene Identifikation mit dem auch in sich überholten Männlichkeitsideal.«

Bei Brecht heißt es: »Die kleinste gesellschaftliche Einheit ist nicht der Mensch, sondern zwei Menschen.« Die Erzählung der Christa Wolf knüpft an diese Feststellung an. »Kein Ort. Nirgends« heißt der sperrige Titel des Buches. Splitterworte. Aufsplitterung einer Klage von einst, die unsere Klage von heute ist: »Unlebbares Leben... die Zeit scheint eine neue Ordnung der Dinge herbeiführen zu wollen, und wir werden davon nichts als bloß den Umsturz der alten erleben.« Pragmatische Politiker würden sagen: So wird das aktuelle Problem der Macht und der Gewalt auf das Ideal einer Empfindsamkeit reduziert.

Reduziert? So wird der Mensch mit dem Bade ausgeschüttet. Kein Ort. Nirgends? Christa Wolf schreibt: »Der Günderrode ist es einerlei, ob sie mit einem engstirnigen oder mit einem großmütigen Menschen spricht. Sie sagt, nach ihrer Beobachtung gehöre zum Leben der Frauen mehr Mut als zu dem der Männer. Wenn sie von einer Frau höre, die diesen Mut aufbringe, verlange es sie danach, mit ihr bekannt zu sein. Es sei nämlich dahin gekommen, daß die Frauen, auch über Entfernungen hinweg, einander stützen müßten, da die Männer nicht mehr dazu imstande seien. Weil die Männer, die für uns in Frage kämen, selbst in ausweglose Verstrickung sind. Ihr werdet durch den Gang der Geschäfte, die euch obliegen, in Stücke zerteilt, die kaum miteinander zusammenhängen. Wir sind auf den ganzen Menschen aus und können ihn nicht finden.«

So spricht Karoline von Günderrode mit Heinrich von Kleist. Christa Wolf hat die beiden späteren Selbstmörder in ihrer Erzählung zusammengeführt. Eine Begegnung 1804 in Winkel am Rhein. In Wirklichkeit hat sie nie stattgefunden. Kleist und die ausweglose Verstrickung der Männer, gebunden an eine Arbeit, in der allein sie ihre Identität suchen und durch die sie »doppelt einsam, doppelt unfrei« wurden. Kleist spürt, daß es ihn zerreißt. Der Konflikt der Weltfremdheit auf die Spitze getrieben. Derjenige, der sich dem ökonomischen Nutzen verschreibt, der spürt ihn nicht mehr. Er treibt Politik. Ohne Zweifel, zweifellos.

Der Fortschritt der Wissenschaften, dem sich die Politik ausgeliefert hat, geht über das »hypochondrische Lamento der Herren Literaten« hinweg. »Alle Laboratorien schließen?« läßt Christa Wolf in ihrer Erzählung einen Mann fragen. »Die Fortentwicklung derjenigen Instrumente verbieten, die der weiteren Forschung dienen?« Fragen der »Macher«, deren Vorstellungskraft nicht ausreicht, die richtigen Fragen zu stellen? »Daß

In dieser Erzählung führt Christa Wolf die späteren Selbstmörder Heinrich von Kleist und Karoline von Günderrode in Winkel am Rhein zusammen

man die Philosophie nicht beim Wort nehmen, das Leben am Ideal nicht messen soll – das ist Gesetz.«
Der Mensch hat seine Gebrechlichkeit zugunsten des Fortschritts zu verschmerzen; hat den Verdrängungsprozeß mitzumachen, der die Leidenschaften, die Affekte, die Sinnlichkeit, die Transzendenz, die Realität der Magie niederschleift. Kleist war auf der Welt, um für die namenlose Angst angesichts solcher Situation einen Namen zu finden und starb an dieser Angst. Christa Wolf, die in ihrer Erzählung die namenlose Angst zu beschreiben versucht im Rückblick auf die Geschichte, im Rückblick auf die Frühromantik. »Sich erinnern ist gegen den Strom schwimmen, wie schreiben«, hat sie einmal formuliert.
Was sind Tatsachen? Karoline von Günderrode und Heinrich von Kleist. In der Erzählung von Christa Wolf heißt es: »Die Antwort hat sie bei der Hand gehabt. Sie bleiben stehen, drehn sich einander zu. Jeder sieht den Himmel hinter dem Kopf des anderen. Das blasse, spätnachmittagliche Blau, kleine Wolkenzüge. Sie mustern sich unverhohlen. Nackte Blicke. Preisgabe, versuchsweise. Das Lächeln, zuerst bei ihr, dann bei ihm, spöttisch. Nehmen wir es als Spiel, auch wenn es ernst ist. Du weißt es, ich weiß es auch. Komm nicht zu nah. Bleib nicht zu fern. Verbirg dich. Enthülle dich. Vergiß, was du weißt. Behalte es. Maskierungen fallen ab, Verkrustungen, Schorf, Polituren. Die blanke Haut. Unverstellte Züge. Mein Gesicht, das

Christa Wolf

wäre es. Dies das deine. Bis auf den Grund verschieden. Vom Grund her einander ähnlich. Frau. Mann. Unbrauchbare Wörter. Wir, jeder gefangen in seinem Geschlecht. Die Berührung, nach der uns so unendlich verlangt, es gibt sie nicht. Sie wurde mit uns entleibt. Wir müßten sie erfinden. In Träumen bietet sie sich uns an, entstellt, schrecklich, fratzenhaft. Die Angst im Morgengrauen, nach dem frühen Erwachen. Unkenntlich bleiben wir uns, unnahbar, nach Verkleidung süchtig. Fremde Namen, die wir uns zulegen. Die Klage in den Hals zurückgestoßen. Trauer verbietet sich, denn wo sind die Verluste? Ich bin nicht ich. Du bist nicht du. Wer ist wir?«

Tatsachen: Spuren, die die Ereignisse in unserem Innern hinterlassen. Die Wunden, die uns heute schmerzen, sind nicht in einem Leben entstanden. Frühere Leben haben sie uns mitgegeben von Generation zu Generation. Tatsachen: 1804 ist 1979. Ein langer, nicht endenwollender Weg der Menschen zu sich selbst, wenn sie ihn doch endlich gingen. Christa Wolf: »Man versteht nicht, was man nicht mit anderen teilt.« Teilen wir? Oder taugen wir nicht zu dem, wonach wir uns sehnen? Lassen wir es weiter zu, daß das Menschliche am Menschen als Störfaktor im System angesehen wird, das doch den Menschen zum Zweck haben soll?

Für Christa Wolf geht es um die sozialistische Utopie. Also auch um einen Frieden, den das Christentum mit der Bergpredigt zwar konstituierte, aber zu schaffen nicht in der Lage und auch nicht bereit war. Kann der Sozialismus ihn schaffen? Muß er den neuen Verrat auf dem Hintergrund des alten nicht um so unerbittlicher bekämpfen? Für Christa Wolf heißt das erst einmal: Umdenken in der DDR. Umdenken, weil auch die beste Ideologie einem schleichenden, kaum vermeidbaren Prozeß unterworfen ist wie jeder Mensch mit zunehmendem Alter: der Verhärtung, Versteinerung.

Christa Wolf wurde 1929 hineingeboren in den Ausgang der Weimarer Republik, aufgewachsen im »Dritten Reich«, dem Faschismus als Kind preis- und hingegeben, 1945 die Flucht aus ihrer Heimatstadt Landsberg an der Warthe nach Mecklenburg, mißtrauisch gegenüber den russischen Besatzern. Ihre Jugend hat sie in dem Roman »Kindheitsmuster« beschrieben. Darin versuchte sie Antworten zu finden, »was Menschen befähigt, unter Diktaturen zu leben.« Ein sehr spätes Buch, als es 1976 erschien. Eine sehr späte Auseinandersetzung im Bereich Literatur. Aber Christa Wolf zeigt gerade in dieser Verspätung die Schwierigkeiten, die Prägungen vor und nach 1945 abzustreifen, sich ihrer überhaupt erst bewußt zu werden, sich selbst ins Gesicht zu schauen und nichts zu verdrängen für eine vorgeblich gute Sache, die nun wirklich gut zu sein hat.

Gut zu sein hatte für die 17jährige Christa Wolf der Sozialismus im Osten Deutschlands. Erst 1968 bricht ihre Disziplin, von sich abzusehen, wenn es nur der Sache ihres Staates dient, zusammen. Davor lag der Stalinismus, von dessen Denken die SED sich viel langsamer zu befreien bereit war als die übrigen sozialistischen Staaten. Die diskriminierte Subjektivität war ein Kennzeichen jener stalinistischen Ära der DDR nach 1945, von der Christa Wolf schrieb: »Es kam eine Nacht, die ungewöhnlich finster war...Wir wußten ja selbst nicht, was für eine Nacht das war. Wir haben Jahre gebraucht, es zu wissen.«

Im Jahre 1968 erschien Christa Wolfs Roman »Nachdenken über Christa T.«, in dem sie sich das Recht nahm, auf »höchste Subjektivität« zu bestehen. Dieser Standpunkt brachte ihr überwiegend herbe Kritik in der DDR ein. Eine zweite Auflage dieses Buches konnte erst fünf Jahre später in der anfänglichen Liberalisierung der Kulturpolitik durch Ulbrichts Nachfolger Honecker erscheinen.

Angefangen hatte es nach 1945 mit der Hoffnung für Christa Wolf: »Frieden war plötzlich ein Wort, das gelten konnte. Vernunft, dachten wir, Wissenschaft: das wissenschaftliche Zeitalter.« Und als die ersten Sputniks flogen, so erzählt Christa Wolf in dem Roman »Nachdenken über Christa T.«: »Da traten wir nachts auf den Balkon, um für Minuten eine Spur der neuen Sterne den Horizont entlangziehen zu sehen... Sie will alles neu und frisch haben... Etwas anderes soll dastehen, nicht immer nur das längst Gesehene und überall Verkündete. Originalität... wir schütteten den letzten Wein in den Apfelbaum. Der neue Stern hatte sich nicht gezeigt.«

Christa Wolf nach Erscheinen ihres Romans »Der geteilte Himmel« im Jahre 1963. Rechts neben ihr Hermann Kant

Der neue Stern und der Stalinismus, der ihn verdunkelte. Christa Wolf hat mitgemacht am Aufbau des Sozialismus in der DDR. 1949 Abitur in Bad Frankenhausen (Kyffhäuser). 1949, dem Gründungsjahr der DDR, Beitritt zur SED. Der Kalte Krieg. Ein Germanistikstudium in Jena und Leipzig, das sie in der kurzen Tauwetterperiode 1953 bei Professor Hans Mayer abschloß, der heute in der Bundesrepublik lebt. Davor – 1951 – Heirat mit dem Germanisten Gerhard Wolf, 1952 Geburt der ersten Tochter. Die zweite Tochter kommt 1956 zur Welt.

Christa Wolf 201

Mitarbeiterin des DDR-Schriftstellerverbandes, schließlich Cheflektorin des Jugendbuchverlages »Neues Leben«, dann Redakteurin der »Neuen Deutschen Literatur«, Verfechterin des Bitterfelder Weges, den 1959 Walter Ulbricht im elektrochemischen Kombinat von Bitterfeld ausrief: »Stürmt die Höhen der Kultur... in die Betriebe!«

Christa Wolf hat getan, was verlangt wurde: Arbeit in dem VEB Waggonbau Ammendorf. Mitarbeit in Zirkeln schreibender Arbeiter. 1961 ihre erste Erzählung in einer Prosa-Anthologie junger Autoren: »Moskauer Novelle«, eine Liebesgeschichte zwischen einer Deutschen und einem Russen, in der verlangten Doktrin eines platten sozialistischen Realismus. Christa Wolf hat die Erzählung in der DDR nie neu auflegen lassen und in der Bundesrepublik nicht herausgegeben. Sie hat die Mängel selbst sehr schnell erkannt. Und dennoch auch hier im Mittelpunkt eine Frau, die »nie auf alle Fragen eine Antwort« weiß, es wagt, »ungeschützt«, »mit offenem Visier« zu leben.

Wieder das Grundthema. Aber es klingt so an, daß es nicht anstößig wirkt für eine Partei, die in der Individualisierung ein Relikt aus bürgerlichen Zeiten sieht. Christa Wolf ist wohlgelitten, wird Kandidatin des Zentralkomitees der SED. Und sie wird von der Kandidatenliste gestrichen, als sie sich für das Werk eines Kollegen einsetzt, dem »antisozialistische Haltung« vorgeworfen wird. In ihrem ersten Roman »Der geteilte Himmel« (1963) verwirft sie die Alternative Westen. Rita, die Hauptfigur des Romans, bleibt in der DDR, während ihr Freund nach Westberlin geht. Christa Wolf plädiert mit diesem Buch, sich unlösbar erscheinenden Widersprüchen in der Gesellschaft ihres Staates zu stellen. Kein Weglaufen.

In dem Roman »Nachdenken über Christa T.« (1968) heißt es über die Bundesrepublik: »Unter den Tauschangeboten ist keines, nach dem auch nur den Kopf zu drehen sich lohnen würde.« Und über die mannigfaltigen Vergewaltigungen eines sich schnell bürokratisierenden Systems sagte sie rückblickend: »Wer hätte in seiner großen Verwirrung sich ein Herz gefaßt und ›so und nicht anders‹ gesagt?« Sie tat es nicht in der Anfangsphase der DDR. Sie tut es, seit sich die DDR konsolidiert hat. Sie tut es vorsichtig, was die Fehlentwicklungen des Sozialismus anbelangt. Aufrichtig gesteht sie in »Kindheitsmuster«, daß ihr der Mut fehlt, so aufrichtig zu sein, wie sie möchte. Zu Stalin nur die Frage: »Wann werden wir auch darüber zu reden beginnen?« Sie sucht zugleich nach Wegen zur Offenheit: »Aufrichtigkeit nicht als einmaliger Kraftakt, sondern als Ziel, als Prozeß mit Möglichkeiten der Annäherung, in kleinen Schritten, die auf einen noch unbekannten Boden führen.«

»Wir wissen Bescheid«, sagt Christa Wolf. »Vielleicht ist dies das Wichtigste, was unser Zeitalter von den vorangegangenen trennt.« Sie hat erlebt, »daß es sehr lange dauert, bis winzige Einsichten zuerst, später tiefgehende Veränderungen möglich wurden.« In ihrem autobiographischen Roman »Kindheitsmuster« schildert Christa Wolf anhand der Mädchenfigur Nelly ihre erste Begegnung mit einem KZ-Häftling nach dem Zusammenbruch Deutschlands: »Er aß, daß Nelly dachte, jetzt erst wisse sie, was Essen ist. Er hatte sein rundes gestreiftes Käppi abgenommen. Die Ohren standen von seinem eckigen geschorenen Schädel ab, die Nase war ein mächtiger Knochen in einem fleischlosen Gesicht. Sich sein wirkliches Gesicht vorzustellen, war unmöglich, besonders dann, wenn er die Augen schloß, was er aus Erschöpfung öfter tat. Dann schwankte er, im Sitzen, das hatte Nelly noch nie gesehen. Eine Nickelbrille mit scharfen Gläsern war mit einer schmutzigen Schnur hinter seinen Ohren befestigt. Wenn er die Augen hinter den dicken Brillengläsern öffnete, ahnte man sein Gesicht, sein früheres oder sein künftiges, das wußte man nicht. Nelly sah, daß er nicht lachen konnte... Ich bin Kommunist, sagte der KZler... ach so, sagte die Mutter. Aber deshalb allein kam man doch nicht ins KZ.« Die Antwort des ehemaligen Häftlings: »Wo habt ihr bloß alle gelebt.« Christa Wolf schreibt: »Natürlich vergaß Nelly den Satz nicht, aber erst später – Jahre später – wurde er ihr zu einer Art Motto.«

Christa Wolf und ihre eigene Sozialisation vor 1945: bürgerliches Elternhaus, Oberschule, Glaube an den Führer. Mitgliedschaft im BDM. Der Vater war Kaufmann, hatte ein kleines Geschäft und wählte ab 1933 die NSDAP: »Man konnte nicht mehr anders.« Die Tochter trieb Sport, sang mit anderen für Verwundete, sah, wie die Ostarbeiterinnen eine dünne Suppe bekamen und sie eine fleischreiche: »Hat sie sich Gedanken gemacht über die Suppe, die aus einem besonderen Kübel für die ukrainischen Mädchen geschöpft wurde? Wäre ihr die Idee gekommen, aufzustehen, über den Abgrund von dreißig Schritten zu den Ostarbeiterinnen zu gehen, die am gleichen Feldrand saßen, und einer von ihnen den eigenen Essensnapf zu geben, in dem Fleisch schwamm? Das schauerliche Geheimnis: Nicht, daß es nicht gewagt, sondern daß es gar nicht gedacht wurde. Vor dieser Tatsache bleiben die Erklärungsversuche stecken.«

Christa Wolf kommt in »Kindheitsmuster« zu dem Schluß, daß es auch in der DDR nicht zu einer systematischen und kollektiven Bewältigung der Nazi-Vergangenheit gekommen ist, daß es auch in der DDR keine befriedigende Kommunikation zwischen der älteren, mitverantwortlichen und der jüngeren, für den Faschismus nicht verantwortlichen Generation gibt. Diese These hat Christa Wolfs »Kindheitsmuster« in die Schußlinie der offiziösen DDR-Kritik gebracht, eine Kritik, die sich noch dadurch verschärfte, daß sich die Autorin zu jener Zeit mit anderen prominenten Schriftstellern gegen die Ausbürgerung des Liedermachers Wolf Biermann wandte. »Das Vergangene ist nicht tot«, heißt es in ihrem Roman. »Wir

Christa Wolf 203

Sarah Kirsch 1974 zu Gast bei Christa Wolf in deren Sommerhaus in Mecklenburg

trennen es von uns ab und stellen uns fremd.« Woher nimmt der Mensch die Kraft zu verdrängen? Christa Wolf schreibt: »Wenn die Sehnsucht, die Notwendigkeit, gekannt zu werden, mehr zu fürchten ist als alles. Eine Erfahrung, die viele leugnen, welche für die verbreitete Apathie, die schwerlich zu leugnen ist, andere Gründe anführen.« Aufgabe von Teilen des Erinnerungsvermögen auch bei Kommunisten durch Nichtbenutzen. Und die Einsicht, »daß die Sprache, indem sie Benennungen erzwingt, auch aussondert, filtert: im Sinne des Erwünschten. Im Sinne des Sagbaren, weil es nämlich unerträglich ist, bei dem Wort ›Auschwitz‹ das kleine Wort ›ich‹ mitdenken zu müssen.«

Der Neigung jeder Politik, »Sprüche zu klopfen«, setzt Christa Wolf ihr Wort entgegen: »Widersprüche hervortreiben.« Die »Helden, die eigentlich schon während des Faschismus zu ziemlich bedeutenden Einsichten kamen, politisch, menschlich« – die sind für Christa Wolf auch in der DDR die Ausnahme. Erzogen im Faschismus, sich hineinwerfend in den neuen Glauben Sozialismus, der erst einmal in der DDR wirksam wurde in einer stalinistischen Prägung, hat Christa Wolfs Bewußtsein Zeit gebraucht, die Vision vom Mißbrauch der Vision zu unterscheiden, die eingeschliffenen Mechanismen der Sozialisation außer kraft zu setzen. Ihre Feststellung: »Heftig vermißt wird die Gattung: moralisches Gedächtnis.«

In ihrem 1968 erschienenen Buch »Nachdenken über Christa T.« stehen die Sätze: »Denn die Menschen waren nicht leicht zu sehen hinter den überlebensgroßen Papptafeln, die sie trugen, und an die wir uns, was sehr merkwürdig ist, schließlich sogar gewöhnten. Für die wir dann zu streiten anfingen: Wer würde heute noch an sie erinnern, wenn sie wirklich ganz und gar draußen geblieben und nicht auf vielen Wegen in uns eingedrungen wären?« Christa Wolf stellt in dem Buch die Frage, warum der Verstand »nicht sehen, hören, riechen, schmecken, tasten« kann, warum »dieses Auseinanderfallen in zwei Hälften«.

Das war der Zeitpunkt, von dem die Schriftstellerin schreibt: »Ich stand auf einmal mir selbst gegenüber.« Was sie seitdem geschrieben hat, steht unter dem Satz des Dichters und DDR-Kulturministers Johannes R. Becher, auf dem er bei aller stalinistischen Verstrickung beharrt hatte: »Was ist das: dieses Zu-sich-selber-kommen des Menschen?« In dem Buch »Nachdenken über Christa T.« heißt es: »Sie spürte, wie ihr unaufhaltsam das Geheimnis verlorenging, das sie lebensfähig machte: das Bewußtsein dessen, wer sie in Wirklichkeit war.« Sich den Zwängen der Anpassung, die mit dem technischen Fortschritt wachsen, zu widersetzen – das bestimmt das Denken der Schriftstellerin Christa Wolf heute in entscheidendem Maße und macht die Wirkung ihrer Literatur aus, einer Literatur, die übergreifend Probleme des Westens mitbehandelt. »Nur jenes Individuum, für das die Zugehörigkeit zum Kollektiv freiwillig ist, entwickelt darin seine schöpferischen Potenzen«, schreibt der sowjetische Soziologe Kon in Übereinstimmung mit der Parteilinie. Christa Wolf nennt als Voraussetzung dazu, daß »man selbst, ganz stark man selbst werden« müssen darf. »Der neue Mensch, hörte sie sagen, und begann, in sich hineinzublicken«, schreibt sie.

Sie verteidigt das Geheimnis der menschlichen Existenz gegen die Fakten- und Zahlengläubigkeit, die Rechenhaftigkeit, den technokratischen Positivismus. Mit ihrer Literatur plädiert sie für die Notwendigkeit antagonistischer Widersprüche. Es gibt Träume, es gibt Phantasie, es gibt die Utopie als Annäherungswert. Für Unlösbares aber gibt es keine Form. In ihrer Erzählung »Kein Ort, Nirgends« wird Kleist gefragt, was er sich wünschte, wenn er drei Wünsche offen hätte: »Freiheit. Ein Gedicht. Ein Haus.« Karoline von Günderrode antwortet: »Unvereinbares, das Sie vereinbaren wollen.« – »Ja«, sagt er leichthin, »ich weiß«.

Christa Wolf schreibt: »Unseren Wert im Urteil der anderen, der Nachwelt gar, haben wir nicht in der Hand, und ich kümmere mich nicht drum. Aber alles, was wir aussprechen, muß wahr sein, weil wir es empfinden: da haben Sie mein poetisches Bekenntnis.«

Christa Wolf 205

Rose Ausländer

»Sieben Höllen durchwandern, der Himmel sieht es gern...«

Eine Frau im Alter von 72 Jahren, geboren in Czernowitz. Der Traum von den »goldbraunen Augen« der Mutter, vom Vater, der »den hebräischen Wald in den Händen hielt«. Kindheit und Jugend zwischen »Kukuruzfeldern und schaukelnden Synagogen«. Märchen und Mythen lagen in der Luft, die Ukrainer, Deutsche, Juden, Rumänen, Ungarn und Polen atmeten. Der Blick zurück auf die Hauptstadt der Bukowina, »immer zurück zum Pruth«, aus einem sechzehn Quadratmeter großen Zimmer des Nelly-Sachs-Hauses, einem Altersheim in Düsseldorf. Eine Frau im Alter von 72 Jahren. Dort wohnt sie, gezeichnet von der Vergangenheit, die Krieg, Ghetto, Verfolgung, Todesangst und schließlich Heimatlosigkeit hieß, gefesselt an ihr Bett, krank, dem Tode trotzend mit Gedichten. Verblieben in der Gnade des Sprechenkönnens. Die nutzt sie von »Moment« zu »Moment«:

Ich habe nichts als
die Nacht aus
100 x 100 Nebellichtjahren

Ich habe nichts als
die Stunde aus
60 x 60 Sekunden

Ich habe nichts als den Moment

Der Moment ist meine Schöpfung
die Brücke von meinem
Staubgeist zum Sterngeist
Der Moment ist mein Flügel
zum Flügel des nächsten Moments

Ich habe nichts als den Flügel
Ich habe nichts als die Schöpfung
Ich habe nichts als den Moment

Rose Ausländer. Ein Name, zwei Worte, zwei Bedeutungen, die wie ein Riß durch ihr Leben gehen.

»Wir kamen heim
ohne Rosen
Sie blieben im Ausland
Unser Garten liegt begraben im
  Friedhof
Es hat sich
Vieles in Vieles
verwandelt
Wir sind Dornen geworden in
  fremden Augen

Rose Ausländer, in Czernowitz geboren, Jüdin, in der deutschen Sprache aufgewachsen, doch nicht in Deutschland, Heimat als doppelte Fremde. »Die Fremdlingin unter den Menschen«, so hat Hölderlin die Nacht genannt. Rose Ausländer schreibt nachts:

Rose Ausländer

»Das Licht um einen Schatten heller machen«. Rose Ausländer findet in ihrem kleinen Zimmer keinen Schlaf. Sie leidet unter einer Wachheit, die ihre Sprache in die Hellsicht treibt.
Der Körper vollgeschwemmt mit Tabletten, der Körper, der sich ihr versagen möchte. Leber, Nieren, Magen, Darm sind angegriffen von den schrecklichen Kriegserlebnissen – nur 5 000 von 60 000 Juden überlebten die deutsche Besatzung in Czernowitz, überlebten die »Endlösung« der Nazis – und geben den Angriff immer stärker zurück, durchkreuzen ihre literarische Vision. Rose Ausländer hält sich liegend aufrecht mit 30 Tabletten am Tag. Ihre Vision: die Sprache, die deutsche Sprache. »Wir verstehen uns aufs Wort / Wir lieben einander.« Den Krieg überlebt zu haben und doch noch zu leben. Wer hat sie über die Verfolgung hinweggetragen? Was immer es sei, es wird sie weitertragen.
Daran glaubt sie. Gezeichnet und Ausgezeichnete zugleich. Hoffnung lebt um so intensiver, je weniger die reale Lage sie rechtfertigt. Sie erwächst aus Angst und Mangel, während Selbstzufriedenheit sie dahinkümmern läßt. Die Verankerung in Kindheit und Jugend ist Rose Ausländers Versuch zur Rettung des Vertrauens in den Sinn des späteren Ausgesetztseins. Asche, Urne, Schatten, Rauch und Atem sind immer wiederkehrende Schlüsselwörter in ihren Gedichten. Die Erinnerung reicht weit in die Zukunft hinaus. Die Welt ist nicht besser geworden. Und dennoch schreibt Rose Ausländer:

Ich bekenne mich

zur Erde und ihren
gefährlichen Geheimnissen

zu Regen und Schnee
Baum und Berg
zur mütterlichen mörderischen
Sonne zum Wasser und
seiner Flucht

zu Milch und Brot

zur Poesie
die das Märchen vom Menschen
spinnt

zum Menschen

bekenne ich mich
mit allen Worten
die mich erschaffen

Sie kam am 11. Mai 1907 als Rosalie Scherzer zur Welt. Die Stadt hatte 160 000 Einwohner und gehörte bis 1918 zur Habsburger Monarchie. 1918, nach dem Ersten Weltkrieg, wurde die Bukowina Rumänien zugesprochen, bis 1924 waren die Landessprachen Rumänisch und Deutsch, danach nur Rumänisch. Dennoch wurde Deutsch weiter gesprochen. Es war die Muttersprache des größten Teils der Bevölkerung in Czernowitz. Ein Drittel dieser Bevölkerung war jüdisch.
»Czernowitz war eine Stadt von Schwärmern und Anhängern«, schreibt Rose Ausländer. »Es ging ihnen, mit Schopenhauers Worten, ›um das Interesse des Denkens, nicht um das Denken des Interesses‹. Die orthodoxen Juden waren

Die einjährige Rose Ausländer in Czernowitz, wo sie 1901 zur Welt kam

Anhänger, ›Chassidim‹ des einen oder anderen ›heiligen‹ Rabbi. Die Dinge der praktischen Lebensfürsorge waren ihnen unwichtig. Viele von ihnen hatten keinen Beruf, sie wurden von ihren Frauen erhalten, die stolz darauf waren, einen ›Gelehrten‹ zum Mann zu haben, sie ›lernten‹ ein Leben lang aus den ›heiligen Büchern‹ und lauschten beseligt den weisen Worten ihres Rabbi. Die assimilierten Juden und die gebildeten Deutschen, Ukrainer, Rumänen waren ebenfalls Anhänger: von Philosophen, politischen Denkern, Dichtern, Künstlern, Komponisten und Mystikern. Karl Kraus hatte in Czernowitz eine große Gemeinde von Bewunderern; man begegnete ihnen, die ›Fackel‹ in der Hand, in den Straßen, Parks, Wäldern und an den Ufern des Pruth... Hier gab es: Schopenhauerianer, Nietzscheanbeter, Spinozisten, Kantianer, Marxisten, Freudianer. Man schwärmte für Hölderlin, Rilke, Stefan George, Trakl, Else Lasker-Schüler, Thomas Mann, Hesse, Gottfried Benn, Bertolt Brecht... Jeder Jünger war von der Mission seines Meisters durchdrungen. Man huldigte selbstlos und mit vehementer Begeisterung...«

In dieser Atmosphäre wuchs Rosalie Scherzer auf. Es war eine Zeit, »als die Erde noch rund war / (nicht eckig wie jetzt)«. Ihr älterer Bruder starb bereits im Alter von anderthalb Jahren. Ihr jüngerer Bruder lebt heute in New York. »Wir sind als Kinder nie geschlagen worden«, sagt sie. »Wir sind

Rose Ausländer

immer mit Liebe behandelt worden.« Die Mutter, eine einfache Frau, die nur die Volksschule besucht hatte, sich weiterbildete und in der sich selbst eröffneten Welt der deutschen Dichtung lebte. »Sie hat nie ein schlechtes Wort über irgendeinen Menschen gesagt«, erinnert sich Rose Ausländer. Die Mutter überlebte den Krieg mit der Tochter und dem einen Sohn in einem Kellerverlies. Sie starb 1947 in Rumänien, fern von der Tochter, die in die Vereinigten Staaten ausgewandert war.

Der Vater war Geschäftsführer eines Unternehmens. Geboren in Sadagora, wo ein »Wunderrabbi« residierte, war er früh Waise geworden und vom Großvater in der religiösen Tradition erzogen worden, ehe er mit siebzehn Jahren nach Czernowitz ging, das vertraute Hebräisch mit der deutschen Sprache eintauschend. Er wurde ein Freidenker, doch der Sabbath blieb geheiligt, und die jüdischen Feiertage wurden begangen. Die Erinnerung daran: alttestamentarische Themen, babylonisches Legendengut, Fragen der jüdischen Mystik – das alles färbt die Lyrik der Rose Ausländer. »Metamorphosen durchwandert / das Lied verlernt«, dichtet sie. »Ich kann nicht beten...« Und:

Aus der Wiege
fiel mein Augenaufschlag
in den Pruth

Ich zähle
meine Besitztümer
7 Romhügel
50 abstrakte Sterne aus Amerika

Die 79jährige Rose Ausländer im Düsseldorfer Nelly-Sachs-Haus und die 19jährige in der Bukowina

ein zerschnittenes Jerusalem
mein Grab in der Bukowina

Gestern Eisrosen
im Gettofenster
heute sind mir
die Dornen gut

Meine Zukunft
vermach ich
den Zigeunern
den goldäugigen
verachteten Wanderern
die aus der Hand in den Mund
aus dem Mund
in die Zukunft.

Rosalie Scherzers Vater starb vor dem Krieg 68jährig an einer Lungenentzündung: »Deine letzte

Stunde / wird / die erste absolute sein / Verlaß dich auf das / nackte Nein / das sie bejaht«.

In ihren Gedichten immer wieder die Erinnerung an die Eltern. »Aus dem Ärmel der toten Mutter« holt sie »die Harfe« und sie schreibt, die »Ohrlocken« des Vaters »läuteten Legenden«. Im Alter von fünf Jahren kam Rosalie Scherzer unter die Räder eines Kohlenwagens. Als die Mutter draußen vor der Tür rief: »Schau, der Vater kommt heim«, war die Tochter, ohne nach rechts oder links zu schauen, losgelaufen. »Warum schreit die Mutter nur so«, dachte Rosalie bei sich, ehe sie das Bewußtsein verlor. Man trug sie in die Wohnung, legte sie auf das Ledersofa, sie kam wieder zu sich, sah die Augen vieler Leute auf sich gerichtet, dachte, was soll das? »Die Mama rief eine alte Tante«, erzählt Rose Ausländer heute, »die Tante zauberte. Sie kam mit Wachs, tauchte es in heißes Wasser. ›Alles in Ordnung‹, sagte jemand auf rumänisch. Dann kam der Arzt und sagte dasselbe.«

Rosalie Scherzer besuchte die Volksschule, das Lyzeum und schließlich die Universität, wo sie Literatur und Philosophie studierte. Sie verliebte sich in den Studienkollegen Ignaz Ausländer. Sie heiratete den Mann 1929 im Alter von 22 Jahren. Beide gehörten einem Zirkel an, der sich mit den Werken des Holländers Baruch (Benedikt) Spinoza (1632–1677) beschäftigte, wie sie überhaupt lange Zeit ganz unter dem Einfluß der Philosophie stand. In einem ihrer Gedichte heißt es: »Mein Heiliger heißt Benedikt / Er hat das Weltall / klargeschliffen.« Und: »Der Mensch ist dem Menschen ein Gott / sagte Spinoza.«

Nach dreijähriger Ehe ließ sich Rose Ausländer scheiden. »Ich langweilte mich in der Ehe«, erinnert sie sich. »Man kann nicht mit der Langeweile leben. Mein Mann hat die Scheidung nie verwunden. Er überlebte den Krieg. Er ging wie ich nach Amerika, aber ich hab' ihn nie mehr gesehen.«

Rose Ausländer kannte die Vereinigten Staaten schon von früher. Bereits in den zwanziger Jahren und noch Anfang der dreißiger Jahre hatte sie sich dort aufgehalten. Ihr Bruder Max aus New York glaubt sich zu erinnern, daß seine Schwester das erste Mal 1928 nach New York gereist sei und dann noch einmal kurz vor Ausbruch des Zweiten Weltkrieges. Sie habe sich ihren Unterhalt als Sekretärin verdient, wie sie es später erneut getan habe. Der Germanistikstudent Gerhard Reiter aus Illerrieden, der an einer Biographie der Dichterin arbeitet, verweist auf eine Auskunft von Professor Walter Bernard (Bellmore, N.Y.), der Rose Ausländer zusammen mit ihrem Mann Ignaz in New York erlebte und mit ihr ein philosophisches Seminar gründete. Mitglieder waren ehemalige Czernowitzer. Diese Vorkriegsaufenthalte in den USA sind von Rose Ausländer in ihren biographischen Angaben nicht vermerkt.

Seit dem 17. Lebensjahr schrieb sie Tagebuch. Immer stärker drängten sich Gedichte auf die Seiten. Sie lernte Alfred Margul-Sperber kennen. Er war Redakteur des »Czernowitzer Morgenblatts« und publizierte dort die ersten Gedichte Rose Ausländers. Alfred Margul-Sperber (1898–1976), Entdecker Paul Celans, der ebenfalls aus Czernowitz stammt, sorgte dafür, daß 1939 Rose Ausländers erster Gedichtband erschien. Er traf die Auswahl der Gedichte, die unter dem Titel »Der Regenbogen« im Verlag Literaria in Czernowitz herauskamen, ein Band, der unterging im Zweiten Weltkrieg und über den heute keine Bibliothek verfügt. Im Deutschland des »Dritten Reiches« hatte er keine Chance der Rezension.

Im Erstlingswerk bereits klingt der unverwechselbare Ton der späten Rose Ausländer an, von der erst 1965 ein zweiter Gedichtband folgte. In dem erhalten gebliebenen Gedicht auf den Tod des Schriftstellers Elieser Steinbarg heißt es damals:

»Es starb ein Schöpfer, und die Dinge sind,
was sie vor ihm gewesen, Dinge.
Ein Vater starb, es starb ein Kind.
Es trauern die verwaisten Schmetterlinge.«

Im Jahre 1941 kam die deutsche Wehrmacht nach Czernowitz. Die Juden kamen in ein Ghetto. Das Elend der Todestransporte in die Gaskammern der Konzentrationslager begann. Rose Ausländer hauste mit ihrer Mutter, dem Bruder und einem Dutzend weiterer Menschen in einem Keller. Die Familie lebte von heimlich eingelösten Nahrungsmitteln, die sie für Schmuck und andere Dinge aus der mitgenommenen Habe bekamen. »Die Christen kamen in das Ghetto«, erinnert sich Rose Ausländer, »um so günstig wie möglich einzukaufen. Der unerträglichen Realität gegenüber gab es zwei Verhaltensweisen: entweder man gab sich der Verzweiflung preis, oder man übersiedelte in eine andere Wirklichkeit, die geistige. Wir zum Tode

verurteilten Juden waren unsagbar trostbedürftig. Und während wir den Tod erwarteten, wohnten manche von uns in Traumworten –

Rose Ausländer

unser traumatisches Heim in der Heimatlosigkeit. Schreiben war Leben. Überleben.«
So schrieb Rose Ausländer Gedichte, die sie bis heute nicht publiziert hat. Und bei den heimlichen Treffen Gleichgesinnter begegnete sie Paul Antschel, der sich als Dichter später Paul Celan nannte und 1960 in Paris Selbstmord begangen hat. Sie lasen sich ihre Gedichte gegenseitig vor. »Der Tod ist ein Meister aus Deutschland«, heißt es bei Celan. Und bei Rose Ausländer heißt es:

Sie kamen
mit scharfen Fahnen und Pistolen
schossen alle Sterne und den Mond ab
damit kein Licht uns bliebe
damit kein Licht uns bliebe

Da begruben wir die Sonne
Es war eine unendliche Finsternis.

»Immer wieder wurden neue Gassen im Ghetto ausgehoben«, erinnert sich die Dichterin heute. »Im Frühjahr 1944 kamen die Russen. Wir hatten überlebt, das halte ich für ein Wunder.« Die Bukowina wurde ukrainische Sowjetrepublik. »Doch in unsere alten Wohnungen durften wir nicht zurück. Auch die Russen raubten und plünderten. Nun waren wir Deutsche und nicht mehr Juden. Aber die Russen brachten uns wenigstens so viel Befreiung, daß wir leben durften.«
Rose Ausländer bekam die Genehmigung auszuwandern. Freunde in Amerika sorgten dafür, daß sie in die USA einreisen durfte.
Sie tauchte ein in die englische Sprache. Sie lernte schnell. Sie arbeitete in New York 17 Jahre lang als Sekretärin, Korrespondentin und Übersetzerin für Deutsch. Sie empfand sich als Fremde: »In der Achtstundenmühle mahlst du das Mehl des täglichen Brots: Litanei getippter Geschäfte und Kalkulationen. Pausenlos raunen die Sekunden im Blutgewebe.« Sie übertrug nebenher Gedichte von Else Lasker-Schüler und Prosa des Polen Adam Mickiewicz ins Englische. Sie schrieb eigene Gedichte in Englisch, und sie schrieb wieder Gedichte in ihrer Muttersprache Deutsch. Die »New Yorker Staatszeitung und Herold« und das Wochenblatt »Aufbau« druckten die deutschen Verse. Aber das blieb Exil, das war Isolation. Was sie schrieb, drang nicht nach Deutschland. »Die Schemen der toten Engel / Schatten aus Warschau / Schwarze Lilien auf weißen Feldern / Regionen aus Feuer und Rauch« hinter sich, und – immer wieder hervordringend – vor sich: was sollte sie tun, wohin sollte sie gehen? Sie ging 1963 nach Wien, 1965 nach Düsseldorf. Nach über einem Vierteljahrhundert erschien ihr zweites Buch unter dem Titel »Blinder Sommer« im Wiener Bergland-Verlag: »Ich bin König Niemand / trage mein Niemandsland / in der Tasche... / Niemand argwöhnt / daß ich ein König bin / und in der Tasche trage / mein heimatlos Land.«
Rose Ausländer ist amerikanische Staatsangehörige. Von Amerika bekommt sie eine kleine Altersrente. Hinzugekommen ist eine Wiedergutmachungsrente. Davon

lebt sie. »Ich halte es mit Nelly Sachs und ihren Worten ›der Verfolgte soll nicht zum Verfolger werden‹«, sagt sie. »Ich habe keine antideutschen Gefühle. Ich weiß um die Verbrechen, die geschehen sind. Ich weiß auch, daß der Antisemitismus nicht verschwunden ist. Fast alle Menschen haben zu viele Vorurteile.« Endlos von neuem anfangen:

Heimathungrig
unsern täglichen Tod
begraben wir im Wort
Auferstehung

Im Jahre 1967 erschien Rose Ausländers dritter Gedichtband. Eine Frau von sechzig Jahren sucht den Zugang zum Leser: »Zum Menschen bekenne ich mich mit / allen Worten, / die mich erschaffen.« Jedes ihrer Gedichte ist ein Anruf an den anderen. Doch es sind noch immer wenige, die hinter den lärmenden Wörtern der Zeit zu ihren leisen Worten gefunden haben. Von Rose Ausländer sind inzwischen zehn Bücher veröffentlicht. Sie hat eine Reihe kleiner Preise bekommen: 1965 den Ehrenpreis der Stadt Meersburg, 1966 den silbernen Heine-Taler des Verlags Hoffmann und Campe. 1967 den Droste-Preis für Dichterinnen der Stadt Meersburg, 1977 den Ida-Dehmel-Preis.
Rückbesinnung auf den Ausgangspunkt – immer die Mutter:

Mein Stern hängt
an ihrer Nabelschnur
Ich trinke ihre Milch
Bald

werde ich geboren
Hinter meinem Tod
wächst sie mir zu

Rose Ausländers Utopie ist rückwärts gewandt. Rückwärts gewandt holt sie archetypische Bilder herauf in ihre Gedichte, in denen eine Sistierung des Lebenskampfes, eine Aufhebung sogar noch der Sehnsucht gedacht ist, Selbstverleugnung als ultima ratio der Treue. Die Dimensionen, der die 72jährige verhaftet ist, heißen: Erlösung der Lust, Stillstand der Zeit, das Ende des Todes, Stille, Schlaf, Nacht, Paradies, das Nirwanaprinzip nicht als Tod, sondern als Leben. Imaginäre Ruhepunkte im apokalyptischen Strudel der Zeit. Sie symbolisieren einen Zustand, der dem Tod und dem Leben gleicherweise nahe und entfernt, keinem von beiden verhaftet ist: »Aufgelöst / strömen die Jahre / ans verflossene Ufer.« Und: »Ich werde / auch unter der Erde / leben / Sie nimmt mich auf / hält mich / in ihrem Atem / Wir wachsen / zusammen.«
Rose Ausländer und ihre Vision vom Dichten:

»Sieben Höllen
durchwandern

Der Himmel sieht
es gern

geh sagt er
du hast nichts
zu verlieren.«

Sie schreibt ihr Leben in Gedichten. Realität wird gelebte Poesie.

Sarah Kirsch

»Wie wir zerrissen sind und ganz nur in des Vogels Kopf«

Vergangenheit, Gegenwart, Zukunft. Was heißt es, den Grund unter sich zu verlieren? Die DDR und die Bundesrepublik. Im November 1976 kämpfte Sarah Kirsch gegen die Zwangsausbürgerung des dichtenden Sängers Wolf Biermann, gehörte zu den ersten zwölf Schriftstellern der DDR, die das Regime baten, die Maßnahme gegen den unbequemen Biermann zu überdenken. Sie flog aus der Partei, sie flog aus dem Vorstand des Schriftstellerverbands, der Staat entzog ihr den Boden. Die Macht des Wortes – eine Ohnmacht. Sozialistin Sarah Kirsch und eine Frage: sich selbst aufgeben oder den Staat.
Der Staat ließ sie fallen in den Westen. Bodenlosigkeit. Bereits Jahre vorher hatte die Lyrikerin in einem Gedicht geschrieben:

Was bin ich für ein vollkommener weißgesichtiger Clown
Am Anfang war meine Natur sorglos und fröhlich
Aber was ich gesehen habe zog mir den Mund
in Richtung der Füße.

Die Schriftstellerin Sarah Kirsch ging von Berlin Ost nach Berlin West und sieht nun die Mauer von der anderen Seite. Im Mai vergangenen Jahres wechselte sie für ein halbes Jahr nach Italien, als Stipendiatin der Bundesrepublik in der römischen Villa Massimo. Eine neue Himmelsrichtung, eine neue Landschaft, eine neue Welt. Eine Welt, dem Leben zugewandt, der Lebenslust, der Anarchie der Gefühle. Staat der Inflation. Staat der Unsicherheit. Staat mit vielen Leidenschaften. Wenig Staat. »Alles anders als in Preußen«, heißt es in einem Gedicht, das in Rom entstand, »selbst die Uhrzeit und der Mond liegen quer – ach, wie danke ich meinem vorletzten Staat, daß er mich hierher katapultiert hat.«
»Von der schönen Unordnung« spricht die 43jährige. Wir gehen zur Markthalle, und sie hält mich fest, sagt lachend: »Schau, wie die da im kleinen Fiat sitzen.« Die Türen offen. Das Radio ganz laut. Ein Liebespaar. »Der ganze Wagen wackelt ja.« Und sie erzählt, wie sie sich Schuhe in Rom gekauft und wie sie sie anprobiert hat – ohne Strümpfe an den Füßen: »Das wäre doch in der DDR nie gegangen. Und auch nicht in der Bundesrepu-

Die 42jährige Stipendiatin der Villa Massimo 1978 auf einem römischen Markt beim Einkauf

blik. Da haben sie doch immer Strümpfe für solche Fälle parat.«
In der Markthalle kauft sie von allen Salaten, vom Obst vieles. Schinken, Käse, Brot, Wein und Grappa. Die neue Welt der Sarah Kirsch: »Der Scirocco bewirft mich mit Ästen und Zapfen, Kröten rieseln mir aus dem Hemd. Ich sehe mich hinter olivgrünen Fenstern von Zwiebeln umgeben, ich liege auf der Gartenmauer, da hör ich sie gehen und fahren und leben. Die Wiese durchwächst mich in sieben Stunden. Ich stehe mit jedem Fuß in einem anderen Brunnen und schlage mir das Glück aus dem Kopf.«
Die Gedichte fließen wieder. Fließen ihr in die Schreibmaschine. Die pompöse Villa Massimo, Kulturinstitut der Bundesrepublik Deutschland, in der auf einem zweieinhalb Hektar großen Gelände in aneinandergereihten Häusern ein Dutzend Schriftsteller, Maler, Bildhauer und Komponisten bis zu einem Jahr frei von Geldsorgen leben – für Sarah Kirsch ist es ein Stück Paradies geworden. Ganz am Ende des Weges das Haus, in dem sie wohnt. Parterre, mit einem Ausgang zu einem Innenhof, mit einem anderen zur Terrasse.
Die Wohnung auf zwei Ebenen, getrennt durch vier Stufen. Hohe weißgetünchte Wände. Wenig Möbel: Zwei Tische, ein paar Sessel, ein paar Stühle, zwei Schreibgelegenheiten an der Wand. Die moderne Küchennische und hinter einem Vorhang die Betten für ihren Sohn Moritz und sie. Sarah Kirsch hat Distanz gelegt zwischen sich und dem gleichaltrigen Christoph Meckel, Eigenbrötler der Westberliner Literaturszene. Ihn hatte Sa-

rah Kirsch vier Jahre lang geliebt. Eine hoffnungslose Geschichte; denn in jenen vier Jahren hatte sie in Berlin Ost gelebt. Es war eine Liebe, die von der Grenze lebte. Sehnsucht, die der Mann durchbrach, wenn er kam, die er aber wachsen lassen konnte, so wie er es wollte. Sehnsucht und die Angst vor der Erfüllung.

In dem Band »Liebesgedichte« schreibt Christoph Meckel:

»Wer erzählt die Geschichte vom Glück, die alte / Geschichte vom Hut voll Goldhaar / und arktische Veilchen... süße Person / faß deine Seele an und komm, / wir wollen morgen mit der Bimmelbahn / hinausfahren an ein Meer / und Schneckenhäuser sammeln... denn du hast kein Recht zu weinen / bevor du nicht tot bist / und ein Stern dir sagt: weine nun, Engel!«

Zuletzt hat man einige Erfahrungen von der Gefahr der Leidenschaft, aber nicht von der Leidenschaft selber. Sarah Kirsch schreibt in Rom Liebesgedichte. Doch sie gelten nicht mehr Christoph Meckel. Und wie immer bei solchen Gedichten von ihr, umfassen sie die Ängste vor einer Trennung, vom Ende einer Liebe.

Ich will ihn
Zurückhaben aber gleich sonst
Kann ich nicht essen und nachts
Zertritt er mir den Schlaf aufm Kiesweg, ich will
Ihn auf Rosengirlanden übern Tiber balancieren sehn und
Springe durch brennende Reifen.

Seit er fort ist fallen Palmen
Und gehen Bomben los in der
Carabinieri Kaserne, ich bin von
Moskitos verbeult oder schneide
Mir halbe Finger ab,
Ich glaube es schneit in den
Oleander

Ich sage dir was ich sehe manchmal
Jedes Blatt einzeln am Baum oder
Aufm Kies kleine Sicheln oder wie das
Weitergeht mir mir: kurze Aufenthalte
Alles wieder zusammenpacken und fort.

Eine Insel im Meer haben, nicht grundlos leben. Der geliebte Sohn. »Das Kind ist mein Anker«, sagt sie. »Da kann ich noch so traurig sein, da muß ich immer hier auf der Welt sein und bestimmte Dinge machen. Es bindet mich furchtbar an, dieses immes-dasselbe-Machen: Essen, Kochen, Abwaschen, aber es ist wichtig für mich. Sonst wär ich mir manchmal so egal gewesen, daß ich völlig hätte verkommen können.«

Sarah Kirsch sagt: »Nein, in der DDR hätte ich nicht mehr schreiben können, in der DDR war ich wie gelähmt. Ich glaube nicht, daß dort in den nächsten fünfzig Jahren etwas passiert. Eine wesentliche Veränderung. Nein. Ein Leben lang diese Abhängigkeit von einer Politik, die sich nicht traut, den Menschen Mensch sein zu lassen in aller Unberechenbarkeit.«

Sie denkt hier in Rom an Rudolf Bahro und sein Buch »Alternative«, das eine Hoffnung sei und der geistigen Auseinandersetzung wert – besonders in der DDR. Statt dessen der Versuch der Erdrosselung. Acht Jahre Freiheitsstrafe für Rudolf Bahro in den Gefängnissen ihrer Heimat.

Sie weiß, daß es viele in der DDR gibt, darunter nicht nur Schriftsteller, sondern auch einige Politiker, die wünschten, sie käme zurück in die DDR. Und sie käme zurück, sagt sie. Wenn, ja wenn...

»Wenn Bahros Bücher in jeder Buchhandlung der DDR liegen, dann kehr ich heim«, erklärt sie. »Es macht mich kaputt, daß keiner dort drüben etwas für Bahro tut.« Dieses kleine bißchen Solidarität, das sich 1976 im Eintreten für den Sozialisten Biermann zeigte, ist aufgebraucht für lange Zeit.

Sarah Kirsch setzt ihre neue Hoffnung auf den Eurokommunismus in Italien, Spanien und Frankreich. Die Hoffnung auf die Anerkennung literarischer Dialektik: Die Grenzen des Subjekts lassen sich

Sarah Kirsch auf dem S-Bahnhof Friedrichstraße. Die DDR-Lyrikerin lebt seit Sommer 1977 in West-Berlin

nur überwinden, wenn es sich dazu bekennt.

Wo der Mensch sich selber zuwächst, auf sich selbst zubewegt, entsteht die Hoffnung auf den neuen Menschen. Aber:

»Kastanienäste klopfen auf die Scheiben / Wovor ein blutiger Himmel schwebt.«
Ihr neunjähriger Sohn Moritz sagt: »Ich rieche Kummer.« Und die Mutter antwortet: »Schnapp mir nicht die Worte weg.« Zwei, die sich des anderen versichern. Versicherung, die die Sprache des Jungen lyrisch gefärbt hat. Gefahren, die Sarah Kirsch sieht. Als wir von Rom aus zusammen mit der in Italien lebenden Schriftstellerin Luise Rinser zum Meer fahren, erklärt Moritz ihr, daß er ein »Hellenist« sei. Und er weiß so genau Bescheid, daß selbst die gescheite, 67jährige Luise Rinser nicht mithalten kann. Moritz, der sich eine Welt geschaffen hat, die über die Welt des Kindseins schon längst hinausragt.
»Aber am liebsten fahre ich Eisenbahn«, dichtete Sarah Kirsch vor mehr als einem Jahrzehnt, »durch mein kleines wärmendes Land...«

Sarah Kirsch

Die Fahrt wird schneller dem Rand meines Lands zu
ich komme dem Meer entgegen den Bergen oder
nur ritzendem Draht der durch Wald zieht, dahinter
sprechen die Menschen wohl meine Sprache, kennen
die Klagen des Gryphius wie ich
haben die gleichen Bilder im Fernsehgerät
doch die Worte
die sie hören die sie lesen, die gleichen Bilder
werden den meinen entgegen sein, ich weiß und seh
keinen Weg der meinen schnaufenden Zug
durch den Draht führt
ganz vorn die blaue Diesellok.

Durch den Draht ist Sarah Kirsch gekommen: »42 Jahre war ich drüben. Ich kenne die DDR aus dem Effeff. Ich weiß ganz genau, wie der Hasc dort läuft. Jetzt möchte ich mir den Hasen hier ansehen. Ich finde, das ist ganz normal. Ich weiß, daß man in der Bundesrepublik auch nicht alles sagen kann, sagen sollte. Aber es gibt noch eine Chance, von unten her etwas zu machen. Es kann durchaus sein, daß ich in ein paar Jahren an einem Punkt angekommen bin, wo ich auch hier nicht mehr kann, wo ich auch hier ins Handgemenge gerate.«

Das sind einfache Worte. Zu einfach, haben ihr schon verschiedentlich Politiker früher in der DDR vorgeworfen, wo sie lange Zeit zu den Privilegierten gehörte. 1964 erhielt sie den Kunstpreis der Stadt Halle, ein Jahr später die Erich-Weinert-Medaille, 1973 den Heine-Preis. Hinzu kam aus dem Westen 1976 der Petrarca-Preis, als sie noch im Osten lebte. Den mit 20 000 Mark dotierten Thomas-Dehler-Preis, den man ihr nach ihrem Umzug nach West-Berlin zuerkennen wollte, lehnte sie ab, um nicht politisch vereinnahmt zu werden.

Als einzige lebende deutschsprachige Lyrikerin hat sie eine große Lesergemeinde in der DDR und auch in der Bundesrepublik. Eine Dichterin mit einem schmalen Werk: »Gespräche mit dem Saurier«, »Landaufenthalt«, »Zaubersprüche«, »Rückenwind«, »Die Pantherfrau« und »Die ungeheuren bergehohen Wellen auf See«.

In einem offenen Brief schrieb ihr der Romancier Joachim Seyppel, der 1973 von West nach Ost gegangen war, in den Westen hinterher: »Am Ende haben wir Dich eben doch alle allein gelassen, das tut weh... Dein Ruhm in der DDR war kurz, heftig, begrenzt, Dein Name wird bleiben...«

Zerschnittenes Leben. Sarah Kirsch, Tochter eines Feinmechanikers aus Limlingerode im Südharz, geboren im Pfarrhaus des Großvaters und aufgewachsen in Halberstadt, wohin die Eltern ein Jahr nach ihrer Geburt zogen. Dort machte sie Abitur, studierte in Halle Biologie, arbeitete zwischendurch in einer Zuckerfabrik, dann

Petrarca-Preis für Sarah Kirsch und Ernst Meister 1976. Im Hintergrund die Jury: Nicolas Born, Urs Widmer, Hubert Burda, Bazon Brock, Michael Krüger und Peter Handke

in der Heimerziehung und in einer landwirtschaftlichen Produktionsgenossenschaft. Mitglied der FDJ gleich in den Anfängen. Eine lupenreine DDR-Erziehung auf den ersten Blick. Ihr Mädchenname: Bernstein. Ihr Vorname: Ingrid. Als Schriftstellerin nannte sie sich Sarah.

Sarah – das war Protest. Erst einmal gegen das, was den Juden in Deutschland geschehen war. Und zugleich eine Antwort auf den Vater. »Gegen Jüdisches hatte er immer etwas«, sagt sie. »Es gibt Musikstücke, wenn ich die jetzt höre, denke ich an meinen Vater. Kálmán zum Beispiel. Da drehte er das Radio ab, weil das ja ein Jude war.« Der Vater wurde 78 Jahre alt und ist vor zwei Jahren gestorben. Ihre Mutter ist 68 und lebt in Halberstadt. Der Vater war Vegetarier und Antialkoholiker, ging in keine Gastwirtschaft und orientierte sich an anthroposophischer Literatur, lehnte Gewalt ab, erkannte sie aber als Staatsgewalt an.

Sarah Kirsch hat eine Ahnung davon, wie schwer es dem Vater gefallen sein muß, im »Dritten Reich« den Ariernachweis zu erbringen. »Aber es ist ihm gelungen«, sagt sie, »obwohl ja Bernstein auf Jüdisches hindeutet und, wie ich später aus den Familienpapieren entnahm, so mancher David dabeigewesen ist.« Sie erinnert sich, wie der Vater während des Krieges eine Landkarte aufhängte und nach den Nachrichten mit bunten Nadeln die deutsche Front absteckte. »Genauso gläubig hörte er dann nach 1945 die Nachrichten. Wenn Eduard von Schnitzler

Sarah Kirsch 223

sprach, mußten wir alle schweigen. Er hatte nie den leisesten Zweifel an dem Staat, in dem er lebte. Wenn ein Westsender im Rundfunk war, schimpfte er. »Einen Sonderling« nennt Sarah Kirsch ihn: »Sonderlinge sind ja immer ganz schön hochmütig, indem sie immer denken, wie sie es machen, ist es richtig.« Die Tochter spricht mit Trauer vom Vater. Früh hat sie gelernt, den Ärger zu filtern, der Kritik das Suggestive zu nehmen. Doch als der Vater später verlangte, daß Sarah Kirsch ihren Sohn Moritz nicht impfen lassen sollte, da platzte sie damals, da platzt ihr noch heute das Wort »Borniertheit« heraus. »Weil der Vater Impfgegner war, ist nämlich mein Bruder gestorben«, sagt sie.

Der Bruder wurde drei Jahre alt. Sie war damals sechs und brachte die Diphtherie aus der Schule mit nach Hause: »Wir waren nicht geimpft. Ich hatte Glück, war ein bißchen stabiler. Der Bruder steckte sich an und war nicht mehr zu retten.« Die Widersprüche in Kindheit und Jugend der Ingrid Bernstein kommen ganz langsam hervor. Die Eltern verstanden sich. Das sah sie. Und das Verständnis der beiden untereinander hatte für sie Gewicht. Doch die »reine, wunderschöne Zeit der Kindheit« bemißt sie heute beim Erzählen nach den Abwesenheiten des Vaters im Krieg.

»Mit meiner Mutter bin ich ganz weit gegangen, durch die Wälder«, erinnert sie sich. »Meine Mutter kannte ungeheuer viele Pflanzen, sie konnte jedes Blümchen benen-

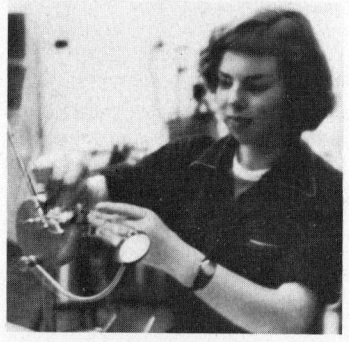

Tochter eines Feinmechanikers: Sarah Kirsch als 14jährige Konfirmandin und als 23jährige Biologiestudentin

nen, das irgendwo am Wege wuchs.« Pflanzen, Blumen, Tiere, Sonne, Mond und Sterne. Auch hier: Nichts geht ihr verloren. Alles kommt wieder. Nur sie weiß noch nicht, daß sie eine Dichterin, daß ihr diese Vergangenheit zuwachsen wird.

Die Familie Bernstein lebte in einem großen Fachwerkhaus an der alten Stadtmauer von Halberstadt. Dem Großvater mütterlicherseits gehörte es, der Schlossermeister war. Das Haus steht heute nicht mehr, aber: »Ich kann darin noch immer in Gedanken spazierengehen, so genau kenne ich alles.« In der Bibliothek des Großvaters standen die Klassiker, und unter ihnen vier blaugebundene goldverzierte Bände – die Werke von Adalbert Stifter, dem Dichter des »Nachsommer«.

Der Mutter und dem Dichter vertraute sie in einer Weise, die erst einmal in den Irrtum führte. Nach dem Abitur begann sie eine Forstarbeiterlehre als Voraussetzung für das Forstwirtschaftsstudium. Doch da ging es um Raummeterberechnung und Sägen: »Es war nicht das, was ich gedacht hatte. Es war nicht der Wald, den ich liebte.«

Die Forstarbeiterlehre brach sie ab und begann, Biologie zu studieren. Kleiner Präparierkurs, großer Präparierkurs, Regenwürmer längs, Regenwürmer quer. Exkursionen an der See und im Hochgebirge. Die Sonnenuntergänge und die Sonnenaufgänge. Mit Fischerbooten und großen Schleppnetzen unterwegs. Oder barfuß, die Enten beringend. Und dazu das große Milbenbuch des Grafen Vitzthum auf holländisch. Schließlich für die Diplomarbeit ein Jahr lang um Halle herum das Aufstellen von Fallen und das Fangen von Mäusen. Dann als Abschluß ihre Arbeit »Über Ektoparasiten bei Muriden in und in der Umgebung von Halle«, zu deutsch: Über Läuse, Flöhe und Milben bei Mäusen.

Das war nun auch wieder weit entfernt von den Schilderungen Adalbert Stifters. Sie wußte auch, daß sie den Beruf nicht ausüben würde. Ein Jahr vor Abschluß des Studiums hatte sie 1958 jemanden kennen- und liebengelernt, der in ihr aufblühen ließ, was die Naturwissenschaft ihr verweigerte. Es war der 24jährige Rainer Kirsch, Student der Geschichte und Philosophie. »Der schrieb Gedichte und kannte Gedichte«, erinnert sie sich. »Das hat mich alles umgehauen. Es hat mich ungeheuer fasziniert. Das war der richtige Wald.«

Rainer Kirsch war damals gerade aus der Partei und aus der Universität geflogen, ein Anhänger des Philosophen Ernst Bloch, der in die Bundesrepublik gegangen war. Die Gedichte, die Rainer Kirsch schrieb, hatten der Partei mißfallen. »Er mußte sich in der Produktion bewähren, arbeitete in Halle in einer Druckerei, wo er mit einem Fußhebel Löcher in Schulblocks zu stampfen hatte«, erzählt Sarah Kirsch.

Die beiden heirateten und wohnten in einer Dachkammer. Sie schlossen sich einer Arbeitsgemeinschaft junger Autoren an. Es

Sarah Kirsch

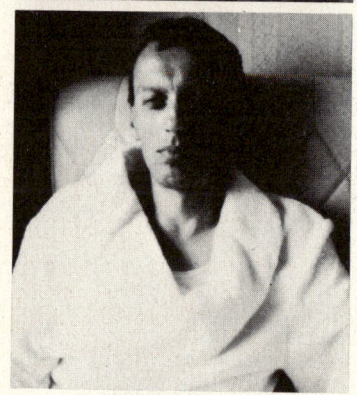

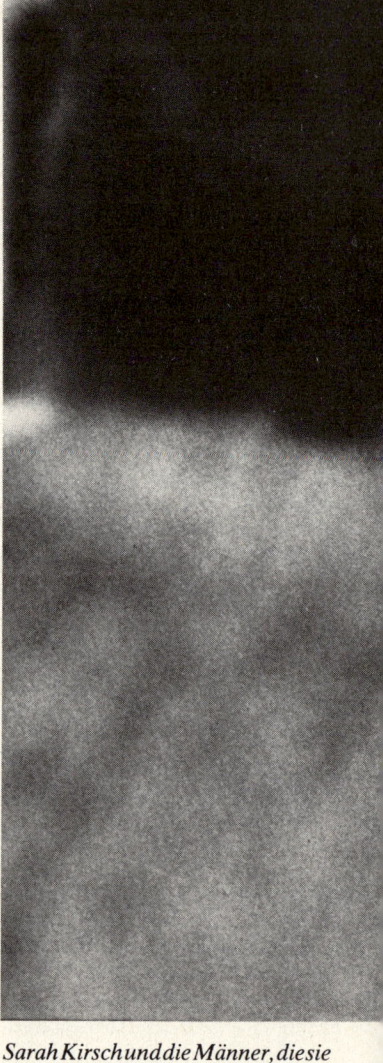

Sarah Kirsch und die Männer, die sie liebte: Mit Rainer Kirsch war sie verheiratet. Karl Mickel ist der Vater ihres Sohnes. Christoph Meckel gelten Gedichte in ihrem Band »Rückenwind«

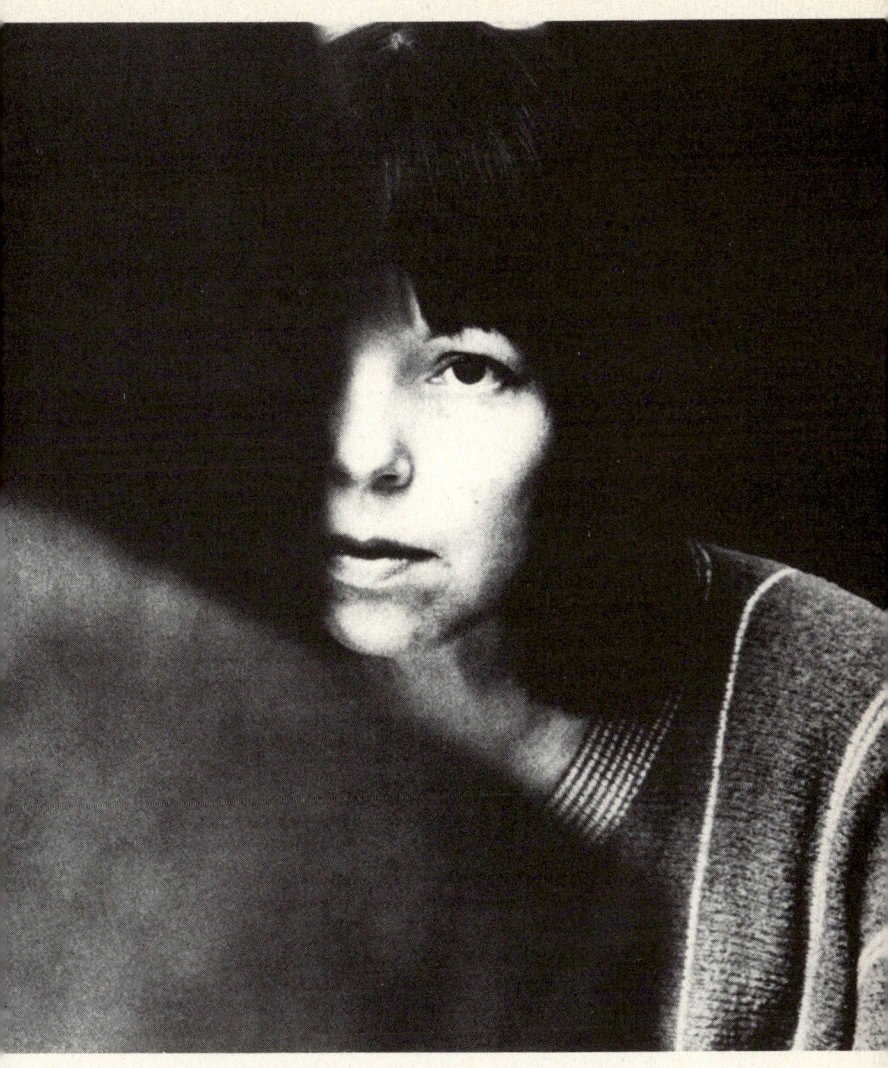

war eine Art Kandidatenzeit für angehende Schriftsteller. Gerd Wolf, der Ehemann der Schriftstellerin Christa Wolf, brachte eine Ahnung nach Halle, wie Dichtung aussehen könnte. »Und er lachte manchmal schallend über unsere Zeilen, daß es ganz einfach zum

Heulen war«, erzählt Sarah Kirsch. »Nehmt euch mal erst die kleinen Gegenstände, ehe ihr euch mit der Weltrevolution einlaßt«, forderte er sie auf. Es begann eine jahrelange Arbeit mit dem Abschluß eines Studiums am Literaturinstitut Johannes R. Becher in Leipzig. Sarah Kirschs erste Veröffentlichung war ein Gedicht im SED-Zentralorgan »Neues Deutschland« im Jahre 1960.

Sie sagt über die Schwierigkeiten, einen literarischen Standpunkt zu finden: »Die Moderne erreichte uns in der DDR erst spät. Sogar einen so kühnen Lyriker wie den Russen Wosnessenski lernten wir nur in westdeutscher Übersetzung kennen. Lange waren wir deshalb gezwungen, die Klassiker zu lesen, und das hat unsere Sprache natürlich beeinflußt. Als ich dann schließlich die von Hans Magnus Enzensberger herausgegebene westdeutsche Lyrik-Anthologie ›Museum der modernen Poesie‹ in die Hand bekam, da fiel es mir wie Schuppen von den Augen. Diese Gedichte aus allen Ländern. Das war eine Universität, das Buch.«

Fast unbehelligt von modischem Schnickschnack einer für den Tag geschriebenen Lyrik des Westens ging sie ihren eigenen Weg. Die jungen Schriftsteller ihrer Generation in der DDR tauschten ihre Werke aus, diskutierten über Stärken und Schwächen, halfen einander: Rainer und Sarah Kirsch, Karl Mickel, Elke Erb, Wolf Biermann, Volker Braun. Nicht nur lesend drangen sie ein in die Werke anderer, sie übersetzten die Verse der großen Russen Jessenin, Block und Majakowski ins Deutsche.

Im Jahre 1965 erschienen erstmals eigene Gedichte von Sarah Kirsch in dem Buch »Gespräch mit dem Saurier«, 26 von Sarah, 24 von Rainer Kirsch, ihrem Mann. Sarah:

Jetzt schwimmt der Mond
im Teiche
im Schilf erschreckt der bleiche
die Mücken sicherlich.
Wir fliegen still im Boote,
die Liebe ist im Lote,
seit heute wieder frisch.
Die Unken haben Glocken;
die grauen Krebse hocken
am Grund und sind allein
Wir wolln sie morgen fangen
(weil sie heut nacht nicht sangen)
und legen sie in Wein.

Das Buch wurde auch im Westen wahrgenommen. Die »Frankfurter Allgemeine« schrieb vom »Schaupaar der Zonenlyrik«: »Sarah und Rainer Kirsch haben sich im sowjetzonalen Literaturgeschäft etabliert wie Kilius/Bäumler auf dem Eis: Sie verkaufen sich nur als Paar...« Das war jene Zeit, in der nach einer Phase der Agitprop-Literatur die DDR in eine einzigartige Lyrik-Welle getaucht wurde. Initiiert von dem Dichter Stefan Hermlin (»Die Straße der Furcht«), Altkommunist und Duzfreund Erich Honeckers. Hermlin ließ sich die Gedichte von den jungen Schriftstellern schicken und

Von Berlin Ost nach Berlin West: Sarah Kirsch auf dem Balkon ihrer neuen Wohnung nach Verlassen der DDR

Sarah Kirsch

präsentierte sie selbst auf einer Lesung. Doch der Frühling ging schnell vorbei, als die FDJ die neue Lyrikbewegung in die Hände nahm: »Von nun an durfte man nur lesen, wozu ja gesagt wurde.« Als dann 1967 Sarah Kirschs zweiter Gedichtband mit dem Titel »Landaufenthalt« erschien, geriet sie erstmals in die Kritik des Staates. Ihre Gedichte wurden »privatistisch« gescholten. Auf dem VI. Schriftstellerkongreß 1969 in Ost-Berlin wurde sie scharf angegriffen wegen ihres Gedichtes »Schwarze Bohnen«:

nachmittags nehme ich ein Buch in die Hand
nachmittags lege ich ein Buch aus der Hand
nachmittags fällt mir ein es gibt Krieg
nachmittags vergesse ich jedweden Krieg
nachmittags mahle ich Kaffee
nachmittags setze ich den zermahlenen Kaffee
rückwärts zusammen schöne
schwarze Bohnen
nachmittags zieh ich mich aus mich an
erst schminke dann wasche ich mich
singe bin stumm.

Da hatte Sarah Kirsch ihren Ton gefunden, den »Sarah Sound«, wie ihn spöttisch der Ostberliner Dramatiker Peter Hacks nannte. Aber Sarah Kirsch ließ sich nicht beirren. Vier Jahre später auf dem nächsten Schriftstellerkongreß wurden die »Schwarzen Bohnen« erneut verlesen, diesmal als Beispiel für die notwendige Vielfalt der DDR-Poesie. Die Wende hatte der Schriftsteller Franz Fühmann auf dem Kongreß herbeigeführt: »Was soll es, wenn einer der bedeutendsten Lyrikbände deutscher Sprache ... damit abgetan wird, daß man diesem zauberhaften Buch Schwermütigkeit vorwirft und durch diese Denunziation bereits die Kritik geleistet glaubt? In einer Welt, die auf meinen Schmerz nur mit Heiterkeit antwortet, kann dieser Schmerz zur Verdüsterung wachsen, und wenn man mir dann noch einzureden versucht, daß mein Leid gar nicht existiere oder eine ideologische Fehlleistung sei, kann der Schmerz böse werden, eine schwärende Wunde.« Die sanft widerständige Sarah Kirsch hatte gesiegt.
Akzeptiert wurde nun auch ihre Äußerung in der Ostberliner Zeitschrift »Forum«: »Wenn ich sie, die technische Revolution, brauchen sollte, wird sie mir schon in die Zeilen steigen...« Vergeben war ihre für DDR-Offizielle ketzerische Bemerkung auf die Frage, vor welchen hauptsächlichen Schaffensproblemen sie zur Zeit stehe: »Daß der Tag nur 24 Stunden enthält, es in Halle keinen guten Kognak und kein Kohlepapier gibt, demzufolge es ebenso schwer ist wie vor der technischen Revolution, gute Gedichte zu machen.«
In der Zeit zwischen den zwei

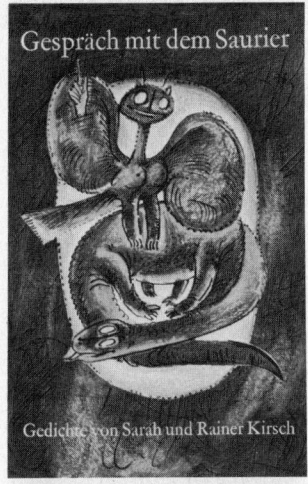

Anfang und Ende einer literarischen Produktion in der DDR: »Gespräch mit dem Saurier« erschien 1965. »Musik auf dem Wasser« kam 1977 heraus. Da lebte die Autorin der »Zaubersprüche« bereits im Westen

Schriftstellerkongressen entstand ihr Gedichtband »Zaubersprüche«. In ihn eingeschlossen ist eine neue Liebe. Nach zehnjähriger Ehe ließ sie sich 1968 von Rainer Kirsch scheiden und ging von Halle nach Ost-Berlin. Während einer Reise ihres Mannes in die Sowjetunion hatte sich Sarah Kirsch in den Lyriker Karl Mickel, der in der Bundesrepublik durch das Buch »Vita nova mea« bekannt wurde, verliebt. Er ist der Vater ihres Sohnes Moritz. Karl Mickel, verheiratet, berühmt-berüchtigt wie Bertolt Brecht wegen seiner Amouren, auch Vater eines Sohnes der feministischen DDR-Schriftstellerin Irmtraud Morgner.

»Ich kann meine Trennung von Rainer Kirsch schwer begreiflich machen«, sagt Sarah Kirsch heute. »Es war alles langweilig zwischen uns geworden, mein Gott, furchtbar langweilig. Und ich wurde da-

mals so traurig. Ich wußte nicht, warum. Die Ehe macht keinen Spaß, dachte ich. Nichts macht Spaß. Immer dasselbe Einerlei. Rainer war ein so ordentlicher Mensch. Bei ihm lief alles nach Programm. Am Abend wußte ich bei ihm, was morgens sein wird – um neun Uhr und um zehn, um fünfzehn Uhr den Kaffee auf den Tisch. Und als Rainer von seiner Reise zurückkam, erwartete ich ein Kind von Karl Mickel. Das Kind wollte ich richtig haben.«
In ihren »Zaubersprüchen« schreibt sie:

Meine Haarspitzen schwimmen im Rotwein, mein Herz
Sprang – ein Ei im kochenden Wasser – urplötzlich
Auf und fiel, sprang wieder, ich dachte
Wo du nun wärest, da flogen die Schwäne dieses
Und auch des anderen Spreearms schnell übern Himmel...

Bei Karl Mickel heißt es:

Spaß muß es machen, sonst machts keinen Spaß.
Es bliebe andernfalls die nackte Mühe
Eh ich für die mein Hemd vom Leibe ziehe
Trink ich ein Bier und denke mir: ach was!

Sieben Jahre dauerte diese Liebe. »Wenn es schön war, war es ungeheuer schön«, erinnert sie sich. »Wenn es schlimm war, dann war es ganz schlimm.« Schlimm war für Sarah Kirsch die Erfahrung, geliebt zu sein und doch alles selbst machen zu müssen. Als sie schwanger war, lebte Sarah Kirsch bei Freunden: »Als ich im neunten Monat war, kriegte ich ein Zimmerchen, weil eine Bezirksbürgermeisterin das große Rühren packte, als sie mich sah. Damals lernte ich, selbständig zu sein. Das war hart. Ich hab im Anfang von 300 Mark im Monat gelebt, hab ein bißchen übersetzt. Von den Lyrikbänden konnte man nicht satt werden.«
In den sieben Jahren ihrer Beziehung zu Karl Mickel wuchs die Erinnerung an Rainer Kirsch: »Ich habe dem Rainer hinterhergeträumt. Jetzt erst wußte ich, in welcher Geborgenheit ich gelebt hatte. Der Rainer hatte doch in der Ehe alles gemacht. Ich hab mich bei ihm nie um eine Bank gekümmert. Auch nie richtig Geld verdient. Wenn ich zu faul zum Telefonieren war, dann hat es Rainer gemacht. Er hat den Haushalt geführt. Und wenn mir Ernteeinsätze, die ich machen mußte, nicht paßten oder sie mir zu schwer waren, ist er für mich hingegangen.«
Im 17. Stock eines Betonhauses bekam Sarah Kirsch schließlich eine Zweizimmerwohnung, unter sich das Staatsratsgebäude, vor sich die Glaskugel des Fernsehturms.
1974 lernte Sarah Kirsch den Westberliner Dichter Christoph Meckel kennen, und nun entstand ihr Gedichtband »Rückenwind«, der von dieser Liebe erzählt. Sie

durfte nach Paris ausreisen, um für eine DDR-Zeitung über das Pressefest der kommunistischen »Humanité« zu schreiben, auf dem Theodorakis auftrat und sang. Es war alles eine List, um Christoph Meckel wiederzusehen. Die beiden ließen Paris links liegen und fuhren für 14 Tage in die Provence. Die Informationen für ihren Artikel über das Pressefest entnahm sie den französischen Zeitungen.
Danach kehrte jeder wieder in seine Stadt zurück – er nach Berlin West, sie nach Berlin Ost. In dem Gedichtband »Rückenwind« schrieb sie:

Herzschöner wollen wir Julia und Romeo sein?
Der Umstand
Ist günstig, wir wohnen
Wohl in der gleichen Stadt, aber die Staaten
Unsere eingetragenen Staaten gebärden sich, meiner
Hält mich und hält mich er hängt an mir wir
Könnten sehr unglücklich sein ach du sprachest
Eben noch mit mir.

Da ist wie in fast allen ihren Gedichten immer das Ende der Liebe schon im Anfang beschlossen. Die Sehnsucht, sehend zu werden. Und zugleich offen für die Einsamkeit, aus der heraus sich das Staunen vollzieht. Magie, Beschwörung dessen, was nicht hält. Bis in den Zeilenfluß der Gedichte, in denen die Sätze nicht enden sollen, sondern der eine mit dem anderen auf einer Zeile verklammert wird, in der das unterbrechende Satzzeichen weggelassen ist. Diejenigen Literaturwissenschaftler, die in der DDR den Sozialismus mit der Partei gleichstellen, haben immer wieder Sarah Kirschs Schreiben »als spätbürgerliche Position« dargestellt.
»Ein anständiger Mensch fängt mit ich keinen Brief an«, schreibt Sarah Kirsch in einem Gedicht und verweist diese Kritiker auf die »spätbürgerliche Position«, die ihr vorgeworfen wurde. Sarah Kirsch ist eine Liebesdichterin. Und die Liebe ist bei ihr jener doppelte Instinkt, der den Menschen antreibt, tief in sich hinein- und zugleich auch weit aus sich herauszugehen – zum anderen. Ungeachtet aller ideologischen Unterschiede droht die Dialektik der Einsamkeit in ihrer tiefsten Kundgabe an jeder Gesellschaft zu scheitern. Auf Liebe als etwas Unkontrollierbarem, als Rückhaltlosigkeit, als Anarchie beharrt Sarah Kirsch.
Liebe bleibt für sie, was sie ist: ein gefährliches Unterfangen: »Nebel zieht auf, das Wetter schlägt um. Der Mond versammelt Wolken im Kreis. Das Eis auf dem See hat Risse und reibt sich. Komm über den See.« Man kann es nennen, wie man will: »Das Ding Seele, das bourgeoise Stück«, wie Sarah Kirsch es nennt, oder anders, aber es bleibt dabei: »Es müßte hier / noch andere Tiger geben.« Im Gedicht heißt es bei ihr:

»Ich rauche im Regen traf tagelang keinen Menschen
Nur ein Alter sah übern Zaun hatte Zeitung gelesen
Wenns losgeht sagt er ich hab einen eigenen Brunnen
Ich nichts aber aber auf diesem Land
bau ich dir vierblättrigen Klee.«

Vom Hexenhaften ist bei Sarah Kirsch die Rede: »Ich hoffe, daß Hexen, gäbe es sie, diese Gedichte als Fachliteratur nutzen könnten«, sagt sie. Die Hexe als eine Metapher für einen empfindlichen, verletzlichen Menschen, der zaubert, weil man ihn konkret nicht sein läßt, der schreibt, weil man ihm dauernd das Leben abschneidet. »Ruf- und Fluchtformeln« nennt Sarah Kirsch Gedichte von sich: eben »Zaubersprüche«, wie ihr einer Lyrikband ganz unverstellt heißt.

Ist es einerlei was daraus wird
Fliegt lediglich am Haus vorbei der Amsel
Die Amsel kann sich nit drum kümmern sie
Mit ihr in eure Kammer gehst du Eu Gott!
Ein üppig Mahl verzehrest und darauf
Den Blumentöpfen deines Eheweibs
Du mich längst vergessen hast und bei
Ist es einerlei ob du mich liebst ob
Die Amsel fliegt am Haus vorbei der Amsel

Sarah Kirsch sagt zu diesem Gedicht: »Ein Zauberspruch, welcher seine Wirkung verliert, wenn er syntaktisch korrekt, das heißt von der letzten zur ersten Zeile gelesen wird.« Ihre Klage: »Wie wir zerrissen sind, und ganz / Nur in des Vogels Kopf.« Der Vogel, der die Winde nutzt, der fliegen kann, der fliegt. Der Mensch, der fliegen könnte.

Sarah Kirsch ist nun im Westen wie Wolf Biermann, für den sie sich in der DDR eingesetzt hat. Der Alptraum der letzten Monate in der DDR ist verflogen. Jene Zeit, in der nach der Unterschriftenaktion für Biermann am Schwarzen Brett in dem Haus, in dem sie wohnte, ein Zettel angebracht wurde mit der Aufforderung, »die Dame aus bewußtem Geschoß« möge gefälligst ausziehen.

»Ach, Mama«, sagte damals ihr Sohn zu ihr, als sie von der Mitgliederliste der SED gestrichen wurde, »sei nicht traurig, dann treten wir eben in die Kommunistische Partei ein.«

Die Feministinnen in der Bundesrepublik haben Sarah Kirsch nach ihrem Umzug nach Westberlin vereinnahmen wollen. Sie hat das abgelehnt. »Ich hab die Männer viel zu gern, um gegen sie anzutreten«, sagt sie. »Wenn es schiefgeht, ist die Schuld nicht einseitig.« Sie hat sich im Westen Versammlungen von Feministinnen angesehen und meint: »Da schlägt das Pendel zu

Sarah Kirsch im Juni 1977 mit dem ausgebürgerten Wolf Biermann und dessen Frau Tina in Hamburg beim »Literatrubel« – kurz vor ihrem Umzug nach West-Berlin

weit nach der anderen Seite aus. Männer und Frauen sollten nicht gegeneinander arbeiten. Gegeneinander kann man nichts ausrichten.«

Und sie fügt hinzu: »Weiberkunst finde ich entsetzlich.« In ihrer Wohnung im Park der Villa Massimo stand ein Buch mit dem Titel »Texte zum Anfassen – Frauenlesebuch« aus dem Münchener »Frauenbuchverlag«, das man ihr geschickt hatte. Auf den Umschlag hat sie in großen Lettern ein einziges Wort geschrieben: »Quatsch.«

Abtrünnig ist diese Sarah Kirsch der Sache der Frauen treu. Da ist ihr Wunsch nach Natürlichkeit und ihr Verlangen nach Gemeinsamkeit. Suche nach einer bewohnbaren Sprache in einem bewohnbaren Land, das werden soll. Die DDR ist es nicht, auch nicht die Bundesrepublik Deutschland. »Mein Himmel / dehnt sich, will deinen erreichen...«

»Ich denke«, sagt sie, »diese Sprache ist so stark. Sie wird siegen über die, die glauben, sie zu beherrschen, wie sie die Technik beherrschen.«

Christine Nöstlinger

»Bei blauem Rauch, fliegenden Katzen und Großmüttern kenne ich mich aus«

Junge Menschen zwischen zehn und sechzehn wissen, wer die Autorin von Büchern wie »Die feuerrote Friderike«, »Wir pfeifen auf den Gurkenkönig«, »Maikäfer flieg«, »Lollipop« und »Ilse Janda« ist: Christine Nöstlinger, eine Wienerin aus dem Arbeitermilieu, die ungebrochen die Sprache ihrer Jugend spricht. Die Schriftstellerin ist 43 Jahre alt und Mutter von zwei Töchtern – 18- und 20jährig – die die Welt an Mao messen, die politischen Verhältnisse, wie sie sind, mies finden und doch in dieser Welt geschickt und konsumbewußt leben. Christine Nöstlinger kennt all die Widersprüche der Jugend und ist in ihnen jung geblieben.

Sie ist eine Dichterin ohne elitären Anspruch, Sympathisantin einer Minderheit, von der Politiker mehr reden, als daß sie etwas für sie tun: Christine Nöstlinger kämpft schreibend für die Jugend, für deren Übermut, deren Träume und deren Fehler, die auszukosten sie für notwendig hält.

Die Schriftstellerin wohnt heute in der Nähe des Schlosses Schönbrunn. Doch ficht sie die Pose der Vergangenheit nicht an. Die k. u. k. Größe von einst schmilzt bei ihr zur Groteske – so richtig sichtbar, wenn sie einen Sonntagsausflug zum 60 Kilometer entfernten Heldenberg macht, wo Österreichs Große der Geschichte unter einem künstlichen Hügel ein exklusives Sammelgrab bekommen haben und wo sie obendrauf in Reih und Glied als Büsten zu bewundern sind. Dazwischen postiert sich die Schriftstellerin, und das Lächerliche der Glorie von einst wird lustig.

Christine Nöstlinger wohnt getrennt von ihren Töchtern – aber im selben Haus, einem dreistöckigen Gebäude mit sechs Parteien. Die Kinder leben in einer Wohnung im Hochparterre, die Schriftstellerin und ihr Mann im zweiten Stock. »Auf diese Weise getrennt, lebt es sich gut zusammen«, sagt sie. Sie ist keine Ordnungsfanatikerin. Doch wenn die Sachen der Töchter kunterbunt in der einst gemeinsamen Wohnung überall herumgelegen haben und der Weg durch die Zimmer zum Slalom wurde, drehte auch sie durch. Das wiederum ist ungewöhnlich an dieser Frau: Sie haßt Streit und schluckt böse Worte lieber herunter. Doch irgendwann ist's zum Kotzen. Vor zwei Jahren war's zum Kotzen.

Also bekamen die Töchter ihre eigene Wohnung. »Da können sie leben, wie sie wollen«, sagt Christine Nöstlinger. »Da misch ich mich nicht ein. Da bin ich höchstens Besucher. Da seh ich nicht die Freunde, die kommen. Da seh ich nicht, wenn vier Beine über das Sofa baumeln und die Liebe stattfindet, wie es in der gemeinsamen Wohnung passiert ist. Und als Mutter ist man ja hilflos, in solcher Situation ohnehin. Verhindern kann man nichts, soll man auch nicht. Verbote schaffen nur Heimlichkeiten.«

Als die Nöstlingers noch gemeinsam in einer Wohnung lebten, mengte sich der eine oft in die Angelegenheiten des anderen. »Jeder hat ja seine Vorstellungen, die Älteren wie die Jungen«, sagt die 43jährige. »Ich bin anders aufgewachsen als meine Töchter, mit weitaus mehr Verboten und Einschränkungen. Und das eine hat Folgen wie das andere. Konflikte gibt es eh genug. Ich muß ja nicht zusätzlich welche schaffen, wenn mir was stinkt, was den Töchtern nicht stinkt. Die kommen schon, wenn sie mich brauchen.« Die Schriftstellerin kocht, kocht sehr gut – die Töchter sind da zum Essen. Man redet und diskutiert miteinander.

Lange Zeit waren die Töchter die ersten kritischen Leser der Buchmanuskripte. Heute ist es der Ehemann, die Töchter bevorzugen inzwischen politische Literatur. Politisch klaffen die Welten auseinander. Das nimmt die Sozialdemokratin Nöstlinger hin: »Ich bin doch nicht verantwortlich für die politischen Ansichten meiner Töchter.«

Die Schriftstellerin sieht scharf und hört genau hin. Sie schreibt nicht: Wie ist das, wenn eine Ehe in die Brüche geht? Sondern: Wie ist das für Kinder, wenn sich eine Ehe nur noch über die Runden quält oder sich die Eltern scheiden lassen? Nicht: Was fühlt die unverstandene Mutter oder der unverstandene Vater? Sondern: Was fühlt der unverstandene Sohn, die unverstandene Tochter? Oder: Was fängt ein junger Mensch mit seiner Erotik, seiner Liebesfähigkeit an? Beschreibend geht sie derartigen Konstellationen nach, gibt keine Rezepte und offenbart Ratlosigkeit, wenn sie selbst ratlos ist.

Christine Nöstlinger über ihre Herkunft: »Die Urgroßmutter war Wirtin und hat sehr viel Geld ausgegeben. Sie war so dick, daß sie im Kino zwei Sitze nebeneinander gehabt hat. Die hat denn a Tochter kriegt, die wo mei Großmutter worden ist. Die war wahnsinnig verwöhnt und hat einen Lungenschaden ghabt, und die ist auf die Alm kommen und wurde angeblich vom Hirtenknaben geschwängert. Jedenfalls is si zruckkommen. Und mei Urgroßmutter hat einen Mann für sie gsucht, und vis-à-vis in derselben Gassen hat ein alter Hofrat gwohnt. Mit dem hat mei Urgroßmutter ein Verhöltnis ghabt, obwohl er verheirat war und sie auch. Und dieser Hofrat hat einen sehr blöden Sohn ghabt, der scho viermal, glaub ich, bei der Matura durchgeflogen is und halt so garnix getaugt hat. Und da hams irgend-

Blick auf den Hinterhof: Die Mutter wohnt noch immer dort, wo Christine Nöstlinger aufgewachsen ist

wie so arrangiert, daß der mei Großmutter gheiratet hat. Dann is des Kind auf die Welt kommen. Das war mei Mutter. Und mei Großöltern ham immer gstritten. Und wie dann mei Großmutter zwanzig war, hat sie sich umbrocht, und zwar auf a ganz raffinierte Weise. Sie hat sich erstens die Pulsadern aufgschnitten, dann hat's irgendwelche Schlafpulver gnommen, dann ist's aufs Fensterbrettl gstiegen, hat sich die Jalousieschnur um den Hals gewickelt und hat sich so erhängt, und dann ist die Jalousie abgerissen, und die Großmutter ist vom vierten Stock runtergfallen. Also sie hat das sehr gründlich erledigt. Und mei Mutter war damals vier Johr alt. Und dann ist der Erste Weltkrieg kommen. Die dicke Urgroßmutter ist inzwischen auch gestorben. Mei Mutter ist bei eim behmischen Dienstmadl aufgwachsen. Und dann hat der depperte Großvater noch mal gheiratet. Und des hat mei Mutter, die damals vierzehn war, nicht ausghalten und ist davongrennt und war Dienstmadl irgendwo am Land. Schließlich ist mei Mutter Kindergärtnerin gworden. Dann hat's gheiratet. Mei Mutter wollte immer zwölf Kinder haben, hat aber nur zwei kriegt, weil die Zeiten nicht danach waren. Aber als Kindergärtnerin hat's ja ihre Kinderliebe austoben können. Der erste Mann war Bauer. Der ist vom Land net weg, und sie wollt net bleiben auf dem Land. Mei Schwester ist aus erster Ehe. Mei Mutter hat sich scheiden lassen. Das dauerte lang, weil der Bauer sich nicht hat scheiden lassen wollen. Inzwischen war ich auf die Welt kommen. Mei Vater war Uhrmacher. Und gheiratet hat er mei Mutter, als ich fünf war.«

Die Familiengeschichte der Christine Nöstlinger, die Großeltern mütterlicher- und väterlicherseits, die Eltern, die Tante, die Hinterhofwelt in der Wiener Geblergasse 48 des 17. Bezirks Hernals, in der die Schriftstellerin aufgewachsen ist, die Nachbarn aus dieser Gegend, Nazis, Mitläufer und Antisemiten von einst, die Sozialisten, die Wiener Juden, die Kämpfer, Anpasser und Opfer von einst, die Kinder von damals und heute – es ist die Welt, aus der die Geschichten, die Bücher der Christine Nöstlinger gemacht sind. Erzählungen über Menschen, die angebunden sind an ihre Umgebung im Guten wie im Bösen, die sich durchschlängeln, die, wenn sie sterben, den kleinsten Tod sterben. Leute, die bewegt werden und sich bewegen lassen, schnell zu rühren sind, nur nicht von der Stelle.

Christine Nöstlinger schreibt im bildkräftigen Dialekt Wiens, aus dem eine Komik gefiltert wird, die den Witz der Weisheit hat. Über die unnormale Zeit in ihrer Normalität von einst und die normale Zeit in ihrer Unnormalität von heute. Dazwischen die Kinder, abhängig von der Welt der Erwachsenen, einer Welt, »die am Versagen der anderen den eigenen Erfolg mißt«. In ihrem 1978 erschienenen Roman »Die unteren sieben Achtel des Eisbergs« läßt die Autorin den Großvater väterlicherseits sagen: »Zum Anspeien ist das alles, wie wir leben. Da ist nix, was klass' ist... Kein Kampf, kein Mut, kein Verstand – und Gedanken ausschließlich um Messingbeschläge und Bauerntruhen und Wohnlandschaften und Teppichböden.«

Christine Nöstlinger und ihre Eltern: Die Mutter hat in der Familie das Geld zum Unterhalt als Kindergärtnerin verdient. Der Vater hat seinen erlernten Beruf als Uhrmacher nie gemocht und ist ihm nur von Zeit zu Zeit nachgegangen, hat sich nicht anstellen lassen, hat daheim gelegentlich repariert, hat sich in seine geliebte Bücherwelt vergraben, hat die Tochter zu seiner größten Bewunderin gemacht: »Er hat sich den ganzen Tag um mich gschert. Er war ein idealer Spielgefährte. Ein gescheiter und witziger Mensch, dazu ziemlich hübsch. Jedenfalls gegen das, was meine Schulfreundinnen als Väter gehabt haben, war er eine Luxusausgabe.«

Er hat sein Leben lang einem Universitätsstudium nachgetrauert, das er nicht hatte machen können, weil die Eltern zu arm waren. Wegen sozialistischer Betätigung saß er mit Unterbrechungen von 1934 bis 1938 in politischer Haft. Im Krieg war er Soldat, wurde schwer verwundet und kam kurz vor dem Zusammenbruch in ein Wiener Lazarett. Als die Russen sich der Stadt näherten, wurde das Lazarett verlegt. Er floh und nahm sich aus der Schreibstube Formulare und Stempel mit, mit denen er sich bis zur Besetzung Wiens eigenhändig Urlaubsscheine ausstellte.

Der Mann imponierte der Tochter bis zu seinem Lebensende vor vier Jahren. Über ihn, die letzten Kriegstage und die Besatzungszeit schrieb Christine Nöstlinger eines ihrer besten Bücher: »Maikäfer flieg!« Der Bericht eines achtjährigen Mädchens aus dem »Pulverland«, das abbrannte.

»Die Russen gefielen dem Mädchen besser als die Amerikaner«, erinnert sich die Schriftstellerin. »Vor den Häusern der Amerikaner standen wir Kinder und warteten, daß einer mal ein Packerl Chewing Gum herunterwarf. Die freuten sich, wenn wir uns um das Packerl balgten. Ich war völlig entsetzt. Bei den Russen ist das nicht so gewesen, die waren wirklich kinderlieb.«

Christine Nöstlingers Held in ihrem Buch »Maikäfer flieg!« ist denn auch ein Russe, der der übrigen Kompanie häßlich, armselig und tumb vorkommt: Der Koch Cohn aus Leningrad, versponnen in seine Gutmütigkeit, militärisch völlig untauglich, verkörpert Menschlichkeit in unmenschlicher Zeit.

Die Mutter der Schriftstellerin lebt noch heute in der Wohnung, in der die Tochter aufgewachsen ist.

»Seit ihr Mann weggestorben ist«, erzählt Christine Nöstlinger, »tut's dauernd kaufen. Neue Möbel, neue Vorhänge, neue Tapeten. Es is a Jammer. Sie hat gar keinen Geschmack. Auch kan schlechten. Sie fragt mich immer: Was hat man denn jetzt. Ich sag ihr: Geh, such dir was aus, was dir gfallt. Sie sagt: Na, ich will ja haben, was modern is. Es is a Jammer.« Es ist der Jammer des Alleinseins.

Die Mutter arbeitete bis 1943. »Sie hat nicht mehr weitermachen wol-

Christine Nöstlinger. Als Einjährige mit ihrer Mutter und als 15jährige mit einem Kätzchen

len wegen der Nazi-Ideologie und ist einfach nicht mehr in den Kindergarten gangen«, erzählt die Schriftstellerin. »Dann hat sie ein Disziplinarverfahren gekriegt. Die Gestapo is kommen. Im Krieg war ja jeder dienstverpflichtet, und krankgeschrieben hat sie niemand. Aber sie war immer a sture Frau. Sie hat gesagt, sie ist krank. Und sie hat erreicht, daß sie nicht mehr hat arbeiten müssen und doch eine Pension gzahlt kriegt.«

In der Familie Nöstlinger hat man vor 1945 gewußt, was mit den Juden passierte. Die Schriftstellerin sagt: »Und mir kann niemand erzählen, daß es die anderen nicht gwußt haben. Die Juden gehn durch den Schornstein, hab ich auf der Straße gehört. Und ich hab zu Haus gefragt, weil ich mir darunter nichts vorstellen konnte. Und dann hab ich's erfahren.«

Sie war drei, als Hitler in Österreich einmarschierte, neun, als die Russen Österreich befreiten, und achtzehn, als die Amerikaner die Umerziehung für beendet ansahen. Sie schreibt: »Kriege passieren nicht einfach. Kriege werden gemacht. Von Menschen. Und die, die sie machen, haben meistens den Nutzen davon... Für mich bedeutet ein schießender Green Beret etwas anderes als ein schießender Vietcong. Für mich haben die Nazis auch etwas anderes bedeutet als die Russen... Meine Zuneigungen und Abneigungen sind auch heute sehr ausgeprägt. Ich habe Partei ergriffen: für den Vietcong, für die Proleten, für die Sozialisten; auch für die furchtsamen alten Männer.« Es sind Sätze aus dem Nachwort zu »Maikäfer flieg!«, das der

Verlag in der Neuauflage gestrichen hat. Aber die Schriftstellerin steht nach wie vor dazu.

Ihre Mutter hat immer gesagt und sagt es noch heute: »Man muß Ideale haben. Wenn alle Menschen auf der Welt besser werden, dann wird's schon besser. Es liegt alles an die Menschen.« Diese banale Philosophie hat den Vater immer fuchsteufelswild gemacht: »Er hat dann Tobsuchtsanfälle bekommen. Und die Mutter hat nicht gewußt, warum. Vertrogen ham sie sich nie sehr, obwohl, seit mei Vater tot ist, mei Mutter des alles ganz anders siecht. Das ist ja ganz gigantisch, wie sich das im Nu ändert, wie das nun die freundlichste, friedlichste, liebevollste Ehe gewesen sein soll.«

Am Ende seines Lebens war der Vater ein enttäuschter Sozialdemokrat. Politisch war es nicht so gelaufen, wie er es sich vorgestellt hatte. Und privat war er allein mit seiner Intelligenz. Die Tochter Christine war erwachsen und mit der eigenen Familie beschäftigt. Eine Frau, die nachgeholt hat, was dem Vater nicht möglich war: ein Studium – sie besuchte in Wien die Akademie für angewandte Kunst. Während des Studiums verliebte sie sich in einen Studenten. Beide brachen ihr Studium ab und heirateten 1957. Der Ehemann arbeitete im Elektrohandel, und Christine Nöstlinger ging als Bürokraft zu einem Zeitungsverlag, machte schließlich die Buchhaltung und verliebte sich in den Journalisten Ernst Nöstlinger.

Sie ließ sich scheiden, obwohl sie ein Kind von ihrem Ehemann erwartete, heiratete Ernst Nöstlinger und wurde nach der Geburt der Tochter Barbara Hausfrau. Als Hausfrau kam ihr ein Kinderbuch in die Hände, das ein Freund des Ehepaares verfaßt hatte. »Da hab ich mir gedenkt«, erzählt sie, »jetzt mach ich auch so was. Nur besser.« So entstand 1970 ihr erstes Kinderbuch »Die feuerrote Friderike«. Und da sie Grafik studiert hatte, zeichnete sie auch die Bilder dazu. Der Erstling wurde ein Erfolg. Sie hielt die Zeichnungen für besser als den Text. Ihr zweites Buch »Mr. Bats Meisterstück« bebilderte sie ebenfalls. Doch der Verlag lobte den Text und ließ die Zeichnungen von jemand anderem machen.

So wurde Christine Nöstlinger Schriftstellerin und ließ das Zeichnen. In zweiter Ehe bekam sie die Tochter Christine. Und in der Erinnerung an ihre eigene Kindheit floß die Kindheit ihrer Töchter. Zur Thematik ihrer Bücher sagt sie: »Ich kann nur über Dinge schreiben, die ich kenne. Indianer, Filmstars und Söhne von Atomphysikern mit Nobelpreis fallen also weg. Wie es dem Eskimo am Morgen geht, wenn er aus dem Iglu tritt, ist mir genauso unklar. Dafür kenne ich mich aus bei durchsichtigen Männern aus blauem Rauch, fliegenden Katzen und Großmüttern, Erdäpfeln mit Hirn und Herz und dergleichen mehr.«

Das Phantastische durchwirkt ihre treffenden Wiener Milieuschilderungen, nimmt der sozialkritischen Tendenz das Belehrende und spiegelt die sozialen und psychischen Vorgänge unter Kindern. Immer geht sie vom Wiener Dialekt aus: »Das ist meine Sprache. Da wird

Die Schriftstellerin im vertrauten Klima des Wiener Cafés. Dort wird jener bildkräftige Dialekt gesprochen, der ihre Bücher beherrscht

alles beim Schreiben leichter. Und alles stimmt mehr.« So gibt es bei ihr die Großmutter, die sich in ein Kind verwandelt, den Mann, der blaue Rauchringerln aus den Augen blasen kann, und Kellerlebewesen, die wie Gurken aussehen. »Ich will den Lesern Spaß machen, den jungen wie den alten«, sagt sie.

Aus spaßigen Situationen heraus entwickelt sie ihre Geschichten von der Unterdrückung der Kleinen in Familie und Schule, erklärt sie, wie ganze Generationen von Kindern immer stärker in Außenseiterpositionen gedrängt werden, klärt ihre Leser über Hitlers Krieg auf; über Geschäftemacherei und Starkult und wendet sich gegen die Diskriminierung jugendlicher Subkultur. Ihre Bücher sind von einer Zuckermischung, bei der man plötzlich auf Granit beißt.

Auf der deutschen Bücherszene ist Christine Nöstlinger rubriziert als Kinder- und Jugendbuchautorin. Das paßt zum deutschen Wesen, das Dichtung erst Dichtung werden läßt, wenn sie nur für Erwachsene geschrieben und für Kinder unverständlich geworden ist.

Christine Nöstlinger

In der angelsächsischen Tradition gibt es diese Trennung nicht: Mark Twain, Charles Dickens und Jonathan Swift beispielsweise sind gleichermaßen Dichter für jung und alt. Christine Nöstlinger nähme in einer solchen Literaturschau einen Rang ein, der ihr in der deutschsprachigen Belletristik bisher verwehrt ist. Sie hat 25 Bücher geschrieben, ist in Holland, Schweden, Norwegen, Dänemark, Japan, Ungarn Großbritannien, den USA und der Sowjetunion übersetzt – doch ihr Name ist in den wenigsten Belletristik-Lexika zu finden. In ihrem Roman »Die unteren sieben Achtel des Eisbergs«, der 1978 erschien, breitet sie ein politisches und privates Panorama von vier Generationen aus, in dem die Zeit beschrieben und nicht mit ihr gerechnet wird.

Da ist die Erinnerung an den Großvater väterlicherseits: »Sechzehn war der Großvater, als (bei Kriegsende 1918) der große Streik war, als der Justizpalast brannte. Warum sie damals die Waffen nicht ausgegeben haben, weiß er heute noch nicht. Was die Kommunisten dazu sagen, will er noch immer nicht glauben. Was die Sozialdemokraten dazu sagen, kann er noch immer nicht glauben. Dabei hätte er genug Zeit gehabt, darüber nachzudenken. Zuerst arbeitslos, dann eingesperrt wegen illegaler sozialistischer Arbeit, auch im Krieg – oft genug Zeit zum Denken! Und doch ist er nie zum Nachdenken gekommen. Wollte einfach nicht. ›Geborener Sozialdemokrat!‹ hat ihn der Meisl, der Kommunist immer geschimpft. Aber der Meisl hat auch nicht recht behalten. Seit Stalin hält er den Mund. Und seit Prag ist er nicht mehr in der Sektion gewesen, hat er dem Großvater gesagt. Aber da hat er der Meisl schon recht gehabt, daß der Großvater immer zu viel Loyalität zur Partei gehabt hat. Und später, aus Wut über die Nazis, diese Verklärungssucht! Alles war besser als die! Wirklich alles! Und immer noch der friedliche Weg zur Macht. Nein, jetzt nicht mehr. Seit Chile nicht mehr. Seit Allende tot ist, kann der Großvater nicht mehr an den friedlichen Weg glauben. Solange Allende da war, hat er dem Meisl sagen können: ›Es geht, du siehst doch, daß es geht!‹ Jetzt geht es nicht mehr.

Der Großvater möchte das gern mit jemandem bereden. Andreas interessiert sich nicht dafür. Susanne will nichts davon hören. Der Fritzi ist zu reden bereit. Aber der Fritzi kann an nichts glauben. Der sehnt sich nach nichts. Der ist Susanna ohne Messingbeschläge. Der Fritzi lacht, wenn sein Chef die Beamten schmiert, um öffentliche Aufträge zu bekommen, lacht, wenn ein Supermarkt ausgeräumt wird, wenn die Leute stehlen, lacht, wenn die RAF eine Bank ausräumt, wenn die Gewerkschaft gegen einen Streik ist, wenn der deutsche Generalbundesanwalt umgebracht wird. Lacht auch, wenn der Bundeskanzler einem SSler die Hand zur Freundschaft reicht. Der Fritzi hat einen anarchistischen Humor... Alles ist möglich, weiß der Großvater.«

Ein Lebensresümee voller Bitterkeit. Christine Nöstlinger setzt es in Handlung um: »Der Großvater

Christine Nöstlinger mit ihrer 20jährigen Tochter Barbara

suchte ein Lorbeerblatt; denn Linsen ohne Lorbeerblatt schmecken nach nichts, Linsen ohne Lorbeer kochte nur Susanna. Der Großvater fand das Lorbeerblatt, roch daran, roch gar nichts, nichts hatte mehr Geruch; der Großvater legte das Lorbeerblatt auf die Linsen und begann, wieder einmal mit dem zu reden, der nicht da war. ›Wir haben kaum Chancen gehabt‹, sagte der Großvater zu dem. ›Wirklich nicht! Und nach dem Krieg? Da war es zu spät. Nach Stalin war bei uns nichts mehr zu machen‹, sagte der Großvater zum Lorbeerblatt. ›Wer zu Fuß nach Moskau geht und wieder zurück‹, sagte der Großvater zu den Linsen, ›der ist für den Sozialismus verloren.‹ Er schüttelte den Kopf, fand sich kindisch. Fast siebzig und die Hoffnung noch immer nicht aufgegeben.«

Christine Nöstlinger sagt: »Das einzige, was ich habe, ist ein unerschütterlicher Glaube an Aufklärung und Humanität.« Und als ob sie da zu hoch gegriffen hätte, hängt sie schnell an ihre Feststellung die Frage: »Ist das vielleicht doch zu gigantisch?«

Karin Struck

»Ich bin auf der Suche nach Heimat, einmal will ich leben in fruchtbarer Geborgenheit«

Auf der deutschen Literaturszene ist Karin Struck die Reizfigur. Ihre Radikalität, die positiv als ein übersteigertes Bedürfnis nach Nähe, Wärme und Hautkontakt beschrieben werden könnte, ist Provokation in einer Gesellschaft, die auf Distanz lebt und die Sachlichkeit als höchsten Wert preist. Karin Strucks Romane »Klassenliebe«, »Die Mutter«, »lieben« und die Erzählung »Trennung« greifen ein in diese Gesellschaft. Die Schnitte, die die Autorin vornimmt, tasten den Leser in seiner uneingestandenen Versehrtheit an und lösen oft genug Abwehr aus. Eine Abwehr, die der Provokation mit Provokation antwortet. So gleichen auch die Urteile, die die Literaturkritik fällt, zunehmend einem Vernichtungsfeldzug gegen die Schriftstellerin.

Als Karin Strucks Roman »lieben« 1977 erschien, nannte die »Frankfurter Allgemeine« dieses Buch einen »Präzedenzfall geschickt vermarkteter Impotenz«, sprach von der »unqualifizierten Wortwut einer Trend-Schreiberin« und von »beutelschneiderischer Unehrlichkeit«. Der »Spiegel« meinte: »Ständig wird man in diesem Buch ins Vertrauen gezerrt, darf (oder besser: muß) zusehen, wie Schöße feucht, Brüste klebrig, Glieder steif werden.« Das Nachrichtenmagazin warf der Autorin vor, es fehle ihr genau die »Zärtlichkeit« und »Dünnhäutigkeit«, die sie sich dafür um so lautstärker zuschreibt.

Bei weniger hektischer Reaktion fällt an den Büchern Karin Strucks auf, daß sie sich zunehmend in einer Ideologie verstrickt hat, wonach die Frau nur ihre Natur, ihre Weiblichkeit entdecken müsse, um all ihre schöpferischen Fähigkeiten zu entfalten. Das beleidigte und verstümmelte biographische Subjekt schreit nach der »großen erotischen Mutter«, die Karin Struck in ihrer Literatur herbeizuschreiben versucht und im Leben sein möchte. Dabei vermischen sich die emanzipatorischen Ansätze der Schriftstellerin zu einem Biologismus, einem neuen Mythos des Urweiblichen.

Karin Struck, heute 32 Jahre alt, ist Mutter von drei Kindern, die drei verschiedene Väter haben. Sie war verheiratet, wurde geschieden, lebte mit dem Ehemann weiter zusammen, trennte sich von ihm dann später und ging eine zweite Ehe mit einem anderen Mann ein. Allein die Aufzählung dieser biographischen Fakten verweist auf einen

Lebenslauf, in dem eine Person dauernd verfällt und zerfällt. Da ist ihre Hingabe, die als Preisgabe allen Katastrophen offensteht. Eine Preisgabe, die bereits ihr erstes autobiographisches Buch zum Konsumartikel ersten Ranges machte. Da trug 1973 eine Frau ihre Haut zum Markte und hoffte insgeheim, sie würde nicht unter die Marktgesetze fallen.

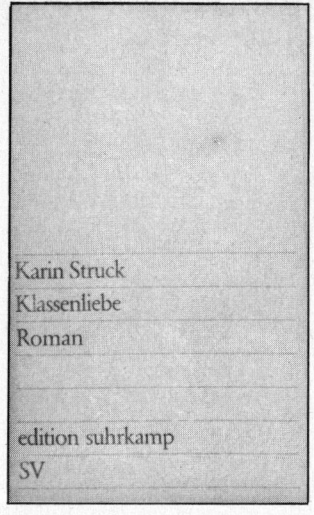

»Klassenliebe« – ein Stück Autobiographie zwischen zwei roten Buchdeckeln, in dem eine Studentin das Glashaus der Ideologien durchbricht, um ihre Kreatürlichkeit zurückzugewinnen. Ein Angriff auf die glattgescheitelte Lüge, daß materieller Wohlstand das Leben lebenswert macht. Schreiben als ein Akt, der tausend Verzweiflungen Herr zu werden. Mit der Annäherung kommen die Verzweiflungen zurück, werden lebendig, werden lebensbedrohend. In ihrem zweiten Buch »Die Mutter«, das 1975 erschien, heißt es:
»Das schlimmste an dieser perversen Frauenemanzipation ist, daß wir uns freiwillig unsere eigenen Kinder aus dem Leib kratzen lassen.«
»Die Kinder werden schon früh, was Erwachsene sind.«
»Die Mutter ist der wichtigste Mensch.«
»Die Gebärmutter ist ein kostbares Wort.«
»Die Gebärmutter ist ein überflüssiger Muskel, sagt der Chirurg.«
»Die Mutter« – das ist ein Buch über die Erinnerung an die eigene Geburt, ist das Bewußtsein der Vertreibung aus der Wärme, ist die Suche nach Zuwendung, nach Heimat, nach heimatlicher Erde, ist die bisher peinlich vermiedene Aufarbeitung eines elementaren Themas, das seit mehr als einem Vierteljahrhundert den Stempel Blut und Boden trägt.
Die damals 27jährige Schriftstellerin Karin Struck entwirft ganz unzeitgemäße Bilder der Liebe, der Liebessehnsucht. Doch täuschend wäre der Eindruck, daß sie selbst für sich erreicht, was sie sich da schreibend erarbeitet. Das Ergebnis ihrer Arbeit ist im Grunde niederschmetternd: die Klage einer Hoffnungslosen und zugleich die fragende Bestürzung einer noch Lebenden.
Einen Stützpunkt hat Karin Struck nicht. Schreiben ist ein vorübergehender Halt. Und da er vorübergehend ist, stürzt sie sich von einem Buch ins andere, von einem Auf-

Karin Struck, die einen Studenten heiratete, den sie nicht liebte, und einen Schriftsteller liebte, der sie verließ.

Das erste Kind, die damals dreijährige Sarah, wollte sie nicht. Aber sie wollte auch nicht die Ehe scheitern lassen. Ihre Abneigung gegen ihren Mann übertrug sie zunächst auf ihr Kind. Als Sarah ein Jahr alt war, begegnete Karin Struck dem Schriftsteller Arnfried A., der als Journalist beim Rundfunk arbeitet. Von ihm wünschte sie sich einen Sohn. Sie bekam Elias und verlor den Geliebten, für den sie eine Affäre von vielen war.

Als Geliebter wies Arnfried A. der damals 24jährigen Germanistikstudentin einen Weg, den er selbst als Schriftsteller nie zu gehen bereit war: Wenn du eine Dichterin werden willst, sei rücksichtslos. Was der Geliebte nicht ahnte, als er sie verließ, war Karin Strucks Entschluß, ihn zum ersten Opfer der empfohlenen Rücksichtslosigkeit zu machen.

Karin Strucks erster Roman »Klassenliebe«, jenes autobiographische Buch, das ein Sensationserfolg wurde, erzählt die Geschichte ihrer Liebe zu Arnfried A. Er ist zugleich der gelungene Versuch, Distanz zu schaffen zwischen sich und dem Geliebten. Der Bruch dieser Beziehung schuf Klarheit in der Beziehung zu ihrem Ehemann. Karin Struck: »In dieser Ehe war eine Wort- und Sprachlosigkeit, die der Liebe keine Chance gibt. Ohne Sprache gibt es keine Erotik. Liebe gibt es nicht ohne Sprache. Sprache kann Erotik erzeugen. Wenn es in der Sprache nur Mißverständnisse

satz in den anderen. Atemlos, fast schon erstickt. Doch niemand soll sehen, daß da jemand mit Hilfe der Sprache um sein Leben kämpft:

gibt, feindseliges Schweigen, gibt es auch keine Liebe.«
Mit »Klassenliebe« hat Karin Struck die Sprache gefunden und nicht nur Arnfried A. verloren. Zwar hat sie sich von ihrem um zwei Jahre älteren Mann scheiden lassen, aber der einstige Ehemann kehrte zurück. Der einstige Ehemann, der der Liebe Karin Strucks zu Arnfried A. passiv zugeschaut hatte, sprach nun von Betrug, als sie sich in ihr Zimmer zurückzog und pausenlos schrieb. Schreiben war ihm wie ein neuer Geliebter Karin Strucks oder noch immer der alte. Es gab heftige Auseinandersetzungen.
Karin Struck suchte die Lösung ihrer Probleme mit ihrem Mann Heinz B., indem sie das tat, was sie als Schriftstellerin tat: Sie glaubte, sich die verlorengegangene Bindung zu ihrem einstigen Mann erarbeiten zu können. Der Mangel dieser Beziehung provozierte die Gewalttätigkeit des Mannes. In »Klassenliebe« schreibt Karin Struck: »Wer nicht mit vollen Händen beschenkt wird, der grabscht und grabscht, wie soll er schenken?« Und in der »Mutter« heißt es: »Ehrgeiz ist Habgier nach Zuwendung.« Die Sprache gab der Schriftstellerin Karin Struck eine Macht, die Zuwendung gaben ihr die Leser ihres ersten Buches. Nicht mehr faßbar für den Lebensgefährten, geschah Unfaßbares: Amoklauf als Daueinrichtung eines Zusammenlebens.
Karin Struck wurde im Mai des Jahres 1947 im mecklenburgischen Schlagtow geboren, in der einstigen Sowjetzone. Ihre Heimat hätte jener Teil Pommerns sein können, aus dem ihre Eltern, aus bäuerlichen Familien stammend, vertrieben worden waren und der unter polnische Verwaltung kam. Die Eltern hatten sich einen Sohn gewünscht und eine Tochter bekommen. Der Vater war bei der Neugründung der Parteien in die SPD eingetreten und wurde nach der Vereinigung von SPD und KPD automatisch Mitglied der SED.
Nach der Enteignung der Großgrundbesitzer erhielt er in Schlagtow 20 Hektar Land, die Dorfbewohner wählten ihn zum Bürgermeister. Mit 28 Jahren. Er war ein Mann, der sagte, was er dachte. In der Dorfbevölkerung war er beliebt. Er warnte seine Mitbürger vor Kontrollen, so daß sie oft ihr letztes Stück Vieh verstecken konnten. Er bewahrte sie vor den rigorosen staatlichen Eintreibungsforderungen, die den Namen »Sollerfüllung« trugen, Normen, die sich anfangs um das Existenzminimum nicht scherten.
Die Partei kam ihm auf die Schliche. Karin Strucks Vater verlor den Posten des Bürgermeisters. Davon hat die Tochter erst viel später erfahren. Die Tochter kam in die Schule, die Tochter wurde Mitglied der Jugendorganisation FDJ. Sie lernte, daß Stalin ein Gott sei. Der Vater aber sagte, der einzige Gott sei der Gott der Bibel. Die Tochter

Karin Struck mit ihrem Sohn Elias 1975 in dem an Goethe erinnernden und später in ihrem Roman »lieben« beschriebenen Lotte-Haus in Wetzlar

252 *Karin Struck*

sagte dem Lehrer, was der Vater gesagt hatte. Und der Vater wurde von der Partei vorgeladen. Er stand zu seinem Wort. So kam eins aufs andere. Ein Parteiverfahren wurde eingeleitet.
Der Vater mußte sich verantworten. Er wurde aus der SED ausgeschlossen. Er sagte: »Wenn's weiter nichts ist, ich kann auch ohne die Partei leben.« Er wurde gewarnt. Auf der Kreisverwaltung war sein Name gefallen und das Wort »abholen«. Über Nacht verschwand der Vater mit dem zweiten Kind, dem Sohn Burkhard, nach West-Berlin. Die Mutter folgte dem Mann mit der siebenjährigen Karin und dem jüngsten Kind, der dreijährigen Ingetraut, ins Flüchtlingslager Marienfelde.
Flucht, Vertreibung, Heimatlosigkeit – die Worte erhielten erst später eine Bedeutung für Karin Struck. Später wurden sie ihr Trauma. »Weder Vater noch Mutter haben mich geprägt«, sagte sie. »Ihre lasche Identität hat mich in eine verschwommene Welt geworfen. Verlassenheitsangst. Nicht selbständig existieren können.« Sich des Lebens berauben, indem man alles vergißt, ist der eine Gedanke. Der andere: die physische Selbstvernichtung. »Selbstmord – in den Mutterleib des Todes gehen. « Das Gefühl der Sinnlosigkeit muß zuerst dagewesen sein, als sie ein Kind war.
Die Trennung von der Mutter im Flüchtlingslager Berlin-Marienfelde. Schreiend blieb sie zurück. Wie sollte sie verstehen, daß die Eltern allein alle Kraft brauchten, um in der neuen Welt Fuß zu fassen? Die

Der 1975 erschienene Roman ist ein Buch über die Erinnerung an die eigene Geburt

Schreie – erster Eindruck eines schmerzenden Bewußtseins. Erster Eindruck totaler Ohnmacht. Die Ohnmacht blieb von da an ihr ständiger Begleiter. Die Eltern holten sie und ihre zwei Geschwister aus dem Kinderheim ab, als es in den Westen ging. Alle drei Kinder waren krank. Zwei neue Flüchtlingslager in der Bundesrepublik. Dann erste Versuche neuer Verwurzelung.
Die Eltern zogen mit den Kindern nach Stukenbrock bei Bielefeld. Von dort ein paar Kilometer weiter nach Schloß Holte, einem kleinen Ort. »Aus meinem Geburtsort floh man mit mir. Seitdem fliege ich herum. Sprachlos, landlos, klassenlos.« Das schrieb sie zwei Jahr-

zehnte später in ihrem ersten Buch »Klassenliebe«. Sie hatte eine lange wortarme Zeit hinter sich und suchte den Reichtum in den Wörtern. Sie wurde Schriftstellerin. Die Sprache als neue Heimat. Von der Sprache glaubte sie, daß sie von ihr durch sie gerettet wird. »Der alte Traum von einer Rettung.«

Die Schule – eine einzige Zeit der Sprachlosigkeit. Sie kommt auf das Gymnasium, weil der Lehrer der achtklassigen Zwergschule sie mag und auf die Eltern so lange einredet, bis sie einwilligen. Für den Bruder und die Schwester verwendet sich kein Lehrer. Schuldgefühle drücken sie, bevorzugt zu sein. Aber sie ist benachteiligt. Das Gymnasium entfernt sie von den Eltern, für die die »hohe Schule« – so ihre Mutter – etwas Fremdes bleibt. Und sie, Karin Struck, findet nicht die Nähe zu ihren Mitschülern, die aus höheren Schichten kommen.

Mißtrauen der Lehrer, wenn sie gute Leistungen vorweisen konnte. Der Verdacht, sie habe abgeschrieben. »Ich konnte mich nicht verteidigen, ich hatte keine Sprache, ich konnte nicht auftrumpfen.« Sie ist zwischen die Klassen gefallen. Da war einst der souveräne Vater – Bauer und Bürgermeister – in der DDR. In der Bundesrepublik arbeitet er als Eisengießer, ist Arbeiter, der sich mit dem wenigen, was er verdient, in Schloß Holte ein Häuschen kauft, es auf Raten bezahlt.

Der Vater gefangen in dieser großen Anstrengung, wieder nach oben zu kommen. Der Vater, der der Tochter Karin Vorhaltungen macht. Bei der mittleren Reife seine Versuche, sie solle endlich Geld verdienen, mithelfen, damit die Schulden nicht so drücken: »Du kannst uns nicht ewig auf der Tasche liegen.« Der Vater in den Verzweiflungen des Alltags, die die Tochter erst viel später verstehen lernt. Er läßt sie dann doch das Abitur machen. Karin Struck, seine Tochter, aber verschließt sich der Familie immer mehr, glaubt sich wehren zu müssen gegen alles, was auf sie eindringt.

Die Schule sei ihre schlimmste Zeit gewesen, sagt Karin Struck. Doch die Schule hat sie zugleich mit der Literatur vertraut gemacht. Drei Bücher verändern das Leben der achtzehnjährigen Unterprimanerin: der »Taugenichts« des Romantikers Josef von Eichendorff, Goethes »Leiden des jungen Werther« und »Tonio Kröger«, eine Novelle des Großbürgersohns Thomas Mann.

Karin Struck: »Der Eindruck des ›Taugenichts‹ muß wie die erste Liebe gewesen sein: noch fast bewußtlos und ohne Erklärungen. Die Deutschlehrerin fragte, wer das Buch denn gut gefunden habe. Und ich meldete mich ganz begeistert. Ich war erschrocken, daß ich allein dastand. Damals war es schon Sitte, kühl und nüchtern zu sein, Gefühle zu verbergen oder ihre Existenz zu verneinen.« Es war das Jahr 1967, die Zeit, in der die marxistische Ideologie in der Jugend populär wurde.

Auch Karin Struck bekannte sich zum Marxismus. Aber sie tat das eine und ließ das andere nicht. Als Studentin wurde sie eingeschriebenes Mitglied der Kommunisten, noch ehe die DKP sich öffentlich konstituierte. Die Ideologie gab ihr nach außen hin Halt. Als Germanistikstudentin war sie zum erstenmal nicht mehr allein. Sie hatte in all den Jahren der Einsamkeit eine Gemeinschaftssehnsucht entwickelt, die von den Genossen befriedigt wurde. Doch ihre Vereinzelung, das Bewußtsein dieser Vereinzelung, ließ sich nur vorübergehend zurückdrängen. Zuerst in ihre Tagebücher. Und aus den Tagebüchern brach dann die Schriftstellerin heraus, die die Genossen zu Hohn und Spott veranlaßte.

Das Buch »Klassenliebe« ist auch eine Abrechnung mit einer Art bürgerlichem Fanatismus, der sich den Mantel Sozialismus umgelegt hat. In dem Buch heißt es: »Diese beschissenen Linken kriegen ein Leuchten in den Augen, wenn sie nur das Wort ›Arbeiter‹ hören.«

Karin Struck schlägt vor: »Statt Karl Liebknecht, Rosa Luxemburg, Karl Marx mit dem wallenden Bart vor sich hertragen, das Bild der Mütterlichkeit vor sich hertragen. Das wäre einmal eine Alternative. Statt Lenin, der sagte, man müsse die Menschen schlagen, den Lenin vor sich hertragen, der beim Anhören der Apassionata von Beethoven voll Gefühl wird und sagt, man müsse alle Menschen streicheln. Auf Gefühl verzichten alle Politiker. Gefühl gehört in die Freizeit, ins Saufgelage, aber nicht in die täglichen, alltäglichen Situationen des Lebens und Arbeitens, sagt man.«

»Erinnerung ist gefährlich«, schreibt sie. »Aber Vergessen ist zerstörender. Ich bin auf der Suche nach Heimat, auf der Suche nach meiner Mutter, einmal will ich leben in fruchtbarer Geborgenheit.« Die Mutter ist eine Vorstellung von Heimat im Sinne des Satzes von Ernst Bloch: »Heimat ist, wo ich nie war.«

Karin Strucks Plädoyer für Mütterlichkeit muß alle diejenigen erschrecken, die ihr Leben auf der zivilisatorischen Sparflamme kochen. Thomas Mann hat in Beziehung auf seinen »Zauberberg«-Helden das Elementare das »übergewaltig Dumme« genannt. Für Karin Struck ist es das Unbedingte, das Unbedingbare aller Existenz, von der sich nichts abmarkten läßt.

Mit den landläufigen Gerechtigkeiten vermochte Karin Struck noch nie zu leben. »Mein Leben ist so zerfetzend«, sagte sie 1975, »meine Bücher, meine Ehe, meine Kinder. Es reißt immer alles ab. Und ich habe immer wieder diese Angst, das Erkämpfte wieder zu verlieren, in die Sprachlosigkeit zurückzufallen.« Sie arbeitet nicht leicht, eine Kleinigkeit genügt, sie zu verstören. Dann geht nichts vom Fleck. Ihr Ziel: durch eine Hinterpforte Eingang zu finden ins Paradies. »Vom Baum der Erkenntnis zu essen, um in den Stand der Unschuld zurückzufallen«, wie Heinrich von Kleist schreibt.

Karin Struck hat mit 21 Jahren einen Mann geheiratet, den sie mit 17 als Unterprimanerin kennengelernt hat. Einen Arbeitersohn aus dem gleichen Ort. Er war der erste Mann im Leben der Karin Struck. Eine ständige Hoffnung auf Geborgenheit für sie, die sich nicht einstellte. Am 16. Februar 1967 schrieb sie in ihr Tagebuch: »Wir können uns nicht verstehen. So selten, immer nur Bruchstücke.« Am 20. Februar heißt es: »Nein, du hast keine eigene Welt. Du hast keine Phantasie.« Fünf Tage später notierte sie: »Jene Liebe habe ich nicht. Wir lieben uns nicht, soll ich dir das sagen? Ich sehne mich nicht nach dir. Denn mein Dasein wird im Zusammensein mit dir nicht fruchtbarer.«

Karin Struck und Heinz B. sahen sich zum erstenmal bei einer Tanzveranstaltung in Schloß Holte. Die ganze Erscheinung wirkte gut, beständig, beharrlich und zielbewußt. Und doch haftete ihr etwas Schüchternes an. Die Schüchternheit war eine Verschlossenheit. Doch das spürte sie erst viel später. »Ich habe ungeheuer viel Hoffnung in diesen Menschen gesetzt«, sagt Karin Struck. »Ich saß damals daheim und abgekapselt. Verschlossen mit einer Erwartung von unendlicher Zuwendung, Geduld und Zärtlichkeit.« Zwei Menschen aus der gleichen Klasse, »doch das Wasser war viel zu tief«.

Die erste Liebeserfahrung schon zerstörte, was eigentlich wachsen sollte. Karin Struck: »Es war eine erotische Morderfahrung. Ein Überfall. Ich fand es brutal. Er fiel über den Körper her, ohne ihn zu begreifen. Es war ein Ausbrechen von Trieben über einen unwissenden Menschen. Diese Schnelligkeit und diese Erinnerungslosigkeit. Kein Aneinanderherantasten. Der Anfang hat so viele Kränkungen enthalten.« Doch Heinz B. folgte ihr, blieb ihr auf den Fersen. Er war beharrlich da. Er überwältigte durch Dauerpräsenz.

Damals arbeitete der 19jährige als Autoverkäufer. Seine Eltern waren gegen diese Beziehung mit Karin Struck. »Diese Rothaarige, diese Evangelische, diese Widerspenstige«, sagte seine Mutter. Der Sohn hatte Priester werden sollen. Er hatte mit dem Gedanken ernsthaft gespielt, aber dann gedacht, Latein lerne ich nie. Als Karin Struck zu studieren begann, besuchte er eine Wirtschaftsfachschule. Doch Betriebswirt wollte er nicht werden.

Sein Examen bestand er. Heinz B. folgte Karin Struck nach Bonn, wo sie Germanistik studierte und sich dem Sozialistischen Deutschen Studentenbund angeschlossen hatte. Der SDS in Bonn unterschied sich von der Organisation in anderen Städten dadurch, daß er die Linie der damals noch nicht konstituierten DKP einnahm. Heinz B. wurde Sekretär bei der Organisation »Aktion demokratischer Fortschritt«. Eine ganze Nacht schrieb er an dem Brief, mit dem er seinen Austritt aus der SPD begründete.

Karin Struck und Heinz B. reisten mit anderen SDS-Genossen in die DDR zu Schulungsveranstaltungen. Dort las Karin Struck in einer Broschüre, viele Bauern hätten nur deswegen die Flucht in den Westen angetreten, weil sie nach der Kollektivierung »den Schritt vom Ich zum Wir« nicht geschafft hätten. Das leuchtete der damals 22jährigen Studentin ein.

Karin Struck: »Ich hatte nichts

Besseres zu tun, als einen Brief an das Ministerium für westdeutsche Fragen in der DDR zu schreiben. Ich schrieb hohnvoll über meinen Vater, daß er zwar eine Waschmaschine habe, einen Fernseher, ein

Karin Struck 1977 zusammen mit Brigitte Schwaiger auf der Literatrubel-Woche in Hamburg – kurz nach Erscheinen ihres Romans »lieben«. Die Erzählung »Trennung« erschien ein Jahr später

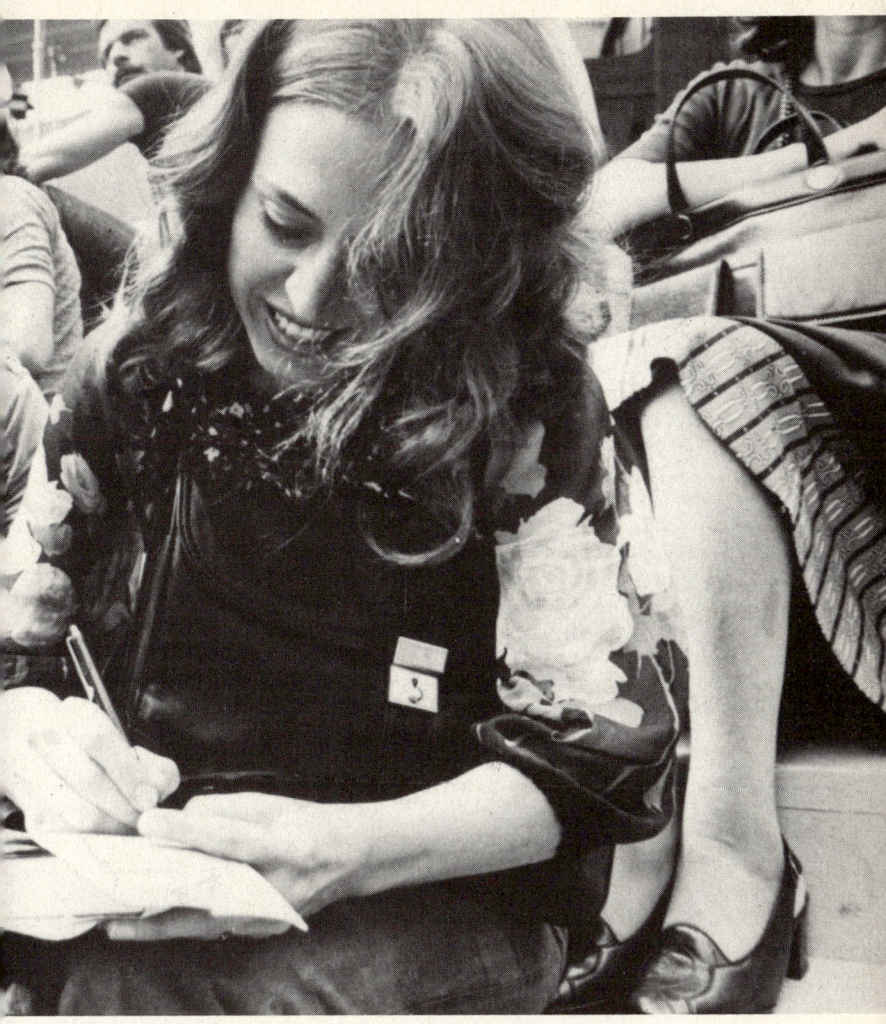

Auto, aber daß er jeden Tag auf die Straße gesetzt werden könne, daß er den Mund nicht aufmachen dürfe, daß er nicht frei sei. Ein gefundenes Fressen für die. Ich konnte mich monatelang nicht mehr nach Hause wagen, denn die hatten doch tatsächlich diesen schändlichen Brief ohne meine Zustimmung in der Bauernzeitung in der DDR veröffentlicht.«

Die Schriftstellerin: »Das war

blanker Fanatismus. Ein Rundumschlag gegen den Vater, glaube ich. Ich wollte die Eltern irgendwo absägen. Ich habe damals überhaupt nicht an meine Ursprünge gedacht. Da war nur das Bestreben, davon wegzukommen, sich von allem abzuschneiden.«

Karin Struck heiratete im April 1968 Heinz B. Ein Jahr später zogen beide nach Düsseldorf, wo der Ehemann zweiter Vorsitzender der neugegründeten DKP wurde. Karin Struck bereitete sich auf ihre Dissertation vor. Sie schloß sich dem Werkkreis für Literatur an, einer Gruppierung von Intellektuellen, die Arbeiter in die Probleme des Schreibens einzuführen versuchte.

Bei einer Demonstration gegen die Errichtung des neuen Schauspielhauses in Düsseldorf lernte sie einen Medizinstudenten kennen und verliebte sich in ihn: »Ich bin ganz einfach mit ihm mitgegangen. Mein Mann suchte mich die ganze Nacht. Er fand mich schließlich bei dem Studenten in dessen Wohnheim. Der Student entschuldigte sich bei ihm: ›Ich habe nicht gewußt, daß diese Frau verheiratet ist. An eine verheiratete Frau würde ich nie Hand anlegen.‹«

Karin Struck verfolgte diesen Studenten auch danach noch wochenlang. Er wies sie ab. Sie zog aus der ehelichen Wohnung, irrte durch die Stadt, suchte nach diesem Mann, obwohl sie wußte, daß da keine Hoffnung war. »Dann kehrte ich verzweifelt in die alte Wohnung zurück«, erinnert sie sich. »In einem völligen Ausnahmezustand.« In dieser Situation zeugte Heinz B. ein Kind, die Tochter Sarah. Als Karin Struck wußte, daß sie schwanger war, überkam sie Euphorie. »Ich spürte plötzlich einen unheimlichen Gesundungstrieb in mir«, sagt sie. Über Nacht stellte sie ihre Eßgewohnheiten um, sie nahm kein Fleisch mehr zu sich, ernährte sich auf pflanzlicher Basis. Die ganze Schwangerschaft mit neuer Hoffnung auf ein neues Leben und auf Geborgenheit. Doch das Kind veränderte nichts.

Heinz B. arbeitete am marxistischen Institut der DKP. Karin Struck war allein zu Haus, allein mit der Tochter. Das Studium hatte sie ausgesetzt. Ihr Mann wühlte sich in die Arbeit des neuen Berufs. Ein Arbeiterkind mit dem zähen Willen, nach oben zu kommen. Wer schafft es zuerst? Karin Struck spürte, daß die kommunistische Ideologie ihr auf Dauer keinen Halt zu geben vermochte. Sie spürte, daß etwas falsch sein mußte an dem Fanatismus, andere mit Gewalt umkrempeln zu wollen. Sich selbst umkrempeln. Sich selbst erkennen. »Ich suchte die große Regeneration«, schrieb sie in ihr Tagebuch.

»Durch Marxismus allein können wir uns nicht regenerieren.« Sie trat aus der DKP aus. Ihr Mann folgte ihr bei diesem Schritt. Er begann, Medizin zu studieren. Priester hatte er nicht werden wollen. Nun wird er ein säkularisierter Priester. Der Mann blieb ihr unbegreiflich. »Er ist die reine Kältereaktion.« Heinz B. liebt Karin Struck auf seine Weise, die sie nie begriffen hat. Sie verkümmert dabei. Sie trocknet aus. Das Gefühl

der Verkümmerung setzte ihre Phantasie frei. »Leben ohne Phantasie ist Sterben«, sagt sie. »Lieben ohne Phantasie ist Sterben. Was ist Realität? Phantasie wird Realität setzen.« Heinz B. vermag keine Realität zu setzen. Verhärtung ist, lange bevor er Karin Struck kennengelernt hat, seine zweite Natur geworden. Er findet die Sprache nicht, die Karin Struck erreichen könnte. Er fühlt diese Kälte in sich, vermag sie aber nicht zu überwinden.
Er wirft ihr maßloses Glücksverlangen vor. Er versucht, sie an sich zu ketten. Er liebt sie, indem er sich scheinbar aufgibt. Er ist immer für sie da. Er ist von einer Hingabe, die gewalttätig ist. Karin Struck: »Ich hatte immer das Gefühl, er will sich in mich hineinfressen.« Doch die Realität, die aus der Phantasie kommt, setzt ein anderer: Arnfried A., der Schriftsteller und Journalist. Er sieht sie in einer Frankfurter Veranstaltung des Werkkreises für Literatur: »Da stand er mit einem Lächeln im Gesicht. Ein Lächeln, so als gehöre ihm die Welt.« So empfand sie es damals. »Aus verstoßenen Gefühlen entsteht Sentimentalität«, heißt es in dem Buch »Die Mutter«. Der lächelnde A., dem die Welt gehört, war eine sentimentale Empfindung. Für sie: der göttliche Eindruck einer Frau mit einem absoluten Liebesanspruch. Für ihn: etwas Neues im erotischen Haushalt eines Schriftstellers. Er sprach sie an, sie verließen die Veranstaltung, sie gingen im nächtlichen Wald spazieren, sie gingen in die eheliche Wohnung Karin Strucks.

Karin Struck: »Als wir mitten in der Nacht ankamen, hat mein Mann wie ein Zuschauer dagesessen. Es war alles ganz brutal.« Damals fühlte sie bedenkenlos. Sie fühlte, daß diese Begegnung mit A. eine Art Liebesgnadenwahl sei. A. schrieb ihr keine Briefe, er schickte ihr Tonbänder, er sprach sie auch in seiner Abwesenheit an. Seine Briefe verfaßte er auf Birkenrinde. Er nahm Karin Struck mit auf seine Reisen. Sie vergaß alles um sich herum. Er war ein gescheiter Mann, der sich in der Literatur auskannte, einer, der für jede Stimmung ein Gedicht zu zitieren vermochte und der Gedichte für Karin Struck schrieb. Er, der Sohn eines Medizinprofessors. Er, der Bildung von Kindesbeinen an erfahren hatte.
»Ich muß sehen, hören, riechen, anfassen, das ist der Weg des Lernens«, schreibt Karin Struck in ihrem Buch »Die Mutter«. »Denn die Berührung selbst ist unersetzlich«, schreibt Bertolt Brecht in einem Gedicht. Eine Liebe greifbar machen, faßbar, heißt für Karin Struck, ein Kind zur Welt bringen. Von Arnfried A. wünscht sie sich Elias, einen Sohn. Als sie ihn erwartete, setzte sich der Geliebte ab, so als bedrohte sie ihn, als verliere er das, was er unter seiner Identität verstand.
Zuerst schreibt er ihr, er sei eine solche Aufmerksamkeit und Intensität nicht gewohnt. Dann sagt er ihr, das Beste sei, wenn sie Schluß machten; wenn er gewußt hätte, in welcher psychischen Lage sie sei, hätte er sich nicht mit ihr eingelassen. Dann kommt der Brief: »Du

mußt mich selbst sein lassen ... Es tut mir wahnsinnig weh, Dich in Deiner Liebe zu verletzen, denn diese Liebe ist in sich, obwohl ich sie einen Wahnsinn nenne, eine unglaublich gute Kraft, etwas Wichtiges.« Und zum Schluß wirft er ihr vor, sie habe ihn mit dem Kind »hereingelegt«.
Allein gelassen von dem Geliebten, läßt Karin Struck sich dennoch von ihrem Mann scheiden. Heinz B. verläßt sie und kommt zur Geburt von Elias zurück. »Ruhig, in einer ungeheuren Erschöpfung«, bringt Karin Struck den Sohn zur Welt. Zugleich hat sie sich mit dem Buch »Klassenliebe« die Trennung vom Geliebten vom Leib geschrieben. Der Suhrkamp Verlag nimmt das Buch an, Karin Struck ist eine Schriftstellerin.
Als ich Karin Struck 1975 in Neu-Anspach besuchte, dem Taunusdorf nahe Frankfurt, sagte sie mir: »Wir führen eine Strindberg-Ehe, ein ständiges Zerfleischen. Wir wollen uns trennen, und wir trennen uns doch nicht.«
Denn irgendwo war dieser Heinz B. etwas Sicheres, etwas Zuverlässiges im Leben der Karin Struck. Sie lebte in dem Schuldgefühl, mit der Liebe zu A. das Leben B.s bedroht zu haben. Und er ließ sie in dem Gefühl dieser Schuld. Denn Schuld bindet. Er schrieb ihr auf ein Stück Papier: »Ich nehme mir das Leben, wenn Du mich verläßt.« Er schlug ihr vor, daß beide gemeinsam Selbstmord begehen. Er beschuldigte sie, ihn dauernd betrogen zu haben. Er stellte eine Liste zusammen mit den Namen der Männer, von denen er glaubte, daß sie mehr als Sympathie bei ihr erregt haben. Er sagte, daß sie für ihn verantwortlich sei.
Karin Struck schreibt in ihrem ersten Buch: »Heinz sorgt sich um mich, wenn ich weine. Aber sie sorgen sich immer, die Schwachen, wenn man schwach ist. Sich sorgen um Schwache gibt ein Gefühl der eigenen Macht.« In ihrem zweiten Buch heißt es über Nora, die Hauptfigur des Romans: »Ihr Narzißmus ist der Ausdruck ihres Mangellebens. Aber wo ist der Ausweg? Kaum liest sie einige Seiten von M. Proust oder von G. Büchner, dann ist die Welt wieder geheimnisvoll. Dann kommt ihr das Leben wieder prall vor. Prall vor Schmerz und möglicher Freude.« Und: »Den Schmerz anerkennen. Die Empfindung anerkennen. Vollkommene Schmerzlosigkeit ist vollkommene Empfindungslosigkeit, ist die schöne neue Welt.«
Das Buch »Die Mutter« spiegelt das Verlangen nach einem »mütterlichen Mann«, ist der Ausdruck der Sehnsucht, nicht zu erstarren, sondern unberechenbar zu bleiben, sich verzaubern zu lassen. In aller Verzweiflung verteidigt Karin Struck eine Lebensauffassung, die einen packt wie ein Nußknacker zwischen erotischem Rigorismus und rigoroser Zärtlichkeit.
»Ich will nicht mein ganzes Leben in Negationen erschöpfen. Ich will lieben, ich will lieben lernen«, sagt sie. »Geborgenheit und Liebe. Ich will das Gegensätzliche.« In dieser Karin Struck wuchert etwas wie im Kopf einer Nonne oder einer Mystikerin. Sie lernt einen Menschen kennen. Sie macht sich ein Bild von

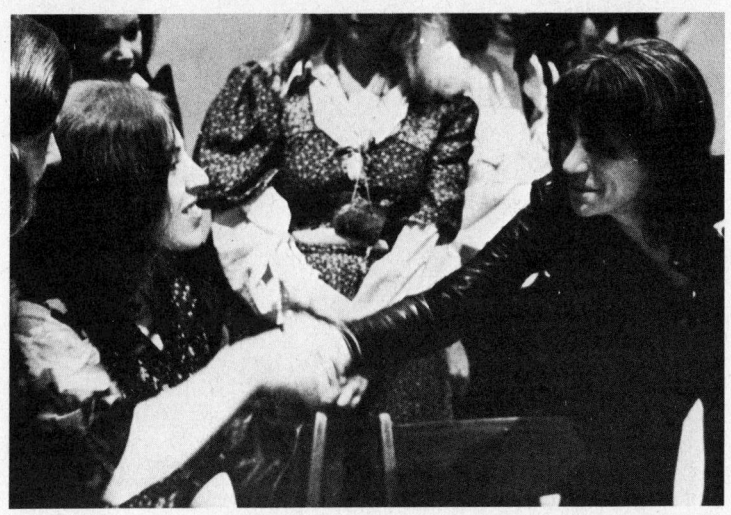

Antipoden Karin Struck und Gabriele Wohmann 1977 in München nach einer Podiumsdiskussion über das Thema »Ist die Liebe noch zu retten?«

diesem Menschen. Das Bild verselbständigt sich. Der Mensch bleibt zurück. Der Mensch verschwindet.

Karin Struck schreibt: »Ob die Liebe stärker als der Tod ist? Es ist ja meine Kraft, die Liebe zeugen muß. Ich habe Angst vor diesen Zuständen himmelhochjauchzend, zu Tode betrübt, vor der Kälte und Apathie, dem Normalitätsbewußtsein, der Kraftlosigkeit, die alle zwischendurch wiederkommen, vor der Zuspitzung dessen: dem Selbstmord. Ich möchte so stark sein und lieben. Geburt zum Beispiel ist so stark wie der Tod. Deswegen denke ich sofort an das Schwangersein, wenn ich lieben will. Aber jetzt habe ich durch die Geburt, diese poetischen starken verändernden Zustände, doch schon soviel gelernt, und ich will versuchen zu lieben, das, was ich gesehen habe in den Zuständen, jetzt auch zu verwirklichen.«

1978 sagte Karin Struck in einem Interview: »Liebe ist ein Lebenselement wie Essen oder Schlafen... Dadurch, daß man liebt, erkennt man einen Teil seiner Selbst, der ohne diese Erfahrung verborgen geblieben wäre. Es ist eine Art von kompromißloser Kommunikation. Es kann schon zur gegenseitigen Zerfleischung führen; das liegt nahe. Ich sehe es aber nicht als ein Einander-Benutzen. Sondern als ein Gefühl, kraft dessen ich den anderen so wahrnehme, als wäre er ein Teil von mir.«

Karin Struck lebt seit 1975 in Münster. 1977 heiratete sie ein zweites Mal – einen Installateur. 1978 bekam sie ihr drittes Kind.

Erica Pedretti

»Wenn man schreiben könnte, ohne den Mann, die Kinder oder sonst jemanden zu verletzen!«

Dort kommt jemand. Woher? Von den Rüben- und Kornfeldern. Zuckerrüben, Futterrüben, Raps, Weizen, Kukuruz. Der Fluß, der zwischen Bäumen und Brücken fließt. Dort: das Land hieß Mähren, eine Beute der Deutschen im »Dritten Reich«, heute wieder Tschechoslowakei. Dort: die Frau, die in dieser Landschaft aufgewachsen, hieß Erica Schefter. Geboren 1930 in Sternberg/Mähren. Tschechische Staatsangehörige mit deutscher Sprache, dann Reichsdeutsche bis 1945, dann Staatenlose, emigriert in die Schweiz, dann in die Vereinigten Staaten, 1952 Heirat mit dem Maler Gian Pedretti aus dem Engadin, heute Schweizerin, Mutter von fünf Kindern, ihr erstes Buch »Harmloses, bitte« 1971. Da war sie fast 40 Jahre alt. Ein später Anfang als Schriftstellerin. Eine ungewöhnliche Frau. Der Fluchtpunkt liegt am Horizont, wo die Linien der Perspektive zusammenlaufen. Sichtbar soll werden, was sich entfernend entgegenkommt. So schreibt sie.
Erica Pedrettis Muttersprache ist Deutsch. In den ersten Monaten nach dem Zweiten Weltkrieg lernte sie Tschechisch. In der Schweiz lernte sie Schweizerdeutsch, in Amerika lernte sie Englisch. Als sie den Maler Gian Pedretti aus dem Engadin heiratete, lernte sie Romanisch. Seit 1972 lebt die Familie in La Neuveville am Bieler See. Die Sprachgrenze zwischen Deutsch und Französisch. Leben in einem sprachlichen Raum ohne festen Standpunkt. Sie schreibt deutsch. In ihrem bisher letzten Buch »Veränderung« die Worte: »Das Grauen war schon immer da, setzt sich fort: Die gleichen Leute oder Leute gleicher Art verfolgen neue Feinde, und nebenher einige den gleichen Feind wie vorher, wie je. Hörst du sie? Volkstumskampf, Klassenkampf, Rassenhaß, Rassenliebe, Klassenliebe, Revanche.«
»Jura libre« steht auf hellem Grund vor ihr auf die Straße gepinselt. Das Schweizer Jura-Gebiet mit seiner französischsprechenden Bevölkerung hat sich 1978 einen eigenen Kanton erkämpft. Vorher gehörte es zu Bern. La Neuveville und andere Orte am Bieler See, in denen französisch gesprochen wird, gehören geographisch zum Jura, haben aber eine evangelische Bevölkerung. Diese Orte wurden nicht einbezogen in den neuen Kanton mit überwiegend katholischer Bevölkerung. Doch der neue Kanton kämpft für den An-

schluß der evangelischen Gebiete. Die Bevölkerung – was will sie? Jura libre steht hell auf dunklem Grund auf der Straße.

»Was ein einziges Wort, nachts auf die Straße geschrieben, alles weckt, was es alles bewirken kann.« In Erica Pedretti weckt es das Schreiben zu einer Geschichte. »Libre heißt frei, denke ich. Auch vogelfrei? Ich weiß, was das bedeutet. Oder so frei wie ein Fisch im Wasser, so frei wie ich, wie ich frei war, ja oder nein zu sagen, eine Arbeit anzunehmen oder zurückzuweisen...« Sie leben karg, die Pedrettis. Kunst als die Kunst, es sich nicht leicht zu machen. Die Kunst als ihr Leben: Er Maler, sie Schriftstellerin. Darin die fünf Kinder. Wie ist Freiheit in dieser Bindung zu erreichen? Konflikt zweier Künstler, die einen Weg für sich gefunden haben oder ihn noch immer suchen. Die Sehnsucht Freiheit, die alles so leicht verwirrt. Sich entgrenzen im Sehen, Empfinden, Denken. Darf die Sehnsucht ein Ziel haben, ist es dann nicht nur Erwartung? Die Erwartung, irgendwann sind die Kinder aus dem Haus.

»Selten, nur einen Moment lang: wenn ich selber bin, als hätte man mir die Haut abgezogen, erscheint auch alles um mich ohne Schale. Und später? Später fügt es sich wieder zum gewohnten, bekannten Bild zusammen, ist nur, was es scheint«, heißt es bei Erica Pedretti. Die Kunst, die das Leben abbildet. Und zugleich der Prozeß, der das Alltagsleben stört, der den Nächsten verletzt, weil man sich absetzt im Schreiben, im Malen, im Modellieren. Die eigene Anforde-

Gestaltung eines schreibenden Bewußtseins inmitten eines Wirrwarrs von verzweifelten Selbstfindungsprozessen

rung an sich selbst. Freiheit. Und die Forderung der Kinder an die Eltern. Freiheit. Gebunden an die Kinder, müssen die Eltern Freiheit für diese Kinder schaffen. »Wenn man schreiben könnte, ohne jemanden zu verletzen«, sagt Erica Pedretti.

Und: »Ich weiß etwas von der Zertrümmerung meines Hirns. Von der Zerstörung des Selbstverständnisses... Die Zerrüttung durch die unzähligen Kleinkriege.« Das menschliche Leben, das sich vollzieht oder verfehlt am einzelnen Ich, nirgends sonst. Kindersegen. Es war die Wahl Gian und Erica Pedrettis. Eine viel später hinzugetretene Frage: ob die Kinder sich freuen, daß sie auf der Welt sind?

Erica Pedretti hat da manchmal ihre Zweifel. Sie hat die durch den Zweiten Weltkrieg zerstörte Welt im Kleinen wieder heil machen wollen: deswegen vielleicht der damalige Wunsch nach dem Kindersegen.

Mit einem Hund zu leben, wäre einfacher. Die Vorzüge eines Hundelebens beschreibt sie in ihrem bisher letzten Buch »Veränderung«. Aber: »Ein Hund ist kein Kind, und ein Kind ist kein Arbeiter, und eine Krise ist kein Naturphänomen.« Sie hat erst geschrieben, als die Kinder größer waren. Der späte Anfang. Der frühe ging auf in der Familie. »Als Kind habe ich, seit ich schreiben konnte, geschrieben«, erinnert sie sich an die eigene Kindheit. »Zum Schluß einen Roman, in dem die Eltern sterben mußten, damit die Kinder ein abenteuerliches, beschreibenswertes Leben führen konnten. Ich hatte deswegen ein sehr schlechtes Gewissen...« Sie hat es wieder, sie hat es noch immer.

Erica Pedretti, Tochter eines Unternehmers mit einer Seidenfabrik in Hohenstadt/Zabreh. Als die Nazis ihre Aufmärsche machten, kroch sie auf die Statue des heiligen Sebastians. »Ich wollte, ich hätte alles vergessen«, heißt es in ihrem Buch »Der heilige Sebastian«. Doch sie weist die Versuchung von sich: »Verletzt merk ich mehr. Ich sehe dann genauer, plastischer, wie um die Erscheinungen, Personen, auch Zustände herum, sehe ihre Rückseite.« Ihr Vater, Kind einer Schweizer Jüdin, abgestempelt nach dem »Anschluß« des Landes durch die Deutschen. Die Nazis holten ihn aus seiner Fabrik und steckten ihn als Arbeitskraft in einen Wehrwirtschaftsbetrieb. Erica Pedrettis Onkel kämpfte in Frankreich gegen die Deutschen in der Tschechischen Legion. 1945 kehrte er heim mit dem Makel seiner deutschen Herkunft. Das Leben eingesetzt für eine freie Tschechoslowakei und in dieser Liebe abgewiesen. Der Onkel ging zurück nach Frankreich und nahm sich dort das Leben – im Alter von 45 Jahren.

Wie schreibt man? Erica Pedretti schreibt von sich: »Jedes Wort muß ich zuerst lautlos erproben.« Die Geschichte ihres Lebens, der inneren Vorgänge ihres Lebens, enthalten in der Prosa »Heiliger Sebastian«: Erinnertes, Gelesenes, Erzähltes, Geträumtes übereinander projiziert, Bilder, die sich überschneiden, überdecken, nicht mehr auflösen.« Nicht billige Nostalgie. Ihre Kunst ist immer dem Schweigen benachbart. Sie schreibt in Bildern, sieht solange, wie sich diese Bilder auf der Netzhaut halten. Die Dinge als Bruchstücke einer übergeordneten Realität. Freigesetzt, abgetrennt und verstümmelt warten sie, fragen sie, bezeichnen sie ein Unbekanntes. Ihre Welt: die Summe schwacher, sich gegenseitig behindernder Anläufe. Unsere Welt.

Im »Heiligen Sebastian« die Worte:

»Jetzt erinnere ich mich...: ein russischer Soldat, gutmütig, wenn er nicht betrunken war. Aber so hat es nicht angefangen. Wir liegen in einem engen Versteck, im Dunkeln, wissen nicht, ob es Tag oder

Erica Pedretti in ihrem Haus in La Neuveville, wo sie seit 1972 lebt

Nacht, und wieviel Zeit vergangen ist, Tage oder Wochen. Falls wir je lebend hier herauskommen, denk ich, wird das alles, Angst, Hunger, einmal weg sein, zu etwas verblaßt, was man erzählen kann.

Doch das stimmt nicht: Es ist nie eine Geschichte geworden, wie es wirklich war, werde ich niemandem sagen können.«

Hohenstadt/Zabreh – gemischte Bevölkerung, deutschsprechende und tschechischsprechende, bis 1945. Befreiung dieser Landschaft durch die Russen. Befreiung? Alle Deutschsprechenden nun Freiwild,

Besatzer merkten wochenlang nichts. Das Entsetzen über diese Situation geht quer durch die Bücher der Schriftstellerin.

Stehen konnte man auf diesem Dachboden nicht. Man konnte nur kriechen. Am Tage stilliegen. Jedes Geräusch vermeiden. Nachts die Notdurft in einem Geschirr verrichten. Der Inhalt wurde in die Dachrinne gegossen. Dann hungern und dürsten, nachdem die kleinen Vorräte verbraucht waren. Keine Fenster im Dach. Dunkelheit bei Tag, Dunkelheit bei Nacht. Das Zeitgefühl ging verloren. Die Kleider schlotterten am Leib. Die Not so groß, daß es die Mutter nachts hinuntertrieb, um in der Wohnung etwas Eßbares zusammenzustehlen. Auch die Tochter versuchte es. Sie wurde entdeckt von einem älteren Russen. Keine Vergewaltigung. Das war die Angst, die sie alle dort hochgetrieben hatte.

Menschen jüdischer Abstammung unterschiedslos eingereiht unter das Schandmerkmal: nemec, deutsch. Der Markierung mit dem Judenstern waren sie im »Dritten Reich« entgangen. Nun mußten sie sich auf ihre Kleidung einen Stoffflecken mit dem Buchstaben »N« aufnähen: nemec, deutsch. »Eine Revanche«, sagt Erica Pedretti heute, »die nicht ganz unbegründet war, wenn man an den hohen Prozentsatz von Nazis unter den Sudetendeutschen denkt. Daß ich nun darunter fiel, war schmerzhaft. Daß wir unseren Besitz nun endgültig verloren, hat mir nichts ausgemacht. Ich war ja da nur hineingeboren. Ich habe nichts dazugetan.«

wie es vorher umgekehrt mit den Tschechischsprechenden war. Freiheit nur eine Verkehrung der Machtverhältnisse? Erica Pedretti war 15 Jahre alt bei Kriegsende. Mit ihrer Mutter, einer Tante und einer Cousine hielt sie sich versteckt unter dem Flachdach des elterlichen Hauses. In der Wohnung darunter die russische Kommandantur. Die

Erica Pedretti

Nicht die Tochter eines Fabrikanten sein, sondern etwas aus sich selbst heraus tun. – Das hat sich die 15jährige damals gedacht. Sie kam zu einem Bauern mit dem Namen Musil. Sie hat auf dem Feld und im Stall gearbeitet – mit anderen Deutschen, die ihre Arbeit widerwillig machten. Sie, das abgemagerte Mädchen, das schon früher die botanischen Neigungen ihres Großvaters bewundert hatte, das Gärtnerin werden wollte, ging in dieser neuen Arbeit auf, und es holte sich dabei einen Haltungsschaden, der ihr noch heute zu schaffen macht. Vom Bauern kam sie zu einem Schuster in die Werkstatt.

In ihrem Buch »Veränderung« heißt es:

»An einem Samstag kam der Brief meiner Tante aus der Schweiz. Ich werde jetzt bald wegfahren, sagte ich in der Schusterwerkstatt...: wenn wir die Ausreisebewilligung bekommen, werden wir in die Schweiz fahren.

Ein kapitalistisches Land, meinte einer der Arbeiter mit so etwas wie Bedauern für mich, auch ein wenig vorwurfsvoll: Willst du wirklich dorthin?

Schade, sagte der Schuster.

Ja, schade, sagte ich und hatte Mühe, nicht zu weinen, ich konnte doch nicht weinen vor sieben Männern, denen ich so lange die Erwachsene vorgespielt hatte, und die wußten, daß mir diese Arbeit gefiel, daß ich mich bei ihnen wohlfühlte, und daß ich nicht fort wollte.«

Am Abend nähte sie aus alten Läufern Tornister für sich, ihre jünge-

Im Erstling »Harmloses, bitte« werden eigene Lebensängste geschildert. In »Veränderung« werden sie aufgelöst

ren Geschwister und für ihre Cousine. Ein Militärzug mit Auslandsschweizern, Flüchtlingen und ehemaligen Häftlingen aus Polen und der Tschechoslowakei nahm sie auf. Er kam von Warschau, hatte Halt gemacht in Auschwitz und Prag und fuhr ins schweizerische St. Margrethen. Die Eltern blieben zurück, die Mutter bei einem Bauern, der Vater in einem tschechischen Lager. Das war im Dezember des Jahres 1945.

In dem Buch »Veränderung« heißt es: »In einer kleinen Konditorei, singt ein Schweizerjunge aus Mährisch-Ostrau immer wieder, auf der ganzen Fahrt singt der Löl: Da sa-

ßen wir zwei, / bei Kuchen und Tee. So als gäbe es nur diese eine Sehnsucht nach Kuchen und Tee und nach einer Liebe, nur diese eine idiotische Melodie, die wir alle immer wieder mitsummen: bei Kuchen und Tee / und eine kleine Melodie / die tönte leise. Und die Auschwitzer lächeln dabei, daß man merkt, die wissen mehr...«

Die Tante in der Schweiz, eine Sozialdemokratin und Präsidentin des Schweizer Lehrerinnenvereins, ist für Erica Pedretti eine der wichtigsten Personen in ihrem Leben. »Menschen können die ärgsten Feinde des Menschen sein«, sagt die Schriftstellerin. »Meine Tante – das ist für mich die Erfahrung, daß es jemanden gibt, der all den Schwierigkeiten trotzt und etwas unvernünftig Vernünftiges tut und das dann auch durchsteht. Es war ja nicht leicht, sich vier Kinder ins Haus zu holen und ihnen eine Zukunft zu geben.«

Die Tante brachte die 15jährige Erica Pedretti an der Kunstgewerbeschule in Zürich unter. Sie wurde Silberschmiedin. Ein Jahr später kamen die Eltern in die Schweiz. Ein dänischer Freund des Vaters, den dieser in einem Brief um Hilfe gebeten hatte, war nach Prag gefahren und hatte des Vaters Freilassung bewirkt, weil er bezeugen konnte, daß der einstige Unternehmer ein Gegner der Nazis gewesen war. Der Vater wurde Leiter einer Weberei in St. Gallen. Doch die Einbürgerungsbestimmungen der Schweiz blieben hart auch über 1945 hinaus, so daß die Familie 1950 in die Vereinigten Staaten emigrierte. Die Familienangehörigen erhielten dort die amerikanische Staatsbürgerschaft. Doch auch dort mußten sie darauf warten. Ehe es soweit war, kehrte die Tochter Erica in die Schweiz zurück, um den Maler Gian Pedretti zu heiraten.

Sie hatte ihn bereits auf der Kunstgewerbeschule Zürich kennengelernt. In »Heiliger Sebastian« nennt Erica Pedretti ihren Mann Gregor: »Warum nennst du mich Gregor«, fragt der Mann. Gregor, Kafkas Protagonist in seiner Erzählung »Die Verwandlung«, der für die Kräfte im Menschen steht, die das Selbst aus der Familie und der Pflichtwelt der Arbeit herauslösen, es aber auch zerstören, da es im absoluten Selbstsein nicht bestehen kann. Der Konflikt dieser Beziehung zwischen Gian und Eri-

Erica Pedretti 271

ca Pedretti offenbart sich in der Übernahme dieses Namens für ihr Buch. Ihre Vision: ».. . zwei tanzen aus der Menge hinaus, lehnen sich an eine Wand, außer Atem, schauen sich an: wer bist du? Und die Wand gibt nach, kippt, sie fallen rückwärts...«
»Du träumst zuviel«, sagt Gregor. Und: »Vergiß nur nicht zu schauen und genau und für immer zur Kenntnis zu nehmen, aufzunehmen, was du JETZT siehst.« Sie tut es, und da sie die Schwierigkeit der Beziehung zu ihm nicht herauszuschreiben wagt, geben die Wände im Traum nach. Ihre Angst, daß sich die Gegenwart eines langen Zusammenlebens verfälschend vor die Vergangenheit und die Erinnerung stellt. Die Erinnerung an den Anfang, als Erica Schefter Gian Pedretti in der Kunstgewerbeschule kennen- und liebenlernte:
»Gregors Gesicht war ganz nah, wie damals:
So nah, daß sie die Augen versetzt übereinander sieht. Um sein Gesicht die Sterne, unzählige, in den Himmel gestochen, so viele hat sie noch nie gesehen, sieht man nur hier.
Dunkel neben seiner Schulter, tief unten das Wasser.
Eine heiße, schöne
– eine gefährliche Nacht!
Am Morgen klettern sie, leicht schwindlig, von der schmalen Felsstufe, auf der sie in dem einen Schlafsack die Nacht verbracht haben, zum See hinunter,
– wie hoch ist dort die Wand? 15,30 Meter? Höher?
ziehen sich rasch aus und springen ins Wasser.

– So kalt hab ich noch nie gebadet!«
Erica Pedrettis Aufenthalt in New York. Von 1950 bis 1952. Zwei Jahre bei einem alten Italiener. In einem Keller lötete sie Armbänder zusammen. Wochenlohn: 30 Dollar. Der Blick nach draußen vor den Hinterhof mit den Mülltonnen.
»Ich hatte Angst unterzugehen«, erinnert sie sich. »Meine Erziehung war nicht auf diese Verhältnisse des Elends angelegt. Ich konnte mich in die Situation des Überlebens dieser Leute dort unten in den Kellern hineinversetzen. Ich tat es, und das war mörderisch.«
In ihren Gedanken damals: »Eine alte Sehnsucht nach einem, der in der gleichen Schule war.« Gian Pedretti. Das Haus der Eltern Gians war im Engadin von einer Lawine zerstört worden. Niemand war zu Schaden gekommen. Bekannte hatten der in New York Lebenden davon geschrieben. Sie schrieb Gian Pedretti. Er schrieb zurück. Sie erinnert sich: »Bringt die Post einen Brief mit falscher Adresse, der nach sechswöchigem Umweg aus der Schweiz, aus dem Engadin an die richtige Straße im richtigen Ort angelangt ist. Die Schrift ist mir bekannt, aus dem geöffneten Umschlag fällt eine Schneehuhnfeder, segelt weiß vor dem flimmernden Urwald zu Boden... Muß ich gar nicht mehr lesen, was Gian geschrieben hat.«
Mit dem Schiff »Liberté« kehrt Erica Pedretti nach Europa zurück. In Le Havre erwartet sie Gian Pedretti. In ihrem Buch »Heiliger Sebastian« stehen die Sätze:

»Da lacht einer:
– Beischlaf? Du verschenkst deine Themen, meine Liebe!
– Lacht nur, lacht mich aus: ich will's für mich behalten, etwas, wofür mir nur drei oder vier Wörter einfallen, nicht aussprechen, nicht auf eine der bekannten Variationen reduzieren. Nur das Unausgesprochene bleibt genau das, was es mir bedeutet.«
Gian und Erica Pedretti heirateten 1952 in der Kirche von Val Fex, in dem Ort, der inzwischen der Feriensitz des CDU-Politikers Hans Georg Filbinger ist. Filbinger, der in den letzten Kriegstagen noch für die Hinrichtung eines Soldaten wegen einer Lappalie sorgte. Der hingerichtete Soldat hieß Gröger, wie Erica Pedrettis Mutter mit ihrem Mädchennamen. Erica Pedretti schrieb das Gedicht:

Ich will mich von nun an
und stolz
Gröger nennen.
Kein Pseudonym, nein,
der Name meiner Mutter.
Und in Erinnerung
meines Großvaters,
seiner Freude am Vers, an der Sprache.
Der mir die deutschen und
die lateinischen Namen beibrachte
der Pflanzen, die er fast wie Menschen
liebte.
Der sich und jedem zornig den Rufmord verbat.
Gegen die Lacher, taub für jeden Spott
das Überleben studierte,
den Anbau von Lein etwa, und anderes
für ein Leben ohne Hunger,
ohne Angst
für die, die ihn überlebten.
Und der zu früh starb,
um zu sehen, wie seine Versuche,
dieselben Überlegungen wiederholt werden
und zu Ehren kommen.

Ich will mich
stolz und traurig
Gröger nennen
und mich an meinen Onkel erinnern,
von dem ich nicht nur die Freude
an den Bildern lernte.
Einer der wenigen, die beizeiten
sahen, was auf uns zukam

Erica Pedretti

und entsprechend handelnd auszog,
um es zu bekämpfen.
Nach dem, wie nach einem Deserteur,
dann jahrelang gefahndet wurde.

Und traurig nenne ich mich
wieder Gröger
im Val Fex.
Wenn ich in die kleine weiße Kirche gehe,
in der ich getraut wurde
und den Namen Pedretti erhielt,
angesichts der inzwischen entdeckten Fresken,
der blassen Madonna mit einer Ahnung
von zwei Kindern, den Heiligen, Märtyrern.
Zwischen lauter Blüten, rosa
und violetten Wiesen und schönen,
vom Aussterben bedrohten Pflanzen
den Spitznamen des Großvaters bedenkend:
Don Quichote.

Und während ich den Weg
nach Curtins hinaufsteige,
sag ich mir, daß sein Sohn
sich am Ende wohl doch
gegen Windmühlenflügel schlug.
Denn er ist tot.
Und was er bekämpfte,
die blindwütigen Krieger und die Bürotäter,
Vertreter von Manneszucht und Endlösung,
sind wieder, sind noch im Amt
und leben satt,
haben ein anderes Gedächtnis
als wir, die Familie Gröger,
sie haben alles, was war,
was durch sie so war,
längst vergessen
in ihrem schönen Haus, vielleicht im friedlichen Fex,
ihre und unsre Geschichte selbstsicher übertüncht.

Voller Zorn und Verzweiflung
nenn ich mich in Curtins,
das bedeutet umfriedete Gärten,
vor Filbingers Ferienhaus
immer noch
Gröger wie der tote Matrose,

von dem ich nichts lernte, nichts weiß
als seinen Tod.
Und wär er auch feig gewesen,
um sein Leben bangend,
so doch nicht wie die Folgsamen,
die nicht aufzumucken wagten
und, um ihr Leben bangend,
töteten
oder beim Töten zuschauten.
Ein Name für viele von ihnen.
Und ein Name für viele, die
für keinen Führer,
die nicht blind kämpfen konnten.
Kein Name für die Gleichgültigen.

Das Paar Gian und Erica Pedretti mietete nach der Hochzeit in Celerina im Engadin ein Zimmer. In der Nähe der Eltern Gians, dessen Vater ebenfalls Maler war. Ein Jahr später kam der einzige Sohn Patrick zur Welt. Noch ein Jahr später die Tochter Anetta. Das Zimmer wurde zu eng. Die Pedrettis nahmen einen Bankkredit auf und bauten sich auf einer Grundfläche von fünf mal acht Metern ein kleines Häuschen. Ihren Lebensunterhalt verdienten sie sich als Silberschmiede. Sie stellten Schalen und Teller aus Silber und Zinn her. Er formte das Metall, und sie machte die Gravuren. Später stellte sie zusätzlich Schmuck her.

Es war ein Zurückstellen der wirklichen Fähigkeiten, die in beiden Künstlern steckte. Er wußte das, sie ahnte es. »Es war zuerst einmal für mich das ideale Leben«, sagt sie. »Ich konnte neben den Kindern arbeiten. Meine Tätigkeit als Silberschmiedin ließ Gemeinsamkeit zu. Es verlangte keine Einsamkeit wie das Schreiben.« 1959 kam die Tochter Susanna zur Welt, 1960 Martigna und 1965 Carolina. Da hatte sie begonnen zu schreiben. Und doch noch nicht ganz. Sie machte Kupferstiche und Linolschnitte, Bilder, gestaltete eine Märchenwelt für ihre Kinder. Danach schrieb sie Geschichten zu den Bildern. Fünf Kinderbücher entstanden, jeweils drei Exemplare. Zu größeren Auflagen reichte das Geld nicht. Eines davon – »Die drei Soldaten« – kam im Zürcher Flambergverlag 1971 heraus. Da war ihr erster Prosaband »Harmloses Bitte« auf dem Markt, erschienen im renommierten Suhrkamp Verlag. Das erleichterte manches.

Unter den Kinderbüchern eine Vogelgeschichte: Einem Jungen fliegt ein wunderschöner Vogel zu. Eines Tages flieht der Vogel und fliegt in das Licht der aufgehenden Sonne hinein. Der Junge will die Sonne haben, denn dort muß der Vogel sein. Er klettert auf das Hausdach, dann auf einen Baum, auf einen Kirchturm, schließlich auf einen Berg, wo er einschläft und träumt. Ein Bär geht mit ihm in eine tiefe

Erica Pedretti

Spalte, dort liegt die Sonne, die ihn fressen will. Er erwacht in einem Flugzeug, das ihn über die Berge hinaus fliegt. Nach der Sonne schauend, sieht er sie nicht mehr am Himmel, sondern unten im Wasser. Mit einem Boot rudert er ihr nach, doch die Sonne versinkt im Wasser. Er stürzt ins Wasser. Fische tragen den Jungen durch die Unterwasserwelt, wo er den Vogel in den Blüten eines Blumenbaumes findet – erstochen. »Mein Traum ist wohl wahr: der Vogel ist tot.« Der Junge wird erwachsen, heiratet und hat Kinder.

Der Erwachsene: »Ich habe an so vieles zu denken, daß ich nicht mehr an den Vogel denken kann.« Eines Tages kommt er nach Haus, da ruft sein kleiner Sohn: »Schau, was für ein schöner Vogel mir zugeflogen ist, er ist das Schönste, das du dir denken kannst!«

Die Sehnsucht. Muß sie immer nur in den Kindern fortleben? Warum geben wir sie auf? Erica Pedretti und eine Feststellung: »Was machst du da mit deiner Zeit, verspielst sie, du verspielst sie, indem du dich fürchtest, und danach kommt nichts mehr... Was du heute nicht machst, kannst du morgen nicht mehr, drum sitzt du zeichnend oder schreibend nachts nackt auf dem Klo, Büchner war mit 23 tot, und mit 44 bist du noch lange kein Büchner, obwohl du es vielleicht auf deine Art sein könntest, wenn du die Kraft hättest, doch die wurde dir genommen, die hat dir die Erfahrung, das, was man Erfahrung nennt, abgeschnitten. Du arbeitest nur, wenn du weißt, daß du stirbst, und ich spüre, wie ich sterbe, jeden Tag. Stell dir vor, du fühlst dich zerschnitten oder voller Risse und Brüche, die Gegend, wo deine Möglichkeiten chaotisch herumliegen und warten, wenigstens teilweise aufgenommen, genutzt zu werden, ist durch Gräben und tiefe Schluchten getrennt von der Landschaft, wo deine Ordnungen angesiedelt sind, und diese wieder unerreichbar weit von der Region deines Willens, der verfügbaren Kraft, die, ungenutzt, anderswo tätig wird und Unheil anrichtet. Und du weißt nicht, wer oder was diese Gräben ausgehoben, die Gebirge aufgeworfen hat: die spießig warnenden, oft böse drohenden Erinnerungen?«

Eine Frau macht sich Gedanken darüber, warum sie Schriftstellerin geworden ist. Eine Frau am Konfliktherd Familie. »Das Schreiben hat mein verhältnismäßig ordentliches Leben verändert«, sagt sie. Lange Zeit die Beschwörung: »Vergessen, soweit man etwas vergessen kann.« Und nun die Erfahrung: »Gestern, eine irgendwie bekannte Gestalt kommt von weit her, ihr Umriß wird undeutlich im Näherkommen, löst sich auf...« Und: »Namen, die nichts mehr benennen, tauchen auf und entfallen, sind wieder da, auf der Zunge, festgebissen im Kopf, quälen, suchen...«

Erica Pedretti ist in ihrem Leben hin- und hergereist: die vielen Stationen nach dem Verlassen der mährischen Heimat. Dann zwei Jahrzehnte an einem Ort, in Celerina. Nun tritt sie die Reise zu sich selbst an mit dem Vorsatz: »Unter Vermeidung ganz bestimmter

Eine der von Erica Pedretti konstruierten Raumfiguren, die an der Zimmerdecke angebracht sind: Fischvögel

Punkte, auf die zu treffen schmerzhaft, vielleicht unerträglich wäre.«
1971, als ihr erstes Buch auf dem Markt war, sagt sie in einem Interview auf die Frage: »Was meinen

sie, erzieht eine Schriftstellerin ihre Kinder?«: »Ich betrachte mich eigentlich nicht als Schriftstellerin, so wenig wie als Silberschmiedin, und ich habe auch nicht geschrieben, als ich die älteren Kinder zu erziehen versuchte. Der Versuch scheint nicht geglückt, die Kinder, jedes verschieden vom andern, haben bereits die gleichen Schwierigkeiten wie die Eltern, auch ohne – wenn es das gäbe – oder mit einer anderen Erziehung wären sie wahrscheinlich so geworden, wie sie sind. Vielleicht wäre ihnen eine andere Erziehung besser bekommen. Trotzdem versuchen wir es weiter... Es fällt mir schwer, ist mir meist unmöglich, den Kindern ein gutes Vorbild zu sein, und das sollte man doch.«

Der Konflikt, der das Schreiben in der Familie auslöst, wird angezeigt. Noch ist an Anschauung ungefestigt, welche Folgen die Arbeit als Schriftstellerin für sie hat. Hinweise in ihren Büchern, verstreut, fast versteckt:

»Ich habe meine Töchter gebeten aufzuräumen, mir beim Putzen zu helfen, das wäre dringend nötig. Aber man kann bitten, um was man will, sie machen's nicht.«

»Erst nachher kommt die Raison: Es tut mir leid, ich hätte es anders tun sollen, und ich fühle mich wie geschlagen. Ich habe meine streitenden Kinder wieder mal angeschrien, fast hätte ich sie geschlagen...«

»Meine Stille ist gestört. Keine Geborgenheit, jedenfalls jetzt noch keine... Der zunehmende Wunsch nach Stille, der ständige Lärm... Der zunehmende Wunsch nach Stille, immer dringlicher. Alles hängt zeitweise davon ab, daß es jetzt ruhig wäre, jede Sammlung, jedes Gelingen.«

»Zu sechs in eine Wohnung gepfercht: Wir haben oft Krach miteinander. Bitte Waffenstillstand.«

Die Welt des Engadin mit ihrem Touristenrummel haben die Pedrettis 1972 verlassen und sind nach La Neuveville an den Bieler See gezogen, haben ein baufälliges altes Haus im Stadtkern gekauft und bewohnbar gemacht. Die Breite des Hauses: vier Meter, die Tiefe 20 Meter, darin die Zimmer verschachtelt. Ein Labyrinth und doch keines. Jeder läuft dem anderen in der Enge des Hoch und Runter entgegen. Bis auf die jüngste Tochter Carolina, zwei Katzen und einem zahmen Eichhörnchen lebt sonst außer dem Ehepaar Pedretti nur noch eine Frau in dem Haus. Sie war schon vor ihrem Einzug dort. Die älteren vier Kinder sind nicht mehr dabei: Patrick ist Architekt in Celerina, Anetta Kybernetikerin in London, Susanna reist durch den Süden Europas, vagabundiert, Robinson der Familie, und Martigna arbeitet mit Taubstummen bei einem Maltherapeuten in Zürich.

Doch Carolina beobachtet das Absetzen der Mutter in ihr Schreibzimmer mit Aggression, fühlt sich betrogen um Gemeinsamkeit. Sie spürt, daß ihr Ausschluß aus den Gedanken der Mutter nicht erst an deren Schreibtisch beginnt, sondern viel früher – schon in den gemeinsamen Verrichtungen des täglichen Lebens. Und Gian, der

Maler – bedroht von Todesvisionen, die er zeichnend zu bannen versucht, in der panischen Angst, an dieser Aufgabe zu scheitern – beobachtet das Schreiben seiner Frau als wachsendes Eigengewicht, das die Frau herauslöst aus seiner Nähe.

Der Mann ist ein Patriarch. Die Irritation, in die ihn das Schreiben der Frau geworfen hat, sie wird ausgelebt an ihr. Sie liebt ihn so in seiner kantigen, schroffen Art. Er, der Jäger aus Leidenschaft, wenn er im Engadin ist, er der Jäger, der unaufhörlich Skelette von Tauben malt. Eines dieser Skelette aufgehängt in der früheren Garage, die er sich zum Atelier ausgebaut hat. »Man sollte einen Jäger einen Jäger sein lassen, denn er kann nicht anders«, schreibt Erica Pedretti in dem Buch »Veränderung«. Dort auch die Frage: »Und daß ich so dünn bin, geniert dich das denn nicht? Denk ich, dachte ich, aber nein, Rehe und Gemsen seien auch nicht dick, Gian mochte Dicke nicht.«

Erica Pedretti hat drei Prosabücher innerhalb von sieben Jahren geschrieben und ein halbes Dutzend Hörspiele. Für das Hörspiel »Badekur« erhielt sie den Prix Suisse. Hinzu kommt das Zeichnen und das Konstruieren ihrer Raumfiguren. Oft geht beides dem Wort, dem Schreiben voraus, oder es löst die Schreibhemmung. An die zehn Ausstellungen ihrer Werke hat es bereits gegeben, vorwiegend in der Schweiz. Ihr Mann Gian grundiert Zeitungsblätter mit weißer Farbe, um darauf zu zeichnen: auf die durchschimmernden Texte, Titel und Annoncen entstehen Serien von Schädeln, darunter eine Serie von Selbstporträts.

Erica Pedrettis Erinnerung an die ersten kindlichen Schreibversuche in Mähren: »Ich wollte das Schreiben lieber sein lassen, denn es wurde erst spannend, wenn man jemand umbrachte. Doch auf Mord steht Strafe. Ganz selten gelingt es mir, einen Vorsatz wirklich durchzuführen: nicht zu schreiben, ist mir beinahe gelungen.« In »Harmloses Bitte« sind Kindheitserinnerungen festgehalten, die in die letzten Kriegstage hineinreichen. »Harmloses Bitte« – ein Beschwörungsbuch: das Schreckliche läßt sich aus dem frühen Paradies nicht ausklammern. Es bricht hinein mitten in die Texte. Denn neben den schönen Erlebnissen von damals stand immer die Angst, erst den Eltern nicht zu genügen, dann der neuen Gesellschaftsordnung mit ihren Menschen nach 1945 in der CSSR nicht zu genügen.

Der Vater Erica Pedrettis ist 1978 in Amerika im Alter von 83 Jahren gestorben, ihre Mutter lebt. Die Schriftstellerin sagt: »Der Vater war ein großer Zweifler. Er war mit großem Selbstbewußtsein ausgestattet, ich nicht. Er hat sich vielleicht praktische Kinder gewünscht. Ich war nur praktisch in einer Art, die er als Spielerei auffaßte. Das Gärtnern beim Großvater machte mir Spaß. Überhaupt die ganze Botanik. Und natürlich das Bücherlesen.« Diesen Dingen zugetan, setzte die Tochter Erica als Kind Widerstand gegen jegliche andere Nahrungsaufnahme als die von Literatur. Sie wollte lesen und nicht essen. Sie erbrach ihre Mahlzeiten. Die Schriftstellerin heute: »Wenn mich jemand in Frage stellt, merke ich auch heute, daß ich nicht mehr essen kann.«

Im Jahre 1973 erschien Erica Pedrettis Buch »Heiliger Sebastian«, Gestaltung eines schreibenden Bewußtseins inmitten eines Chaos von verzweifelten Selbstfindungsprozessen. Das Buch »Veränderung« folgte 1977: die Geschichte einer ehemaligen Bootsvermieterin am Bielersee, der Frau Gerster, die ihr Leben gemeistert hat, deren Bewußtsein mit ihren Taten identisch ist, deren Robustheit die Sensibilität über alle Gefährdungen des Scheiterns hinweglenkt. Und dagegen gesetzt das Leben der Autorin selbst, in dem Selbstzweifel und Selbstkritik, Versagen und Scheitern alles bedrohen.

Die Frau Gerster gibt es in der Wirklichkeit von La Neuveville, nur trägt sie einen anderen Namen. Diese Frau ruht in sich, hat den Roman Erica Pedrettis gelesen und sich als Romanfigur bestätigt gefühlt: sie hatte es ja schon immer gesagt. Man müßte ihr Leben nur aufschreiben. Es ist halt ein Roman. Doch Voyeurismus durch die Autorin bei der Schilderung ihrer Gespräche mit Frau Gerster kommt in dem Buch nicht auf. Die bedrohliche Selbstsicherheit der Frau Gerster zwingt die Autorin in den Mut, sich schonungslos ihrer eigenen Lebensgeschichte zu öffnen. Als Schriftstellerin überwindet Erica Pedretti in »Veränderung« zum erstenmal das »Zögern vor der Geburt«, wie es Kafka nannte, und wandert in kritischer Schreibsituation nicht ab in Traumschilderung.

Der Traum, der der alten Flüchtlingsvorstellung so nah sein kann: unauffindbar, vor Verfolgung sicher zu sein. Schreibend erinnert sie sich: »Nur manchmal während der Schwangerschaften oder unmittelbar nach der Geburt, oder mit den kleinen Kindern, manchmal mit den großen, manchmal beim Anblick eines Menschen, beim Hören einer Melodie, manchmal vor Pflanzen, ließ und läßt sich auch für mich ›das Geheimnis des Lebens‹ erkennen, einen Moment lang.«

Sie sagt: »Meine Familie ist mir wichtig. Sie ist ein Teil meiner selbst. Ich könnte aufhören zu publizieren, wenn es von der Familie offen verlangt würde. Aber ich könnte nicht mehr aufhören zu schreiben.« Sie kocht, wäscht, kauft ein, putzt neben dem Schreiben. Man könnte auch sagen: sie schreibt neben dem Kochen, Waschen, Einkaufen, Putzen. Sie tut, was erwartet wird.

Unter den Dachziegeln des Pedretti-Hauses in La Neuveville wölbt sich ein silberner Himmel aus Alufolie. Darunter auf einer Empore das Bett, das Gian Pedretti für sich und Erica gebaut hat. An Schnüren schweben die Fischvögel seiner Frau. Auf einem sind die Worte geschrieben: »Er tauchte, ich tauchte in mich, war die, die kaute, weißes Fischfleisch kaute, war der fallengelassene, gefangene, zerbissene Fisch und das Wasser...« In der Nähe eine Zeichnung Gians für seine Frau. Darauf die Worte: »Ich zeichne für Dich den Horizont.« So könnte es sich leben, gemeinsam.

In dem schmalen Haus mit den herabgelassenen Schaufenster-Jalousien wohnt die Familie Pedretti. Es ist der Ortskern von La Neuveville

Über alle bürgerlichen Konventionen hinaus. Die silberne Hochzeit haben Gian und Erica Pedretti hinter sich. »Ich zeichne für Dich den Horizont.« Eine Absichtserklärung.

Gertrud Leutenegger

»Wir wissen nicht mehr, daß die Erde lebt, daß die Seen atmen und die Berge hellwach in der Nacht stehen«

Wenn Gertrud Leutenegger an Schwyz denkt, kommen ihr Föhntage in den Sinn, an denen die Luftperspektive die Berge in ihren unterschwelligen Schattierungen hintereinanderrücken läßt. Dann ist die Welt scharf umrissen, deutlich geordnet und doch nicht konkret. Wenn Gertrud Leutenegger an Schwyz denkt, dann kommt ihr der Vater in den Sinn, der 1967 gestorben ist, der Punkt, wo ihre Welt zum ersten Mal wirklich verwundet wurde. »Die Kindheit rund gedehnt, klein schwinge ich in ihr«, erinnert sie sich schreibend. Der Vater, der aus dem Leben geht: »Ich brachte es nicht über mich zu sagen: Er ist tot. Tot. Dieses kurze, harte, eindeutige Wort. Kurz und hart wie ein Schlag. Als würde man mit diesem Wort noch einmal töten.«

Gertrud Leutenegger, in Schwyz geboren, war damals 18 Jahre alt. Jedem schöpferischen Akt, jedem neuen Daseinsentwurf geht die Identitätskrise voraus. Die meisten Menschen erfahren das innere Absterben nur einmal, in der Pubertät. Acht Jahre nach dem Tod des Vaters erscheint ihr erstes Buch: »Vorabend«. Darin heißt es:

»Vielleicht bestimmen wir selbst die Art unseres Todes? Wir wundern uns, wie wir ins Leben kamen, und verargen es ihm, daß es uns nicht zuerst fragte. Aber vielleicht bestimmen erst wir selbst noch einmal, ob wir wirklich leben wollen oder nicht? Lebenwollen und uns dem Lebendigen zuteilen wollen, je nach der Intensität unserer Fiktionen, unserer Utopie und der Gewalt, Gedanken wirklich zu fühlen.«

Die Berge im Föhn, der Tod des Vaters und Gertrud Leuteneggers scheue Offenheit. Ihre Angst vor dem Konkreten, dem scharf Konturierten, dem Endgültigen. »Um jeden fixen Gedanken gerinnt die Welt. Ich habe Angst vor den geronnenen, erstarrten Dingen.« Wir sitzen zu ebener Erde im Wohnzimmer des kleinen Hauses, das Gertrud Luntenegger und ihr Freund Lorenzo Mastai am Hang von Uetikon am See gemietet haben. Lorenzo schiebt Kohlen nach in den grüngekachelten Ofen. Gertrud Leutenegger stellt eine Flasche Rotwein auf den Tisch, die neben dem Ofen gelegen hat, um die richtige Temperatur zu bekommen. Die Fenster geben den Blick

Gertrud Leutenegger

frei zu einem italienischen Wohnheim. Von dort her klingt Gesang der Gastarbeiter herüber in die Stube.

»Auf der hellsten Oberfläche unserer Hoffnungen treibt irgendwo der Tod«, hat sie geschrieben. Prosa, erwachsen aus einem lyrischen Anfang. Am Anfang standen Gedichte, von denen die »Neue Zürcher Zeitung« 1971 einige druckte:

Als zög nicht die Nacht
schon hoch über dem Schnee,
wird dein Schatten ein Rieseln
hinter gelichteten Bäumen,
kräuselt Dämmern sich lose
um dein leichtes Gesicht:
vereinzelt umher noch funkelnde
Waldungen, Drängen von Schlitten
und die Weite sich wundernd,
ob schon dies nur so nahe:
meine Schritte und
deine Spur

»Gedichte sind wie Lichtkonzentrationen, die aus dem Dunkel herauskommen und wieder verlöschen«, sagt Gertrud Leutenegger. »Sie stehen absolut da, sind wie zu einer Summe zusammengeschlossen.« Sie hat ihre Gedichte liegen lassen, hat sie bisher nicht versammelt zu einem Buch. Sie hat aufgehört, Gedichte zu schreiben, lange bevor der Roman »Vorabend« erschien. Warum? »Im Gedicht bekommt alles zu schnell Gestalt«, antwortet sie. »Das entspricht nicht meinem Leben, in dem ich mich in die Welt hinaustaste. Es ist wie in der Liebe: zu schnell erkennen, dann fällt man ins Todesreich. Das Gedicht schneidet mir den Weg ab.« Schreiben, wie ihr Herz schlägt, ist ihre Sehnsucht. Schreiben in der Spannung von Ausdehnung und Kontraktion als dem Rhythmus des Herzschlags. Also Prosa. »Ich brauche die Perspektive, den langen Atem«, sagt sie. »Ich habe nie an das Fabulieren einer kontinuierlichen Entwicklung geglaubt. Alles, was mir zustieß, jedes einzelne, behielt für mich seinen inselhaft kreisenden Schmerz, seinen eingeschlossenen Glanz. In jedem Augenblick könnte ich jedes einzelne wiedererwekken, und es zöge aus den Rundgängen meines Erinnerns in wirren bunten Haufen daher und bevölkerte im Freien, Fahnen schwenkend, schreiend und lachend, das Gerüst des gelebten Augenblicks. Ich hätte es wiedererweckt aus der Totenstarre, und es gösse warmes Lebensrot über die weißen Wangen der eben zur Welt gekommenen Zeit«, schreibt sie.

Gertrud Leutenegger findet in sich Sprache vor, wie sie den meisten abhanden gekommen ist oder wie sie den meisten gar nicht bekannt ist. Magie – sie hat sie in ihrem Geburtsort Schwyz erfahren. Sie weiß noch, wovon Goethe 1797 auf einer Reise schrieb: »Sonnabend, den 30. September. Schwyz. Schöner Anblick des völlig grünen, mit hohen zerstreuten Fruchtbäumen und weißen Häusern übersäten Landes, die steilen dunklen Felsen dahinter, an denen die Wolken sinkend dahinstreichen. Unaussprechliche Anmut, sobald nur einzelne Sonnenblicke hier- und dahin streifen. Kein Besitztum ist mit einer Mauer eingeschlossen, man übersieht alle Wiesen und Baumstücke.«

Gertrud Leutenegger als vierjähriges Kind daheim in Schwyz, wo sie 1948 zur Welt kam

Wir fahren von Uetikon in ihre Geburtsstadt. Bulldozer fressen eine breite Schneise durch den Bergsturzwald, durch eine einzigartige Riedlandschaft. Militärbauten, eine Hochspannungsleitung, ein Sprengstofflager, Camping- und Wohnparks, Deponien, private Weekendhäuser, unsinnige Asphaltierungen. »Nirgends mehr kann ich die Erde berühren«, hat sie geschrieben. »Ich weiß nicht mehr, wie Sumpfgras nach dem Regen riecht, wie Barfußlaufen einem Bach entlang ist, wie offenes Land unbebaut in den See verläuft. Die Berge, die wie goldene Elefanten durch den Abend ritten, sind verstümmelt. Kein Gesicht atmet mehr. Alles, was ich anfasse, ist aus Beton.«

Es ist wie das Erschrecken an einem Dezembernachmittag, an dem sie auf dem Boden des väterlichen Arbeitszimmers saß. Sie, das Kind, ordnete und stapelte Zeitungen auf für den Vater, der Journalist ist: »Dort steckt eine gelbliche Broschüre, ich ziehe sie hervor. Der Schneefall baut unsichtbare Mauern. Eine gelbliche Broschüre. Alles dicht beschrieben, ich kann noch nicht gut lesen, einmal buchstabiere ich das Wort Theresienstadt. Theresien. Ist das ein sagenhaftes Land? Ist das eine Heiligengeschichte. Liest denn mein Vater Geschichten über eine heilige Theresia. Ich blättere. Plötzlich ist da eine Fotografie. Alles aufgetürmte Schuhe, denke ich, vielleicht kam die Theresia aus einem Schuhmacherladen, was für seltsame Schuhe, Stiefel wie Arme und Beine, Fersenballen wie Köpfe. Sind das Augenhöhlen, nackte Rücken, et-

Gertrud Leutenegger mit 20 Jahren. Sie wurde Kindergärtnerin, lernte Sprachen, arbeitete auf einem Bauernhof und in einer psychiatrischen Klinik, ehe sie zu schreiben begann

was Furchtbares saugt mich aus dem Bild an, ich starre und starre, sind das Menschen, alles tote nackte Menschen, aufeinandergeschichtet. Ich kann nicht mehr atmen, Theresienstadt, was ist das, irgendwo steht noch das Wort Konzentrationslager, was ist das für ein entsetzliches, unbegreifliches Wort«.
Das Kind Gertrud Leutenegger. Existenz im Schnittpunkt unverbundener Realitäten. Das Aufbrechen des Bedrohlichen inmitten des Sicheren und Schönen. Die Simultaneität zweier Erfahrungen: das Uranfängliche, Heile, Unschuldige und die Schuld, der Tod, die Zeitlichkeit. Kein Beruhigenwollen durch irgendein Verstehen der Bedrohung. Den Tod weder aussparen noch überwinden, sondern sich ihm aussetzen und sich stärker erweisen in aller Schwäche – das ist das literarische Thema der Gertrud Leutenegger. Kindsein: die Unschuld kennzeichnet den Ausfall sittlicher Kategorien beim kindlichen Handeln. Gut und Böse sind ihm Spielelemente. Erwachsensein: die Freiheit zur Schuld.
»Ich kämpfe um das Land meiner Kindheit«, schreibt Gertrud Leutenegger, »an dem ich unendlich hänge, aber das ich schon kaum mehr kenne. Die Versprechen von Leben, die noch mein Aufwachsen streiften, die Scheu vor der Gewalt dieser Landschaft, vor dem Unsichtbaren in ihr: ich kann sie nicht mehr finden... Wir wissen nicht mehr, daß die Erde lebt, daß die Seen atmen und die Berge hellwach in der Nacht stehen. Wir wis-

sen es auch vom Menschen nicht mehr. Die Naturmißachtung ist nur der Anfang der Mißachtung der menschlichen Seele... Wer aufschreit, wird für wahnsinnig erklärt.«

Schwyz, Uri und Unterwalden – die Eidgenossenschaft in ihrer ursprünglichen Form: das war Freiheitsdrang, eigenständiger Wille und revolutionäres Bewußtsein. So hat sie es in der Schule gelernt. Der Vater war Chefredakteur der örtlichen Zeitung in Schwyz, ein Mann, der Geistlicher werden wollte, das Theologiestudium in Rom abbrach und nach einer 15jährigen Beziehung die Frau heiratete, die er schon lange liebte. Gertrud Leutenegger, Nichte eines Pfarrers, wuchs im katholischen Glauben auf. Sie hat eine dreieinhalb Jahre ältere Schwester, die Redakteurin bei Radio Bern ist. Gertrud besuchte sechs Jahre die Grundschule, drei Jahre die Sekundarschule und in Fribourg zwei Jahre ein katholisches französisches Institut.

»Durch eine bescheidene Schulung entrann ich allem Malträtieren mit Literatur«, erinnert sie sich. »So behielt die Literatur für mich das Unausweichliche, Beängstigende und Erhellende der ersten Eindrücke.« Sie weiß noch von dem Erstaunen, das im ersten Schuljahr das Litaneienbuch der Maienandacht in ihr auslöste, mit den magischen Anrufungen: »Du Spiegel der Gerechtigkeit, Du Sitz der Weisheit, Du geheimnisvolle Rose...« Die Litanei schien ihr die wirksamste Form, Macht zu gewinnen. In den Wachstuchheftchen schrieb sie eine Fortsetzungsgeschichte über ihre ältere Schwester und nannte sie »Eva im Walde«. Die der Schwester zugedachten Spitznamen führte sie in Litaneienform auf: Du Hexenbraten, Du Zitterbein...

Sie war als Kind bei den Fastnachtspielen im Ort dabei. Sie konnte die Texte auswendig. Sie tobte sich aus hinter Masken. Sie las »Nils Holgerssons wunderbare Reise«, Kellers »Grünen Heinrich«. Es gefiel ihr. Den Gerüchen von Gerstensuppe, Zwetschgenkuchen und Birnenkompott in die Küche folgend, blieb ihr Blick am Abreißkalender hängen, auf dem ein Gedicht stand:

Ich bin am Ziel meines Herzens angelangt.
Weiter führt kein Strahl.
Hinter mir laß ich die Welt,
Fliegen die Sterne auf: Goldene Vögel.

Hißt der Mondturm die Dunkelheit –
... o, wie mich leise eine süße Weise betönt ...
Aber meine Schultern heben sich, hochmütige Kuppeln.

»Dieses Gedicht hat mich ganz plötzlich heftig berührt, erinnert sich Gertrud Leutenegger. Da war sie zwölf. »Ich riß das Zettelchen vom Kalender ab, steckte es in die Schulmappe und trug es immer mit mir herum, bis es unansehnlich und abgegriffen war, daß es mir irgendwie abhanden gekommen ist.« Mit siebzehn kaufte sie sich zum Geburtstag einen Gedichtband von Else Lasker-Schüler. »Da tauchten diese für mich fast magischen Verse wieder auf. Und seltsamerweise, der Titel hieß Ankunft. Als wäre ich ins Innere des Poetischen eingetreten.« Als Gertrud Leutenegger das Tagebuch der Anne Frank gelesen hatte, da begann sie für sich Briefe an jenes Mädchen zu schreiben, das im Konzentrationslager Bergen-Belsen umgekommen war. Erste Gedichte entstanden, in denen der eigene Vater angesprochen wurde. Der Vater, der vom Geheimnis des Schreibens in seiner Stube umgeben war. In einer Riesenunordnung von Papier, das sie ordnen durfte.

Der Vater arbeitete zu Hause. Bei der Mutter waren Entdeckungen nicht in diesem Maße möglich. Sie hatte alles in Schubladen verstaut. Und an die durfte die Tochter nicht heran. An die Mutter die Erinnerung: »Als Kind durfte ich an den langen Nachmittagen mit ihr schlafen, ganz den Biegungen ihres Rückens angekuschelt, ganz geschützt in ihrer Wärme und ihrem regelmäßigen Atem. An der von dunkelbraunen Balken durchbrochenen Decke war immer derselbe Riß auf Wanderung begriffen, ein großes höckeriges Kamel, das mich noch, wenn meine Mutter schon lange aufgestanden war, in die fernsten Länder trug. Wie blaß und still die Risse über mir geworden waren. Nur in meinem Körper hörte ich jetzt deutlicher, fremder und näher, die eigenen Rundungen pochen, noch im kurzen Vergehen der körperlichen Lust bog ich mich in süßem Schrecken zusammen, wie unter einen zitternden Bogen gespannt...«

Sie war und blieb lange ein Kind. »Für mich ist das Verlieren der Kindheit kein natürlicher Verlauf«, sagt sie. »Natürlich ist Alter und Tod. Die Gesellschaft will nicht, daß man seine Kindheit behält. Aber sie ist in mir drin.« Sie kommt in ihren zwei Romanen, die Gertrud Leutenegger bisher geschrieben hat, nicht in der verlogenen Form einer durchgängig heilen Welt vor, sondern in Bruchstükken. Erlebnisse, wie wir sie als Imagination empfinden. In ihrer Literatur gibt es keine Chronologie vom Kindsein zur Pubertät und dort zum Erwachsensein. »Das progressive Denken ist so schlimm, immer dieses Vorwärts«, sagt sie. »Das Innehalten ist vor allem wichtig. Meine Mutter liest jedes Buch drei-, viermal. Man sollte mit dem Anfang immer wieder anfangen.«

Gertrud Leutenegger hat eine Angst, vom Wissen dieser Welt überrannt zu werden. Sie hält im Leben und Schreiben an der Ambivalenz im Fühlen und Denken fest. Nicht aus Lust am Diffusen. Sie hat eine Sehnsucht nach Klarheit. Die Sehnsucht als Weg, als Richtung. Die Sehnsucht macht halt vor dem, was Geheimnis ist. »Die Klarheit aus Wissen ist tödlich, ist ein Glassarg«, sagt sie. Warten können in aller Geduld. »Die Erkenntnis fällt einem zu als ein Wissen in Bildern, die in mir entstehen. Anschauen und Schweigen. Der Blick muß da sein.« Bildende Kunst fasziniert sie. Maler und deren Geheimnis ihres inneren Klangs, der Farbe wird. »So etwas auf die Sprache übertragen«, ist ihre Hoffnung. »Meine Eindrücke waren alles optische Prägungen.«

Wir sind hinausgefahren aus Schwyz, haben das Hinterdorf passiert, wo Gertrud Leutenegger nach ihrer Berufsausbildung als Kindergärtnerin gearbeitet hat. Landschaft wird wieder sichtbar. Und dann der riesige Parkplatz an einer Serpentine, auf dem wir halten, bedeckt mit Schnee. Wir gehen einen Pfad hinauf, am Ende ein altes kleines Holzhaus, darin eine Gaststätte, eine Stube, ein paar Tische. Wohlige Wärme eines Kachelofens. Die holzgetäfelte Decke so tief belassen, wie sie war. Unter einer Penduluhr sitzt ein Briefträger. Die Kellnerin öffnet die mitgebrachte Post. Der Briefträger trinkt einen Kaffee.

In Gertrud Leuteneggers erstem Buch »Vorabend« heißt es: »Fortschlafen unter der schwarzen Uhr zuhause. Die tickt in ihrer eigenen Zeit, darin im goldenen Pendel gesammelt die Nachmittage liegen... Auch mein Vater schwang im goldenen Pendel hin und her, als er unter der Uhr im Sarg lag, unter den hellvioletten Blumen. Sein Gesicht war klein geworden, und der Sarg legte sich fast schmal um ihn. Er hatte so gut Platz im runden Pendel.« Der Vater war 67 Jahre alt, hatte Leberkrebs. »Ich habe mich gewehrt gegen die Vorstellung, daß er sterben könne«, sagt Gertrud Leutenegger in die Stille hinein. »Ich hatte Angst, daß irgend etwas kommt.«

In dem Buch die Sätze: »Als mein Vater starb. Hätten wir damals sagen müssen: du wirst sterben. Zwei Monate noch... Wer ist überhaupt darauf verfallen, dies könnte Tapferkeit heißen. Ehrlichkeit! Dann haben also diese Todesehrlichen vorher ein Leben lang gelogen? Woher auf einmal dieser verdächtige Zwang, einander am Ende ins Gesicht sagen zu müssen, daß man stirbt, als hätte man diese Tatsache vorher immer fortgeschwindelt? Warum einander aufs Unabänderliche festlegen, warum die letzten Augenblicke verengen? Sind wir schon einmal gestorben, um darin so sicher zu sein? Den Tod als Größe, vielleicht sogar als verächtliche, kommen sehen, heißt das nicht, ihn mit lautlos sich widersetzender Festlichkeit zu erwarten?«

Das erste Buch »Vorabend«, erschienen 1975 im Suhrkamp-Verlag. Lebenschiffre für Gertrud Leuteneggers »langen Atem«, der das Gestern ins Heute trägt und mit vorurteilsloser Offenheit das Morgen erwartet. Die geistige Aufbruchsstimmung der Jugend in den späten sechziger Jahren eingefangen in dem Weg, den eine junge Frau durch Zürich nimmt, bevor die letzte Zürcher Vietnam-Demonstration stattfindet: »Ich dachte, diesmal gehe ich besser schon am Vorabend einmal alle Straßen durch, ich muß mir das zeitig austreiben, mich so durch die Straßen verwirren lassen.«

Die Straßen und die Plätze werden für die Ich-Erzählerin zu Imaginationsräumen für Erinnertes. Vom Präsens geht es ins Imperfekt, vom Hier ins Dort, von der Welt ins

Innere der Welt. »Alles zugleich« ist ein Schlüsselwort dieses Romans: die Kindheit in Schwyz, der Aufenthalt in einem toskanischen Landhaus und in England, eine Jugendfreundschaft und die Liebe zu einem jungen, aber doch weitaus älteren Lehrer aus Deutschland und das Sterben des Vaters vermischen sich und verbünden sich gegen »eine neue Systemhörigkeit«.

»Wie sich die Flut der Vereinung anstaut in mir«, heißt es. »Hat man je ohne die Inbrunst weit heraufglühender Farben erstarrte Verhältnisse gesprengt? Schwören Sie auf eine verkümmerte Welt? Sie Imperialist der Skepsis. Sie Kapitalist der Zweifel. Sie Herrschaftsinstrument des Zynismus. Danke ergebenst für Ihre Ratschläge. Sie wollen in jedem Satz das erkaltende Dasein wiederfinden. Nachgedoppelt sehen, wie alles auf den Hund gekommen ist? Permanent Ihren Zynismus ergötzen...«

Dies ist die einzige aggressive Szene in Gertrud Leuteneggers Roman. Dem Gewimmel an vordergründiger politischer Wut, an Resignation, Zweifel und Zynismus setzt die Schriftstellerin die »ruhige und tiefe Eile« entgegen, die durch das Innere der Welt führt: »Den Streik des Fortschritts ausrufen. Eine weiße Leerstelle schaffen, wo sich alles wieder isoliert und sich alles wieder verbindet, sich ausdehnt und zusammenrafft.« Aus den Verspannungen und Verhärtungen heraustreten, aus der Hektik, den Erschütterungen, die gar keine mehr sind, »nur noch Kurzatmigkeit«. »Heimatlosigkeiten

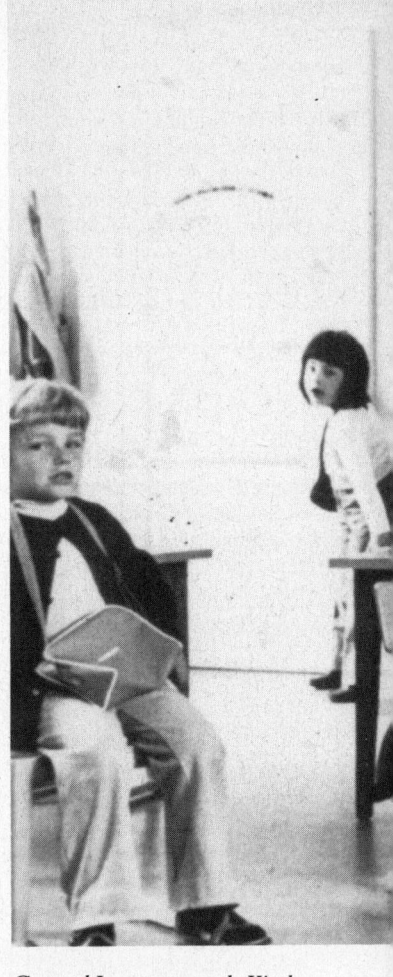

Gertrud Leutenegger als Kindergärtnerin in Uetikon bei Zürich, wo sie heute noch lebt

von Grund auf« nennt Gertrud Leutenegger dies alles.

Was Heimat ist, hat sie im Eltern-

haus erfahren: Die Freiheit der Liebe von Augenblick zu Augenblick. Sie baut ihre Literatur nicht über einem Mangel, sondern über der Fülle auf. Ihr elementares Wohlbefinden benötigt nicht die Luxusgüter. Diese Verstrickung in neue Abhängigkeiten ist ihr fremd. »Ich bin kein Natürlichkeitsschwärmer«, sagt sie. »Auch bei uns hatte alles seine gröbere und feinere Künstlichkeit.« Der Wert dessen, was Gertrud Leutenegger schreibt, besteht in der »traumsi-

cheren Blindheit«, mit der sie mehr bewahrt und mehr erkennt als die anderen.
Wegkommen vom Absoluten. Nur die Extreme stehen in der größten Gefahr, immer wieder verraten zu werden. »Der Sozialismus ist ein roter Psalm geblieben«, sagt sie. Zur Zuneigung bereit sein, die Nähe suchen – in dieser Vorstellung schreibt sie. Sachlichkeit beinhaltet Distanz. Und Distanz macht Nähe unmöglich. Wie soll in solcher Atmosphäre der andere mein Nächster werden? »Was haben wir für perverse Verhältnisse großgezogen, wo man krank werden muß, um noch einen letzten verkümmerten Überrest eigener Verfügungsmacht zu spüren?« fragt Gertrud Leutenegger. Sie ist dieser Welt nicht aus dem Weg gegangen, sie hat die Berührung gesucht und die dabei erlittenen Verletzungen als natürlich hingenommen. Zuneigung, Erkennen, Liebe geschieht schutzlos, oder sie geschieht gar nicht. Die Verletzung ist der Preis der Nähe, und die Nähe gibt mehr, als Verletzung ihr anhaben kann: Wärme.
Gertrud Leutenegger war Kindergärtnerin in ihrem Geburtsort und in Uetikon; sie hat Französisch, Italienisch und Englisch dort gelernt, wo diese Sprachen beheimatet sind, sie hat auf einem Bauernhof in Italien gearbeitet, als Angestellte in einem Elektrogeschäft, sie hat hineingeschaut in die Universitäten Zürich und Berlin und dabei die Gefährdung durch Wissenschaft erfahren, sie hat bei der schweizerischen Stiftung »Pro Helvetia« gearbeitet, auch als Kustodin im Nietzsche-Haus von Sils Maria und als Pflegerin in der psychiatrischen Klinik Rheinau. Sie hat sich nie finanziell aushalten lassen. Sie hat für ihren Lebensunterhalt gesorgt und ist dem Konsumehrgeiz nie verfallen. Sie besitzt heute, wo sie es sich leisten könnte, kein Auto – aus Prinzip. Sie blieb, was sie von Kindheit an war: eine Lebensneugierige, und sie wurde kein Lebenslustmörder an sich selbst.
Die Erfahrung in der Klinik Rheinau. Sie sagt »Irrenhaus«. Sie schreibt in »Vorabend«: »Warum sagt man nicht mehr: ins Irrenhaus gehen. Im Narrenhaus verschwinden. In dem Wort lag noch etwas wie ein Triumph, eine königliche Schnoddrigkeit der Gesellschaft gegenüber. Und die Verrückten, denen man wie großen Verbrechern insgeheim eine Bewunderung scheu entgegenbrachte, man betrachtete sie, als gingen sie mit heiligen Visionen schwanger. Nur die Löcher, in die man sie steckte, die Ketten waren entsetzlich. Die hygienischen desinfizierten psychiatrischen Kliniken heute. Es ist ein bißchen Mode geworden, über sie herzufahren. Sich an ihnen abzureagieren. Aber schieben wir nicht selbst jeden Tag die Verrückten ab, drängen sie langsam auf jene weit aus der Stadt entfernten sterilen Würfelhäuser zu. Warum haben wir jene Anstalten so weit aus unseren Lebensgegenden versetzt, wie die Toten, wie unsere Gerüche, wie unseren Liebeshunger? Warum holen wir unsere Verrückten nicht im Protestzug zurück, mitten in unsere Stadt...

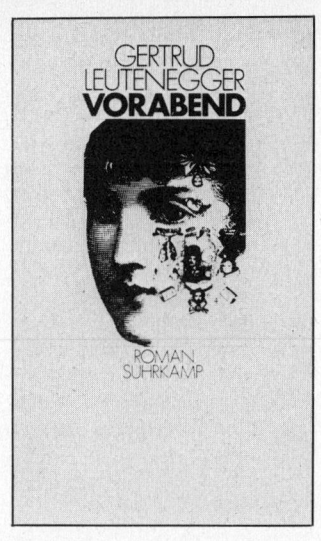

Sie war 27 Jahre alt, als ihr Erstling »Vorabend« 1975 erschien

Diese hygienische Distanzierung. Diese feige Hygiene.«
Der »Vorabend« der Demonstration in Gertrud Leuteneggers Roman. Diese Demonstration findet anderswo statt, wo niemand von denen protestiert, die am nächsten Tag auf die Straße gehen werden. Der Protest in dieser Welt ist schon längst isoliert und dann versteckt worden. Menschen werden dem Tod im Leben preisgegeben, weil die Gesellschaft nicht an sie erinnert sein möchte. Weil sie das Schizophrene ihrer Situation als das Normale betrachtet und sich angepaßt hat mit Alkohol, Tabletten, Drogen und Konsum. Eine grenzenlose Verschwörung des Verschweigens dessen, was diese Gesellschaft krank macht. »Narkose ist zum Lebensglück geworden«, sagt Gertrud Leutenegger. »Den Schmerz will niemand mehr aushalten. Er erinnert an Vergänglichkeit und Tod. Aber nur die Gegenwärtigkeit des Endes läßt uns anfangen zu leben, weckt in uns die Lebendigkeit von Augenblick zu Augenblick.« Der moderne Komfort schließt alle Verschwendung der Seele aus. Das Geld ist angelegt in Besitz, es vergeudet sich nicht.

Gertrud Leutenegger spricht von der Liebe, also von ihrer Bindungsangst. Ihre Stärke und Schwäche zugleich: ihre Kindheit, ihre Naivität. »Ich habe den Verdacht, Sie wollen nicht erwachsen werden«, sagt jemand in »Vorabend« zur Ich-Erzählerin. Mir sagt Gertrud Leutenegger: »Ich war lange in mir selbst verloren.« Während die meisten anderen das Kennenlernen schon beherrschen, ist für sie alles bestürzend neu. Darüber schreibt sie: »Deshalb reißt mich oft jemand hin, ohne daß er dies bedenkt, oder ängstigt mich, daß ich zu mir selbst wie unter einen schützenden Glassturz flüchten muß.« Ihre Hoffnung: einander gut sein, ohne daß Forderungen entstehen, Leistungen erbracht werden müssen. Das Radikale in den Nuancen aufdecken. Sie schreibt: »Warum kann ich nicht einfach mit dir über die Sandstrände gehen, ohne Entscheidung. Wir haben zu wenig Liebesformen, sie sind auf zwanghafte Punkte zusammengeschrumpft, immer nur noch dieser Sprung auf die Endvorstellung hin, dieser mechanistisch schnurrende abschnurrende Verlauf. Du willst das totale Zugeständnis? Wie du mich an mich erinnerst, das wollte ich auch einmal, wie schwer muß ich damals den Menschen gefallen sein. Mit dieser eigensinnigen Radikalität.« So spricht die Ich-Erzählerin in »Vorabend« mit Te, dem geliebten Mann, den es im Leben der Gertrud Leutenegger gegeben hat.

Sie gibt seinen Namen mir gegenüber nicht preis. Die Beziehung zu diesem Mann über vierzig, einem Dozenten mit steuerpflichtigem Einkommen, doch lebend in Scheinetablierungen (»Du hast dich zu lange an den Rändern der Konventionen bewegt.«), in Wirklichkeit »nirgends seßhaft. Nirgends ruhig. Niemanden zu lange beanspruchend«. Die Beziehung zu ihm, diese verlorene Liebe – sie hat sie in einer beispielhaften Zartheit beschrieben und in dieser Zartheit auch den Namen dieses Mannes entschlüsselt:

»Warum habe ich, seit ich Te kenne, zweimal hintereinander nach langem wieder geträumt, mein Vater sei nochmals gestorben. Dabei hat Te einen verheißungsvollen Namen, man möchte gleich aufbrechen bei diesem Namen, Schiffsbug soll es im Holländischen heißen, seine Familie muß früher einmal über die nahe Grenze nach Deutschland ausgewandert sein. Es waren Schiffbauerleute... Bist du nicht auch ein... Schiff, Te, du mit deinem Glanz zum Sterben, ein fast weißes holländisches Schiff, in dem ich mich noch einmal so kindisch verschlief.«

Gertrud Leutenegger sagt: »Ich habe Te sehr geliebt. In all meinem Zögern, in all meiner Angst, meine Unabhängigkeit dabei zu verlieren. Die Angst, in Besitz genommen zu werden. Ich selbst bin kein besitzergreifender Mensch. Ich konnte schon als Kind nie kämpfen um jemanden, der sich entzogen hat. Ich reagierte auf meine Art: Ich glaube an die Gegenwärtigkeit einer Person in mir. Ich habe meinen Vater wahnsinnig geliebt. Ich wehrte mich dagegen, daß er geht. Und dann merkt man, wie der Sterbende einem spürbar aus den Händen fällt. Doch das weiß ich nun: man kann Liebe vergegenwärtigen mit ganzer Kraft.«

Der Vater und der Dozent Schepsbog – holländisch –, zugleich Te im Roman. Sie schreibt: »Warum reden wir so oft vom Tod? Genauer gesagt, nicht vom Tod selbst, sondern von der Zeit, die noch zu leben bleibt. Du redest davon, als bliebe dir nur noch wenig.« Und sie gesteht ihre Angst ein, ihre eigene Lebenszeit schrumpfe zusammen in der Beziehung zum viel älteren Geliebten. Er weiß und hat »schon alles selbst zu Ende gedacht, durchdacht, fortgedacht«, noch ehe die Ich-Erzählerin, noch ehe Gertrud Leutenegger dann wirklich davonläuft. Doch sie hat sich mit ihrem Roman »Vorabend« nicht freigeschrieben, sondern tiefer ins eigene Innere hinein, ins Chaos, dem sie Raum gibt in ihrem zweiten Roman »Ninive«.

Gertrud Leutenegger bekennt sich zu einer anarchistischen Haltung. »Nur eine Gesellschaft, die sich methodisch einengt, provoziert Krieg auf Krieg. im großen wie im kleinen«, sagt sie. »Das Anarchistische gehört zum Lebenselement des Menschen. Wird es ausgeschaltet, wird das Gesetz des Lebens, wird die innere Lebenseinstellung des Menschen gestört, entstehen tote Zwischenräume.« So wird ein mythisches Tier zur Hauptfigur von Gertrud Leuteneggers zweitem Roman »Ninive«, der 1977 erschien.

Ein 55 Tonnen schwerer und 23 Meter langer, mit Formalin konservierter Wal reist auf einem Eisenbahnwagen durch ganz Europa. Er hat seine letzte Station erreicht: Schwyz, den Heimatort der Ich-Erzählerin. Dort trifft sie sich mit Fabrizio, dem Freund aus Kindertagen. Sie halten Nachtwache vor dem hinter Glaswänden aufgebahrten Riesentier. Am Morgen kommen Arbeiter, zerlegen den Wal und schaffen ihn weg.

»Ninive« – das Thema des Buches entwickelt sich aus der biblischen Jonasgeschichte, in der der Prophet sich weigert, der in Sittenlosigkeit und Bosheit verfallenen Stadt Ninive zu predigen. Jonas flieht vor dem Auftrag des Herrn. Bei einem Schiffbruch überlebt er im Bauch eines Wals. Aus der Tiefe schreit er zu Gott, und der Wal speit ihn aus, auf daß er der Stadt Ninive ihren Untergang verkünde. Die Stadt bereut, das Strafgericht bleibt aus. Gnade geht vor Recht.

Eine alte Geschichte rückt in Gertrud Leuteneggers Buch in die Gegenwart. Sie wird eingebunden in den Kindervers: »Es kommt ein Herr aus Ninive, der will die jüngste Tochter haben. Sonst schlag ich euch die Fenster ein, sonst steck ich euch das Haus in Brand.« Dieser Kindervers ist eigentlich der Ausgangspunkt des Buches. Gertrud Leutenegger hat ihn als Kind gehört und sich den Herrn als »jemand mit einem weiten schwarzen Mantel, jemand mit kalten Händen vorgestellt«. Und sie hat den Wal als dreieinhalbjähriges Mädchen in Schwyz auf dem Bahnhof gesehen. Der Kindervers und der Wal – die Erinnerung daran wird als Bedrohung ins Erwachsensein hinübergenommen.

In dem Buch heißt es: »Eines Tages schrieb ich Fabrizio: laß alles liegen und komm. Wenn wir jetzt nicht aufbrechen, um das selbst zu sehen, was schon unsere Kindheit als gewaltiger Schatten ins Zwielicht zog, so tragen wir ein Stück Blindheit in die nächste Zeit.« Fabrizio kommt aus Berlin, die Ich-Erzählerin aus dem Engadin. Beide haben erste Erfahrungen als arbeitende Menschen gemacht. Er als Zeitungsverkäufer in den U-Bahnschächten, wohnend bei einer blinden Hauswirtin, sie als Museums-Kustodin, wohnend in einer benachbarten Arbeiterkommune, die von den Einheimischen argwöhnisch beobachtet wird.

In der Nachtwache vor dem Wal erzählen sich die beiden, was sie – jeder für sich – erlebt haben, sprechen von dem, was sie in der Kindheit freute, reden von den Ängsten vor dem anderen Geschlecht. In Gespräch und Meditation durchbrechen sie das Zwielicht der früheren Jahre, lassen die guten und die bösen Aspekte aus der Kindheit nicht in der Vermischung, trennen den einen Aspekt von dem anderen, retten den guten Aspekt ihrer Kindheit – über die Angst hinweg – hinüber in die Gegenwart.

Beim Zerlegen des Wals durch die Arbeiter – so schildert es Gertrud Leutenegger – steigt eine Pestwolke auf, bis man auf die Ambra stößt, jenen rätselhaften, wundervollen Duftstoff im Darmtrakt des toten Tieres. Die Ambra als die Chiffre für eine gerettete Liebe: »Mitten in der Verwesung hat uns dies Unverhoffte getroffen.« So heißt es denn am Ende des Buches: »Der Wal hat uns nicht verschlungen. Und wir verloren uns an keinen blindwütigen Verrat. Wir werden nicht untergehen.«

Mit »Ninive« ist Gertrud Leutenegger herausgetreten aus dem Kreis zahlreicher Frauen, die geschrieben haben und im Beschreiben ihrer eigenen Biographie über das erste Buch nicht hinausgekommen sind. Die Erfahrungen ihres Lebens, die Begegnung mit Menschen in diesem Leben – sie werden nicht mehr einzigartig erzählt, sondern die Einzigartigkeiten mehrerer Leben werden verknüpft in einer Person, in einer Romanfigur. Die, die Gertrud Leutenegger kannte und kennt, kommen im Buch vor, aber sie sind neue Geschöpfe ihrer Imagination. Zum Beispiel Fabrizio. Fabrizio, mit dem sie heute zusammenlebt: Lorenzo Mastai. Sie hat ihn erst vor einigen Jahren kennengelernt und nicht in der Kindheit, wie sie es im Buch beschreibt. In dem Buch heißt es: »Vielleicht lieben wir etwas in uns beiden, das schon in der Tiefe unserer Entwicklung zurückliegt?« Sie kleidet den Satz in die Frageform. Sie fragt immer, sie schreibt fragend, bewegend bewegt sie den Leser, sie ist auf dem Weg, nur der Tod beantwortet das Leben, bis dahin die Frage, die Neugierde von Augenblick zu Augenblick und das Engagement für den Weg. Gewöhnung kennt sie nicht, also muß sie sich kein Ziel setzen. Das Staunen hält alles offen. Rückgewinnung einer menschlichen Fähigkeit, die sich an den anderen wendet:

»Ich habe in Italien gelebt, die Leute sagten immer wieder: Ihr seid Materialisten. Und ich konnte es nicht verneinen. Ich bin durch Irland gefahren, die Leute sagten nur: Was ist die Schweiz für ein reiches Land. Und ich habe mich geschämt. Wie befreit fühlte ich mich, wenn die Schweiz wieder eine gewisse Komfortarmut zurückgewänne, etwas von einer schönen, ungezähmten Zurückgebliebenheit, wenn sie endlich wieder einmal die Lebenswerte dem Profitgierigen vorzöge. Wir könnten noch einmal dem Tode entrinnen.«

In dem Roman »Ninive« heißt es: »Daß wir weiterkommen, ist anstrengend. Schritt für Schritt müssen wir uns selbst alles anverwandeln... Wir wollen uns nicht immer wieder auf das Zerquälende der Fronten festlegen. Uns aber auch nicht von den notwendigen Unterscheidungen lossagen, nicht das Vermischte unserer Situation verkennen. Wir sind in eine Vermischung der Welten hineingeboren. Wir leiden an diesem Zwitterzustand, an dieser Verwischung.

Abschluß eines Studiums an der Zürcher Schauspielakademie: die 30jährige am Regiepult

Aber vielleicht schützt sie uns auch vor endgültigem Terror. Wenn nur das Gehen durch dieses Land nicht so zäh wäre. Mühsam setzen wir Schritt vor Schritt. Sich in dieses Land hineinzuknien. Wir zwingen die besonnten Abhänge zu uns, den Rauch über den Flüssen, den versunkenen Glanz abweisender Täler, dieses Dasein, das herrlich sein könnte.«

Gertrud Leutenegger hat seit drei Jahren nicht mehr geschrieben. Sie hat sich mit Hingabe in eine neue Aufgabe geworfen: in ein Regiestudium an der Zürcher Schauspielakademie. Sie hat dieses Studium im Frühjahr 1979 abgeschlossen. Wird sie jetzt Regie führen? Nein, jetzt möchte sie wieder schreiben. Ein neuer Anfang liegt hinter ihr, ein neuer Anfang liegt vor ihr. »Jedes Wort muß in die Hand genommen werden«, heißt es in ihrem letzten Buch, »als sollte man es aus dem Schutt verrotteter Jahre ausgraben, behutsam muß dies geschehen, denn in den Jahren dieser Verwesung ist ihm nur das geblieben, was nicht sterben kann, und das will angeschaut werden und vor dem Schmerzensblick der Geschichte nochmals sein Dasein erhalten, gefährlich neu und virulent...«

Brigitte Schwaiger

»Es ist furchtbar schwer, allein durch die Nacht zu kommen«

Sommer 1978. Die Nacht ist nah in der Wohnung der Brigitte Schwaiger, selbst wenn die Abende noch fern sind. Das Licht aus dem Hinterhof fällt als Dämmerung gefiltert durch die Jalousien der hohen Fenster ins Innere. Im rückwärtigen von drei ineinandergehenden Zimmern lebt sie, legt sie Distanz zwischen sich und der Wohnungstür, die nach draußen führt ins Leben.

Wie das Leben so ist, beschreibt sie als Schriftstellerin so witzig wie zum Totlachen. Wie es sein könnte, schreibt ihr die Sehnsucht nach einer Geborgenheit vor, die sich nicht einstellen will. Statt dessen all ihre mörderischen Liebeserfahrungen: von Männern benutzt worden zu sein.

Brigitte Schwaiger anderthalb Jahre nach ihrem Senkrechtstart in den Bestseller-Himmel der Literatur. Debütantin mit dem Roman »Wie kommt das Salz ins Meer«, der seit Frühjahr 1976 in 150 000 Exemplaren verkauft worden ist. Geschichte einer jungen Frau, angepaßt an den Mann, den sie liebt und den sie heiratet, doch wach genug, um zu bemerken, wie die Liebe zur Erinnerung wird und die Erinnerung der Lebensersatz für die Zukunft.

»Wir sagen nichts, weil wir Angst haben vor der Lüge oder vor der Wahrheit«, heißt es in dem Buch. »Wir lieben uns, ohne uns zu lieben, suchen uns, ohne uns zu suchen, mit Brotkrumen begnügen wir uns, und frierst du? Ja, ich friere...«

Das Schreiben schließt sich als Arbeit um ihre eigenen Erlebnisse, wie sich eine ungeheilte Wunde schließen kann. In einem Gedicht von Brigitte Schwaiger heißt es:

Ich habe immer
kaltes Wasser getrunken,
wenn ich erhitzt war.
Ich habe nie
Obst gewaschen vorm Essen.
Ich war
mit vollem Magen schwimmen.
Ich lutschte
Bonbons nach dem Zähneputzen.
Geschadet
haben mir nur
die jugendfreien Filme
mit langem Kuß
zum Schluß
und
glücklicher Hochzeit.
Die hängen mir
bis heute nach.
Vielleicht
werden sie mich eines Tages
töten.

Sätze, die der Ursache ihres Leidens nahekommen. Einfache Sätze für das komplizierte Wort Verzweiflung. Da ist ihr Herz, das schon fast aufgibt, die endgültige Niederlage ahnt. Da ist ihr Gehirn, das kämpft. Die Liebe, die sich ihr immer wieder entzieht. Der Tod, der sich nicht entzöge. Selbstmord? Die Dusche aufdrehen, sich darunter stellen, ein Rasiermesser nehmen, die Pulsadern aufschneiden. Sie rennt aus der Wohnung zum Arzt, der ihren desolaten Zustand kennt. Der Arzt weist sie ein in die psychiatrische Klinik. Sie wird sediert. Der Schlaf trennt sie vom Entsetzen.
Aber: »Gedanken lassen sich nicht überlisten, nicht ersäufen«, heißt es in Brigitte Schwaigers Roman, »Sie kommen, wenn sie wieder Land haben. Graben wieder ihre Spuren in den Sand, Gedanken sind Krebse. Aufdringlich. Wehren sich, wenn man versucht, sich gegen sie zu wehren. Kommen in anderen Gestalten wieder. Es gibt Gedanken, mit denen man sich abfinden muß, an die man sich gewöhnen muß, um zu überleben.« Doch an den Gedanken, aus der Ordnung gefallen und einzig sich selbst ausgeliefert zu sein, vermag sich die Schriftstellerin nicht zu gewöhnen. Nestwärme? Was ist das?
Heimsuchung einer heimgesuchten Frau von 29 Jahren. Immer wieder quält der Gedanke an den Vater, der mit sich nicht fertig geworden ist. Der Vater, der sich arm geizte, weil er mit dem sparte, was er hätte geben können: Geborgenheit, Wärme, Vertrauen. Statt dessen

Pin-up-Positur des Babys Brigitte Schwaiger fürs Familienalbum der Eltern. Die Mutter zu Besuch bei der 29jährigen Autorin in Wien

Erziehung unter der Vokabel Tugend. Tugendsam sollte die Tochter sein. Bürgerliche Anständigkeit, die alle starken Gefühle schleift. Da war die Sanftmut seiner Frau, und da war seine eigene Leidenschaft, die er anderswo auslebte.
In ihrem Roman läßt Brigitte Schwaiger ihre Mutter zu Wort kommen. »Mit Deinem Vater kann man ja nicht reden, sagt Mutter, aber ihr seid die neue Generation, und wenn ich dich so ansehe, sagt sie... Heimlich sammelt sie aber Unglück, schneidet es aus Zeitungen heraus und klebt verkohlte Kinderleichen, ertrunkene Pferde, mißhandelte Katzen in einen Kalender mit Sprüchen für jeden neuen Monat, auch getrocknete Wiesenblumen, Taubenfedern, handgemalte und fußgemalte Landschaften, und in ihrem Nacht-

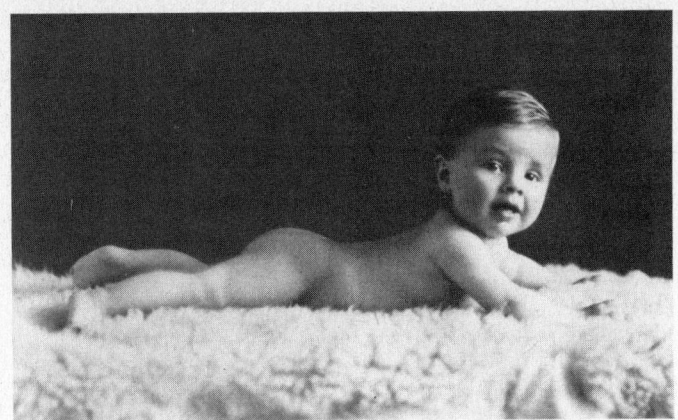

kästchen klemmen Tagore, Rilke, Hesse und Trakl und Schleifen und Geschenkpapier...«

Der Vater stahl sich sein Glück zusammen: ein bißchen Liebhaber, ein bißchen Charmeur, ein bißchen Stimmungskanone, ein bißchen Caritas. Aus der Tochter Brigitte Schwaiger bricht das Elend des Vaters heraus. Diesen Abgrund von Mann versucht sie mit radikaler Liebesbereitschaft zu überwinden. Vor diesem Abgrund richtet sie immer das Bild des jeweiligen Geliebten auf, bis der eigene Absturz nicht mehr aufzuhalten ist. Denn geblieben ist ihr bisher niemand. Sie trägt an dem Erbe, Tochter ihres Vaters zu sein.

»Ich komm mir vor wie ein seelischer Krüppel«, sagt sie. »Mein Vater hat mich nie geliebt.« Der Vater praktizierte als Arzt im oberösterreichischen Freistadt. Dort kam Brigitte Schwaiger 1949 als zweite von vier Töchtern zur Welt. »Als Tochter aus gutem Haus fährt man in den Ferien nach England, lernt man Klavierspielen, Reiten, Tennis und Skilaufen, mindestens zwei Fremdsprachen, macht Matura und den Führerschein«, hat ihr Vater immer gesagt. Doch mit dem Geld, das dafür nötig war, hat er immer geknausert. »Das sah dann beispielsweise so aus, daß wir daheim ein Klavier hatten, auf dem eine Reihe von Tasten ausfielen, die aber nie repariert wurden«, erinnert sich Brigitte Schwaiger. »Aber üben mußte ich dennoch darauf.«

Der Traum des Vaters: sie sollte Chirurgin werden. Die Tochter wollte Schauspielerin werden: »Da kann man erleben, was man sonst nie erlebt. Ich hab furchtbar gern die Leut' zum Lachen gebracht.« Und sie hat nach der Matura eine Slalomstrecke durch allerlei Berufswünsche und Berufe hinter sich gebracht. Sie hat sich das Medizinstudium angeschaut und dann Sprachen studiert. Sie hat als Sekretärin in einem Theaterverlag gearbeitet und ist Assistentin eines

Regieassistenten geworden. Sie hat die Kunsthochschule besucht und auch Pädagogik belegt. Und schließlich stand sie ein Jahr lang als Schauspielerin auf der Bühne des Linzer Kellertheaters.

Es ging alles durcheinander. Nirgends ein Halt. Den fand sie mit 18 Jahren in Spanien bei einem Tierarzt im Hauptmannsrang. Als er sie zwei Jahre später heiratete, liebte sie ihn schon nicht mehr. Er hatte es nicht glauben wollen, als sie ihn damals bat, den Hochzeitstermin rückgängig zu machen. Immerhin hatte er alle spanischen Gesetze unterlaufen, die die Heirat eines Armeeangehörigen mit einer Ausländerin verbieten. Mit einer Sondererlaubnis des Heeresministers. »Jetzt ein Nein von dir«, hatte er zu seiner 20jährigen Verlobten gesagt, »das kannst du mir nicht antun.«

Wiederum zwei Jahre später setzte Brigitte Schwaiger die Scheidung durch und kehrte nach Österreich zurück. Daheim in Freistadt sagte niemand etwas. Aber die Blicke, die sie trafen, meinten Schande. Sie malte Bilder. Sie verliebte sich wieder. Und sie scheiterte wieder. Und sie begann zu schreiben. »Wie eine Irre«, erzählt sie. »Zuerst habe ich nichts Rechtes zustande gebracht. Doch nach zwei Jahren hatte ich so viel zusammengeschrieben, wie man braucht, um gut zu schreiben.« Gut war ihr immer noch nicht gut genug. Immer wieder setzte sie sich an ihr Manuskript des Buches »Wie kommt das Salz ins Meer«, bis sie dem autobiographischen Inhalt Weinerlichkeit und Selbstmitleid ausgetrieben hatte.

Schließlich hatte der Roman eine Leichtigkeit, wie Brigitte Schwaiger sie an der deutschen Schriftstellerin Irmgard Keun so bewunderte. Jene Frau, die mit ihren Büchern »Gilgi, eine von uns« und »Das kunstseidene Mädchen« den scharfzüngigen Kurt Tucholsky einst zum Schwärmen gebracht hatte; die den Nazis nach Holland entkommen und dann von den deutschen Truppen wieder eingeholt worden war; die unter falschem Namen den Krieg überlebt hatte und heute in Köln wohnt. An Irmgard Keun findet Brigitte Schwaiger so gut, daß sie »so ganz ohne Haß« war.

Doch wie die großen literarischen Buchverlage in der Bundesrepublik arrogant über das Werk der Irmgard Keun hinweggeschaut und eine der besten deutschen Schriftstellerinnen bis 1978 nicht zur Kenntnis genommen hatten, so erging es nun auch der jungen Brigitte Schwaiger mit ihrem Roman. Der wanderte von Verlagshaus zu Verlagshaus. Und überall rümpften die Herren Lektoren die Nase ob so viel lockerer Schreibe, die ja eh in Deutschland verdächtig ist und allzugern als trivial denunziert wird. Ein lesbares Buch – o Gott, o Gott. Bitte nicht. Man lehnte ab.

Inzwischen in Wien lebend, brachte Brigitte Schwaiger schließlich ihr Manuskript zu Direktor Polak vom Wiener Zsolnay-Verlag. Der griff zu, und die Leser griffen auch zu, begierig und begeistert, die Begeisterung als Flüsterpropaganda von einem zum andern weitergebend. Eine schallende Ohrfeige für die literarischen Geschmacksrichter in

Deutschland. »Wie kommt das Salz ins Meer« wurde zum erfolgreichsten Roman-Debüt, das seit Günter Grass mit seiner »Blechtrommel« je ein deutschsprachiger Autor nach 1945 gehabt hat.

Da versteht jeder jeden Satz: »eine schöne Wohnung ist ein ausbruchsicheres Gefängnis... Michelangelo hat von Brot, Wein und Käse gelebt. Das war vor der Erfindung der Vitamine... Unerträglich, wenn jemand platzte und einmal ohne Haut wäre. Man würde alles erkennen... Wenn ihm danach zumute war, konnte Vater viel Glück in Mutters Gesicht zaubern... Wer sich selbst belügt, belügt automatisch die Menschen, mit denen er lebt... O ja, ich glaube, das Leben ist ganz einfach. Aber weil wir vor der Einfachheit zurückschrecken, machen wir Schnörkel hinein und verstecken uns in ihnen, und wer nicht Schnörkel will, der hat die Einfachheit, und das macht lebensuntüchtig.«

Ein Buch ist der Brigitte Schwaiger da entstanden, das jeden Leser erreicht, ihm nah kommt und ihn berührt – ganz wörtlich. Und doch mehr. Zugleich ist es eine Analyse der bürgerlichen Gesellschaft, die Betroffenheit ganz selbstverständlich auslöst, aber nicht eifernd erzwingt. Unser soziales Gewebe, das sich ins Pathologische zerfranst hat. Eine Welt wird geschildert, die im Schlager von der Liebe singt, aber von der Liebe nicht mehr weiß. Und die gegenseitig zugefügten Kränkungen werden zu Kränkungen an einem selbst. Jeder quält den anderen aus enttäuschtem Zartseinwollen. Berühren wird zum Verfehlen. Man grabscht immer in den Konsum hinein.

»Ich schrumpfe zu einem bittern Kern, der sich ausspucken möchte«, schreibt Brigitte Schwaiger. Seht, so bin ich, sagt sie in jeder Zeile des Buches. »Ich bin nicht weiter als die anderen auch. Ich wehre mich und bin ohnmächtig zugleich. Wenn ich eine Kassette in das Autoradio schiebe, so sind es Walzer von Johann Strauss. Balsam für ein paar Minuten. Ich hatte Angst vor dem Eingeständnis, daß meine Ehe gescheitert ist. Das Alleinleben ist furchtbar. Ich sehne mich noch immer nach einem Mann, zu dem ich aufsehen kann.«

Was soll ich tun? »Ich denk so viel an Selbstmord«, sagt die Schriftstellerin. »Das macht mir so zu schaffen, diesen Gedanken loszuwerden.« Und sie forscht sich aus. Wo hat alles angefangen? Die Erfahrungen, die im Roman ausufern, sie faßt sie zusammen im Gedicht:

Ich träume oft von meinem Vater.
Ich träume oft von Wänden
die Schlafzimmer verengen.
Ich versuche mir vorzustellen, was geschehen hätte können
in Madrid,
wenn ich in der San Bernardo Gasse
im Zimmer geblieben wäre

und ihn angesehen hätte ohne Lächeln.
Wie er saß im Pyjama, wie er
mich angesehen hätte
ernst, stumm.
Denn ich stelle mir vor, ich hätte
ihm die Zunge abgeschnitten.
Das Glied meines Vaters
hatte nie so viel mit mir zu tun
wie seine Zunge.
Unser ödipales Verhältnis
ging über die Wörter.
Der Geist meines Vaters ist schlecht gehegt.
Ich fühle mich verfault von
so viel Abfall in mir,
der aus Wünschen und Verwesung besteht,
der durch so viele Filter gegangen ist ...

Schändung des zerschundenen Vaters, der immer gesagt hat, was sich schickt und was nicht. Verschlossen in der Familie und scheinbar offen in der Gesellschaft. Draußen das gierige Buhlen nach Bewunderung und Sympathie. Gesellschaftslöwe. Stimmungskanone. Drinnen ganz karg. Daheim gab er sich nicht her, gab er nichts außer Zielvorstellungen, die ihm draußen hätten zusätzliches Prestige bringen können. »Intelligenzbestien wollte er«, sagt Brigitte Schwaiger bitter. »Aber liebenswert sollten sie sein, aktiv, dynamisch, blitzgescheit, witzig.«
Gescheitert sind sie dann alle, die vier Töchter des Doktor Schwaiger. »Und er hat's tragen müssen«, sagt die Schriftstellerin. Die beiden ältesten in ihren Ehen. Die dritte wurde »nur« Krankenschwester. Und die jüngste bekam mit siebzehn ein Kind. Einen Sohn. Er hat ihn erst gar nicht anschauen wollen. Doch der Enkel fand zu seinem Herzen. Der Enkel gewann ihn und wurde Gewinn in seinen letzten fünf Lebensjahren. Im August 1978 ist Brigitte Schwaigers Vater im Alter von 62 Jahren an Krebs gestorben.
Am Ende das Erkennen der Brigitte Schwaiger, daß der Vater für Liebe doch ansprechbar war. Hatten sie und ihre Schwestern in bezug auf den Vater etwas falsch gemacht. Wer war Schuld an der Abwesenheit seines Herzens, wenn die Töchter anwesend waren. Gibt es da eine Schuld? Die Erwartungen in der Familie des Arztes Dr. Schwaiger wuchsen hoch und höher, weil niemand auf den anderen zugegangen ist, keiner den ersten Schritt getan hat. Gibt es ein Naturgesetz, daß der Vater den ersten Schritt hätte tun müssen? Und wie, wenn ihm geschehen sein sollte als Kind, was seinen eigenen Töchtern an ihm widerfahren ist?
Wo beginnt das Unglück? »Mein Urgroßvater mit dem Strick, wenn es auch dementiert wird von der Großmutter«, schreibt Brigitte

Schwaiger. »Die Großmutter sagte, er habe sich nicht wirklich aufhängen wollen, er habe es nur probiert oder so getan, um die anderen zu erschrecken, und angeheitert ist er gewesen, da stürzte er in die Schlinge, rutschte aus, schrie um Hilfe, nur hörte ihn keiner, es war Nacht, und er war jede Nacht angeheitert.« Heiterkeit, die sich den Strick knotet. Der jähe Tod des Urgroßvaters. Der langsame Tod des Vaters von Brigitte Schwaiger. Ende einer falschen Lebensweise so oder so?

»Die heiteren Romane, die sich manche Schriftsteller abzwingen, daran sind schon einige gestorben«, heißt es in dem Buch »Wie kommt das Salz ins Meer«. Mißverständnis Heiterkeit. Brigitte Schwaiger befindet sich seit Jahren in psychiatrischer Behandlung.

»Mit achtzehn begann ich eine Traurigkeit zu spüren, von der ich nicht wußte, woher sie kam«, schreibt sie. Tochter eines Arztes, glaubte sie an die Heilkraft von Medikamenten: Sie nahm Beruhigungs- und Schmerztabletten. Die Traurigkeit verhärtete sich zunehmend als Depression. Und die depressiven Zustände überfielen sie immer häufiger. Sie spürte instinktiv, daß sie süchtig wurde nach Betäubung, und rührte keine Tabletten mehr an.

Fluchtgedanken wurden in ihr wach, genährt von dem Traum einer schönen Welt. Da war die Erinnerung an zwei Besuche in England während der Ferien. Den Aufenthalt hatte sie sich als Kellnerin finanziert. Inmitten von spanischen Studenten, die als Gastarbeiter jobbten. »Die haben am Abend Musik gemacht«, erzählt sie. »Und die Musik hat mich gepackt wie Heimat.« Dann nach der Matura bot sich die Chance, ihrem Spanien näher zu kommen. Sie verpflichtete sich als Au-pair-Mädchen im südfranzösischen Biarritz. Nach zweitägigem Aufenthalt ließ sie alles stehen und liegen, setzte sich in den Zug und fuhr nach Madrid. »Mit einem wahnsinnigen Glücksgefühl«, sagt sie. »Dieser romantische Reiz von Hitze und Sinnlichkeit hatte mich ganz einfach gepackt. Am dritten Tag hab' ich dann meinen späteren Mann kennengelernt auf einer Hühnerfarm bei Madrid. Ich hab' für ihn gekocht, ohne kochen zu können. Als ich sechs Wochen später nach Freistadt zurückkehrte, hab' ich fließend spanisch gesprochen.«

Miguel, der Tierarzt, war für sie Spanien, und Spanien ein einziger Rausch. Heute sieht sie klarer: »Ich wollte mich unbedingt verlieben, weil Miguel ein bissel meinem Vater ähnlich war, sehr dominierend.« Sie schrieben sich lange Briefe. »Zwei Sommer hat er auf mich gewartet«, erzählt sie. »Dann hat er mich gekriegt. Gern hab' ich mit ihm geschlafen.« Doch als der Hochzeitstermin heranrückte, war alles vorbei. Sie spürte es, ohne genau artikulieren zu können warum. »Was ist denn los, den lieb' ich doch, hab' ich mir immer gesagt. Und hab' immer Phantasien mit anderen Männern gehabt, nur nicht mehr mit ihm.«

Sie bat ihn, nicht weiter auf Heirat zu bestehen. Er verstand sie nicht. Den Vater ins Vertrauen zu ziehen,

erschien ihr nicht möglich. Der Vater hätte sie noch weniger verstanden. »Ich hab' Miguel im Haß geheiratet«, sagt sie heute. »Ich glaub' nicht an die Kirche. Aber als wir in Freistadt vom Priester getraut wurden, da hab ich gedacht: Er hat mich nun endgültig, aber er kriegt mich nicht.«

Es war ein stiller, aber erbitterter Kampf, den sie gewann und zugleich verlor. Die so verlockende Ähnlichkeit ihres Mannes mit dem eigenen Vater. Das Dominierende an Miguel nun auch nichts anderes als ein subtiler Zwang zur Unterwerfung. Schreibend hat sie sich später in »Wie kommt das Salz ins

Brigitte Schwaiger im Jahre 1971 zwischen ihrem spanischen Ehemann und ihrem Vater. Sie lebte damals auf Mallorca. 1978 verliebte sie sich in den Regisseur Veit Relin

Meer« der ehelichen Katastrophe genähert, ohne sie loszuwerden. Den spanischen Ehemann versteckt in der Figur eines Österreichers. Inzwischen sitzt sie wieder an einem Stoß Papier und sucht nach neuen Worten für ihre Feststellung: »Dieser Mann hat etwas in mir zerstört. Er war pathologisch eifersüchtig. Er hat mich seelisch mißhandelt, umgekrempelt, umgestülpt, Gehirnwäsche mit mir gemacht, um mich in seine Gewalt zu kriegen. Ich wußte am Ende nicht mehr, was richtig und was falsch ist.«

Die Ohnmacht und die Macht der Schriftstellerin Brigitte Schwaiger, jedem Schmerz hilflos ausgeliefert zu sein. Siegerin erst nach der Zerstörung durch den anderen zu sein. Der Sieg schmeckt bitter. Ist er überhaupt ein Sieg? Sie sagt: »Wenn ich beschreibe, töte ich. Ich spieße Menschen wie Schmetterlinge auf.« Und: »Ich könnte viel grausamer sein, wenn ich möchte. Es macht Spaß, jemanden ganz langsam umzubringen.« Der literarische Mord. Macht das frei? »Ja und nein«, antwortet sie. »Im Schreiben überlebt man. Aber im Grunde ist auch das nur ein flüchtiges Distanzieren von den eigenen Erlebnissen. Es gibt Dinge, von denen erholt man sich nicht.«

Eine dauerhafte Liebesbeziehung könnte die bittere Erfahrung löschen, hofft sie. Die Ungeduld wächst da mit den Niederlagen. »Schreiben ist ja auch eine Sucht«, sagt sie. »Wenn ich glaube, mit einem Menschen nicht mehr weiter zu können, dann schreib' ich das auf. Da weiß ich, das kann ich. Und schwupps hab' ich den Menschen fallengelassen. Man neigt schließlich dazu, alles im Schreiben zu lösen. Und um gut zu schreiben, muß man sich immer tiefer in sich verstricken. Man kapselt sich ein, leidet unter der Einkapselung und ist noch darüber erbittert. Das ist ein Teufelskreis.«

Gedichte hat Brigitte Schwaiger noch nicht veröffentlicht. Eines von ihr lautet:

Tu dir's mit den Männern nicht verscherzen.
Schreib ruhige Gedichte, sanftere.
Schreib was vom Mond, diesem heute so
seltenen Gegenstand der Poesie.
Der Mond ist rund, voll, weiblich.
Wenn er sichelig wird,
schreib eine Hymne an die Sonne.
Die war auch schon lange nicht dran.
Oder Blumen! sag was zu Blumen.
Und Feldweg und Kiesel
und Holzbank und Strauch.
Es gibt so schöne Dinge,
die du besingen kannst.
Tu dich mit den Männern nicht anlegen.
Sie sind doch auch nur Menschen.
Eben
Aber wer sagt's ihnen?

Brigitte Schwaiger urteilt über sich: »Alles, was mich nicht betrifft, kann ich sehen mit den Augen eines Erwachsenen. Sobald ich aber einen Wunsch an jemanden habe, dann werde ich kindisch.« Und sie fügt hinzu: »Ich würde es gern können, einen Menschen ein Leben lang zu lieben.«

Als ich sie im Sommer 1978 in Wien besuchte, hingen über ihrem Bett an der Wand vier Fotos von Veit Relin, dem Schauspieler, Regisseur und Ehemann der Maria Schell. Eines mit der Aufschrift: »Wo bist du Brigitte?« Und daneben ein Zettel, auf dem viermal dasselbe stand: Ich liebe dich.

Und Brigitte Schwaiger plapperte glücklich daher: »Es ist so wunderschön. Ich komm' grad von ihm aus München. Und ich bin so glücklich. So müde und so wach zugleich. Ich habe das Gefühl, es zerreißt mich vor Freude. Es geht alles so wahnsinnig leicht, wenn man liebt. Ich hab' drei Geschichten bei ihm geschrieben. Er hat gekocht, und ich hab das blöde schlechte Gewissen gehabt. Ich hab ihn vor einem Jahr in München kennengelernt, als ich Bücher signierte. Er hat gesagt, er will ein Stück von mir spielen. Dann hat er mich dreimal angerufen. Schließlich war er in Wien, hat gesagt, daß er hier inszeniert und ob wir uns einmal treffen wollen.«

Brigitte Schwaiger auf dem russischen Soldatenfriedhof in Freistadt

So fing alles an: »Ich hatte eine Angst und eine Abneigung. Er ist ein Frauenheld. Ich hab' es gewußt. Er hat mich ganz einfach überfallen. Auf altmodische Weise umworben und überrumpelt. Jetzt liebt er mich, ohne daß er ein Weibchen aus mir macht. Er hat gesagt, die Maria Schell weiß alles und hat nichts dagegen. Ich fühl' mich bei ihm geborgen. Er ist ein Rauschkind. Er schöpft aus der Phantasie, ich aus dem Erlittenen. Wenn ich schreibe, muß ich noch einmal alles durchstehen. Seine Gegenwart nimmt dem Erlittenen den Schmerz, macht mich ruhig. Mein Gott, macht das Spaß: gemeinsam zu lachen, zu reden, zu arbeiten, zu essen.«

Und dann kam ein Anruf von Maria Schell, und sie hat gesagt, daß sie ihren Mann liebt, und sie wisse, daß er hier mal eine Frau hat und da, daß er sie alle liebt, aber auch sie. Und daß es bei all den anderen nie lange gedauert hat.« Brigitte Schwaiger hat da geahnt, daß alles schon aus ist, und die Buchstaben in der Zeitung begannen vor ihr zu tanzen. Und überall las sie das Wort Mord, obwohl es so häufig nun auch wieder nicht in der Zeitung steht, und sie glaubte, verrückt zu werden. Was folgte, war der Aufenthalt in der psychiatrischen Klinik. Immer noch mit einem Fünkchen Hoffnung, daß er kommt. Aber er ist nicht gekommen.

Als sie wieder draußen war, hat er sie angerufen. Wie geht's? – Gut, log sie. – Uns geht's schlecht, sagte er. Und dann kam es: Ich bin verheiratet. Und was tun? Das Haus, das Kind, der Hund. »Und, wie es so immer ist mit den verheirateten Männern«, sagt Brigitte Schwaiger. »Erst versprechen sie den Himmel, dann führen sie ihn vor, und wenn man ins Schweben kommt, dann lassen sie einen fallen. Ich hätt' es wissen müssen. Warum, warum fall' ich immer wieder darauf rein?«

Man müßte sich Gründe vorbehalten, Menschen nicht mehr zu mögen für den Tag, da man sie verlieren wird. Dann hätte es Brigitte Schwaiger geschafft. Dann wäre sie aber auch geschafft. Veit Relin ist der vierte verheiratete Mann, den sie geliebt hat. Das Kind, das sie von einem der vier erwartete, ließ sie abtreiben, weil es der Mann so wollte. Sie sagt: »Ich träum' heut noch von diesen Enttäuschungen, Träume, die alle Kränkungen wachhalten.« Sie fügt hinzu: »Und doch, ich darf diese Männer nicht aus meinem Leben drängen. Es ist noch so viel Wärme von der Wärme von einst da. Ich glaube, wenn ich eine Freundschaft zu ihnen schaffen könnte, erring' ich einen Sieg über die Enttäuschung.« Liebesbettlerin Brigitte Schwaiger – allein mit ihrer Katze Nora.

Weiß meine Katze, daß sie sterben wird,
Sie raucht nicht, und liest keine Bücher.

Wir handeln, weil wir wissen, daß
wir sterben.

Wir handeln aus Angst vor dem Tod.
Und wollen Spuren graben.

Und so sitz ich hier mit dem Bleistift.
Und wir verwenden das Lächeln und das Lachen,
um die Zähne zu zeigen.

Aus Angst vor den Zähnen des Nächsten.

Der Hamburger Schriftsteller Christian Geißler hat einmal zu ihr gesagt: »Du mußt dich entscheiden, ob der Trennungsstrich weiter durch dich geht oder zwischen dir und den anderen.« Es war keine Frage, daß Geißler, der Sozialist, die Entscheidung zugunsten des letzteren für richtig hielt. Doch das wäre für Brigitte Schwaiger nur vordergründig ein politischer Weg. Sie aber will Brücken bauen. Das

Gebot, das sie sich stellt, lautet: Du sollst wieder gehen, zu den anderen gehen.

Ihr jüngstes Buch mit dem Titel »Mein spanisches Dorf«, das von Heimatgeschichten berichtet, sucht den versöhnlichen Weg zum Nächsten und zum nächsten Gegner und ist überzeugend gerade deswegen. Auch ihr zweiter Roman ist bereits geschrieben. »Ein Mann fürs Leben« heißt er: Ein Mädchen kommt nach dem Abitur in die Stadt. Und es ist alles anders, als sie es sich vorgestellt hat. Entweder stimmt mit mir etwas nicht, sagt sich das Mädchen, oder die Stadt stimmt nicht. Ein dritter Roman ist im Entstehen. Das Thema: ihr Vater.

Der Tod bleibt eine Verlockung für die Schriftstellerin, die in einem Gedicht schreibt:

Ich will schlafen
auf der sonnigen Seite des Friedhofs,
dort, wo das Grab
der einundzwanzigjährigen Blumenverkäuferin liegt,
die durch einen Autounfall starb
auf der Leonfeldner Straße.
Dort, wo das Grab
des Stadtarztes liegt,
dahingeschieden im siebenundsiebzigsten Lebensjahr,
versehen mit den Tröstungen der Religion.
Wo Gänseblümchen wachsen
so harmlos wie in Mauthausen.
Wo die Gießkannen stehen, grüne und rote,
mit der Aufschrift
Friedhof.
Hof des Friedens,
im Sonnenlicht warm,
im Winter weiß,
ganz still.
Nur drüben der Lärm aus der Fabrik,
und auf der anderen Seite die Autostraße.
An der Mauer will ich schlafen,
in der Nachmittagssonne.

Das Gedicht stellt eine Stille her, die die Angst wegwischen soll. Mit dem würgenden Gefühl ihrer Todesphantasien, die sie bedrängen, schreibt Brigitte Schwaiger im Ton einer Heiterkeit, aus der der Strick zur Schlinge geknotet wird. Sie gesteht: »Vor jedem Abend, der eintrifft, hab' ich eine wahnsinnige Angst. Es ist so furchtbar schwer, allein durch die Nacht zu kommen. Um jeden neuen Tag kämpf' ich, muß ich kämpfen, um zu überleben. Ich will ja leben.«

Und manchmal glückt ihr ein vergeßlicher Tag.

Gisela Elsner
Als Sozialistin verpönt

Gisela Elsner wurde mit 27 Jahren berühmt. Ihr satirischer Roman »Riesenzwerge« lag quer zu allem, was Frauen in diesem Land bisher geschrieben hatten. Er deckte schonungslos den Zustand einer neureichen Gesellschaft in der Bundesrepublik auf, die nichts gelernt hatte aus der Katastrophe mit dem Faschismus, die hinter einer neuen Fassade ihre Schuld vergraben hatte, die sich fasziniert an ihrer Wiederaufbau-Leistung delektierte, die alle seelischen Entwicklungsmöglichkeiten unter Bauch und Gemüt erdrückt hatte. Erzählt wird aus der Perspektive eines kindlichen Betrachters, der der Übermacht der Erwachsenen ausgeliefert ist: den Riesenzwergen. Was diese satten Erwachsenen auszeichnet, ist ihre Dimensionslosigkeit: »Ihre Gebärden sind riesenhaft, ihre Äußerungen winzig.«

»Daß es eine Frau war, die so viel kalten Schrecken verbreitet und die widerlichsten Grausamkeiten bis ins Detail erbarmungslos genau beschreibt«, so urteilte die »Frankfurter Allgemeine« damals, »darüber kommen selbst tolerantere Leute nicht so ohne weiteres hinweg.« Und die »Süddeutsche Zeitung« meinte: »Gisela Elsner wagte sich in die Bezirke einer Radikalkritik vor, die einem männlichen Kollegen gewiß den Ruf eines Talents von schonungsloser Wahrhaftigkeit und bedeutender Entlarvung eingebracht hätte. Bei einer Frau, noch dazu einer jungen und nicht ganz unansehnlichen, liest sich das, scheint es, anders. Was dem männlichen Geist zur kriegerischen Zierde gereicht, wird dem weiblichen leicht zum Makel.« Gisela Elsner hat das zu spüren bekommen.

Die Herren Kritiker gingen an die Analyse ihrer Stilmittel, diagnostizierten plagiatorische Rückgriffe auf Peter Weiss und Günter Grass, blieben aber gönnerhaft. Man nannte Gisela Elsner ein »enfant terrible«, eine »Femme fatale«, eine »schreibende Kleopatra« und »eine frühfertige Virtuosin des Ekelhaften«. Die Frau war schön. Sie galt als ein Exotikum in der männlich bestimmten Landschaft der damaligen Literatur. Sie erhielt für ihre Provokation den mit 40 000 Mark dotierten »Prix Formentor«, den damals dreizehn europäische Verleger vergaben. Der Reiz der Überraschung wurde honoriert. Doch die Messer waren schon gezückt, mit denen ihr weiteres literarisches Werk dann als Abklatsch des ersten Buches zerstückelt wurde. Dabei ist es bis heute geblieben.

Die Kritiker aus der Welt der »Riesenzwerge« hatten kurzweilig ihren Spaß am wollüstigen Schauder, den der Elsner-Roman verursachte, und das Lesepublikum verdaute das Buch als schnellebige Konsumware. Das langsame Zurückdrängen des Grotesken in ihren Büchern wurde als Versiegen ihrer einstigen Fähigkeit gewertet, und ihre im Schreiben zunehmende Ideologiekritik verstieß gegen ein Tabu. Ihre zunehmende Ideologiekritik ging nämlich mit ihrer immer stärkeren Hinwendung zur DKP einher. Gisela Elsners literarische Einbettung kleinbürgerlichen Verhaltens in einen sozialen Kontext widersprach dem Einverständnis mit einem antibürgerlichen Affekt, der, wenn er schon geäußert wird, folgenlos zu bleiben hat.

Gisela Elsner, 1937 in Nürnberg geboren, stammt aus einer großbürgerlichen Familie. Ihr Vater war Siemens-Direktor. Diesen Gesellschaftsbereich hat sie in Kindheit und Jugend ganz bewußt miterlebt. Das Mädchen Gisela Elsner, das etwas werden sollte, machte 1956 sein Abitur und brach dann nach einigen Semestern in Wien das Studium der Germanistik und Theaterwissenschaft ab. Gisela Elsner heiratete den Schriftsteller Klaus Roehler, bekam einen Sohn und schrieb zusammen mit ihrem Mann die Erzählung »Triboll. Lebenslauf eines erstaunlichen Mannes«, die 1956 veröffentlicht wurde und wenig Resonanz fand. Ihr Weg in die Eigenständigkeit war

Gisela Elsner

zugleich ein Weg aus der Ehe hinaus.

Nach dem Roman »Riesenzwerge« erschien vier Jahre später das Buch »Der Nachwuchs«, in dem sie aus der Sicht eines fetten, trägen und gefräßigen Jungen, aus dessen Überzeichnung das Parasitäre im kleinbürgerlichen Leben zu beschreiben versucht. Jugend, der keine Vision mehr mit auf den Lebensweg gegeben wird außer der des Konsums. Die Geschichte vom Leben in vorsätzlicher Unbeweglichkeit, »vom Stehenbleiben zum Gebücktstehenbleiben, vom Gebücktstehenbleiben zum Gebücktundmitdurchgebogenenbeinenstehen«. Ihr dritter Roman »Das Berührungsverbot« (1970) beschäftigt sich mit der sexuellen Libertinage von Bürgersleuten, die den Geschlechtsverkehr gruppenweise »vollziehen«. In der Schweiz wurde die Zeitschrift »Konkret« wegen des Vorabdrucks dieses Romans konfisziert. In Österreich wurde der Roman unter die jugendgefährdenden Schriften eingereiht.

Gisela Elsners jüngster Roman »Der Punktsieg« (1977) ist ihr erstes Buch, das auf das Stilelement der Groteske völlig verzichtet. Im Mittelpunkt steht ein deutscher Kleinunternehmer, der sich für eine SPD engagiert, die den Klassenkampf für ein Relikt aus vergangener Zeit hält. In schwieriger Situation verhält sich dieser Unternehmer, wie auch die, die der SPD nicht nahestehen. Aus Rationalisierungsgründen entläßt er dreißig Arbeiterinnen und tröstet sich: »Bei über einer Million Arbeitslosen... fallen meine dreißig Näherinnen wohl kaum ins Gewicht.«

Das Thema also: die in Unternehmerkreisen salonfähig gewordene SPD. Gisela Elsner sagt dazu: »Ja, nach dem Untertanen und dem häßlichen Deutschen ist dies der neue Deutsche mit seinem Liberalismus auf Abruf.«

Das Gefühlsleben dieses Elsner-Helden sieht so aus: »Der erotische Reiz ist gerade die Unaufrichtigkeit.« Die Autorin sagt dazu: »Er kann also in keiner Beziehung ehrlich sein, und ich glaube, daß die Gefühlsbeziehungen der Menschen auch erst ehrlicher werden, wenn ihr soziales Verhalten ehrlich ist. Die meisten Zweierbeziehungen gehen kaputt, weil sich die Leute zu sehr ineinander verhaken und ihre Umwelt ausklammern. Man muß erst die gesellschaftlichen Bindungen ändern, dann werden auch die Zweierbeziehungen wieder besser funktionieren.«

Politisch äußert sich Gisela Elsner so: »Ich frage mich, warum eine Menge linker Müßiggänger den praktizierten Sozialismus offenbar nicht apart genug findet und immerfort an einem neuartigen, noch nie dagewesenen, am besten gleich kapitalistischen Sozialismus herumdoktert. Warum faßt man nicht den Sozialismus ins Auge, wie er beispielsweise in der DDR praktiziert wird, mit einem zunehmenden Erfolg?«

Helga Novak

Ein Weg von Ost nach West

Helga Novak, Jahrgang 1935, kennt die DDR, und sie kennt die Bundesrepublik. Dort wuchs sie auf, hier lebt sie heute. In Leipzig studierte sie Philosophie und Journalistik. 1961 heiratete sie nach Island. Seit 1967 wohnt sie in Frankfurt/Main. Von der DDR wurde sie ausgebürgert, in der Bundesrepublik muß sie sich immer wieder mal Hausdurchsuchungen gefallen lassen. Sie ist eine Sozialistin und eine politische Dichterin, die in kein Schema paßt. »Ach Hölderlin«, heißt es in einem ihrer jüngsten Gedichte. »Vaterland haben wir keins / nur die üblichen hinter Orden / und gezogenen Läufen sich verbergenden Landesväter.«

Helga Novaks erstes Buch, der Lyrikband »Die Ballade von der reisenden Anna«, erschien 1965 in der Bundesrepublik. Zwei Jahre später kamen Gedichte von ihr unter dem Titel »Colloquium mit vier Häuten« heraus. 1968 erhielt sie den Bremer Literaturpreis. Sie arbeitete als Monteurin, Laborantin, Buchhändlerin, Arbeiterin in einer Fischfabrik und in einer Teppichweberei. Den Aufstand der Jugend Ende der sechziger Jahre begleitete sie demonstrierend und schreibend, gab mit ihrem Freund Horst Karasek das Protokoll »Wohnhaft im Westend« und den Emanzipationstext »Eines Tages hat sich die Puppe nicht mehr ausziehen lassen« heraus.

Durchgängig in ihrer Lyrik ist der Liebeskonflikt mit dem Mann:

zwei ungleichen Geschlechtes gehen
mit aufgeräumten Mienen in einen gefegten Wald
sie halten sich an den Händen
und lachen und zwitschern immerzu laut
schlurfen wie Kinder durch das gestaute Laub
prassen mit Sprüngen und Schritten
und spielen Ball mit einer rotbackigen Buddelschippe

ich liebe dich – sagt der eine –
mehr als mich selbst
es ist das uralte Spiel
der andere glaubt es juchheit
spielt das uralte Spiel gar nicht mit
tanzt aus der ebenbürtigen Rolle
und stellt einen Stern dar einen umkreisten
wenn von der Wippe im Park ein Kind springt
bricht das Rückgrat des anderen

Von kindlicher Sexualität handelt Helga Novaks »Ballade von der kastrierten Puppe«. Das Mädchen Bettina bekommt von einer Tante in Paris eine Puppe, die Hildebrandt heißt und ihre Geschlechtszugehörigkeit mit »einem Schwänzchen zwischen den Beinen« ausweist. Die Erwachsenen sehen in der Liebe des Mädchens zu Hildebrandt eine »Schweinerei«. Die Puppe wird kastriert. Die Mutter Bettinas bekommt einen Sohn, und Bettina kastriert nun den Bruder: »Bettina tanzt und jubelt, / ist lustig wie eine Biene. / ›Mutter ich hab's geschafft, / aus Christian wurde Christine!‹ / Die Mutter eilt ans Bettchen, / das Blut tropft ihr in den Schuh. / Der Christian ist gestorben, / seine liebe Seele hat Ruh'. / Was habe ich denn gemacht, / meine liebe Mutter? / Ich träume jede Nacht: / Du kämst mit einem Messer / und hättest mich umgebracht!« Das Thema einer gestörten Mutter-Tochter-Beziehung nimmt Helga Novak in ihrem ersten Roman mit dem Titel »Die Eisheiligen« (1979) wieder auf. Es ist die autobiographische Schilderung einer Jugend, ein Buch, in dem die Entwicklung eines Gedächtnisses aufgezeichnet ist.

Das Politische entwickelt die Schriftstellerin immer wieder beklemmend aus den privaten Verletzungen – ähnlich wie Christa Wolf und Sarah Kirsch. Hinzugekommen ist die Auseinandersetzung mit der Weltsicht der Feministen: »Medea du Schöne dreh dich nicht um / vierzig Talente hat er dafür erhalten / von der Stadt Korinth / der Lohnschreiber der / daß er dir den Kindermord unterjubelt / ich rede von Euripides verstehst du / seitdem jagen sie dich durch unsere Literaturen / als Mörderin Furie Ungeheuer...«
In ihren jüngsten Gedichten spricht Helga Novak von einem Dorfidioten »zerstört und unantastbar«: »der nichts mehr begriff seit sie ihn schlugen / und nichts was er begriffen hatte je vergaß«. Sie schreibt von der »Sehnsucht nicht mehr kaltzumachen / einmal alleine / und koste es das Leben«. Sie träumt von dem »Untergang der Farbe grau / und die Begrabene war ich auch«. Sie meint: »In einigen Fällen / ist Dynamit der kürzeste Weg zum Licht.« Sie dichtet über »Frankfurt, diese himmelschreiende Stadt«.

Die »Datenbank des BKA« ist ihr Sinnbild für die Aufzehrung des Menschlichen:

Die Datenbank führt Buch
über unsere verschütteten Träume
sie frißt und frißt
sie nimmt die heile Haut genauso
wie die kaputte
und eine grasbewachsene Spur
ist ihr fast lieber als eine frische Tat
sie frißt und frißt
ja es wird unser Fleisch
auf der Datenbank angeboten

Ihr »Lagebericht« ist eine Aufforderung zum Handeln:

Viele von uns sitzen noch
zornig
am Schreibtisch
viele von uns laufen noch
frei
herum
viele von uns schießen noch
gegen uns
mit ihren Gnadengesuchen
viele von uns denken noch
sie kämen durch
wenn sie ganz ruhig bleiben

Renate Rasp

Nachdenken über Ulrike Meinhof

Rubriziert wurde sie von der Kritik unter die zornigen Frauen, die sich in der zweiten Hälfte der sechziger Jahre auf der Literaturszene durchzusetzen versuchten: Renate Rasp, 1935 in Berlin geboren, Frau des Journalisten Klaus Budzinski und Tochter des Schauspielers Fritz Rasp. Ihre eiskalt daherkommende Aggressivität wurde verglichen mit den »abstoßenden Texten« (»Die Welt«) der Gisela Elsner. Der Kritiker K. H. Kramberg erklärte Renate Rasp 1967 für reif, »in der demnächst zu gründenden Akademie für aggressive Unmenschlichkeit das Ressort Literatur und Erziehung wenigstens kommissarisch zu leiten.« Da war gerade ihr erster Roman »Ein ungeratener Sohn« erschienen, eine Satire auf die Erziehung als der Urform einer Vergewaltigung eines Menschen. Das Objekt

Mensch, das von anderen gemacht wird. Die Geschichte eines Jungen, dessen Stiefvater beschließt, ihn zu einem Baum zu erziehen, ihn in einen Baum zu verwandeln.

»Ich glaube, ich habe da für dich genau das richtige gefunden«, sagt der Stiefvater zu dem Jungen Kuno. »Es hängt von dir ab. Wir können nur die Weichen stellen. Aber du hast jedenfalls eine große Möglichkeit... Gemessen an der Zeit und Kraft, die ich geopfert habe, ist das ein Kinderspiel.« Und der Stiefvater fügt hinzu: »Wenn dir das kleine Opfer zu viel ist, sag es gleich, dann weiß ich Bescheid, dann können wir uns die ganze Mühe sparen.« Der Stiefsohn antwortet: »Das ist kein Opfer... An mir soll's nicht scheitern.« Nach einer Keimzeit, die der Junge in einer Schüssel auf der Terrasse verbringt, wird er vom Stiefvater, der jahrelang die günstigsten klimatischen Verhältnisse ausgekundschaftet hat, an der Südwand des Hauses verpflanzt. Die Annäherung ans Vegetative mißlingt. Von der Baumschere des Stiefvaters zurechtgestutzt, wird Kuno kein Baum, sondern ein lebensunfähiger Krüppel mit abgeschnittenen Händen.

Ein Buch, das Erziehung als Amputierung schildert. Zustandsschilderung einer Welt der Erwachsenen, die das Gefügigmachen der Kinder mit vorgegebenem Idealismus kaschiert. Der Glaube der Jungen an das Ideale mißbraucht vom eifrigen Ehrgeiz der Älteren, Veränderung zum Besseren nicht vorzuleben, sondern beim anderen zu erzwingen. Daß diese Zerstörung von Männern ausgeht, die von blind ergebenen Frauen immer wieder unterstützt werden – dieses Thema hat dann Renate Rasp 1969 in dem Gedichtband »Die Rennstrecke« fortgesetzt. Die Frau in der Einengung – sie wird geschildert. In dem Gedichtband heißt es:

Ich habe mich
festgemacht
um jeden Fuß
einen Strick
die Hände –
daß sie nur
halb zu drehn
sind von hier
bis da – das
war nicht einfach. es
ginge mir gut
wenn ich nicht
am Seil nagen
würde.
Ich
habe schon angefangen und
nicht den Mut
mir
die Zähne
an der Mauer
auszuschlagen.

An anderer Stelle stehen die Zeilen:

Meine eigene Figur
wie sie sich bewegt
nach dem Essen
ihr Geschirr abspült
eine Zigarette
anzündet, von
weit weg sehe ich
sie da sitzen zwischen
einem Tisch und
einer Couch
eingepresst in

Renate Rasp 319

einen
Kopf Arme Hals –
wie sie zappelt
statt der Zigarette
ihren Finger anbrennt.
Es sieht aus
als ob
sie sich
doch noch
herausschlagen
könnte

Die Emanzipationsversuche der Frau wurden konfrontiert mit dem überkommenen Gefühl der Minderwertigkeit: »Er kann eben / alles besser.« Und: »Wenn sie wenigstens / ein Schrank wäre / wo er die / Klamotten reinhängen / könnte. / Aber sie steht da / oder geht / sitzt / aus Fleisch / und nicht aufzumachen.« Der immer wieder auftretende Wunsch der Befreiung scheut letztlich die Gewalt:

Ich lege nie
das Messer ans Ohr
oder an den Daumen der
rechten Hand
aus Furcht
es könnte nicht weh tun
der Zwang
durchzuschneiden
stärker sein
als der Schmerz.
Ich rühre nichts Schneidendes an
weiß ich –
es könnte sein
ich ziehe mir selbst
die Haut ab
hacke mein eigenes Fleisch
glasig weiß auf dem
Holzbrett
scharf
daß die Augen tränen.

Die Beziehung zum Mann beschreibt Renate Rasp so: »Männer / sagt er sind / einfach besser / weil ein Mann / eben weiß / was für einen / Mann gut ist / als sie auf / ihm hockte und / sich abmühte / daß es endlich / bei ihm käme / schon ganz rot / im Gesicht und heiser / da legte sie / noch einen Schein / drauf.« Provozierend trat Renate Rasp bei Lesungen aus ihrem Gedichtband mit blanker Brust vor das Publikum, und sie schrieb 1973 unter dem Titel »Chinchilla« ein Lehrbuch über die käufliche Liebe. An der ehrlichen Prostitution demonstriert die Schriftstellerin den Warencharakter der Liebe, den »Zahlungsverkehr zwischen Mann und Frau«. Renate Rasp gibt den Frauen Ratschläge, wie sie auch Jungmanager in der Industrie bekommen: »Zum Beispiel ist es nicht unmoralisch, den Preis zu steigern, doch es ist unmoralisch, ihn zu unterbieten... Lernen Sie, ein Standesbewußtsein zu entwickeln, der Stufe entsprechend, auf der Sie sich gerade befinden... Schlechte Erfahrungen sollten Sie niemals verleiten, Ihren eigenen Stand geringzuschätzen. Ihre Arbeit für die Volksmoral und -gesundheit ist von nicht geringer Bedeutung. Die Erhaltung Ihres Selbstgefühls ist eine der Hauptbedingungen, diesen Beruf zu einem erfolgreichen Ende zu führen. Auf dem allgemeinen Markt verkaufen Sie das Beste.«

In ihre Ratschläge schließt Renate Rasp die Schriftstellerinnen ein, die vom Verleger abhängig sind, die von der Schriftstellerei allein nicht leben können. Die normalen

Vorstellungen von Sitte und Anstand werden von Renate Rasp als die unnormalen entlarvt. Fünf Jahre lang war das Buch »Chinchilla« ihr letztes Wort. Neue Ansätze des Schreibens suchte sie im englischen Cornwall, wo sie sich niederließ, nicht ohne immer wieder einige Monate im Jahr nach München zurückzukehren, wo sie vorher gewohnt hatte. Ihren Weggang erklärt Renate Rasp heute so: »Ich habe in Deutschland nicht mehr gesehen, ich wußte nicht mehr, wer ich war, wo ich lebe, deshalb mußte ich weggehen. Ich habe mir mein Land in Cornwall neu erschaffen, um es endlich sehen zu können. Wenn man etwas projiziert, kann man besser sehen.«

Im Vorwort zu ihrem Gedichtband »Junges Deutschland«, der nach fünfjährigem Schweigen 1978 erschien, schreibt sie: »Ich bin an einen Ort gegangen, wo die Erinnerung an Tristan und Isolde noch lebendig ist, wo die Wracks von versunkenen Schiffen unter der Meeresoberfläche liegen, wo Himmel und Meer sich treffen und die Küste weit hinausragt, um dazuzustoßen, und hier, wo die drei Elemente zusammentreffen, in einem Triangel von Schaum, Nebel und Wolken, ist es der Ewigkeit so nah, wie ich nur denken kann.« In Cornwall schuf sich Renate Rasp ihren Helden selbst, der stärker ist »als der Mann / der nur im Badezimmer etwas darstellt«: »Liebe – dabei für sich sein! / Das ist das Ideal. / Die unzerstörte Phantasie. / Keine Erniedrigung! Kein Ehekrieg. / Das Kind von morgen / heißt Gewißheit, / Sicherheit / und Mut.«

Die »Orphée« der Renate Rasp hat nun alle Züge der Trauer und nicht mehr der Aggressivität:

Es war ein Mann
der war nicht Orpheus,
doch er sang
von seiner Liebe zu Eurydike
sang er – nur
wo ein Mann die Frau zu
　sehr liebt,
lauscht der Tod
und ist nur allzugern bereit,
die Stelle des Geliebten
　einzunehmen.
Es sang der Mann
so zart von der Vergangenheit
und von der Zukunft,
er sang von Kindern
und von ihrem Alter,
von seinem Tod –
so daß die Schatten weinten
　und von ihren Tränen
ein Loch aufschwemmte,
das der Eingang war
hinunter in das Land,
wo Bäume graue Blätter tragen
　und nichts wächst,
nichts verwelkt –
das hört der Tod.
Doch ist er nicht bereit,
　Eurydike herauszugeben:
»Sieh dich nicht nach ihr um!«
Und Orpheus widersteht.
O, hätte er sich umgedreht!
Denn wer da hinter ihm geht
mit dem Schleier,
ist nicht Eurydike,
　sondern ein Mädchen,
das an gebrochenem Herzen
　sterben wollte,
und weil der Tod nicht nimmt,
was andre liegenlassen,
läßt er sie gehn.
Nun singt der Mann nicht mehr.

Das Buch »Junges Deutschland« ist ein Gedichtband der Zuneigung zu jenen, denen in der Bundesrepublik Haß engegenschlägt. Zuneigung für »Helmut Ensslin, der von der württembergischen Kirchenleitung aufgefordert wurde, ›keine Verdächtigungen und Vermutungen über den Tod seiner Tochter zu äußern‹: »In einer Kolonie, / wo Ordnung erste Pflicht, / versteht ihn keiner.« Zuneigung auch für Ulrike Meinhof, der das Gedicht »Ein Brief vom König« gilt:

Ulrike Meinhof, du bist traurig anzusehn.
So weit ich es verstehe
hast du deine Sache schlecht gemacht.
Von allen Landen hör ich Neuigkeiten
von Bombenattentaten, Explosionen,
Morden.
Warum das alles?
Ja, jetzt bist du tot.
Sinnlos gestorben –
wie, bei allem, was man dir ja zugesteht,
es sinnlos war, was du getan.
Die Männer,
die mir davon berichten,
sind nicht bemerkenswert,
sie scheinen überhaupt nichts zu verstehn.
Doch was ich mich jetzt selber frage,
ist dies:
Wie lautet deine Antwort aus Stammheim?
Und dann werden wir sagen:
Was ist das?
Ja, was ist das?
Hätte der Staat ein Gesicht gehabt,
und das Gesicht hätte uns –
ich hätte nicht in Stammheim gehangen.
Hätte der Staat ein Gesicht gehabt,
und der Mann hätte ein Herz –
ich hätte nicht in Stammheim gehangen.
Wenn da ein Mann gewesen wäre,
der hätte »nein« gesagt
zu all der Habgier und dem Unverstand –
Ich hätte nicht in Stammheim gehangen.

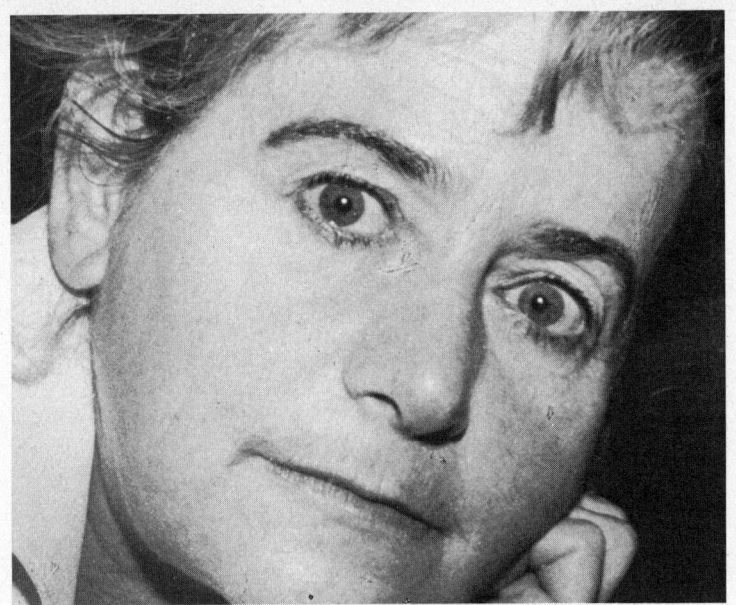

Hilde Domin

Reise ins Exil und zurück

Hans Magnus Enzensberger gab 1968 die Parole aus, daß »es prinzipiell nicht auszumachen ist, ob im Schreiben noch ein Moment, und wär's der winzigste, von Zukunft steckt«. Die 1912 als Tochter eines Rechtsanwalt geborene Hilde Domin, die erst mit fast vierzig Jahren zu dichten begann, hat diese Parole nie akzeptiert. »Der Dichter«, so meint sie, »trägt mehr zum ›Weiterleben‹, zum gemeinsamen Weiterleben bei ... als alle Politiker zusammen. Und was die Lyrik anbelangte, die spät erkämpfte Domäne dieser Schriftstellerin, sagt sie: »Lyrik wendet sich an die Unschuld eines jeden, an das Beste an ihm: seine Freiheit, er selber zu sein.«

Das sind Äußerungen einer jung gebliebenen Frau, die in ihrem autobiographischen Prosabuch »Von der Natur nicht vorgesehen« dieses

»erstaunliche Jungsein« so erklärt: »Ich kam erst 1951 auf die Welt. Weinend, wie jeder in diese Welt kommt. Es war nicht in Deutschland, obwohl Deutsch meine Muttersprache ist. Es wurde spanisch gesprochen, und der Garten vor dem Haus stand voller Kokospalmen. Genauer, es waren elf Palmen. Alles männliche Palmen und also ohne Früchte. Meine Eltern waren tot, als ich auf die Welt kam. Meine Mutter war wenige Wochen zuvor gestorben.«

Zu jenem Zeitpunkt lebte Hilde Domin noch in der Dominikanischen Republik. Zu jenem Zeitpunkt schrieb die Lektorin für Deutsch an der Universität Santo Domingo ihre ersten Gedichte. 1954 kam die deutsche Jüdin zum erstenmal nach Deutschland zurück. »Niemand wartete zu Hause«, schrieb sie später. »Auch die Toten warteten nirgends... Leute, für die das Zuhause etwas Selbstverständliches ist und die nicht wissen, daß es eine Leihgabe ist, schienen ihr manchmal so sonderbar, so jahrmarktreif wie ein Kalb mit zwei Köpfen... Ich war 22 Jahre weggewesen.«

Im Deutschland der Weimarer Republik hatte sie Jura, Soziologie und Philosophie studiert. Ein Jahr vor Hitlers Machtantritt ging die 20jährige nach Italien. In Florenz promovierte sie 1935 zum Doktor der politischen Wissenschaften. 1936 heiratete sie in Italien den deutschen Kunstwissenschaftler Erwin Walter Palm. 1939 gingen die beiden nach England. Nach dort konnten die Eltern vor den Nazis entkommen. Das anfängliche Exil auf Probe, »wie man ins kalte Wasser geht, auf Zehenspitzen«, war nun eine totale Heimatlosigkeit. Mit der Flucht der Eltern aus Deutschland war das Band zu Deutschland gerissen. Die Dominikanische Republik wurde für Hilde Domin und ihren Mann 1940 das endgültige Fluchtziel.

In ihrem Roman »Das zweite Paradies«, der 1968 erschien, heißt es: »Es verletzt die Würde, sich zuzugeben, daß man mißhandelt worden ist, wie es sie verletzt, zuzugeben, daß man es geschehen ließ, daß der andere mißhandelt wurde. Der Mensch wird angetastet dabei. Das Bild von sich selber, das jeder in sich trägt, zerbricht dabei... Wir sind alle angetastet worden, unter dem einen oder andern Vorzeichen, wir müssen die Bilder erneuern, alle, die es sich nicht zugegeben haben. Es können nicht ganz die Bilder von gestern sein. Aber sie sind nicht schlechter.«

Hilde Domin, die sich 1961 mit ihrem Mann endgültig wieder in Deutschland – in Heidelberg – niederließ, sagt in ihrem Roman: »Ich bin bereit, mit euch zu leben. Ich rechte nicht. Rechte auch du nicht. Nimm mich, wie ich bin.« Das Thema dieses Romans und darüber hinaus ihres ganzen literarischen Werks, das nach der Rückkehr entstand, ist: »Immer den Tod und die Liebe und die Heimat zusammen.« Im Mittelpunkt dieser Prosa stehen Reflexionen über die Liebe, psychologische Studien über das Verhältnis der beiden Geschlechter und die Frage nach der möglichen Geborgenheit im zweiten Paradies der Liebe.

»Wie das Zuhause ist die Liebe«, schreibt Hilde Domin, »wenn man es zuerst begriffen hat, daß sie etwas Widerrufliches sein kann.« Freiheit bedeutet für sie, »die richtigen Namen nennend / furchtlos / mit der kleinen Stimme / einander rufend / mit der kleinen Stimme / das Verschlingende beim Namen nennen...« Im Jahre 1959 erschien Hilde Domins erster Gedichtband »Nur eine Rose als Stütze«, dann die »Rückkehr der Schiffe«, 1964 der Band »Hier« und 1970 »Ich will Dich«. Sie erhielt 1968 den Ida-Dehmel-Preis, 1971 den Droste-Preis, 1972 die Heinrich-Heine-Plakette und 1976 den Rilke-Preis.
Hilde Domins Gedicht »Abel steh auf« klingt wie ein Credo:

Abel steh auf
es muß neu gespielt werden
täglich muß neu gespielt werden
täglich muß die Antwort
vor uns sein
die Antwort muß ja sein können
wenn du nicht aufstehst Abel
wie soll die Antwort
diese einzig wichtige Antwort
sich je verändern
wir können alle Kirchen schließen
und alle Gesetzbücher abschaffen
in allen Sprachen der Erde
wenn du nur aufstehst
und es rückgängig machst
die erste falsche Antwort
auf die einzige Frage
auf die es ankommt
steh auf
damit Kain sagt
damit er sagen kann
Ich bin dein Hüter
Bruder
wie sollte ich nicht dein Hüter sein
täglich steh auf
damit wir es vor uns haben
dies Ja ich bin hier
ich
dein Bruder

Was die Dichtung der Hilde Domin auszeichnet, ist der tastende Mut eines desillusionierenden Hoffens. Sie schreibt: »Die Frau ist die Heimat des Mannes.« Sie weiß: »Es ist ein Unterschied zwischen einem Mann, von dem man sich ein wenig hat lieben lassen, und einem Mann, den man liebt.« Zu den Problemen schreibender Frauen meint sie: »Sind wir nicht alle Hermaphroditen? Ein Gemisch aus soundsoviel Mann und soundsoviel Frau, jeder von uns? Die kreativen Menschen ganz besonders. Daß aber noch die weiblichsten Männer es leichter haben als die männlichsten Frauen, das ist nicht neu. Virginia Woolf, eine Spezialistin auf diesem Gebiet, sagte kurz vor ihrem Selbstmord: ›Frauen sind wie Juden unter Nazis.‹ Und Sartre, ein Vierteljahrhundert später, aus Ärger darüber, wie man mit Simone de Beauvoir verfuhr: ›Frauen sind jüdische Neger.‹«

Angelika Mechtel

Von Talent redeten die Männer nicht

Angelika Mechtel, Jahrgang 1943, Autorin von fünf Romanen, erinnert sich an den Einstieg in die Literaturszene: »Als ich 1968 mit den Erzählungen ›Die feinen Totengräber‹ es sozusagen ›geschafft‹ hatte, war ich selbst erstaunt, nach siebenjährigem Klinkenputzen bei Verlagen den Katapulthebel und einen, der ihn bedient, gefunden zu haben. Mein damaliger Cheflektor sagte mir: ›Ihr Kapital ist, daß sie jung und eine Frau sind.‹ Von Talent war keine Rede. Von Arbeit, Fleiß und Durchstehvermögen schon gar nicht.«

Als Angelika Mechtel es geschafft hatte, war die gebürtige Dresdnerin, in München verheiratet lebende Mutter von zwei Töchtern, 25 Jahre alt. In dem Buch gibt es die Erzählung »Eine helle Schafherde«, in der das literarische Thema dieser Schriftstellerin bereits offengelegt ist. Ein Mensch, der geboren werden soll, erlebt im Wachtraum der Mutter, was ihn im zukünftigen Leben erwarten wird, die Einbindung in das vorgefertigte Erbe einer falsch entwickelten Menschheitsgeschichte, die der Zukunft keinen Entfaltungsraum läßt. Über den verzweifelten Wunsch des »Töte mich, ehe ich geboren werde« hinweg verläuft die Geburt.

Das Dasein der Menschen, gebunden an die Geschichte, wird so formuliert: »Wir werden die Kontinente leichenhaft überschwemmen, den Tod zwischen den Zähnen und die Lust im aufgeblähten Glied. Verbrannte Hexen, Ketzer, Sklaven, Selbstmörder, ermordete Kinder und Soldaten, Märtyrer, Götteropfer und Geiseln werden aus diesem verwesten Erdball kriechen, der sich im Sonnensystem besinnungslos selbst umrundet, und sie werden jene mit den sanften Gesichtern überkommen, die... dastehn mit zwei Füßen, ihr Geschlecht zwischen den Beinen, und sagen: ich habe nichts gewußt. Wer kann sich erinnern?« Die Geburt.

Angelika Mechtel schreibt: »Wenn ich aus dem Leib austrete, werden alle Erinnerungen hinfällig... ich schreie.«

Im Jahre 1970 erschien Angelika Mechtels erster Roman mit dem Titel »Kaputte Spiele«. Angesiedelt ist er im München des Jahres 1968, in einer Zeit, in der die revolutionären Hoffnungen der Studentenbewegung zum Ausbruch kommen und versanden. »So wie die Sache läuft«, heißt es, »sind die Leute fähig, selbst eine Revolution noch genußvoll zu konsumieren.«

Angelika Mechtel schilderte junge Menschen als Opfer einer vollzogenen Sinnlosigkeit, die sich Anpassung an das Wohlstandsdenken nennt.

Angewidert von der profitorientierten Leistungsgesellschaft mit ihrer stumpfen Gleichgültigkeit gegenüber den Wünschen der Jugend gibt der 20jährige Jolly Boy sein Studium auf, lebt als Gammler, Gelegenheitsjobber und macht kleine Haschischgeschäfte. Sein Outsidertum bringt ihn immer wieder in die Nähe des Zugriffs der Polizei. Der Spiel-Raum seiner Freiheit bleibt bedroht von »den großen Hunden bei Fuß und der Pistole im Gurt, die zur Uniform gehört wie die Krawatte an den Hals«. Eine Ordnungsstrafe, sechs Tage in enger Zelle, »hat ihn geschafft«. Wieder draußen, geht er mit seiner Freundin durch die Stadt und malt auf Häuserwände »Jolly Boy ist gut«. Von der Polizei erwischt, wird er zusammengeschlagen. Todesgedanken drängen sich ihm auf. Er spricht vom Massaker in My Lai, den toten Studenten in Mexiko City, den Indianermorden in Brasilien: »Ich sammle Abziehbilder der Wirklichkeit.«

Bei einer Haschisch-Razzia flüchtet er in einen Neubau und nimmt aus Angst ein fremdes Mädchen als Geisel mit. Als die Polizei den Neubau stürmt, springt der Junge auf den geländerlosen Balkon und stürzt auf die Straße. »Er ist kaputt.« Jolly Boy, sagt sein Vater, »war verrückt – er hätte nicht studieren sollen«. Jolly Boys Freundin aber setzt ihr Gammler-Leben fort

(»ich springe Jolly Boy nicht nach«): »Ich bin nicht verrückt ... Ich kann ein ganz normales Leben beginnen. Aber ich habe Angst davor.« Sie soll heimkommen. Der Vater schickt ihr Geld für die Bahnfahrt. Auf der Heimfahrt springt das Mädchen aus dem Zug, springt Jolly Boy doch nach und überlebt.

Der Roman brachte der Autorin drei Literaturpreise ein. Einen größeren Leserkreis freilich erreichte sie erst 1972, als ihr Roman »Friß Vogel« erschien, eine »literarisch aufbereitete Reportage, die dem Bürger klarmachen soll, wie gewaltig er vom Fernsehen beschissen wird«, wie die Autorin später sagte. Es war die kaum verschlüsselte Lebensgeschichte ihres Vaters als Fernsehreporter und seiner Ermordung 1967 im Nahen Osten, eines Mannes mit falschem journalistischem Ehrgeiz. Die Krankheitssymptome der Gesellschaft, in der Angelika Mechtel lebt, blieben bestimmend für ihr weiteres Werk, in dem dann immer stärker das Konfliktthema der weiblichen Emanzipation herausgearbeitet wurde, am klarsten in ihren Erzählungen »Die Träume der Füchsin«, die 1976 erschienen sind.

Über die Situation der schreibenden Frau sagt die Autorin: »Diese Situation hat viel gemeinsam mit der Situation der Berufstätigen – mit einem Unterschied: unser Gewerbe kennt keine ›Leichtlohngruppe‹. Praktisch jedoch gibt es den feinen Unterschied, basierend auf alltäglichen Widrigkeiten. Eine Autorin scheitert rascher in den Grabenkämpfen des Literaturbetriebs. Behindert durch Doppelbelastung und permanente Konzentrations-Zerstörung – wenn sie etwa neben dem Literarischen auch noch Kinder betreut – bleibt sie häufig, was ihren Bekanntheitsgrad anbelangt, im Mittelfeld stecken und wird entsprechend honoriert. Ein Wohl-oder-übel-Fazit: Jeder weibliche Autor hat mehr Chancen zu reüssieren, der auf einen Teil des Lebens verzichtet. Verzichtsklauseln zugunsten der Literatur? Ein trauriges Kapitel weiblicher Entwicklungsgeschichte.«

Ingeborg Drewitz
Nur als Funktionärin anerkannt

Ingeborg Drewitz ist 56 Jahre alt. Sie hat alles miterlebt: Inflation, Arbeitslosigkeit des Vaters, die Armut einer Großfamilie im Berliner Hinterhofmilieu, den Nationalsozialismus mit seinem Siegestaumel, den Rassenwahn, die Bombenangriffe der Alliierten, die Katastrophe. Gegen Ende des Zweiten Weltkrieges war sie, wie es in ihrem jüngsten autobiographisch gefärbten Roman »Gestern war heute« heißt, »eine Studentin ohne Abschluß, eine Arbeiterin ohne Qualifikation, eine Tochter besitzloser Eltern«.

Die Emanzipation wurde ihr Lebensthema, lange bevor die theoretische Diskussion darüber unter den Frauen Ende der sechziger Jahre weltweit aufbrach. Sie hat die Mühe zur Selbständigkeit hin erfahren, als es noch ums nackte Überleben ging. Sie ist verheiratet,

Mutter von drei Töchtern, und hat sich nicht abbringen lassen von dem Ziel, Schriftstellerin zu werden. Sie ist eine Frau, die »alles kann, was eine Frau können muß«. Den Freiraum, den sie sich nach 1945 als Schriftstellerin schuf, hat sie nicht nur für sich genutzt, sondern auch für die sozialen Anliegen ihrer Kollegen.

Ingeborg Drewitz ist Präsidiumsmitglied im deutschen PEN, leitet als Vorstands- und Gründungsmitglied die Geschäfte des Verbands deutscher Schriftsteller und erfüllt Pflichten als Vorsitzende der Gesellschaft für neue deutsche Literatur in Berlin. Sie schloß nach dem Krieg ihr Geschichts- und Germanistikstudium ab und promovierte. Sie war die erste ihrer Generation, die 1951 ein KZ-Drama geschrieben hat und sich von Kritikern als »Nestbeschmutzerin« beschimpfen lassen mußte. Den Sozialismus begreift sie als »notwendige Korrektur« und meint, »daß Revolution unsere permanente Aufgabe ist«.

Eine Frau im Engagement für Familie und Haushalt, für Politik und politische Moral, für Literatur und bessere Lebensbedingungen der Schriftsteller. Ihre Bücher spiegeln diese Überanstrengung, sind authentische Dokumente der Vielfachbelastungen von Frauen. Was sie ärgert, ist dieses »ich denke, also bin ich«, das Männer praktizieren und das Frauen nicht praktizieren können, »weil jede Frau auch immer die mit den ausgebreiteten Armen ist und sorgend erfährt, daß sie ist«.

Ingeborg Drewitz, realistische Autorin sozialengagierter Romane wie »Oktoberlicht« (1969), »Wer verteidigt Kathrin Lambert?« (1974), »Das Hochhaus« (1975), meint: »Es wird immer übersehen, daß in den zwanziger Jahren das Doppelverdienen, auch wenn es notwendig war, immer als ein Makel angesehen wurde. So kann man zum Beispiel die falsche Mutterideologie der Nazis auf die sozialen Verhältnisse der zwanziger Jahre zurückführen. Dies wird in der Frauenbewegung heute nicht diskutiert und auch nicht scharf genug gesehen. Aus dieser damaligen Ohnmacht heraus gibt es bei den Frauen gerade in dieser um 1900 herum geborenen Generation viele gebrochene, zumindest verstörte Existenzen. Diese Verstörung transportiert sich weiter auf die nächsten Generationen...«

»Gestern war heute«, ihr bisher bestes Buch, ist der Entwicklungsroman einer Frau. So etwas hatten bisher meist nur Männer geschrieben. Der Handlungsfaden reicht von 1923 bis 1978. Darin hält die Tochter Renate ihrer Mutter 1968, im Jahr der Studentendemonstration, vor: »Du hältst es aus zu leben – neben dir her... Du hast verzichtet. Unseretwegen?« Die Frage der Tochter nach der Selbstverwirklichung beantwortet die Mutter für sich: »Der Satz taugt nichts: sich selbst zu verwirklichen. Denn er setzt voraus, daß uns das Leben eigen wäre, Substanz, an der wir jeder nach seinem Entwurf modeln können. Wie wenige haben je ihr Leben zu eigen gehabt. Und auf wessen Kosten?«

---

330 *Ingeborg Drewitz*

Christa Reinig

Aufruf zum Männermord

Zu ihrem 50. Geburtstag überraschte die in München zurückgezogen lebende Christa Reinig mit der Aufforderung an die Frauen, die Axt zu gebrauchen und den Mann zu töten. Sie verpackte diese Aufforderung 1976 in ihren zweiten Roman, der den bezeichnenden Titel »Entmannung« trägt. Es war Christa Reinigs literarischer Einstieg in den bundesrepublikanischen Feminismus, aus dem ein Jahr zuvor Verena Stefans Buch »Häutungen« hervorgegangen war. In Rezensionen zollten sich Christa Reinig und Verena Stefan gegenseitig Lob. Christa Reinig schreibt in ihrem Roman: »Man muß nicht Biologie studiert und über den abgebrochenen Chromosomensatz philosophiert haben. Es genügt, abends um acht die Tagesschau einzuschalten und den Herren der Schöpfung beim

Regieren, Erigieren und Dirigieren zuzusehn, um einen Verdacht zu spüren, daß in der Naturgeschichte etwas schiefgelaufen ist.«

Christa Reinig, wie man sie bisher nicht gekannt hatte. Was bisher als ein Wesensmerkmal ihres vorwiegend aus Gedichten bestehenden literarischen Werks gerühmt worden war: die Doppelbödigkeit, mit der die Bosheit dieser Welt beschrieben wird, einmal in sanfter Weise, dann in listigem Gewand oder auch mit schnoddrigen Wendungen. Ihre radikale Eindeutigkeit in »Entmannung« ist neu. In einem Interview sagt sie: »Es gibt im Buddhismus den Spruch ›Töte den Buddha‹. Darüber muß ich erst lachen, dann entsetze ich mich davor – und dann plötzlich weiß ich, ich habe den Buddha getötet. Ich bin durch die Undurchdringlichkeit dieser einzigartigen historischen Figur, dieses ewigen Vorbilds, hindurchgeschritten wie der Magier durch die Wand.«

Daß sich Christa Reinig des Themas »Unterdrückung der Frau durch den Mann« annahm, lag nicht einmal so fern, da es immer die Außenseiter waren, mit denen sie sich in ihren Büchern beschäftigte: mit dem stummgeschlagenen Bruder, dem alten Piraten, dem Bandenchef Bomme, mit Abel, Robinson und dem Henker. Leben vollzog sich bei der Schriftstellerin Christa Reinig sehr oft zwischen Zuchthaushaft, Prügel, Folterung, Verbannung und Hinrichtung. Sie schreibt:

Kein wort soll mehr von aufbau sein
   kein wort mehr von arbeit und altersrente
   hört weg – ihr helden – ich rede allein
   für asoziale elemente

für arbeiter die nicht mehr arbeiten wollen
   für die stromer und wüsten matrosen
   für die sträflinge und heimatlosen
   für die zigeuner und träumer und liebestollen

für huren in häusern mit schwülen ampeln
   für selbstmörder aus zerstörungslust
   und für die betrunknen die unbewußt
   ein stück von einem stern zertrampeln

ich rede wie die irren reden
   für mich allein und für die andern blinden
   für alle die in diesem leben
   nicht mehr nach hause finden

Die Frau am Rande der männlichen Welt. Christa Reinig akzeptiert das Gerede von einer Partnerschaft zwischen Mann und Frau nicht: »Das Wort Partner hat mir nie geschmeckt. Mein Chef, mein

Untergebener, sind das meine Partner? Der Verkehrsteilnehmer, der im anderen Auto sitzt, ist das mein Partner? Mann und Frau als Partner? Viele Männer heiraten Frauen, wenn sie jung und hübsch sind, und verlassen sie, wenn sie alt und häßlich sind. Viele Frauen heiraten Männer, wenn sie Ernährer und Beschützer sind, und verlassen sie, wenn sie arbeitslos und invalide sind. Das ist dann Partnerschaft so wie beim Kartenspiel. Der andere muß aussteigen, weil seine Taschen leer sind.«

Christa Reinig stammt aus Berlin. Dort wurde sie 1926 in einem Arbeiterviertel geboren. Während des Krieges machte sie eine Blumenbinderlehre. Und als der Krieg zu Ende war, arbeitete sie auf dem Bau, um in den Besitz der Lebensmittelkarte für Schwerarbeiter zu kommen. Ihr Abitur holte sie 1953 auf der Arbeiter- und Bauernfakultät nach, studierte dann Kunstgeschichte und christliche Archäologie und wurde 1958 wissenschaftliche Assistentin im Märkischen Museum. Erste Gedichte waren bereits zehn Jahre vorher in der satirischen DDR-Zeitschrift »Ulenspiegel« erschienen. Christa Reinig gehört der Gruppe »Zukunftssachlicher Dichter« in West-Berlin an und besuchte als Ostberlinerin die Sitzungen, solange es ging. In einer Fortsetzungsserie wurde in der DDR-Presse eine Erzählung Christa Reinigs gedruckt und vorzeitig abgebrochen, als sie sich weigerte, inhaltliche Korrekturen vorzunehmen.

Christa Reinig publizierte fortan im Westen. In der Eremitenpresse erschien 1960 ihr erster Gedichtband »Die Steine von Finisterre«. Drei Jahre später erhielt die 37jährige den Bremer Literaturpreis zugesprochen. Von der Preisverleihung kehrte Christa Reinig nicht nach Ostberlin zurück. Sie lebt seitdem in der Bundesrepublik. Eine Lyrikerin und Erzählerin mit kleinen Auflagen.

»Einst habe ich geäußert«, sagt sie, »daß die kommunistischen Diktaturen verkappte Anarchien sind, und habe mich für diese Äußerung von links und rechts angreifen lassen müssen. Heute ist die Verderbnis bei uns angekommen. Dieses krebsmäßige Verfaulen, das, als ich noch im Osten lebte, mich fast körperlich anrührte, das empfinde ich jetzt auch im Westen. Die Wälder faulen, die Meere faulen, die Gewässer, die Fische in den Flüssen, der Erdboden fault.« In einem Gedicht von ihr heißt es: »ich rufe den menschen / antworte mir / ich rufe – es schweigt / nichts antwortet mir.«

Der Band »Gratuliere« erschien zum 50. Geburtstag der Autorin. Unter den Gratulanten Ilse Aichinger, Reiner Kunze, Hilde Domin

Irmtraud Morgner

Eine Feministin, die Männer nicht aufgibt

Was vor dem Roman »Leben und Abenteuer der Trobadora Beatriz« liegt, ist weit zurückgetreten. Der Name Irmtraud Morgner ist so eng mit diesem Buch verknüpft, daß ihre vorangegangenen Bücher »Ein Haus am Rand der Stadt«, »Hochzeit in Konstantinopel«, »Gauklerlegende. Eine Spielfraungeschichte« und »Die wundersamen Reisen Gustav des Weltfahrers« fast schon in die Bereiche der Belanglosigkeit versunken sind. Doch belanglos sind sie nicht, sieht man von ihrem Erstling des Jahres 1962 ab, der die Entwicklung einer Maurerbrigade in der DDR zum Inhalt hat. Das Phantastische, das Irmtraud Morgner in das Buch »Leben und Abenteuer der Trobadora Beatriz« auf so mitreißende Art eingebracht hat, ist das durchgängige Spielelement ihrer literarischen Thematik.

In ihren Lügengeschichten des Weltfahrers Gustav aus dem Jahre 1972 heißt es: »Großvater Gustav war von Kultur ein Lügner, nicht von Natur. In ihm arbeitete die Schöpferkraft der Machtlosen. Zu ungeduldig, um warten zu können, eignete er sich die Welt an, bevor sie ihm errungen war.« Das wiederum tut die Schriftstellerin Irmtraud Morgner, Jahrgang 1933, gebürtig in Chemnitz, auch. Literatur als die Schöpferkraft der Machtlosen, die die Augen öffnet für Möglichkeiten in der politischen Entwicklung. Nicht mehr und nicht weniger. Den handfesten Versuch, in der Bundesrepublik von den Feministen vereinnahmt zu werden, hat Irmtraud Morgner nach Erscheinen der »Trobadora Beatriz« 1976 abgewehrt. Eros bleibt für Irmtraud Morgner eine Dimension des Menschlichen, dazu gehört der Mann.

Irmtraud Morgner ist eine Sozialistin, und sie ist der Meinung, daß »eine Frau mit Charakter heute nur Sozialistin sein kann«. Das genuin sozialistische Programm formuliert ihre Trobadora ganz unmißverständlich: »Ich bin aus der Historie ausgetreten, weil ich in die Historie eintreten wollte. Mir Natur aneignen, zuerst meine eigene: die Menschenwerdung in Angriff zu nehmen.« Die aus 800jährigem Schlaf von Irmtraud Morgner erweckte Beatriz, die die Emanzipation in der DDR nachgeht, ist der zu sich selbst gekommene Mensch, den die Väter des Sozialismus entworfen haben. »Wenn jemand sich mit Frauenproblemen beschäftigt«, sagt die Schriftstellerin, »so beschäftigt er sich ja mit der ganzen Gesellschaft.«

Sie fügt hinzu: »Es interessiert ihn der Umbruch der ganzen Gesellschaft, weil ja das Frauenproblem ein Menschheitsproblem ist. Das utopische und phantastische Element gründet sicher auf der Tatsache, daß Frauen in der Vergangenheit fast nur schwarze Kapitel, was ihre überlieferte Geschichte betrifft, finden. Was für sie interessant ist, ist die Geschichte ihrer Zukunft, das, was schon, jedenfalls in der DDR, etwas in unseren Alltag ragt, was aber noch viel Arbeit verlangt. Und ich glaube, aus diesem Grunde neigen Frauen zu einer utopischen Denkungsart. Wie die meisten Dichter.«

In der »Trobadora Beatriz« steht der Satz: »Die Menschen glauben Wahrheiten eher in ungewöhnlichen Gewändern.« Das heißt für Irmtraud Morgner: »Es gibt Wahrheiten, die so auf der Hand liegen, daß man sie nicht erkennt.« In der Verfremdung, die sich des Phantastischen bedient, holt Irmtraud Morgner sie hervor. In dem Roman »Die wundersamen Reisen Gustav des Weltfahrers« geht es bei Irmtraud Morgner mit ihm und seiner Hulda um die Erdoberfläche und zum nächsten Stern. Hulda gehört in dem Roman zu den Dingen, die Gustav Werte nennt: Bindfäden, die Knopftaste einer Ziehharmonika, ein Schwad Engelshaar und eben Hulda, die Naßdampftenderlokomotive, Baujahr 1886.

Da blüht dann der Unsinn, der doch keiner ist: »Das Meer ist die eigentliche Bestimmung des Lokomotivführers.« Und: »Er saß in meinem Sessel – ich hatte nur einen – und sah mit seinen bunten Augen nirgendwohin, ich saß auf dem Teppich. Gegen Mitternacht fragte ich ihn, ob er vielleicht traurig wäre. Er wies die Unterstellung derartigen Gefühlskitsches entschieden zurück. Dann stand er auf, pflückte eine von den blauen Blumen, die auf seinem Kopf wuchsen, reichte sie mir, wobei er die Hand auf die linke Brust legte und sich tief verneigte und fragte, ob ich ihm gestatten würde, mich zu vögeln. Ich gestattete.«

In ihrem Roman »Hochzeit in Konstantinopel« liebt eine einfache Frau namens Bele den strebsamen Atomphysiker Paul. Sie versucht ihn nach dem orientalischen Rezept der Scheherazade mit dem Erzählen phantastischer Begebenheiten für sich zu gewinnen. Er arbeitete für die wissenschaftliche Großtat, für »die materialistische Variante der Unsterblichkeit« und setzt ihr Verständnis voraus: »Er glaubte, daß sie ihn liebte, weil er ein begabter Wissenschaftler war.« Aber sie liebt ihn, »weil er ein begabter Liebhaber war. Gedanken hatte sie notfalls selbst«. Die Diskrepanz läßt sich nicht auflösen. Sie verzichtet auf Heirat, verläßt ihn und sucht »das absolute Experiment« anderswo.

Es kommt auf den Mut an, etwas zu wollen. Davon schreibt Irmtraud Morgner: »Die Kraft, die man aufbringen muß, um etwas Ungewöhnliches zu wollen, ist erheblich. An dem Mut, Kunst zu machen, habe ich zehn Jahre gearbeitet. Das liegt daran, weil Frauen – nicht nur Frauen, aber die besonders – keine Tradition im Rücken haben. Das betrifft natürlich auch Arbeiter, die ebenfalls keine überlieferte Geschichte haben, die ihnen beisteht.«

Irmtraud Morgner kommt aus einer Familie, in der es keine Bücher gab. Ihr Vater war Lokführer. »Bis zu meinem 12. Jahr dachte ich, die Geheimnisse der Welt könnten gar nicht mit Sprache ausgedrückt werden, sondern würden vielleicht durch Töne ausgedrückt«, erinnert sie sich. »Zufällig hatten wir ein Klavier im Haus.«

Als 1945 der Boden des Hauses entrümpelt wurde, erbeutete Irmtraud Morgner einen kleinen Koffer, der weggeworfen werden sollte. Im Koffer waren Reclam-Hefte, klassische Literatur. Das Lesen war für die Zwölfjährige damals ein »unerhörtes Erlebnis, vor allen Dingen, weil wir ja zu Hause wenig sprachen. Wir kamen mit wenigen Worten aus. Ich war überaus erstaunt, was Sprache sein kann.«

So fing alles an. Irmtraud Morgner beließ es nicht mit dem Volksschulabschluß, sie machte ihr Abitur, sie studierte Germanistik, arbeitete dann als Redakteurin und versuchte es ab 1958 als freie Schriftstellerin. Sie ist Mutter eines Kindes und verheiratet mit dem DDR-Lyriker Paul Wiens. Die Hinwendung zum Phantastischen im Schreiben nennt sie »Neugier, hinter die Geheimnisse der Welt zu kommen«. Im Phantastischen sieht sie keinen Gegensatz zum Realismus, »sondern es ist eine Art des Realismus«.

Elfriede Jelinek

Wenn der Mensch im Typischen verschwindet

Das Charakteristische des einzelnen Menschen, das im Typischen einer industriellen Objektwelt verlorengegangen ist: das ist das literarische Thema der 32jährigen Österreicherin Elfriede Jelinek. In ihren drei Büchern »wir sind lockvögel, baby!«, »Michael, ein Jugendbuch für die Infantilgesellschaft« und »Die Liebhaberinnen« präsentiert die Autorin Individuen im Zustand der Entindividualisierung. Menschen, eingebaut in die Umlaufzeit des Kapitals, ersetzbar und austauschbar im Produktionsprozeß, wenn sie nicht mehr funktionieren. »Träume entstehen aus dieser üblen Konstellation«, schreibt Elfriede Jelinek.

Träume, ausgerichtet auf die Glücksverheißungen von Reklame, Film, Funk, Fernsehen und Schallplatte. Geltung, die sich bemißt nach dem Konsum und damit nach dem Geld, das allein Genuß erst möglich macht. Über die fatale Verlogenheit solcher Zustände und von der kaum durchschaubaren Verstrickung der Menschen in ihrem Handeln schreibt die Österreicherin. Für Frauen heißt das in ihrem 1976 erschienenen Roman »Die Liebhaberinnen« Flucht in die Ehe, einen Mann ergattern, um dem lebendigen Tod an der Maschine zu entkommen. Der Kampf um sozialen Aufstieg von Frauen wird von Elfriede Jelinek anhand eines ländlichen Szenariums demonstriert.

Brigitte und Paula, beide Akkord-Arbeiterinnen in einem steirischen Unternehmen für Büstenhalter, suchen, »weil sie keine Gegenwart haben«, eine Zukunft: »überall auf den türschwellen sitzen abgestorbene frauen wie zerquetschte eintagsfliegen, sitzen da wie mit flüssigem asphalt angeklebt und überblicken pausenlos ihre eigenen kleinen hausfrauenbereiche, in denen sie königinnen sind. manchmal macht sie ein spülmittel zur königin, manchmal ein patentkochtopf.« Die Töchter dieser Frauen sehen deren Abhängigkeit, streben Männer in gehobeneren Berufen an und landen nur in subtileren patriarchalischen Gefängnissen. Brigitte und Paula bekommen den Mann, den sie haben wollen. Die eine ordnet sich unter in der Ehe: »sie strahlt mit ihren küchenkästen um die wette. der haß hat sie innerlich schon ganz aufgefressen. aber die freude am besitz ist ihr geblieben, daran klammert sie sich mit eiserner faust.« Paula scheitert in der Ehe. Paula ist – so die Autorin – »auf die liebe aus wie ein schwein auf die eichelen«. Doch Liebe gibt es keine: »es war wie ein loch, in das man hineinstolpert und nach dem man wieder weiterhumpelt.« Paula verfällt dem Alkohol, der Empfindungslosigkeit und der Akkordarbeit.

Die Situation der Jugend hat Elfriede Jelinek in ihrem Buch »Michael« (1972) herausgearbeitet: »ihr wißt doch daß udo jürgens eisern an sich selbst arbeitet. viele stunden täglich. ARBEIT SCHÄNDET NICHT! wir wollen alle richtig froh sein, daß arbeit nicht schändet. stellt euch einen geschändeten udo jürgens vor! nicht auszudenken, wenn udo jürgens plötzlich als geschändeter auftreten müßte.«

In ihrer für den Funk dramatisierten »Ballade von drei wichtigen Männern« schreibt Elfriede Jelinek, wie die Klischees der »Männerwelt« mit den Klischees der »Frauenwelt« harmonieren. In den drei Fällen erkaltet die Liebe der Frauen, weil die Männer den Erwartungen, die in ihre Rolle gesetzt wurden, nicht entsprechen. In der Ballade nimmt die Autorin einen Rollentausch der Geschlechter vor: in dem Augenblick nämlich, als die Partner in vollem Ausmaß die Erfordernisse ihres Berufs und ihrer Männlich- und Weiblichkeitsideale erkennen, tauschen sie die Stimmen und gestehen jeweils mit der Stimme des anderen Geschlechts ihre eigenen Blessuren am Idealbild ein.

Elfriede Jelinek, geboren in dem Städtchen Mürzzuschlag in der Steiermark, erzogen in einer Klosterschule, ist aufgewachsen in der Spannung unterschiedlicher Ausgangspositionen der Eltern: der Vater war ein Jude aus proletarischen Verhältnissen, der sich zum Diplomchemiker hocharbeitete. Die Mutter kommt aus der Wiener Großbourgeoisie und war Personalchefin eines Großunternehmens. Die Mutter schirmte das Kind ab, sah darauf, daß sie nicht mit dem »gemeinen Volk« spielte, sorgte für Ballett-, Klavier- und Geigenunterricht, machte aus der Tochter eine Musterschülerin: Elfriede Jelinek bestand mit 17 das Abitur und nebenher die Abschlußprüfung am Wiener Konservatorium als staatliche Organistin.

Danach erfolgte der seelische Zusammenbruch. In dieser Situation begann Elfriede Jelinek zu schreiben. Der Haß auf elterliche Erziehungsdressur wurde die Antriebsfeder für ihre literarische Arbeit. Elfriede Jelinek gewann auf Anhieb mit zwei Texten den Lyrik- und Prosawettbewerb der österreichischen Jugendkulturwoche in Graz und fand einen Verleger für ihren Erstling, das Popbuch »wir sind lockvögel, baby!« Einer feministischen Position schloß sich die Sozialistin Elfriede Jelinek nicht an: »Es ist doch eine idiotische Forderung, daß sich eine Arbeiterfrau nicht mit ihrem Mann solidarisieren soll, sondern mit einer Fabrikantenfrau – nur weil die dem gleichen Geschlecht angehört.« Elfriede Jelinek ist verheiratet mit einem Deutschen: »Jeder respektiert die Freiheit des anderen und tut seine Arbeit. Wenn ich ihm die Socken waschen wollte, würde er mich sicher auslachen.«

Hannelies Taschau

Die Hölle ist auf dem Land

Eigentlich gibt es die Schriftstellerin Hannelies Taschau schon seit zwei Jahrzehnten. Doch die Öffentlichkeit hat diese Autorin erst wahrgenommen, als 1978 ihr Roman »Landfriede« erschien: die Geschichte eines 10 000-Einwohner-Ortes im Münsterland, in dem Saturiertheit eine Ordnung hervorgebracht hat, die jede Bewegung erstarren läßt. Kleinbürgerleben, das das Leben kostet. In einen solchen Ort zieht sich ein aus städtischer Umgebung kommendes Paar zurück: ein Lehrer, der dort Arbeit findet, und eine freiberufliche Journalistin. Landluft als Alternative zu den gescheiterten Hoffnungen der Gesellschaftsveränderung. Die Frau löst sich von dem Geliebten, der sich der trügerischen Ruhe des Landfriedens hingibt.
Der Mann meint: »Anpassung kann lebenswichtig sein.« Die Frau

fühlt sich schnell in Feindesland: »Hier muß man nachahmen, längst Gedachtes denken, längst Getanes tun. Diese ausgeruhten, gierigen Leute. Hier werden alle Geschichten zu Ende gebracht, im Guten wie im Bösen. Hier wird man nicht aus den Augen gelassen, es sei denn, man verschwindet.« Die Frau verläßt den Lehrer, sie verschwindet, ehe sie in Oberflächlichkeit und Selbstgerechtigkeit der dortigen Einwohner eingebunden wird. Ausgelöst wird ihr Ausbruch aus dem Ort durch den Selbstmord eines Ehepaars, das vorher seine Kinder umgebracht hat. Der Grund für diesen Selbstmord: Schulden für den Bau eines Hauses, das so schön sein mußte wie die anderen Häuser auch. Geltung, gemessen an Eigentum. Kollektives Prestigedenken, dem einer zum Opfer fällt.

Hannelies Taschau, die heute in Hameln wohnt, stammt aus Hamburg. Zwischen 1943 und 1946 war sie im schwäbischen Inzigkofen evakuiert. Danach hat sie in Essen gelebt. Sie sagt: »Mit 18 war ich kaufmännische Hilfskraft. Ich wußte sehr früh, daß ich Geld verdienen mußte. Das, was ich beobachtete, schrieb ich auf. Vom 21. bis 23. Lebensjahr war ich krank. Da habe ich viel gelesen, Thomas Mann, Proust, ziemlich wahllos, ohne Anleitung.« Ihre ersten Gedichte veröffentlichte die »Neue Ruhr-Zeitung«. Entdeckt wurde Hannelies Taschau von dem heute schon legendären Kleinverleger V. O. Stomps. Der veröffentlichte von ihr 1959 den ersten Gedichtband »Verworrene Route« in seiner »Eremitenpresse«.

Momentaufnahmen aus den privaten Erlebnissen der 22jährigen. Vermeintliches Stilleben, aus dem der Schrecken kriecht:

Im März 1945 war ich sieben Jahre und
entkam der Obhut meiner Großmutter
Ich sprang in die Donau an einer Stelle
von der ich glaubte sie sei grundlos –
Als ich zu ertrinken begann wehrte ich mich

Man zog mich heraus und prügelte Wasser
und Schlamm aus mir
Drei Wochen hütete ich voll Sanftmut das
Bett ohne Anzeichen irgendeiner
Krankheit
dann lernte ich Schwimmen an der gleichen
Stelle

Ein Jahr später erschien im selben Verlag Hannelies Taschaus erster Prosaband, »Die Kinderei«. Sie sagt: »Da hätte ich dran anknüpfen müssen.« Aber sie wollte raus aus Essen. Sie ging 1962 nach Paris und arbeitete dort zwei Jahre lang als Anwaltsgehilfin. Nach ihrer Rückkehr wurde sie Mitarbeiterin bei einer Nachrichtenagentur. Erst

1967 kam ihr nächstes Buch heraus, der Roman »Die Taube auf dem Dach«, in dem die Pariser Erfahrungen eingebracht sind. Die Geschichte zweier Freundinnen, von denen die eine sich sorglos herumtreibt und die andere dem Leben die Sicherheit vorzieht: Sie heiratet den »Spatz in der Hand«.

Es folgten Gedichte, Erzählungen, wieder Gedichte, dann Hörspiele und Features. Das Banale, das Alltägliche ist Hannelies Taschaus Themenfeld. Doch immer stärker wird das Gesellschaftliche als Bedrohung in die privaten Begebenheiten ihrer Figuren aufgenommen: »Karl G. aus Grohnde arbeitet am Kraftwerk / also ist er für Kernkraft / sie ist sein Brot / die da drüben sollen sich vorsehen sagt Karl / Eines Nachts werden wir sie in die Weser treiben...« In einem anderen Gedicht heißt es:

We have added
schreibt ein englischer Freund
a new German word to the »kindergarten«
the »berufsverbot«
Explain it to me

Beim Wettbewerb um den Ingeborg-Bachmann-Preis 1978 in Klagenfurt las sie ihre neue Erzählung »Mein Körper warnt mich vor dem Wort«, eine literarische Antwort auf die Tode in Stammheim, auf Terrorismus und Terroristenhatz. Die Juroren, die ihr den Preis verleihen wollten, blieben in der Minderheit. Die Mehrheit warf Hannelies Taschau Mythologisierung der Gewalt vor. Von Mythologisierung der Gewalt keine Spur. »Schreibend artikuliere ich meine Ängste und Hoffnungen«, sagt die Autorin, »und teile mich anderen mit, das halte ich in unserer Situation noch für sinnvoll: zu ermuntern – sich zu sehnen – sich zu wehren.«

Verena Stefan

Ein Buch, das den Markt für Frauen öffnete

Verena Stefan, von Beruf Krankengymnastin, hat mit »Häutungen« das Identifikationsbuch schlechthin für eine im Aufbruch befindliche neue Frauengeneration geschrieben. Als es 1975 erschien, ist es von der offiziösen Kritik der Bundesrepublik erst einmal überhaupt nicht zur Kenntnis genommen worden. Ohne die PR-Wirkung der Medien wurde es dennoch zum heimlichen Bestseller über eine Von-Mund-zu-Mund-Propaganda. Inzwischen hat es eine verkaufte Auflage von über 100 000 Exemplaren erreicht. Der Verlag Frauenoffensive in München, der das Buch herausbrachte, profitierte von dem Erfolg. Der Erfolg öffnete weiteren Verlagen der Münchner Struktur den Markt. Er machte darüber hinaus die konventionellen Verlagsunternehmen hellhörig für weibliche Autoren.

Inzwischen gibt es kaum noch eine Buchhandlung, die der Literatur von Frauen nicht zumindest einen kleinen Platz im sonstigen Sortiment eingeräumt hat.
Die Betroffenheit, die »Häutungen« auslöste, blieb nicht beschränkt auf die feministische Bewegung in der Bundesrepublik. Auch diejenigen, die der Autorin in die lesbische Alternative – wie sie das Buch anpreist – nicht zu folgen bereit waren, erkannten sich in ihrem Verhältnis zu den Männern wieder. Und die Männer, die dieses Buch lasen, wurden mit der Frage konfrontiert: »Wann werden Männer anfangen, mit anderen Männern über ihr persönliches Leben zu sprechen, andere Männer zu berühren, wenn sie die Wärme eines Menschen spüren möchten? Dafür sind Frauen da. Sie werden zwischen die Männer geschoben, die sich, allein unter sich, zerfleischen würden.«
Verena Stefan, 1947 in Bern geboren, später in Berlin lebend, zog sich nach dem Erfolg ihres Buches auf einen Bauernhof in der Nähe der schleswig-holsteinischen Stadt Heide zurück – zusammen mit ihrer Freundin Antonia Wernery, einer Malerin, zugleich die »Fenna« in »Häutungen«. Lesetourneen lehnte Verena Stefan ab. Sie arbeitete in Heide weiter in ihrem bürgerlichen Beruf, bekam dafür 700 Mark und verbrauchte vom Verkaufserlös ihres Buches monatlich 300 Mark. Den Rest überließ sie ihrem Verlag für die Finanzierung weiterer Buchprojekte und für die Unterstützung hilfloser Frauen. Inzwischen ist »Häutungen« in Frankreich, Dänemark, Norwegen und Italien erschienen.
Im Leben mit Frauen habe sie, sagt Verena Stefan, »Sensibilisierung erfahren, eine ganz neue Art des Wohlbefindens und der Unbefangenheit kennengelernt«. Für Männer empfinde sie eine große Fremdheit. Auf die »nicht in Leistung ausgebrannte Subjektivität der Frauen« vertraut sie. Ihr Credo hat sie in »Häutungen« formuliert: »Vagina-Penis ist eine Ersatzeinheit geworden, ein Ersatz für alle auseinandergerissenen Zusammenhänge.«

Helga Schütz

Präzise Erinnerungen an die Kindheit

Von Helga Schütz gibt es drei Bände Erzählungen und einen Roman. Es sind Bücher, die nahezu durchgehend eine Heldin haben: die heranwachsende Juliette, Jette genannt. Die findet der Leser in den letzten Kriegsjahren im schlesischen Probstein bei den Großeltern, dann als Suchkind nach dem Bombenangriff in Dresden 1944, als Jugendliche bei der Großmutter in der DDR, zu Besuch bei Verwandten im Westen und in Polen, wo heute Probstein liegt. Schreiben erst einmal als Bewältigung einer Kindheit – das ist der Ausgangspunkt der 42jährigen DDR-Autorin, die heute in Groß-Glienicke bei Berlin wohnt.

Ihr erstes Buch hieß »Vorgeschichten oder schöne Gegend Probstein« und erschien 1971 in der DDR, ein Jahr später in der Bundesrepublik. Helga Schütz war

Mitte dreißig, als sie wußte, wie ihr weiterer Lebensweg zu verlaufen hat. Die Mutter zweier Kinder – der Sohn 1959 geboren, die Tochter 1964 – lebte bis dahin zurückgezogen als Hausfrau. Ihren Mann, den Filmregisseur Egon Günther, hatte sie auf der Berliner Hochschule für Filmkunst kennengelernt. Er war ihr Lehrer gewesen. Als Hausfrau und Mutter waren die Freiräume gering. Sie schrieb gelegentlich Szenarien für Filme. Das Heranwachsen der Kinder weckte die Erinnerung an die eigene Kindheit.

Die Erinnerung an das Dorf der Großeltern: »Das Dorf ist groß an Land und arm an Seelen und Feuerstellen. Es zieht sich in die Länge und Breite. Geht man gegen zehne vom Niederdorf auf der Dorfstraße immer an der Katzbach entlang, kommt man gegen elfe im Mittendorf an, und will man doch einmal ins Oberdorf... so ist es noch eine weitere Stunde zu laufen.« Helga Schütz beschreibt die Bevölkerung dieses Ortes vor dem Kriegsende: Leute in der Abgeschiedenheit, die sich ihre eigenen Gedanken über den Faschismus machen und sich wegducken.

Noch in der Stunde der Flucht hat in der Heimat der Autorin alles seine Ordnung. »Warum besserst du die Brücke aus, wenn wir doch alle fortgehen?« fragt Jette ihren Großvater. »Für die anderen, die nach uns kommen, für die, sagt der Großvater. – Wer iss'n das, die nach uns kommen, Großvater? – Die Polen, sagt Großvater. Leute wie wir sind das.... und gar nicht is dran, daß wir besser wärn als die, Leute wie wir, und für diese bessere ich die Brücke aus.«

Ihren Arbeitstag hat Helga Schütz einmal so beschrieben: »Frühstück. Ein bißchen Wäsche. Die Kinder versorgen. Krankengeld abholen. Telefonieren, ein Szenarium betreffend, das ich für das DEFA-Filmstudio geschrieben habe. Das Pferd im Regen photographiert. Eingekauft. Gekocht. In Büchern, die ich gestern gekauft habe, geblättert und gelesen. Mit dem Großen die neuen Schulbücher angesehen. Aus »France-Soir« einen Artikel übersetzt. Telefoniert. Nach vier Wochen Unterbrechung ein Manuskript aufgeschlagen, gelesen, korrigiert, eine Seite in die Schreibmaschine eingespannt – nicht geschrieben, Küchenarbeit. Essen. Das Mittagessen für den nächsten Tag vorbereitet: Pilze geputzt.«

Die Schriftstellerin sagt: »Ich habe so viel im Alltag zu besorgen, daß dies mein Thema ist. Es ist das Tägliche.« Das Arbeiterkind Helga Schütz war nach dem Kriege Gärtnerin geworden. Das Abitur ermöglichte ihr der Staat dann an der Potsdamer Arbeiter- und Bauernfakultät. Im vergangenen Jahr starb ihre Tochter im Alter von 14 Jahren. Sie war geschädigt auf die Welt gekommen. Helga Schütz sagt: »Dieses Kind hat mir über die Maßen viel Einsicht in die Dinge des Lebens gegeben. Was nützt alle Laune und Schreibfreudigkeit, wenn es nicht tiefe Erlebnisse gibt, die in jene eigene Welt befördern, von der her es wichtig scheint, sich sprachlich mitzuteilen.«

Ursula Krechel

Kämpferin für die Frauenbewegung

Ursula Krechel, 1947 in Trier geboren, wurde bekannt durch ihr 1975 erschienenes Buch »Selbsterfahrung und Fremdbestimmung. Berichte aus der neuen Frauenbewegung.« Die promovierte Germanistin gehörte zu den Protagonisten der studentischen Rebellion Ende der sechziger Jahre und erlebte mit, wie die Frauen auch diesmal wieder nur Anhängsel der protestierenden Männer waren. Eine Erfahrung, die zu Zusammenschlüssen von Frauen führte. Eine der entschiedensten Kämpferinnen der Frauenbewegung wurde Ursula Krechel. Ein Engagement, mit dem ihre ersten Versuche einhergingen, über das Programmatische in die Belletristik zu finden. In ihrem Theaterstück »Erika« demonstrierte sie am Handlungsgeflecht einer Ehe, in der der Mann immer nur auf schnelle Sexualität aus ist, den Befreiungsversuch einer Frau. Dichterische Qualität erreichte sie 1977 – drei Jahre nach der Uraufführung ihres Stückes – mit dem Lyrikband »Nach Mainz!«. In der Form des Gedichts gelingen ihr hautnahe Beschreibungen der Verstörung von Frauen. Da heißt es:

Als meine Mutter ein Vierteljahrhundert lang
Mutter gewesen war und Frau, aber das konnte sie
vergessen mit der Zeit, als sie so geworden war
wie eine anständige Frau werden mußte
klüger als die Großmutter, ergebener als die Tanten
sparsamer in der Küche und in der Liebe als eine
der das Glück in den Schoß gefallen war
als sie genug Krümel von der Tischdecke geschnippt
als sie die Hoffnung begraben hatte, einmal eine Dame
in Pelz zu sein wie in den Modeheften vor dem Krieg
die sie immer noch hinten in der Speisekammer hütete
als sie anfing, den Töchtern ins Gesicht zu sehen
auf der Suche nach Spuren, die sie im eigenen Gesicht
nicht fand, als sie nicht mehr vor Angst aufwachte
weil sie vom Bügeleisen geträumt hatte
das nicht ausgeschaltet war, als sie schon manchmal
wagte, die Beine am frühen Nachmittag
übereinanderzuschlagen, fraß sich ein Krebs
in ihre Gebärmutter, wuchs und wucherte
und drängte meine Mutter langsam aus dem Leben.

In ihrer Analyse der Situation der Frau geht Ursula Krechel davon aus, daß der technische Wandel einige Tätigkeiten der Frau verkürzt und erleichtert hat, aber das System der Produktionsweise von Frauen sei nicht gesprengt worden: »Sie arbeiten für den Hausbedarf, machen keinen Profit, fügen sich in Abläufe, die sie als selbstverständlich, als natürlich empfinden. Weil sie Kinder gebären, denken sie auch unter bedrohlichen Lebensbedingungen eher an die Zukunft als die Männer. Weil sie Kinder produzieren (das heißt gebären, ernähren, kleiden, erziehen) und nicht irgendeine Ware, die durch eine ähnliche Ware ersetzt werden kann, stehen sie nicht mit beiden Beinen in dem Produktionsprozeß, der ihre Männer so stumpf und kaputt gemacht hat.«
Den Übergang von der Frauenrechtsbewegung zur Frauenbefreiungsbewegung setzt Ursula Krechel dort an, »wo sichtbar geworden ist, daß das auf Expansion, Unterordnung und Beherrschung aller Kräfte ausgerichtete männliche Prinzip zerstörerisch für jedes Leben ist. Unsere Aufgabe kann es nicht mehr sein, funktionierende Rädchen in diesem System zu bleiben, das seinen Untergang vor unseren Augen ausbreitet.«

Elke Erb

Das Herantasten an die Worte

Von einer »weiblichen Ästhetik« wird viel geredet. Die DDR-Autorin Elke Erb macht in ihren zwei schmalen Bänden mit lyrischer Prosa und Lyrik auf eine fast stille Weise Ansätze dieser Art deutlich: im behutsamen Voraustasten ihrer Sprache, im Ausprobieren der Prädikate, in der eher flächigen als linearen Struktur ihrer Wortschöpfungen werden durch spezifische Sozialisation geprägte weibliche Stilformen herausgearbeitet. Die 41jährige Autorin schreibt aus der Ambivalenz des Nahe-Herantretens an ihren literarischen Gegenstand und der Scheu, dem Gegenstand nicht zu nahe zu treten. Die Vorgänge sind so subtil, daß die Schriftstellerin bisher nahezu unbekannt geblieben ist.

»Als auf dem Perron seine Stirn und Wangen um die blauen Augen weiß segelten, weiße Wölkchen über blauen Himmel, und das Schwarz der Locken flockte, Wolken schwarz auf einem Himmel blau, stach mich, daß er so verfallend aussah; verwünscht, verwünscht ich kann ihn pflegen, das Haar ihm schneiden gleich nach seiner Rückkehr, so daß er aussieht wie ein nacktes Kind.« Elke Erb, 1938 geboren in Scherbard/Eifel, mit dem Vater 1949 in die DDR übergesiedelt, nennt das Prosastück »Liebesgedicht«. Zwei Zeilen hat ein anderes Gedicht »Hoch in den Jahren«: »Du? – sprichst zu schnell. / Und dann ins tote Ohr.«

Im Jahre 1975 erschien Elke Erbs erstes Buch mit dem Titel »Gutachten«, 1978 ihr zweites: »Der Faden der Geduld«. In der Bundesrepublik liegt seit 1976 ihr Band »Einer schreit: Nicht!« vor, das Geschichten und Gedichte aus den DDR-Erscheinungen zusammenfaßt. Elke Erb ist Mutter eines Kindes, war verheiratet mit dem Schriftsteller und Literaturkritiker Adolf Endler und lebt in Ost-Berlin. Sie ist eine hervorragende Slawistin, die Werke der Russen Gogol, Block und Zwetajewa übersetzte und nachdichtete. Sie sagt von sich: »Ich bin, bis ich elf war, auf dem Land aufgewachsen, in der Eifel, und zwar ohne Verwandte. Drei Kinder, die Mutter. Der Vater war im Krieg. Gegenüber drei Bauernhäuser, ganz andere Leute. Ich habe sehr viel Bildung, sehr viel Erfahrung nicht mitbekommen, die der städtische Bürger hat... Heckenrosen können das niemals ersetzen.«

Einer ihrer schönsten Texte gilt Else Lasker-Schüler: »Wenn ich einmal hinsehe, kehre ich zurück mit dem Bild: auch noch in Jerusalem lebte sie arm. Besuch saß auf dem einzigen Stuhl, sie selbst auf dem Bettrand, plaudernd. Einiges verstand man, aus anderem wurde man nicht schlau. In einem privaten Hause, in dem sie Gedichte vorlas, hielt sie in der Hand ein winziges Glöckchen, läutete mit ihm. Was hätte sie gegessen, sie war dünn, was hätte sie gegessen! Als sie dann umgefallen war, verständigte man sich, trat zu einem Zuge an, der trug sie feierlich weg, letztes Geleit.«

Elisabeth Plessen

Eine Autorin, die niemand haben wollte

Die Kritik war später voll des Lobes über den Roman »Mitteilung an den Adel« der 32jährigen Elisabeth Plessen. Ehe der kleine Benziger Verlag 1977 zugriff, hatte Dr. Elisabeth Charlotte Marguerite Gräfin von Plessen, so ihr eigentlicher Name mit Titel, Absagen von den »Großen« bekommen. Der Suhrkamp Verlag schickte ihr das Manuskript mit der Begründung zurück, »an so einen Stoff könne man höchstens mit achtzig herangehen«. Und auch Hanser und S. Fischer mochten nicht publizieren. Der Vater-Konflikt, den dieser Roman behandelt, schien diesen Buchmachern überholt zu sein, seitdem der Expressionismus ihn vor 60 Jahren ausgiebig behandelt hatte.

Die großen Verlage täuschten sich. »Mitteilung an den Adel«, die literarische Auseinandersetzung der

der APO-Generation entstammenden Gutsbesitzer-Tochter mit ihrem Vater, nahm das alte Thema neu auf: »Adel ist nicht nur ein Klassenbegriff. Adel deckt vieles andere ab, bis hin zur Regenbogenpresse. Mir kam es in dem Buch darauf an, das Patriarchalische jener Adliger darzustellen, die noch Großgrundbesitz haben. Ich wollte zeigen, wie Besitz herrisch macht.«

In dem Roman heißt es: »Du kannst deine Herkunft durchschauen. Du kannst deine Herkunft in die Ecke stellen. Du kannst sie loswerden. Dann befreie dich aber auch von deiner Angst, sonst nützt es nichts. Sie logisch zu verneinen, ist kein Weg.« Das Buch »Mitteilung an den Adel« war der Schlußpunkt Elisabeth Plessens bei ihren Befreiungsbestrebungen von der Angst. Sie war als 20jährige vom väterlichen Schloß Sierhagen in Schleswig-Holstein weggegangen, hatte das Band zum Vater aufgelöst und studierte in Berlin, wo sie seit mehr als einem Jahrzehnt lebt.

Ihr erstes Buch hieß »Fakten und Erfindungen« und war eine Arbeit, mit der sie bei Walter Höllerer über »zeitgenössische Epik im Grenzgebiet von Fiction und Nonfiction« promovierte. Das Buch erschien 1971. Mit Michael Mann gab sie 1974 Katja Manns »Meine ungeschriebenen Memoiren« heraus. Augusta, die »Heldin« in »Mitteilung an den Adel« ist so alt wie Elisabeth Plessen. Die Handlung spielt im Jahre 1970, in dem der 56jährige Vater stirbt. Ihre Geschwister halten ihr in dem Roman vor, daß sie, Augusta, den Tod des Vaters auf dem Gewissen habe. Auf dem Weg zur Beerdigung reflektiert Augusta den Vorwurf.

Sie überdenkt Vergangenheit und Gegenwart. Ein Vater hätte für sie ein Mensch sein sollen, »dem man sich anvertrauen konnte, der unverstellt redete und spontane Gefühle zuließ und nicht verdrängen machte, einer, der einen gehen ließ und nicht fortwährend aufzog wie eine Uhr, mit dem man Sätze wechseln konnte, auf die es immer ankam, unernste, unausgewogene Sätze«. Doch er »hatte sich einen Käfig gebaut... Er wollte nicht, daß man ihn aus diesem Käfig herausholt.«

Augusta erinnert sich, wie der Vater sie daheim angeschrien hatte: »Wenn du mit deinen Genossen kommst, stehe ich an der Tür und schieße euch über den Haufen! Dich zuerst!« Augusta fragt sich: »Warum haben wir uns so schlecht gestanden?... Ich habe dich nur tot gewünscht, wenn ich am Ende war. Ich dachte, dann wäre ich frei. Jetzt bist du tot, aber es erleichtert mich nicht.« Augusta nimmt anschließend an dem Begräbnis teil, sie bricht die große Auseinandersetzung, ihre Selbstforschung in der Figur des Vaters ab, denkt sich, wir sind quitt, und weiß doch, daß diese Rechnung nicht aufgeht: »Wir befinden uns Auge in Auge. Zufrieden?«

Margarete Hannsmann
Dichterin, als die Kinder aus dem Haus waren

Als Margarete Hannsmann im Jahre 1964 mit ihrem Roman »Drei Tage in C.«, eine Auseinandersetzung mit dem Faschismus, erschien, kam sie zu spät. Das Thema war in der Bundesrepublik vorerst abgehakt. Als Margarete Hannsmann 1972 ihren Gedichtband »Das andere Ufer vor Augen« veröffentlichte, der erstmals DDR-Gedichte von einer westdeutschen Schriftstellerin enthält, kam sie zu früh. Von der heute 57jährigen, die seit über einem Jahrzehnt mit HAP Grieshaber auf der Achalm bei Reutlingen zusammenlebt und dessen Holzschnitte einen Teil ihrer Werke illustrieren, liegen bisher mehr als zehn Bücher vor: Lyrik – mit Ausnahme des frühen Romans »Drei Tage in C.« und »Chauffeur bei Don Quijote – wie Hap Grieshaber in den Bauernkrieg zog«. Die Lebensgeschichte des Künstlers aus der historisch verfremdeten Perspektive seiner Lebensgefährtin.

Margarete Hannsmann stammt aus Heidenheim an der Brenz. Sie ist die Tochter eines Volksschullehrers, der schwerkriegsbeschädigt aus dem Ersten Weltkrieg kam, völkisch ausgerichtet war und begeistert für die Nazis votierte. In dieser Atmosphäre wuchs Margarete Hannsmann auf. Sie war Jungmädelscharführerin, dann Grenz- und Auslandsreferentin der Hitlerjugend mit 15 Jahren. In ihrem Elternhaus gab es die Werke von Hermann Hesse und Ludwig Finckh. Schwäbische Autoren und Freunde, von denen der eine sich lange vor 1933 in der Schweiz niedergelassen hatte und der andere – in Deutschland geblieben – sich dem Nationalsozialismus zuwandte. Margarete Hannsmanns Vater schrieb eine Finckh-Biographie. Und die Tochter erlebte, wie dort aus dem vor 1933 guten Hesse nach 1933 ein dekadenter Hesse wurde.

Es gab Streit zwischen der Tochter und dem Vater. Die Tochter verteidigte die Werke Hesses. Margarete Hannsmann erinnert sich: »Es war für mich junges Mädchen der Anfang eines Umdenkungsprozesses. Den Hesse hab ich mir nicht nehmen lassen.« Mit 17 Jahren lernte sie in Stuttgart einen Hamburger Journalisten kennen. Einen Gegner der Nazis, der zeitweilig im KZ saß und dann Berufsverbot hatte. Margarete Hannsmann besuchte zu jener Zeit die Schauspielschule. Sie verliebte sich in den Mann, ein Sohn wurde geboren, dann wurde geheiratet, später kam eine Tochter zur Welt. Der Mann wurde Soldat in einer Bewährungskompanie. Und Margarete Hannsmann stand gegen Kriegsende vor der Frage, in die Wehrwirtschaft als Arbeitskraft zu gehen oder an das Fronttheater. Sie entschied sich für letzteres.

Ihr Mann wurde nach dem Zweiten Weltkrieg Verleger. Doch als er die Werke von Karl Marx herausbringen wollte, schritten die amerikanischen Besatzungsbehörden ein. Der Verlag ging in die Brüche, und der Mann, so Margarete Hannsmann, »verlor darüber den Verstand«. Die Frau ernährte die Familie nun als Lernmittelhändlerin, Annoncenakquisiteurin und Puppenspielerin. Zum Schreiben war da keine Zeit. Erst als der Mann 1957 gestorben und als die Kinder aus dem Haus waren, begann sie zu schreiben, erschien ihr Erstling, der zwölfseitige Gedichtband »Tauch in den Stein«, darin das Gedicht »Mosaik«:

Erst seine Ordnung
stört deinen Wirrwarr
aber vielleicht
hebt der Delphin dich auf
und setzt dich neu zusammen.

Sieben Jahre lang lebte Margarete Hannsmann mit dem Lyriker Johannes Poethen zusammen: »Ich lernte unablässig. Und ich hab unablässig von der Kritik, wenn sie mich wahrgenommen hat, was in die Fresse bekommen. Ich ging von Fehler zu Fehler. Ich las, sah und beobachtete. Heute weiß ich, was man in der Literatur machen darf und was nicht. Aber es war ein langer Prozeß.« Margarete Hannsmann hat in den letzten Jahren ihren eigenen unverwechselbaren Stil gefunden, eine politische Lyrik, die frei von ideologischem Eifer ist. In einem Gedicht über den Radikalenerlaß heißt es:

Wie viele
wurden in diesem sechsundzwanzigsten Jahr
des Grundgesetzes befragt
durchgekämmt?
vierhundert?
viertausend?
vierhunderttausend?
vier sind zuviel.
Um vier Menschen zu denunzieren
braucht es vier mal vier
da ist schon wieder ein Volk unterwegs
Hausleute Nachbarn Freunde Feinde
unversehens
und unterderhand
der Friseur der Tankstellenwart
Menschen die nie den Menschen sahen
über den sie Auskunft erteilen
Erst das Hemd das ihr tragt
und euer Haar
dann wann ihr kommt und geht und mit wem
noch bevor der Hahn dreimal kräht
haben die das Brot mit euch brachen
euch schon verraten
fragt sie doch
fragt eure Väter was euch bevorsteht
fragt sie warum nach Auschwitz kein Gedicht möglich sei

Margarete Hannsmann und die Gedichtbände, die aus ihrem bisherigen Werk herausragen: »Zwischen Urne und Stier« (1971), »Das andere Ufer vor Augen« (1972), »Fernsehabsage« mit Gedichten auf Günter Eich, Paul Celan, Sarah Kirsch, Walter Mehring, Reiner Kunze, Pablo Neruda und Mikis Theodorakis (1974) und der Zyklus »Aufzeichnungen über Buchenwald« mit Holzschnitten von HAP Grieshaber (1978).

In der Anthologie »Deutschland Deutschland« (Residenz-Verlag) hat Margarete Hannsmann ihren Lebenslauf in Gedichtform geschrieben. Er beginnt mit den Worten: »Meine Sonne / nannte man Finsternis / ich lernte trommeln / als Morgen war / und träumen ohne Schlaf in Marschkolonne / bevor ich tanzen konnte / Deutschland / ließ seine Kindlein zu sich kommen / gab ihnen eine Fahne / waren wir unschuldig?«

Margarete Hannsmann

Katja Behrens

Warten auf den neuen Mann

Im Jahre 1977 zog die 35jährige Katja Behrens einen Schlußstrich unter ihre bürgerlichen Berufe. Sie hatte als Sekretärin, Marktforscherin, Gärtnerin, Kellnerin, Übersetzerin und zuletzt als Lektorin gearbeitet. Sie war Ehefrau, sie war Hausfrau gewesen. Sie ist Mutter eines Kindes. 1977 verließ die damals siebzehnjährige Tochter die Wohnung. Ein neuer Anfang wurde Katja Behrens möglich. Sie, die bis dahin an die zwanzig Bücher übersetzt, darunter Autoren wie Williams S. Burroughs, Henry Miller und Kenneth Patchen, und zuletzt im Luchterhand-Verlag die südamerikanische Literatur betreut hatte, wollte nun endlich selbst schreiben. Und sie schrieb. Eine der ersten Erzählungen von ihr druckte die »Frankfurter Allgemeine Zeitung« noch im selben Jahr ab. »Kein Platz für zwei« – die

Geschichte einer Ich-Suche, in der die Autorin schildert, wie sie ihr wahres Selbst durchzusetzen versucht gegen die Person, die sie durch Sozialisation und der damit verbundenen Anpassung geworden ist. Die Erzählerin Katja Behrens war über Nacht entdeckt. Der Suhrkamp-Verlag nahm sie auf in den Kreis seiner Belletristik-Autoren. Für die Erzählung »Liebe« erhielt Katja Behrens im Sommer 1978 das Förderungsstipendium des Klagenfurter Ingeborg-Bachmann-Preises. Unter dem Titel »Die weiße Frau« erschien im Herbst desselben Jahres ihr erster Erzählungsband bei Suhrkamp.

Katja Behrens, 1942 in Berlin geboren, ist mütterlicherseits jüdischer Herkunft. Ihr Vater war Pressefotograf und wurde wegen seiner Ehe mit Berufsverbot belegt. Bei der Organisation Todt zwangsverpflichtet, brachte er die gefährdete Familie in Österreich bei einem Pfarrer in Sicherheit. Nach dem Kriege wurde er Direktor der Filmbildstelle in Wiesbaden, verliebte sich in eine andere Frau, ließ sich scheiden und ging in die Vereinigten Staaten. In Wiesbaden wuchs Katja Behrens bei der Mutter auf. Sie machte die Mittlere Reife und heiratete mit siebzehn Jahren den ersten Mann, in den sie sich verliebte. Einen dreizehn Jahre Älteren, der als Zivilangestellter bei der amerikanischen Armee arbeitete. Ein Jahr später kam ihre Tochter zur Welt.

Im amerikanischen Freundeskreis ihres Mannes lernte sie die englische Sprache. Und sie begann, amerikanische Bücher ins Deutsche zu übersetzen. Der Limes-Verlag druckte die Übersetzungen und beschäftigte sie außerdem als Sekretärin. »Eines Tages stand ich von meinem Schreibtisch auf, ging einfach weg und kam nicht wieder«, erinnert sie sich an ihren ersten Ausbruchversuch. »Ich glaube, es war eine Liebesgeschichte.« Sie ging für ein Jahr nach Mallorca. Sie besuchte die Vereinigten Staaten, und sie versuchte, in Israel zu leben. »Ich hatte eine romantische Vorstellung von Israel«, bekennt sie heute. »Mit Deutschland konnte ich mich nicht identifizieren. Mit Israel wollte ich mich identifizieren. Doch dann habe ich gemerkt, daß die einstigen Opfer potentielle Täter sind. Ich entdeckte in Israel ausgesprochen faschistoide Züge.« Katja Behrens kehrte nach Deutschland zurück. Den Jahren der Trennung von ihrem Mann folgte 1971 die Scheidung. Wenn sie an die vorausgegangenen Jahre denkt, spricht die Autorin von der »Unbotmäßigkeit der Eselin« und meint sich, »eine Unbotmäßigkeit, die sich gegen alles und jeden sperrt«. Die Geborgenheit in der Ehe hatte sie als »etwas Fragwürdiges« empfunden: »Ich habe begriffen, daß die Eselin erschreckend lenkbar ist, weil sie ja nur ihre Störrischkeit hat und sonst nichts.« Mit dreißig, als Lektorin im Luchterhand-Verlag, hat sie dann »recht spät, etwas ganz Einfaches begriffen: daß die Unbotmäßigkeit allein zu nichts führt, daß man wissen muß, wogegen und wofür und auch, wie und wann«.

Das Wichtigste – so sagt sie – habe sie auf Reisen gelernt: »Das An-

Katja Behrens

kommen und Fortgehen und wie ausgesetzt man ist, wenn man sich aussetzt, und wie Wörter woanders eine ganz andere Bedeutung haben, zum Beispiel die Wörter Armut, Hunger und Unterdrückung. Ich habe begriffen, daß ein Dach über dem Kopf und ein Essen auf dem Tisch nichts Selbstverständliches sind. Ich habe das Fragen und Infragestellen gelernt und zu Hause dann die Fragwürdigkeit von Antworten, was aber nicht heißt, daß ich gelernt habe oder lernen will, mich mit Gegebenheiten abzufinden, mit den Gegebenheiten hierzulande oder anderswo.«

Aus dieser Erfahrung heraus schreibt Katja Behrens, einer Erfahrung, die unter der Gesetzgebung der Selbstbesinnung steht und sich ideologisch nicht einengen läßt. Ihr Standpunkt des Alleinseins ist keiner, der das Alleinsein als ultima ratio akzeptiert, aber ihn zur Klärung der eigenen Identität für notwendig hält. Alleinsein erst einmal als eine Kraft mit heilender Wirkung, indem man zeigt, daß man ohne Täuschung zu leben vermag. Was Katja Behrens bisher geschrieben hat, sind Liebesgeschichten, in denen sie ganz »leibhaftig« da ist und die Männer noch nicht. Ihre Erzählungen sind Ausblicke auf den Mann, wie er sein könnte.

Aber sie weiß auch, wie es in ihrer Erzählung »Das Spiel« heißt: »Das Spiel könnte mir über den Kopf wachsen. Nicht daß ich mich sonderlich davor fürchtete, eines Tages nicht mehr zwischen dem goldenen Ball in meinem Bauch und dem Stein am Weg unterscheiden zu können. Mich schreckten die Folgen, die ein solches Spiel nach sich ziehen könnte, die Onkel in den weißen Kitteln und die Tanten mit den flachen Absätzen und dem energischen Schritt, jetzt schlafen wir mal ein bißchen, oder jetzt haben wir aber genug geschlafen, und ich begriff, das Spiel würde entweder gräßlich fade bleiben oder mich all den Gefahren aussetzen, die jemand auf sich nimmt, der schwarz über die Grenze geht.«

> Die weiße Frau ist jene Fremde, die eines Tages auf dem Flugplatz eintrifft, aus Deutschland, mit einem Rucksack, und sich durchfragt, zum Ort Quibdó. In Quibdó gibt es nur wenige Häuser aus Stein, die meisten sind aus Brettern gemacht, wellblechgedeckt. Palmen gibt es hier. Und ein Hotel, in dem die Übernachtung zehn Dollar kostet. Also steigt die Fremde in der Residencia Centenario ab, hier kostet es vierzig Pesos. Manchmal heißt ihr Mann Gabriel, manchmal Ernesto, und er hält sich in Cali auf, denn es gibt ihn nicht, und Frauen haben nicht allein zu reisen.
>
> **Katja Behrens**
> **Die weiße Frau**
> Suhrkamp

Claudia Storz
Roman über
die Unmenschlichkeit
der Gesunden

Es war kein aufsehenerregendes Buch, mit dem die 29jährige Schweizerin Claudia Storz 1977 bekannt wurde. »Jessica mit Konstruktionsfehlern« hieß der Roman. Darin wird das Schicksal einer kranken jungen Frau erzählt. Eine Krankheit, die die Autorin mit ihrer Roman-»Heldin« Jessica teilt. Ein Stück Bekenntnisliteratur. Ein Erstlingswerk, wie es fast schon typisch geworden ist in den letzten Jahren. Und doch mehr: die geschilderten Schwierigkeiten, die der Romanfigur aus der Krankheit erwachsen, werden zur Metapher für Fremdbestimmung des Menschen.

In dem Roman heißt es: »Ein Körper, der sich selber zerstört. Ich muß versuchen, weniger darauf zu achten. Ich habe herausgefunden, daß Jessica ›Yes I can‹ heißt.« Ja, ich kann doch. Jessica leidet an der bisher unheilbaren Krankheit Morbus Krohn, bei der infolge Darmverschlusses eitrige Entzündungen und Geschwüre den Darm aufbrechen. Auch ein künstlicher Darmausgang bewahrt den Kranken nicht vor chronisch auftretenden Koliken. »Ein übelriechender kotiger Kloß, der weint«, heißt es in dem Roman. »Von innen aufgebrochen, wie eine faule Frucht... niemand wußte warum. Dekadent, zivilisationsgeschädigt, allergisch, von Antikörpern aufgefressen...«

Doch Claudia Storz beläßt es nicht bei den Schilderungen der Krankheitssymptome. Ihre Romanfigur sieht ein, »daß sie eine eigene Welt aufbauen mußte, in der die Krankheit Platz hatte... Das kompliziert ihr Leben, aber es macht es auch bewußter, intensiver...« Die genaue Selbstbeobachtung wird als Erkenntnismoment genutzt. Die Autorin schildert eindringlich die kranken Beziehungen Gesunder zu Kranken, zeigt, wie die Gesunden unfähig sind, kranken Menschen Ehrlichkeit und Wärme zu geben. Das Buch spricht von der Unmenschlichkeit gegenüber der Gebrechlichkeit jedes Menschen. Es schließt also auch den Kranken ein, der seine Krankheit vor den anderen verstecken muß, um in seiner Umwelt leben zu können.

Claudia Storz, 1948 in Zürich geboren, leidet an Morbus Krohn seit ihrem 16. Lebensjahr. Trotz der Krankheit machte sie ihr Abitur und studierte Anglistik. Mit ihrem Mann, einem Orchestermusiker, unterrichtet sie in Aarau in einem Seminar Erwachsene in englischer Literatur. Über ihr Buch sagt sie: »Es ist ein Frauenbuch. Geschrieben von einer Frau, die auf der Suche nach sich selbst ist, in einer Spezialsituation lebt, in eine Randgruppe gehört. Überall, wo Jessica hinkommt, ist es denn auch ein bißchen mies. Ich habe versucht, kein Selbstmitleid zu haben, mit meinen Skurrilitäten fertig zu werden.«

Bibliographie

Aufgenommen sind alle mir zugänglichen selbständigen Schriften. Beiträge aus Anthologien, Zeitungen, Zeitschriften oder sonstigen Periodika werden nur in wichtigen Fällen vermerkt.

PRIMÄRLITERATUR

Ilse Aichinger

Die größere Hoffnung: Roman. Amsterdam: Bermann-Fischer Verlag 1948.
Rede unter dem Galgen: Erzählung. Wien: Jungbrunnen-Verlag, 1952.
Der Gefesselte: Erzählungen Frankfurt: S. Fischer Verlag, 1953.
Zu keiner Stunde: Frankfurt: S. Fischer Verlag, 1957.
Knöpfe: In: Hörspiele. Frankfurt: Fischer Taschenbuch Verlag, 1961.
Besuch im Pfarrhaus: Ein Hörspiel. Drei Dialoge. Frankfurt: S. Fischer Verlag, 1961.
Wo ich wohne: Erzählungen, Dialoge, Gedichte. Frankfurt: Fischer Taschenbuch Verlag, 1963.
Eliza Eliza: Erzählungen. Frankfurt: S. Fischer Verlag, 1965.
Auckland: 4 Hörspiele. Frankfurt: S. Fischer Verlag, 1969.
Nachricht vom Tag: Erzählungen. Frankfurt: Fischer Taschenbuch Verlag, 1970.
Dialoge: Erzählungen Gedichte. Stuttgart: Reclam, 1971.
Der letzte Tag: Hörspiel zusammen mit Günter Eich. In: Günter Eich. Gesammelte Werke. Band III. Frankfurt: Suhrkamp Verlag, 1973.
schlechte Wörter: Frankfurt: S. Fischer Verlag, 1976.
verschenkter Rat: Gedichte. Frankfurt: S. Fischer Verlag, 1978.
Meine Sprache und ich: Erzählungen. Frankfurt: Fischer Taschenbuch Verlag, 1978.
zu keiner Stunde: Szenen und Dialoge. Neu zusammengestellte Ausgabe unter früherem Titel. Frankfurt: S. Fischer Verlag, 1980.

Rose Ausländer

Der Regenbogen: Gedichte. Czernowitz: Verlag Literaria, 1939.
Blinder Sommer: Gedichte. Wien: Bergland Verlag, 1965.
36 Gerechte: Gedichte. Hamburg: Hoffmann und Campe Verlag, 1967.
Inventar: Gedichte mit Siebdrucken von Otto Piene. Duisburg: Guido Hildebrandt Verlag, 1972.
ohne Visum: Gedichte und kleine Prosa. Düsseldorf–Krefeld: Sassafras Verl., 1974.
Andere Zeichen: Gedichte. Düsseldorf: Concept Verlag, 1975.
Gesammelte Gedichte: Leverkusen: Literarischer Verlag Helmut Braun, 1976.
Noch ist Raum: Gedichte. Duisburg: Gilles & Francke Verlag, 1976.
Doppelspiel: Gedichte. Köln: Literarischer Verlag Helmut Braun, 1977.
Es bleibt noch viel zu sagen: Gedicht-Kassette mit Texten, zwei Schallplatten und einer Illustration von HAP Grieshaber. Köln: Literarischer Verlag Helmut Braun, 1977.
Es ist alles anders: Gedichte mit Graphiken von Paul Breinig. Pfaffenweiler: Pfaffenweiler Presse, 1978.
Aschensommer: Ausgewählte Gedichte. München: Deutscher Taschenbuch Verlag, 1978.
Einverständnis: Gedichte mit Offsetlithographien von Klaus Hruby, Pfaffenweiler: Pfaffenweiler Presse, 1980.
Im Atemhause wohnen: Ausgewählte Gedichte. Frankfurt: Fischer Taschenbuch Verlag, 1981.
Mein Atem heißt jetzt: Gedichte. Frankfurt: S. Fischer Verlag, 1981.

Ingeborg Bachmann

Die gestundete Zeit: Gedichte. Frankfurt: Frankfurter Verlagsanstalt, 1953.
Anrufung des großen Bären: Gedichte. München: Piper Verlag, 1956.
Der gute Gott von Manhattan: Hörspiel. München: Piper Verlag, 1958.
Jugend in einer österreichischen Stadt: Erzählung mit Original-Gravuren von Rudolf Schoofs. Wülfrath: Horst Heiderhoff, 1961.
Das dreißigste Jahr: Erzählungen. München: Piper Verlag, 1961.
Der gute Gott von Manhattan – Die Zikaden: Zwei Hörspiele. München: Deutscher Taschenbuch Verlag, 1963.
Gedichte Erzählungen Hörspiel Essay: München: Piper Verlag, 1964.
Ein Ort der Zufälle: Mit Zeichnungen von Günter Grass. Berlin: Verlag Klaus Wagenbach, 1965.
Malina: Roman. Frankfurt: Suhrkamp Verlag, 1971.
Simultan: Neune. Erzählungen. München: Piper Verlag, 1972.
Die Hörspiele: München: Piper Verlag, 1976.
Der Tag des Friedens: München: Piper Verlag, 1976.
Werke: Vier Bände: München: Piper Verlag, 1978.
Sämtliche Erzählungen: München: Piper Verlag, 1980.

Katja Behrens

Die weiße Frau: Erzählungen. Frankfurt: Suhrkamp Verlag, 1978.
Jonas 78: Erzählungen. Zeichnungen von Kenzel-Tettenborn, Hallveig. Pfaffenweiler: Pfaffenweiler Presse, 1981.

Hilde Domin

Nur eine Rose als Stütze: Frankfurt: S. Fischer Verlag, 1959.
Rückkehr der Schiffe: Gedichte. Frankfurt: S. Fischer Verlag, 1962.
Hier: Gedichte. Frankfurt: S. Fischer Verlag, 1964.
Das zweite Paradies: Roman in Segmenten. München: Piper Verlag, 1968.
*Wozu Lyrik heute:*Dichtung und Leser in der gesteuerten Gesellschaft. München: Piper Verlag, 1968.
Höhlenbilder: Gedichte 1951/52: Hundertdruck mit Originalgraphiken von Heinz Mack. Duisburg: Guido Hildebrandt Verlag, 1968.
ich will Dich: Gedichte. München: Piper Verlag, 1970.
Die andalusische Katze: Düsseldorf: Eremitenpresse, 1971.
Von der Natur nicht vorgesehen: Autobiographisches. München: Piper Verlag, 1974.
Das zweite Paradies: Veränderte Fassung. Frankfurt: Fischer Taschenbuch Verlag, 1980.

Ingeborg Drewitz

Und hatte keinen Menschen: Erzählungen. Berlin: Eckart Verlag, 1955.
Der Anstoß: Roman. Bremen: Carl Schünemann Verlag, 1958.
Das Karussell: Roman. Göttingen: Verlag Sachse und Pohl, 1962.
Im Zeichen der Wölfe: Erzählungen. Göttingen: Verlag Sachse und Pohl, 1963.
Berliner Salons: Literatur und Gesellschaft zwischen Aufklärung und Industriezeitalter. Berlin: Verlag Haude und Spener, 1965.
Leben und Werk von Adam Kuckhoff. Deutscher Schriftsteller und Widerstandskämpfer hingerichtet durch den Strang in Berlin-Plötzensee am 5. August 1944: Berlin: Friedenauer Presse, 1968.
Bettina von Armin. Romantik–Revolution–Utopie. Düsseldorf: Eugen Diederichs Verlag, 1969.
Oktoberlicht: Roman. München: Nymphenburger Verlagshandlung, 1969.
Die fremde Braut: Erzählungen. München: Claudius Verlag, 1970.
Städte 1945. Bekenntnisse, Berichte.

Düsseldorf: Eugen Diederichs Verlag, 1970.
Wuppertal. Porträt einer Stadt: Wuppertal: Peter Hammer Verlag, 1973.
Wer verteidigt Katrin Lambert: Roman. Stuttgart: Verlag Werner Gebühr, 1974.
Das Hochhaus: Roman. Stuttgart: Verlag Werner Gebühr, 1975.
Der eine, der andere: Erzählungen. Stuttgart: Verlag Werner Gebühr, 1976.
Hörspiele: Fischerhude: Verlag Atelier im Bauernhaus, 1977.
Gestern war Heute: Roman. Düsseldorf: Claassen Verlag, 1978.
Die Samtvorhänge: Erzählungen, Szenen, Berichte. Gütersloh: Gütersloher Verlagshaus, 1978.

Gisela Elsner

Triboll. Lebenslauf eines erstaunlichen Mannes: Zusammen mit Klaus Roehler. Olten–Freiburg: Walter Verlag, 1956.
Die Riesenzwerge: Roman. Reinbek: Rowohlt Verlag, 1964.
Der Nachwuchs: Roman. Reinbek: Rowohlt Verlag, 1968.
Das Berührungsverbot: Roman. Reinbek: Rowohlt Verlag, 1970.
Herr Leiselheimer und weitere Versuche, die Wirklichkeit zu bewältigen: Erzählungen. München: Autoren Edition, 1973.
Der Punktsieg: Roman. Reinbek: Rowohlt Verlag, 1977.
Die Zerreißprobe: Erzählungen. Reinbek: Rowohlt Verlag, 1980.

Elke Erb

Gutachten: Geschichten und Gedichte. Berlin-Weimar: Aufbau Verlag, 1975.
Einer schreit: Nicht! Geschichten und Gedichte. Berlin: Verlag Klaus Wagenbach, 1976.
Der Faden der Geduld: Mit Graphiken von Robert Rehfeldt und einem Gespräch mit Christa Wolf. Berlin–Weimar: Aufbau Verlag, 1978.

Barbara Frischmuth

Die Klosterschule: Frankfurt: Suhrkamp Verlag, 1968.
Amoralische Kinderklapper: Frankfurt: Suhrkamp Verlag, 1969.
Geschichten für Stanek: Berlin: LCB-Editionen, 1969.
Der Pluderich: Kinderbuch mit Illustrationen von Walter Schmögner. Frankfurt: Insel Verlag, 1969.
Philomena Mückenschnabel: Kinderbuch mit Illustrationen von Robert Doxat. Frankfurt: Insel Verlag, 1970.
Polsterer: Kinderbuch mit Illustrationen von Robert Zeppel-Sperl. Frankfurt: Insel Verlag, 1970.
Tage und Jahre: Sätze zur Situation. Salzburg: Residenz Verlag, 1971.
Ida – und ob: Jugendbuch. Wien: Verlag Jugend und Volk, 1972.
Die Prinzessin in der Zwirnspule und andere Puppenspiele für Kinder: München: Verlag Heinrich Ellermann, 1972.
Rückkehr zum vorläufigen Ausgangspunkt: Erzählungen. Salzburg: Residenz Verlag, 1973.
Das Verschwinden des Schattens in der Sonne: Roman. Frankfurt: Suhrkamp Verlag, 1973.
Haschen nach Wind: Erzählungen. Salzburg: Residenz Verlag, 1974.
Die Mystifikationen der Sophie Silber: Roman. Salzburg, 1976.
Amy oder Die Metamorphose: Roman. Salzburg: Residenz Verlag, 1978.
Kai und die Liebe zu den Modellen: Roman. Salzburg: Residenz Verlag, 1979.
Entzug – ein Menetekel der zärtlichsten Art: Zwei Erzählungen mit Illustrationen von Heinz Treiber. Pfaffenweiler: Pfaffenweiler Presse 1979.
Bindungen: Erzählung. Salzburg: Residenz Verlag, 1980.

Margarete Hannsmann

Tauch in den Stein: Gedichte. Darmstadt: Bläschke Verlag, 1964.
Drei Tage in C: Roman: Nymphenburger Verlagshandlung München, 1964.
Maquis im Nirgendwo: Gedichte. Darmstadt: Bläschke Verlag, 1966.
Zerbrich die Sonnenschaufel: Gedichte. Stuttgart: collis-press, 1966.
Grobfein und göttlich: Gedichte. Hamburg: Claassen Verlag, 1970.
Zwischen Urne und Stier: Gedichte. Hamburg: Claassen Verlag, 1971.
Das andere Ufer vor Augen: Gedichte. Düsseldorf: Claassen Verlag, 1972.
Ins Gedächtnis der Erde geprägt: Gedichte. Schwäbisch Hall: Verlag Swiridoff, 1973.
In Tyrannos: Gedichte. Ludwigsburg: Gefängnisdruck, 1974.
Fernsehabsage: Gedichte. Düsseldorf: Claassen Verlag, 1974.
Blei im Gefieder: Düsseldorf: Eremiten-Presse, 1975.
Chauffeur bei Don Quijote. Wie HAP Grieshaber in den Bauernkrieg zog. Düsseldorf: Claassen Verlag, 1977.
Aufzeichnungen über Buchenwald: Mit Holzschnitten von HAP Grieshaber und Zeichnungen von Herbert Sandberg. Frankfurt: Roederberg Verlag, 1978.
Rauch von wechselnden Feuern: Gedichte. Berlin–Weimar: Aufbau Verlag, 1978.
Canto Athen: Gedichte. München: Bruckmann Verlag, 1979.
Schaumkraut: Mit Holzschnitten von HAP Grieshaber, Düsseldorf: Eremiten-Presse, 1980.
Landkarten: Engel der Geschichte 24: Gedichte. Düsseldorf: Claassen Verlag, 1980.
Immer soll die Zeit schuldig sein: Festschrift zum 60. Geburtstag. Holzschnitte von HAP Grieshaber, Düsseldorf: Eremiten-Presse, 1981.

Elfriede Jelinek

Lisas Schatten: Gedichte. München–Würzburg–Bern: Relief-Verlag Eilers, 1967.
wir sind lockvögel baby!: Roman. Reinbek: Rowohlt Verlag, 1970.
Michael: Ein Jugendbuch für die Infantilgesellschaft: Reinbek. Rowohlt Verlag, 1972.
Die Liebhaberinnen: Roman. Reinbek: Rowohlt Verlag, 1975.
Die Ausgesperrten: Roman. Reinbek: Rowohlt Verlag, 1980.
Ende: Mit Illustrationen von Martha Jungwirth, Schwiftingen: Schwiftinger Galerie-Verlag, 1980.

Sarah Kirsch

Gespräch mit dem Saurier: Gedichte zusammen mit Rainer Kirsch. Illustrationen von Ronald Paris. Berlin: Verlag Neues Leben, 1965.
Landaufenthalt: Gedichte. Berlin–Weimar: Aufbau Verlag, 1967.
Die Vögel singen im Regen am schönsten: Gedichte. Leipzig: Institut für Buchgestaltung, o. J.
Die Pantherfrau. Fünf unfrisierte Erzählungen aus dem Kassetten-Recorder. Berlin–Weimar: Aufbau Verlag, 1973.
Die ungeheuren bergehohen Wellen auf See. Erzählungen. Berlin: Eulenspiegel Verlag, 1973.
Zaubersprüche: Gedichte. Berlin–Weimar: Aufbau Verlag, 1973.
Es war dieser merkwürdige Sommer: Gedichte. Berlin–Düsseldorf: 39. Druck der Berliner Handpresse bei Claassen, 1974.
Zwischen Herbst und Winter: Kinderbuch zusammen mit Ingrid Schuppau. Berlin: Kinderbuchverlag, 1975.
Rückenwind: Gedichte. Berlin–Weimar: Aufbau Verlag, 1976.
Musik auf dem Wasser: Gedichte. Nachwort von Elke Erb. Leipzig: Reclam, 1977.

Wiepersdorf: Gedichte. Ebenhausen: Verlag Langewiesche-Brandt, 1977.
Katzenkopfpflaster: Gedichte, München. Deutscher Taschenbuch Verlag, 1978.
Erklärung einiger Dinge (Dokumente & Bilder): Ein Gespräch mit Schülern. Vier frühe Gedichte. Beiträge von Urs Widmer und Elke Erb. Fotografien aus den Alben der Autorin. Ebenhausen: Verlag Langewiesche-Brandt, 1978.
Drachensteigen: Gedichte. Ebenhausen: Verlag Langewiesche-Brandt, 1979.
Schatten: Mit Bildern von Kota Taniuchi. Hamburg: Friedrich Wittig Verlag, 1979.
Wind: Mit Bildern von Kota Taniuchi. Hamburg: Friedrich Wittig Verlag, 1979.
Ein Sommerregen: Mit Bildern von Kota Taniuchi. Hamburg: Friedrich Wittig Verlag, 1979.
Sieben Häute: Ausgewählte Gedichte 1962–1979. Mit Grafiken von HAP Grieshaber, Peter Collien, Klaus Fussmann, Christine Maether u.a. Berlin: Sammlung Anabasis, 1979.
Geschlechtertausch: Geschichten zusammen mit Irmtraud Morgner und Christa Wolf. Darmstadt: Luchterhand Verlag, 1980.
Hans, mein Igel: Illustrationen von Paula Schmidt. München: Middelhauve Verlag, 1980.

Ursula Krechel

Selbsterfahrung und Fremdbestimmung. Bericht aus der Neuen Frauenbewegung. Darmstadt: Luchterhand Verlag, 1975.
Nach Mainz!: Gedichte. Darmstadt: Luchterhand Verlag, 1977.
Verwundbar wie in den besten Zeiten: Gedichte. Darmstadt: Luchterhand Verlag, 1979.
Zweite Natur: Szenen eines Romans. Darmstadt: Luchterhand Verlag, 1981.

Gertrud Leutenegger

Vorabend: Roman. Frankfurt: Suhrkamp Verlag, 1975.
Ninive: Roman. Frankfurt: Suhrkamp Verlag, 1977.
Lebewohl, Gute Reise: Ein dramatisches Poem. Frankfurt: Suhrkamp Verlag, 1980.
Wie in Salomons Garten: Gedichte mit Graphiken von Wolfgang Spies. Düsseldorf: Eremiten-Presse, 1981.

Friederike Mayröcker

Larifari: Kurzprosa. Wien: Bergland-Verlag, 1956.
metaphorisch: Gedichte. Stuttgart: rotreihe, 1965.
Texte: Innsbruck: allerheiligenpresse, 1966.
Tod durch Musen: Gedichte. Reinbek: Rowohlt Verlag, 1966.
Sägespäne für mein Herzbluten: Gedichte mit Illustrationen der Autorin. Berlin: Rainer Verlag, 1967.
Minimonsters Traumlexikon: Prosa. Reinbek: Rowohlt Verlag, 1968.
Fantom Fan: Prosa. Reinbek: Rowohlt Verlag, 1971.
Sinclair Sofokles der Babysaurier: Kinderbuch. Wien: Verlag Jugend und Volk, 1971.
Fünf Mann Menschen: Hörspiele zusammen mit Ernst Jandl. Darmstadt: Luchterhand Verlag, 1972.
Blaue Erleuchtungen: Erste Gedichte. Düsseldorf: Eremiten-Presse, 1972.
Arie auf tönernen Füßen. Metaphysisches Theater: Darmstadt: Luchterhand Verlag, 1972.
je ein umwölkter gipfel: Erzählung. Darmstadt:Luchterhand Verlag,1973.
in langsamen blitzen: Gedichte. Berlin: LCB-Editionen, 1974.
meine träume ein flügelkleid: Mit Illustrationen der Autorin. Düsseldorf: Eremiten-Presse, 1974.
Augen wie Schaljapin bevor er starb: Prosa. Dornbirn: Vorarlberger Verlagsanstalt, 1974.

Das Licht in der Landschaft: Prosa. Frankfurt: Suhrkamp Verlag, 1975.

schriftungen oder gerüchte aus dem jenseits: Prosa mit Illustrationen der Autorin. Pfaffenweiler. Pfaffenweiler Presse, 1975.

Drei Hörspiele: Wien: Thomas Sessler Verlag, 1975.

Fast ein Frühling des Markus M.: Prosa. Frankfurt: Suhrkamp Verlag, 176.

rot ist unten: Gedichte und Prosatexte. Wien: Verlag Jugend und Volk, 1977.

heisze hunde: Prosa mit Graphiken von Ernst Jandl. Pfaffenweiler: Pfaffenweiler Presse, 1977.

lütt' koch: Faltblatt. Wien: herbst press, 1977.

Heiligenanstalt: Prosa. Frankfurt: Suhrkamp Verlag, 1978.

Schwarmgesang: Hörspiele. Berlin: rainer verlag, 1978.

Tochter der Bahn: Prosa. Düsseldorf: Eremiten-Presse, 1979.

Ausgewählte Gedichte 1944–1978: Frankfurt: Suhrkamp Verlag, 1979.

Ein Lesebuch: Frankfurt: Suhrkamp Verlag, 1979.

Tochter der Bahn/Die Ureinwohner: Prosa mit Zeichnungen von Klaus Rinke. Düsseldorf: Eremiten-Presse, 1979.

Die Abschiede: Frankfurt: Suhrkamp Verlag, 1980.

Angelika Mechtel

Gegen Eis und Flut: Gedichte. München: Relief-Verlag Eilers, 1963.

Lachschärpe: Gedichte. München: Relief-Verlag Eilers, 1965.

Die feinen Totengräber: Erzählungen. München: Piper Verlag, 1968.

Kaputte Spiele: Roman. München Piper Verlag, 1970.

Hochhausgeschichten: Erzählungen. München: Relief-Verlag Eilers, 1971.

Friß Vogel: Roman. Percha: Verlag R. S. Schulz, 1972.

Das gläserne Paradies: Roman. Percha: Verlag R. S. Schulz, 1973.

Die Blindgängerin: Geschichte einer alleinstehenden Frau: Roman. Percha: Verlag R. S. Schulz, 1974.

Hallo Vivi!: Kinderbuch. Bayreuth: Loewes Verlag, 1975.

Die Träume der Füchsin: Erzählungen. Stuttgart: Deutsche Verlags-Anstalt, 1976.

Keep Smiling: Erzählungen, Reportagen. München: Relief-Verlag Eilers, 1976.

Kitty Brombeere: Ein Roman für Kinder in 22 Kapiteln. Bayreuth: Loewes Verlag, 1976.

Ein Plädoyer für uns. Frauen und Mütter von Strafgefangenen berichten: Percha: Verlag R. S. Schulz, 1976.

Wir sind arm, wir sind reich: Roman. Stuttgart: Deutsche Verlags-Anstalt, 1977.

Kitty und Kay: Roman für Kinder. Bayreuth: Loewes Verlag, 1978.

Die andere Hälfte oder Frühstücksgespräche mit Paula: München: List Verlag, 1980.

Irmtraud Morgner

Ein Haus am Rande der Stadt: Roman. Berlin-Weimar: Aufbau Verlag, 1962.

Rumba auf einen Herbst: Roman. Berlin–Weimar: Aufbau Verlag, 1965.

Hochzeit in Konstantinopel: Roman. Berlin–Weimar: Aufbau Verlg., 1968.

Gauklerlegende. Eine Spielfrauengeschichte. Berlin–Weimar: Aufbau Verlag, 1971.

Die wundersamen Reisen Gustav des Weltfahrers. Lügenhafter Roman mit Kommentaren. Berlin–Weimar: Aufbau Verlag, 1972.

Leben und Abenteuer der Trobadora Beatriz nach Zeugnissen ihrer Spielfrau Laura: Roman in dreizehn Büchern und sieben Intermezzos. Berlin–Weimar: Aufbau Verlag, 1974.

Geschlechtertausch: Geschichten mit Sarah Kirsch und Christa Wolf. Darmstadt: Luchterhand Verlag, 1980.

Christine Nöstlinger

Die feuerrote Friederike. Wien: Verlag Jugend und Volk, 1970.
Die drei Posträuber. Wien: Verlag Ueberreuter, 1971.
Die Kinder aus dem Kinderkeller. Weinheim: Beltz Verlag, 1971.
Mr. Bats Meisterstück. Hamburg: Oetinger Verlag, 1971.
Ein Mann für Mama. Hamburg: Oetinger Verlag, 1972.
Wir pfeifen auf den Gurkenkönig. Weinheim: Beltz Verlag, 1972.
Der kleine Herr greift ein. Wien: Annette Betz Verlag, 1973.
Der schwarze Mann und der große Hund. Weinheim: Beltz Verlag, 1973.
Maikäfer flieg! Weinheim: Beltz Verlag, 1973.
Sim-Sala-Bim. Wien: Verlag Jugend und Volk, 1973.
Achtung! Vranek sieht ganz harmlos aus. Wien: Verlag Jugend und Volk, 1974.
Gugerells Hund. Wien: Verlag Jugend und Volk, 1974.
Iba de Gaunz Oaman Kinda. Gedichte. Wien: Verlag Jugend u. Volk, 1974.
Ilse Janda, 14. Hamburg: Oetinger Verlag, 1974.
Der Spatz in der Hand... Weinheim: Beltz Verlag, 1974.
Konrad oder Das Kind aus der Konservenbüchse. Hamburg: Oetinger Verlag, 1975.
Stundenplan. Weinheim: Beltz Verlag, 1975.
Der liebe Herr Teufel. Wien: Verlag Jugend und Volk, 1975.
Pelinka und Satlasch. Wien: Verlag Jugend und Volk, 1976.
Lollipop: Weinheim: Beltz Verlag, 1976.
Die unteren sieben Achtel des Eisbergs. Weinheim: Beltz Verlag, 1978.
Luki-Live. Hamburg: Oetinger Verlag, 1978.
Rosa Ridl Schutzgespenst. Wien: Verlag Jugend und Volk, 1979.
Dschi-Dsche-i Dschunior: Wischer-Briefe: Wien: Verlag Jugend und Volk, 1979.
Gestapo ruft Moskau. München: Heyne Verlag, 1980.
Pfui, Spinne. Roman. Weinheim: Beltz Verlag, 1980.
Einer. Ein Bilderbuch mit Janosch-Illustrationen. Weinheim: Beltz Verlag, 1980.
Rosalinde hat Gedanken im Kopf. Hamburg: Oetinger Verlag, 1981.

Helga Novak

Die Ballade von der reisenden Anna: Gedichte. Neuwied: Luchterhand Verlag, 1965.
Colloquium mit vier Häuten: Gedichte. Neuwied: Luchterhand Verlag, 1967.
Geselliges Beisammensein: Prosa. Neuwied: Luchterhand Verlag, 1968.
Wohnhaft im Westend. Dokumente, Berichte, Konversation: Zusammen mit Horst Karasek. Neuwied: Luchterhand Verlag, 1970.
Aufenthalt in einem irren Haus: Erz. Neuwied: Luchterhand Verlag, 1971.
Eines Tages hat sich die Sprechpuppe nicht mehr ausziehen lassen: Texte zur Emanzipation. Herausgegeben mit Horst Karasek. München: Bertelsmann Verlag, 1972.
Bericht aus einer alten Stadt: Kinderbuch. Hannover: Fackelträger Verlag, 1973.
Balladen vom kurzen Prozeß. Berlin: Rotbuch Verlag, 1975.
Die Ballade von der kastrierten Puppe: Federzeichnungen von Peter Kaczmarek. Leverkusen: Literarischer Verlag Helmut Braun, 1975.
Die Landnahme von Torre Bela: Prosa. Berlin: Rotbuch Verlag, 1976.
Margarete mit dem Schrank: Gedichte. Berlin: Rotbuch Verlag, 1978.
Die Eisheiligen: Roman. Darmstadt: Luchterhand Verlag, 1979.
Palisaden: Erzählungen, Geschichten und Prosa. Darmstadt: Luchterhand Verlag, 1980.

Erica Pedretti

Harmloses, bitte: Texte. Frankfurt: Suhrkamp Verlag, 1970.
Heiliger Sebastian: Roman. Frankfurt: Suhrkamp Verlag, 1973.
Veränderung: Roman. Frankfurt: Suhrkamp Verlag, 1977.

Elisabeth Plessen

Fakten und Erfindungen: Dissertation über zeitgenössische Epik im Grenzgebiet von Fiction und Nonfiction. Berlin: Colloquium Verlag, 1971.
Mitteilung an den Adel: Roman. Zürich: Benziger Verlag, 1976.
Kohlhaas: Roman. Zürich: Benziger Verlag, 1979.

Renate Rasp

Ein ungeratener Sohn: Roman. Köln: Verlag Kiepenheuer & Witsch, 1967.
Eine Rennstrecke: Gedichte. Köln: Verlag Kiepenheuer & Witsch, 1969.
Chinchilla: Reinbek: Rowohlt Verlag, 1973.
Junges Deutschland: Gedichte. München: Hanser Verlag, 1978.
Zickzack: Roman. München, Hanser Verlag, 1979.

Christa Reinig

Die Steine von Finisterre: Gedichte. Stierstadt: Eremiten Presse, 1960.
Der Traum meiner Verkommenheit: Erzählung. Berlin: Fietkau-Vlg., 1961.
Gedichte: Frankfurt: S. Fischer Verlag, 1963.
Drei Schiffe: Prosa. Frankfurt: S. Fischer Verlag, 1965.
Schwabinger Marterln: Stierstadt: Eremiten-Presse, 1969.
Orion trat aus dem Haus: Erzählungen mit Holzschnitten von Peer Wolfram. Stierstadt: Eremiten-Presse, 1969.
Schwalbe von Olevano: Gedichte mit Linolschnitten von Axel Hertenstein. Stierstadt: Eremiten-Presse, 1969.
Das Aquarium: Hörspiel. Stuttgart: Reclam, 1969
Das große Bechterew-Tantra: Prosa mit Offsetlithographien von Bernhard Jäger. Stierstadt: Eremiten-Presse, 1970.
Papantscha-Vielerlei: Gedichte mit Collagen von Axel Hertenstein. Stierstadt: Eremiten-Presse, 1971.
Hantipanti: Kinderbuch mit Zeichnungen von Werner Maurer. Weinheim: Beltz-Verlag, 1972.
Die Ballade vom blutigen Bomme: Mit Holz- und Linolschnitten von Christoph Meckel. Düsseldorf: Eremiten-Presse, 1972.
Die himmlische und die irdische Geometrie: Roman mit Linolschnitten von Carl Cohnen. Düsseldorf: Eremiten-Presse, 1975.
Entmannung: Roman mit Zeichnungen von Bert Gerresheim. Düsseldorf: Eremiten-Presse, 1976.
Der Hund mit dem Schlüssel: Mit Holzschnitten von Gerhard Grimm. Düsseldorf: Eremiten-Presse, 1976.
Müßiggang ist aller Liebe Anfang: Gedichte. Düsseldorf: Eremiten-Presse, 1979.
Die Prüfung des Lächlers: Gesammelte Gedichte. München: Deutscher Taschenbuch Verlag, 1980.
Der Wolf und die Witwen: Erzählungen und Essays, Düsseldorf: Eremiten-Presse, 1980.

Luise Rinser

Die gläsernen Ringe: Erzählung. Berlin: S. Fischer Verlag, 1941.
Tiere im Haus und Hof: 10 Blätter mit Abbildungen. Berlin: Atlantis-Verlag, 1942.
Gefängnistagebuch. München: Zinnen-Verlag Kurt Desch, 1946.
Erste Liebe: Erzählung. München: Desch Verlag, 1946.
Pestalozzi und wir. Der Mensch und das Werk. Stuttgart: Verlag Günther, 1947.

Hochebene: Roman. Kassel: Verlag Schleber, 1948.
Jan Lobel aus Warschau: Erzählung. Kassel: Verlag Schleber, 1948.
Die Stärkeren: Roman. Kassel: Verlag Schleber, 1948.
Martins Reise: Kinderbuch. Zürich–Freiburg: Atlantis-Verlag, 1949.
Mitte des Lebens: Roman. Frankfurt: S. Fischer Verlag, 1950.
Sie zogen mit dem Stern. Eine Buben-Weihnacht: München: Don Bosco-Verlag, 1952.
Daniela: Roman. Frankfurt: S. Fischer Verlag, 1953.
Eine Weihnachtsgeschichte: Heilbronn: Verlag Salzer, 1953
Die Wahrheit über Konnersreuth: Ein Bericht. Zürich: Benziger Verlag, 1954.
Der Sündenbock: Roman. Frankfurt: S. Fischer Verlag, 1955.
Ein Bündel weißer Narzissen: Erzählungen. Frankfurt: S. Fischer Verlag, 1956.
Abenteuer der Tugend: Roman. Frankfurt: S. Fischer Verlag, 1957.
Geh fort wenn du kannst. Frankfurt: S. Fischer Verlag, 1959.
Der Schwerpunkt: Porträts von Annette Kolb, Elisabeth Langgässer, Franz Werfel, Carl Zuckmayer und Bertolt Brecht. Frankft.: S. Fischer Vlg., 1960.
Nina. Mitte des Lebens. – Abenteuer der Tugend: Roman. Frankfurt: S. Fischer Verlag, 1961.
Ich weiß Deinen Namen: 73 Fotografien gedeutet von Luise Rinser. Würzburg: Echter-Verlag, 1962.
Die vollkommene Freude: Roman. Frankfurt: S. Fischer Verlag, 1962.
Vom Sinn der Traurigkeit: Zürich: Verlag Die Arche, 1962.
Weihnachts-Triptychon: Erzählungen mit Scherenschnitten von Otto Diethelm. Zürich: Verlag Die Arche, 1963.
Septembertag: Frankfurt: S. Fischer Verlag, 1964.
Über die Hoffnung: Zürich: Verlag Die Arche, 1964.
Gespräche über Lebensfragen: Würzburg: Echter-Verlag, 1966.
Hat Beten einen Sinn?: Zürich: Verlag Die Arche, 1966.
Ich bin Tobias: Erzählung. Frankfurt: S. Fischer Verlag, 1966.
Gespräch von Mensch zu Mensch: Würzburg: Echter-Verlag, 1967.
Laie, nicht ferngesteuert: Zürich: Verlag Die Arche, 1967.
Zölibat und Frau: Würzburg: Echter-Verlag, 1967.
Fragen, Antworten: Würzburg: Echter-Verlag, 1968.
Von der Unmöglichkeit und der Möglichkeit heute Priester zu sein: Würzburg: Echter-Verlag, 1968.
Baustelle: Eine Art Tagebuch 1967 bis 70. Frankfurt: S. Fischer Verlag, 1972.
Unterentwickeltes Land Frau: Untersuchungen, Kritik, Arbeitshypothesen. Würzburg: Echter-Verlag. 1970.
Grenzübergänge: Tagebuchnotizen. Frankfurt: S. Fischer Verlag.
Hochzeit der Widersprüche. Percha: Verlag R. S. Schulz, 1973.
Dem Tode geweiht? Lepra ist heilbar! Mit Fotos von Christoph Rinser. Percha: Verlag R. S. Schulz, 1974.
Der schwarze Esel: Roman. Frankfurt: S. Fischer Verlag 1974.
Bruder Feuer: Stuttgart: Thienemanns Verlag, 1975.
Der verwundete Drache: Dialog über Leben und Werk des Komponisten Isang Yun. Frankfurt: S. Fischer Verlag, 1977.
Kriegsspielzeug: Tagebuch 1972–1978. Frankfurt: S. Fischer Verlag. 1978
Khomeini und der islamische Gottesstaat. Percha: Verlag R. S. Schulz, 1979.
Mit wem reden? Stuttgart: Thienemanns Verlag, 1980.
Nordkoreanisches Reisetagebuch: Informationen zur Zeit. Frankfurt: Fischer Taschenbuch Verlag, 1981.
Den Wolf umarmen: Frankfurt: S. Fischer Verlag, 1981.

Brigitte Schwaiger

Wie kommt das Salz ins Meer: Roman. Wien: Zsolnay Verlag, 1977.
Mein spanisches Dorf: Erzählungen. Wien: Zsolnay Verlag, 1978.
Malstunde: Mit Arnulf Rainer. Wien: Zsolnay Verlag, 1981.

Helga Schütz

Vorgeschichten oder Schöne Gegend Probstein: Prosa. Berlin–Weimar: Aufbau Verlag, 1971.
Das Erdbeben bei Sangerhausen: Erzählungen. Berlin–Weimar: Aufbau Verlag, 1973.
Festbeleuchtung: Erzählung. Berlin–Weimar: Aufbau Verlag, 1973.
Mädchenrätsel: Roman. Berlin–Weimar und Zürich: Aufbau Verlag, Benziger Verlag, 1977
Erziehung zum Chorgesang: Roman. Zürich: Benziger Verlag, 1981.

Anna Seghers

Aufstand der Fischer von St. Barbara: Erzählung, Potsdam: Verlag Gustav Kiepenheuer, 1928.
Auf dem Nege zur amerikanischen Botschaft und andere Erzählungen: Berlin: Verlag Gustav Kiepenheuer, 1930.
Die Gefährten: Roman. Berlin: Verlag Gustav Kiepenheuer, 1932.
Der Kopflohn: Roman aus einem deutschen Dorf im Spätsommer 1932. Amsterdam: Querido Verlag, 1933.
Der Weg durch den Februar: Roman. Paris: Edition du Carrefour, 1935.
Der letzte Weg des Koloman Wallisch: Erzählung. Moskau: Verlagsgenossenschaft ausländischer Arbeiter in der UdSSR, 1936.
Die Rettung: Roman, Amsterdam: Querido Verlag, 1937.
Die schönsten Sagen vom Räuber Woynok. Sagen von Artemis: Moskau: Meshdunarodnaja Kniga (Das internationale Buch), 1940.
Das siebte Kreuz. Roman aus Hitlerdeutschland: Mexico. Editorial El Libro Libre, 1942.
Der Ausflug der toten Mädchen und andere Erzählungen: New York: Aurora Verlag, 1946.
Das Ende: Erzählung. Zweisprachige Ausgabe deutsch und französisch. Konstanz: Verlag Weller, 1948.
Transit: Roman. Konstanz: Verlag Weller, 1948.
Die Hochzeit von Haiti: 2 Novellen. Berlin: Aufbau Verlag, 1949.
Die Toten bleiben jung: Roman. Berlin: Aufbau Verlag, 1949.
Die Linie: Erzählungen. Berlin: Aufbau Verlag, 1950.
Gesammelte Werke in acht Einzelausgaben. Berlin–Weimar: Aufbau Verlag, 1951–53.
Die Kinder: Erzählungen. Berlin: Aufbau Verlag, 1951.
Crisanta: Mexikanische Novelle. Leizig: Insel Verlag. 1951.
Erzählungen: Berlin: Aufbau Verlag, 1952.
Der Mann und seine Namen: Erzählung. Berlin: Aufbau Verlag, 1952.
Der erste Schritt: Erzählung. Berlin: Aufbau Verlag, 1953.
Frieden der Welt: Ansprachen und Aufsätze 1947–1953. Berlin: Aufbau Verlag, 1953.
Die große Veränderung und unsere Literatur: Ansprache zum 4. Deutschen Schriftstellerkongreß Januar 1956. Berlin: Aufbau Verlag, 1956.
Brot und Salz: Drei Erzählungen. Berlin: Aufbau Verlag, 1958.
Die Saboteure: Berlin: Verlag des Ministeriums für nationale Verteidigung, 1958.
Die Entscheidung: Roman. Berlin: Aufbau Verlag, 1959.
Das Licht auf dem Galgen: Eine karibische Geschichte aus der französischen Revolution. Berlin: Aufbau Verlag, 1961.
Karibische Geschichten. Berlin: Aufbau Verlag, 1962.

Der Bienenstock: Gesammelte Erzählungen in drei Bänden. Berlin–Weimar: Aufbau Verlag, 1963.
Über Tolstoi. Über Dostojewskij. Berlin–Weimar: Aufbau Verlag 1963.
Erzählungen: Zwei Bände. Neuwied: Luchterhand Verlag, 1964.
Die Kraft der Schwachen: Neun Erzählungen. Berlin–Weimar: Aufbau Verlag, 1965.
Der Prozeß der Jeanne D'Arc zu Rouen 1431: Hörspiel. Leipzig: Reclam, 1965.
Wiedereinführung der Sklaverei in Guadeloupe: Erzählung. Frankfurt: Suhrkamp Verlag, 1966.
Das wirkliche Blau: Eine Geschichte aus Mexiko. Berlin–Weimar: Aufbau Verlag, 1967.
Das Vertrauen: Roman. Berlin–Weimar: Aufbau Verlag, 1968.
Glaube an Irdisches. Essays aus 4 Jahrzehnten: Herausgegeben von Christa Wolf. Leipzig: Reclam, 1969.
Briefe an Leser: Berlin–Weimar: Aufbau Verlag, 1970.
Über Kunstwerk und Wirklichkeit: Bearbeitet und eingeleitet von Sigrid Bock. Drei Bände. Berlin: Akademie-Verlag, 1970/71.
Überfahrt. Eine Liebesgeschichte. Berlin–Weimar: Aufbau Verlag, 1971.
Sonderbare Begegnungen. Berlin–Weimar: Aufbau Verlag, 1973.
Gesammelte Werke in zwölf Bänden. Berlin–Weimar: Aufbau Vlg., 1975.
Werke in zehn Bänden: Mit einem Nachwort von Christa Wolf. Darmstadt: Luchterhand Verlag, 1977.
Woher sie kommen, wohin sie gehen: Essays aus vier Jahrzehnten. Darmstadt: Luchterhand Verlag, 1980.

Verena Stefan

Häutungen: Autobiografische Aufzeichnungen, Gedichte, Träume, Analysen. München: Vlg. Frauenoffensive, 75.
mit Füßen und Flügeln: Gedichte und Zeichnungen. München: Verlag Frauenoffensive, 1980.

Claudia Storz

Jessica mit Konstruktionsfehlern: Roman. Zürich: Benziger Verlag, 1977; Frankfurt: Fischer Taschenbuch Verlag, 1979.

Karin Struck

Klassenliebe: Roman. Frankfurt: Suhrkamp Verlag, 1973.
Der Dichter ist ein arbeitender Mensch. Über Hölderlin: In: Literaturmagazin 2. Reinbek: Rowohlt Verlag, 1974.
Die Mutter: Roman. Frankfurt: Suhrkamp Verlag, 1975.
Rilke. Eine Notiz: In: Rilke? Kleine Hommage z. 100. Geburtstag. München: edition text + kritik, 1975.
Wie wird man ein literarischer Mensch? Oder: Die Schwierigkeit, eine Lese-Erfahrung zu beschreiben. Zum Beispiel an Thomas Mann: In: Thomas Mann. Herausgegeben von Heinz Ludwig Arnold. Sonderband. München: edition text + kritik, 1976.
Das Recht, unglücklich zu sein: Sylvia Plaths Lebensgesetz. In: Die Zeit, 16. 7. 1976.
lieben: Roman. Frankfurt: Suhrkamp Verlag, 1977.
Fleischeslust: Assoziationen beim Betrachten der Bilder vom Sterben eines weißen Pferdes. In: Tintenfisch 12. Berlin: Verlag Klaus Wagenbach, 1977.
Die liebenswerte Greisin: Erzählung. Pfaffenweiler: Pfaffenweiler Presse, 1977.
Trennung: Erzählung. Frankfurt: Suhrkamp Verlag, 1978.

Hannelies Taschau

Verworrene Route: Gedichte. Stierstadt: Eremiten-Presse, 1959.
Die Kinderei: Prosa. Stierstadt: Eremiten-Presse, 1960.
Die Taube auf dem Dach: Roman. Hamburg: Wegner Verlag, 1967.

Gedichte: Hamburg, Wegner Verlag, 1969.
Strip und andere Erzählungen: München: AutorenEdition, 1974.
Gedichte: Paris: edition parrallele, 1977.
Luft zum Atmen: Gedichte. Karlsruhe: Verlag Atelier Paysage, 1978.
Landfriede: Roman. Zürich: Benziger Verlag, 1978; Frankfurt: Fischer Taschenbuch Verlag, 1980.
Doppelleben: Gedichte. Zürich: Benziger Verlag, 1979.

Gabriele Wohmann

Mit einem Messer: Erzählungen. Veröffentlicht unter dem Mädchennamen Guyot. Stierstadt: Eremiten-Presse, 1958.
Jetzt und nie: Roman. Neuwied–Darmstadt: Luchterhand Verlag, 1958.
Sieg über die Dämmerung: Erzählungen: München: Piper Verlag, 1960.
Trinken ist das Herrlichste: Erzählungen mit Illustrationen von Eberhard Schlotter. Darmstadt: Eduard Roether Verlag, 1963.
Erzählungen. Karlsruhe: Volksbund für Dichtung, 1963.
Abschied für länger: Roman. Olten: Walter Verlag, 1965.
Theater von innen, Protokoll einer Inszenierung. Olten: Walter Verlag, 1966. *Erzählungen:* Ebenhausen: Verlag Langewiesche-Brandt, 1966.
In Darmstadt leben die Künste: Feuilleton mit Illustrationen von Peter Kröger. Darmstadt: Buchhandlung Schlapp, 1967.
Die Bütows: Erzählung mit Graphiken von Walter Zimbrich. Stierstadt: Eremiten-Presse, 1967.
Ländliches Fest: Erzählungen. Neuwied: Luchterhand Verlag, 1968.
Abschied für länger: Roman, Reinbek: Rowohlt Verlag, 1969.
Sonntag bei Kreisands: Erzählung mit Graphiken von Heinz Balthes. Stierstadt: Eremiten-Presse, 1970.
Ernste Absicht: Roman. Neuwied: Luchterhand Verlag, 1970.
Treibjagd: Erzählungen. Stuttgart: Reclam, 1970.
Der Fall Rufus. Ein Elternabend: Hörspiel mit Graphiken von Klaus Staeck. Stierstadt: Eremiten-Presse, 1971.
Die Gäste: Hörspiel mit Illustrationen von Jürgen von Thomëi. Basel-Halten: Lenospress, 1971.
Selbstverteidigung: Prosa und anderes. Eingeleitet von Peter O. Chotjewitz. Neuwied: Luchterhand Verlag, 1971.
Große Liebe: Fernsehspiel mit Fotos. Bad Homburg: Tsamas, 1971.
Alles für die Galerie: Erzählungen. Berlin–Weimar: Aufbau Verlag, 1972.
Gegenangriff: Prosa. Neuwied: Luchterhand Verlag, 1972.
Die Witwen oder Eine vollkommene Lösung: Fernsehspiel mit Fotos. Stuttgart: Reclam, 1972.
Übersinnlich: Erzählung mit Graphiken von Klaus Endrikat. Düsseldorf: Eremiten-Presse, 1972.
Habgier: Erzählungen mit Graphiken von Pierre Kröger. Düsseldorf: Eremiten-Presse, 1973.
Entziehung, Materialien zu einem Fernsehfilm mit Fotos. Darmstadt: Luchterhand Verlag, 1974.
Paulinchen war allein zu Haus: Roman. Darmstadt: Luchterhand Vlg., 1974.
So ist die Lage: Gedichte. Düsseldorf: Eremiten-Presse, 1974.
Dorothea Wörth: Erzählung mit Graphiken von Heinrich Richter. Düsseldorf: Eremiten-Presse, 1975.
Schönes Gehege: Roman. Darmstadt: Luchterhand Verlag, 1975.
Ein Fall von Chemie: Erzählung mit Graphiken von Heinz Balthes. Düsseldorf: Eremiten-Presse, 1975.
Ein unwiderstehlicher Mann: Erzählungen. Reinbek: Rowohlt Verlag, 1975.
Alles zu seiner Zeit: Erzählungen. München: Deutscher Taschenbuch Verlag, 1976.
Ausflug mit der Mutter: Roman. Darmstadt: Luchterhand Verlag 1976.

Endlich allein – endlich zu zwein: Erzählung mit Graphiken von Anthony Canham: Düsseldorf: Eremiten-Presse, 1976.
Böse Streiche und andere Erzählungen: Mit Graphiken von Hans Borchert. Düsseldorf: Eremiten-Presse, 1977.
Das dicke Wilhelmchen: Erzählungen mit Graphiken von Maria Nandori. Düsseldorf: Eremiten-Presse, 1977.
Streit: Erzählungen mit Graphiken von Kirsten Hammerström. Düsseldorf: Eremiten-Presse, 1978.
Die Nächste, bitte: Erzählung mit Graphiken von Bert Gerresheim. Düsseldorf: Eremiten-Presse, 1978.
Der Nachtigall fällt auch nichts Neues ein: Ein Dialog. Düsseldorf: Eremiten-Presse, 1978.
Grund zur Aufregung Gedichte. Darmstadt: Luchterhand Verlag, 1978.
Frühherbst in Badenweiler: Roman, Darmstadt: Luchterhand Vlg., 1978.
Guilty: Erzählung. In: Fälle für den Staatsanwalt. Salzburg: Residenz Verlag, 1978.
Paarlauf: Erzählungen. Darmstadt: Luchterhand Verlag, 1979.
Knoblauch am Kamin: Erzählung. Düsseldorf: Eremiten-Presse, 1979.
Ach wie gut, daß niemand weiß. Roman. Darmstadt: Luchterhand Verlag, 1980.
Ausgewählte Erzählungen aus zwanzig Jahren. Zwei Bände. Darmstadt: Luchterhand Verlag, 1980.
Ich weiß es auch nicht besser: Gedichte. München: Deutscher Taschenbuch Verlag, 1980.
Meine Lektüre: Aufsätze über Bücher. Darmstadt: Luchterhand Verlag, 1980.
Violas Vorbilder: Erzählungen mit Offsetlithographien von Kirsten Hammerström. Düsseldorf: Eremiten-Presse, 1980.
Komm lieber Mai: Gedichte. Darmstadt: Luchterhand Verlag, 1981.
Stolze Zeiten: Erzählungen. Düsseldorf: Claassen Verlag, 1981.
Ein günstiger Tag: Erzählungen. Düsseldorf: Eremiten-Presse, 1981.
Cyrus Atabay. Die Leidenschaft der Neugierde: Gedichte. Düsseldorf: Eremiten-Presse, 1981.
Heiratskandidaten: Ein Fernsehspiel und drei Hörspiele. München: Deutscher Taschenbuch Verlag, 1981.

Christa Wolf

Moskauer Novelle: In: An den Tag gebracht. Prosa junger Menschen. Halle: Mitteldeutscher Verlag, 1961.
Der geteilte Himmel: Erzählung. Halle: Mitteldeutscher Verlag, 1963.
Nachdenken über Christa T.: Halle: Mitteldeutscher Verlag, 1968.
Lesen und Schreiben: Aufsätze und Betrachtungen. Berlin–Weimar: Aufbau Verlag, 1972.
Lesen und Schreiben: Aufsätze und Prosastücke. Darmstadt: Luchterhand Verlag, 1972.
Till Eulenspiegel: Erzählung für den Film. Zusammen mit Gerhard Wolf. Berlin–Weimar: Aufbau Vlg., 1972.
Unter den Linden. Drei unwahrscheinliche Geschichten. Berlin–Weimar: Aufbau-Verlag, Darmstadt: Luchterhand Verlag, 1974.
Kindheitsmuster: Roman. Berlin–Weimar: Aufbau Verlag, 1976.
Kein Ort. Nirgends: Erzählung. Berlin–Weimar: Aufbau Verlag. Darmstadt: Luchterhand Verlag, 1979.
Fortgesetzter Versuch: Aufsätze, Gespräche, Essays. Leipzig: Reclam, 1979.
Karoline von Günderrode. Der Schatten eines Traums: Gedichte, Prosa, Briefe, Zeugnisse von Zeitgenossen. Herausgegeben und mit einem Essay von Christa Wolf. Darmstadt: Luchterhand Verlag, 1979.
Gesammelte Erzählungen: Darmstadt: Luchterhand Verlag, 1980.
Geschlechtertausch. Geschichten mit Sarah Kirsch und Irmtraud Morgner. Darmstadt: Luchterhand Verlag, 1980.

Lesen und Schreiben: Neue Sammlung. Darmstadt: Luchterhand Verlag, 1980.

ANTHOLOGIEN

An zwei Orten zu leben. Heimatgeschichten: Mit Beiträgen von Gisela Elsner, Angelika Mechtel, Luise Rinser und Hannelies Taschau u. a. Königstein: Verlag AutorenEdition im Athenäum Verlag, 1979.

Der neue Frauenlob: Gedichte. Mit einem Vorwort von Alfred Richard Meyer: Verlag A. R. Meyer, 1914.

Deutsche Dichterinen und Schriftstellerinen in Wort und Bild: Herausgegeben von Heinrich Groß. Drei Bände. Berlin: Verlag von Fr. Thiel, 1885.

Deutsche Dichterinnen vom 2 /16 Jahrhundert bis zur Gegenwart: Gedichte und Lebensläufe. Herausgegeben und eingeleitet von Gisela Brinker-Gabler. Frankfurt: Fischer Taschenbuch Verlag, 1978.

Erste Leseerlebnisse: Herausgegeben von Siegfried Unseld. Mit Beiträgen von Gertrud Leutenegger, Friederike Mayröcker, Erica Pedretti, Anna Seghers und Karin Struck u. a. Frankfurt: Suhrkamp Verlag, 1975.

Fortschreiben: 98 Autoren der deutschen Schweiz. Herausgeben von Dieter Bachmann. Zürich: Artemis Verl., 1977.

Frauen, die pfeifen: Verständigungstexte. Herausgegeben von Ruth Geiger, Hilke Kolinka, Claudia Rosenkranz, Sigrid Weigel. Frankfurt: Suhrkamp Verlag, 1978.

Frauen im Aufbruch: Frauenbriefe aus dem Vormärz und der Revolution von 1848. Herausgegeben von Fritz Böttger. Berlin: Verlag der Nation, 1977.

Führende Frauen Europas: Selbstschilderungen, darunter Else Lasker-Schüler und Ricarda Huch. Herausgegeben von Elga Kern. München: Verlag Ernst Reinhardt, 1930.

Klagenfurter Texte 1977 und Klagenfurter Texte 1978: Herausgegeben von Humbert Fink, Marcel Reich-Ranikki, Ernst Willner. Texte von Marie Thérèse Kerschbaumer, Renate Schostack, Ursula Krechel, Gertrud Leutenegger, Katja Behrens, Angelika Mechtel, Erica Pedretti, Helga Schütz und Hannelies Taschau. München. List Verlag, 1977 und 1978.

Literatur aus der Schweiz: Texte und Materialien. Herausgegeben von Egon Ammann und Eugen Faes. Zürich: Suhrkamp Verlag, 1978.

Literatur und Kritik. Österreichische Monatsschrift: Den Frauen eine Stimme. Beiträge österreichischer Autorinnen. Juli/August 1978. Heft 126/127.

Zur Psychologie der Frau: In der Reihe: Die Frau in der Gesellschaft. Frühe Texte. Herausgegeben von Gisela Brinker-Gabler. Frankfurt: Fischer Taschenbuch Verlag, 1978.

SEKUNDÄRLITERATUR

Ilse Aichinger

Friedrichs, Antje: *Untersuchungen zur Prosa Ilse Aichingers:* Dissertation. Münster, 1971.

Fritzsching, Hubert: *Ilse Aichinger: Die größere Hoffnung.* In: Das Weltverständnis des deutschen Gegenwartsromans. Würzburg: Dissertation, 1967.

Gerresheim, Helga-Maleen: *Ilse Aichinger.* In: Deutsche Dichter der Gegenwart. Ihr Leben und Werk. Herausgegeben von Benno von Wiese. Berlin: Erich Schmidt Verlag, 1973.

Horst, Karl August: *In extremis.* In: Merkur 6, 1952.

Lübbren, Rainer: *Die Sprache der Bilder.* Zu Ilse Aichingers Erzählung

»Eliza Eliza«. In: Neue Rundschau 76, 1965, S. 626 – 636.

Oldemeyer, Ernst: *Zeitlichkeit und Glück*. Gedanken zu Texten von Ilse Aichinger. In: Geistesgeschichtliche Perspektiven. Festgabe für Rudolf Fahrer. Herausgeben von Götz Grossklaus. Bonn: 1969.

Politzer, Heinz: *Nachwort*. In: Die größere Hoffnung, Frankfurt: S. Fischer Verlag, 1976.

Pulver, Elsbeth: *Genaue Ahnungen*. Annäherung an einen Prosaband von Ilse Aichinger. In: Schweizer Monatshefte 56, 1976/77, S. 611–618.

Weber, Werner: *Ilse Aichinger*. In: Schriftsteller der Gegenwart. Deutsche Literatur. 53 Porträts. Herausgegeben von Klaus Nonnenmann. Olten–Freiburg: Walter Verlag, 1963.

Rose Ausländer

Bender, Hans: *Nachwort*. In: Noch ist Raum, Duisburg: Verlag Gilles & Francke, 1976.

Lindemann, Gisela: *Das Werk der Rose Ausländer*. In: Die Zeit, 7. 4. 1978.

Wallmann, Jürgen.: *»Ein denkendes Herz, das singt«*. Materialien zu Leben und Werk Rose Ausländers. In: Gesammelte Gedichte. Köln: Literarischer Verlag Helmut Braun, 1976.

Ingeborg Bachmann

Améry, Jean: *Am Grabe einer unbekannten Freundin*. In: Die Weltwoche, Zürich, 24. 10. 1973.

Améry, Jean: *Trotta kehrt zurück*. Über Ingeborg Bachmanns Novellenband »Simultan«. In: Die Weltwoche, Zürich, 8. 11. 1972.

Astroh, Michael: *Erinnerung an Ingeborg Bachmann*. Rekonstruktion eines Besuchs. In: Neue Zürcher Zeitung, 14. 4. 1974.

Bartsch, Kurt: *»Die frühe Dunkelhaft«*. Zu Ingeborg Bachmanns Erzählung »Jugend in einer öasterreichischen Stadt«. In: Literatur und Kritik, Salzburg: Otto Müller Verlag, 1979, Heft 131.

Baumgart, Reinhard: *Ingeborg Bachmann/Malina*. In: Neue Rundschau 82, 1971, S. 536–542.

Bienek, Horst: *Noch gibt es Lieder zu singen*. Zum Tode von Ingeborg Bachmann. Frankfurter Allgemeine Zeitung, 18. 10. 1973.

Bareiss, Otto und Ohloff, Frauke: *Ingeborg Bachmann – Eine Bibliographie*. München: Piper Verlag, 1978.

Blöcker, Günter: *Ingeborg Bachmann*. In: Wort in der Zeit 2, 1956, Heft 1.

Blöcker, Günter: *Nur die Bilder bleiben*. In: Merkur 15, 1961, S. 882–886.

Blöcker, Günter: *Auf der Suche nach dem Vater*. In: Merkur 25, 1971, S. 395–398.

Bödefeld, Gerda: *Alleinsein ist eine gute Sache*. In: Brigitte, Heft 27, 1971.

Böll, Heinrich: *»Ich denke an sie wie an ein Mädchen«*. Zum Tode von Ingeborg Bachmann. In: Der Spiegel, Heft 43, 22. 10. 1973.

Hermann, Burger: *»Die Wahrheit ist dem Menschen zumutbar«*. Ingeborg Bachmanns Werke in vier Bänden. In: Neue Zürcher Zeitung, 30. 6. 1978.

Burger, Hermann: *Aushalten in dem Bimbam von Worten*. Ingeborg Bachmann bei Gelegenheit der neuen Werkausgabe wiedergelesen. In: Die Weltwoche, Zürich, 16. 8. 1978.

Daiber, Hans: *Ingeborg Bachmann*. In: Schriftsteller der Gegenwart. Herausgegeben von Klaus Nonnenmann. Olten–Freiburg: Walter Verlag, 1963.

Drewitz, Ingeborg: *Nicht zu Hause in dieser Zeit*. Zum Tode Ingeborg Bachmanns. In: Der Tagesspiegel, Berlin, 18.10. 1973.

Fehl, Peter: *Sprachskepsis und Sprachhoffnung im Werk Ingeborg Bachmanns*. Dissertation, Philosophische Fakultät der Universität Mainz, 1970.

Fried, Erich: *Mit scharfem Gehör für*

den Fall. Zum Tode Ingeborg Bachmanns. In: Die Zeit, Heft 44, 26. 10. 1973.

Frisch, Max: *Mein Name sei Gantenbein:* Roman, Frankfurt: Suhrkam Verlag, 1964.

Frisch, Max: *Montauk:* Erzählung. Frankfurt: Suhrkamp Verlag, 1975.

Fröhlich, Hans-Jürgen: *Dunkle Schwester.* Erinnerungen an Ingeborg Bachmann. Zum Tode der österreichischen Dichterin. In: Stuttgarter Zeitung, 18. 10. 1973.

Hamm, Peter: *Der Künstler als Märtyrer.* Über Ingeborg Bachmanns Gesammelte Werke. In: Der Spiegel, Heft 23, 5. 6. 1978.

Hartung, Rudolf: *Dokument einer Lebenskrise. Ingeborg Bachmanns erster Roman: Malina.* In: Die Zeit, Nr. 15, 9. 4. 1971.

Herhaus, Ernst: *Notizen zu den Gedichten der Ingeborg Bachmann.* In: Neyso, Heft 1, 1963.

Hieber, Jochen: *An allem ist etwas zuwenig. Gesamtausgabe Ingeborg Bachmann.* In: Die Zeit, Heft 28, 7. 7. 1978.

Hocke, Gustav René: *Die Römerin Ingeborg Bachmann.* In: Die Horen, Heft 92, 1973.

Johnson, Uwe: *Eine Reise nach Klagenfurt.* Frankfurt: Suhrkamp Vlg., 1974.

Kaiser, Joachim: *Liebe und Tod einer Prinzessin.* Ingeborg Bachmanns neuer Roman. In: Süddeutsche Zeitung, 25.3.1971.

Kaiser, Joachim: *Ganz scheu und ganz bestimmt.* Zum Tode von Ingeborg Bachmann. In: Süddeutsche Zeitung, 18. 10. 1973.

Kielinger, Thomas: *Dichtung zwischen Untergang und Sehnsucht.* Zum Tode Ingeborg Bachmanns. In: Die Welt, 18. 10. 1973.

Kienlechner, Toni: *»wart meinen Tod ab...«* Gedanken an Ingeborg Bachmann. In: Neue Rundschau 85, 1974, S. 186–189.

Korff, Friedrich Wilhelm: *Ingeborg Bachmanns Falschspiel mit der Liebe.* In: Die Horen 17, 1972, Heft 85, S. 102–110.

Leitenberger, Ilse: *Monolog der Lebensunfähigkeit.* Zu Malina. In: Die Presse Wien, 21. 4. 1971.

Marsch, Edgar: *Ingeborg Bachmann.* In: Deutsche Schriftsteller der Gegenwart. Herausgegeben von Benno von Wiese. Berlin: Erich Schmidt Verlag, 1973.

Neumann, Peter Horst: *Vier Gründe einer Befangenheit.* Über Ingeborg Bachmann. In: Merkur 11, 1978, S. 1130–1136.

Oppens, Kurt: *Gesang und Magie im Zeitalter des Steins.* Zur Dichtung Ingeborg Bachmanns und Paul Celans. In: Merkur 17, 1963, S. 175–193.

Püschel, Ursula: *Exilierte und Verlorene.* Ingeborg Bachmann. In: kürbiskern, Heft 1, 1978.

Raeber, Kuno: *Bis zuletzt in der Schwebe.* In: Süddeutsche Zeitung, 12. 10. 1974.

Reich-Ranicki, Marcel: *Am liebsten beim Friseur.* Ingeborg Bachmanns neuer Erzählungsband »Simultan«. In: Die Zeit, 29. 9. 1972.

Rudolph, Ekkehart: *Ingeborg Bachmann.* In: Aussage zur Person. Zwölf deutsche Schriftsteller im Gespräch. Tübingen: Horst Erdmann Verlag, 1977. Spiel, Hilde: *Keine Kerze für Florian.* In: Merkur 27, 1973, S. 1195–1198.

Text + Kritik. Zeitschrift für Literatur: *Zu Ingeborg Bachmann.* Aachen: Verlag Dr. Rudolf Georgi, Heft 6, 1964.

Text + Kritik. Zeitschrift für Literatur: *Ingeborg Bachmann.* Heft 6, 1976.

Toman, Lore: *Bachmanns »Malina« und Frischs »Gantenbein«.* Zwei Seiten des gleichen Lebens. In: Die Tat, Zürich, 24. 8. 1974.

Wohmann, Gabriele: *Nachtwald voller Fragen.* Zu Ingeborg Bachmanns »Malina«. In: Der Spiegel, Heft 14, 29. 3. 1971.

Wolf, Christa: *Die zumutbare Wahrheit – Ingeborg Bachmann*. In: Lesen und Schreiben. Darmstadt: Luchterhand, 1972.

Ziebarth, Ursula: *Hexenspeise*. S. 381–389. Pfullingen: Verlag Neske, 1976.

Zahorsky-Sucholdolski, A. M.: *Anti-Mythos in der österreichischen Literatur. Ingeborg Bachmann*. In: Literatur und Kritik, Oktober 1975.

Hilde Domin

Meller, Horst: *Hilde Domin*. In: Deutsche Dichter der Gegenwart. Herausgegeben von Benno von Wiese. Berlin: Erich Schmidt Verlag, 1973.

Ingeborg Drewitz

Rudolph, Ekkehart: *Ingeborg Drewitz*. In: Aussage zur Person. Zwölf deutsche Schriftsteller im Gespräch. Tübingen: Horst Erdmann Verlag, 1977.

Gisela Elsner

Kässens, Wend und Töteberg, Michael: *Gisela Elsner*. In: Kritisches Lexikon zur deutschsprachigen Gegenwartsliteratur. München: edition text + kritik, 1978.

Barbara Frischmuth

Grieser, Dietmar: *Die Klosterschule von Barbara Frischmuth*. In: Schauplätze österreichischer Literatur, 1975.

Prillmann, Hilke: *Eine handfeste Fee. Führend unter Österreichs Autoren: Barbara Frischmuth*. In: Welt am Sonntag, 26. 3. 1978.

Werth, Wolfgang: *Die Klosterschule*. Buchbesprechung. Westdeutscher Rundfunk, Kulturelles Wort, 11. 5. 1968.

Widmer, Urs: *Barbara Frischmuth*. In: Vom Fenster meines Hauses aus: Prosa. Zürich: Diogenes Verlag, 1977.

Weigel, Hans: *Österreichische Literatur als Wille und Vorstellung*. In: Börsenblatt für den Deutschen Buchhandel. Sondernummer. 19. 3. 1979.

Sarah Kirsch

Corino, Karl: *Begriffe sind etwas Sekundäres. Sarah Kirsch hat die DDR verlassen*. In: Stuttgarter Zeitung, 30. 8. 1977.

Endler, Adolf: *Sarah Kirsch und ihre Kritiker*. In: Sinn und Form 27, 1975, S. 142–170.

Führmann, Franz: *Vademecum für Leser von Zaubersprüchen*. In: Sinn und Form 27, 1975, S. 385–420.

Hacks, Peter: *Der Sarah-Sound*. In: Deutsche Literatur 24, 1976. S. 104 bis 118.

Huffzky, Karin: *Den Himmel beschreiben*. Ein Gespräch mit Sarah Kirsch. In: Die Zeit, 28. 10. 1978.

Neumann, N.: *»Rückenwind« von der Spreeinsel*. In: Westermanns Monatshefte 3, 1977, s. 18–21.

Raddatz, Fritz J.: *Eine neue Subjektivität formt die neue Realität*. In: Traditionen und Tendenzen. Materialien zur Literatur der DDR, Frankfurt: Suhrkamp Verlag, 1972.

Wiegenstein, Roland H.: *Approbierte Hexe*, Sprechstunden nach Vereinbarung. In: Merkur 31, 1977, S. 178–184.

Friederike Mayröcker

Allemann, Beda: *Experimentelle Dichtung in Österreich*. In: Neue Rundschau, 1967, S. 317ff.

Bense, Max: *Nachwort*. In: Minimonsters Traumlexikon von Friederike Mayröcker. Reinbek: Rowohlt Verlag, 1968.

Breicha, Otto: *Die »Flimmerhärchensprache« Friederike Mayröckers*. In: rot ist unten von Friederike Mayröcker. Wien: Verlag Jugend und Volk, 1977.

Gomringer, Eugen: *Nachwort*. In: Tod

durch Musen von Friederike Mayröcker, Reinbek: Rowohlt Verlag, 1966.
jardin pour friederike mayröcker. Linz: edition neue texte 20/21, 1978.
Jandl, Ernst: *Die poetische Syntax in den Gedichten von Friederike Mayröcker.* In: Manuskripte 45, 1974.
Lindemann, Gisela: *Das Licht am Ende des Tunnels.* Annäherung an das Werk Friederike Mayröckers. In: Die Zeit, 14. 10. 1978.
Widmer, Urs: *Friederike Mayröcker.* In: Vom Fenster meines Hauses aus: Prosa. Zürich: Diogenes Verlag, 1977.

Irmtraud Morgner

Krechel, Ursula: *»Das eine tun und das andere nicht lassen«.* Gespräch mit Irmtraud Morgner. konkret 8, August 1976.
Obermüller, Klara: *Die Perlen des Phantastischen.* Ein Gespräch mit Irmtraud Morgner über die Trobadora Beatriz, die Frauen in der DDR und anderswo. In: Die Weltwoche, Zürich, 30. 3. 1977.

Christine Nöstlinger

Doderer, Klaus: *Christine Nöstlinger.* In: Lexikon der Kinder- und Jugendliteratur. Zweiter Band. Weinheim: Beltz Verlag, 1977.

Christa Reinig

Gratuliere. Wort- und Bildgeschenke zum fünfzigsten Geburtstag von Christa Reinig am 6. August 1976. Gesammelt von Dieter Hülsmanns und Friedolin Reske. Düsseldorf: Eremiten-Presse, 1976.
Rudolph, Ekkehart: *»Mein Herz ist eine gelbe Blume«.* Mit Christa Reinig im Gespräch. Düsseldorf: Eremiten-Presse, 1978.
Stefan, Verena: *Klytemnestra wohnt nebenan.* Christa Reinigs zweiter Roman »Entmannung«. In: Die Zeit, 6. 8. 1976.

Luise Rinser

Engelmeier, Peter-Wolfgang: *Jeder Tag ein Septembertag.* Ein Gespräch mit Luise Rinser. In: Stuttgarter Nachrichten, 30. 1. 1965.
Jeremias, Brigitte: *Lilie im Knopfloch.* Luise Rinser wird sechzig. In: Frankfurter Allgemeine Zeitung, 29. 4. 1971.
Hocke, Gustav René: *Deutsche Schriftstellerinnen in Rom.* In: Die Tat, Zürich, 5. 2. 1971.
Kesten, Hermann: *Luise Rinser.* In: Neue Zürcher Zeitung, 16. 5. 1961.
Riedler, Rudolf: *Luise Rinser.* In: Drei Gespräche. Fragen zur Person, zum Werk und zur Zeit. Donauwörth: Verlag Ludwig Auer, 1974.
Runge, Annelie: *Ein Flugblatt für die SPD.* Luise-Rinser-Porträt. In: Der Vorwärts, 19. 8. 1976.

Anna Seghers

Albrecht, Friedrich: *Die Erzählerin Anna Seghers 1926–1932.* Berlin: Rütten & Loening, 1965.
Albrecht, Friedrich: *Deutsche Schriftsteller in der Entscheidung.* Beiträge zur Geschichte der deutschen sozialistischen Literatur im 20. Jahrhundert. Berlin–Weimar: Aufbau Verlag, 1970, S. 380 ff.
Batt, Kurt: *Anna Seghers: Versuch über Entwicklung und Werke.* Frankfurt: Röderberg-Verlag, 1973.
Bilke, Jörg: *Netty Reiling in Heidelberg.* Anna Seghers als Studentin 1920/24. In: Die Horen 3, 1975, S. 96 ff.
Bock, Sigrid: *Zur Entwicklung der weltanschaulich-künstlerischen Programmatik bei Anna Seghers.* In: Anna Seghers. Über Kunstwerk und Wirklichkeit.
Band 1. Berlin: Akademie-Verlag, 1970. *Anna Seghers aus Mainz.* Klei-

ne Mainzer Bücherei. Band V. Mainz: Verlag Dr. Hanns Krach, 1973.

Diersch, Manfred und Hartinger, Walfried: *Literatur und geschichtsbewußtsein*. Entwicklungstendenzen der DDR-Literatur in den sechziger und siebziger Jahren. Berlin–Weimar: Aufbau Verlag, 1975, S. 21–24, 166–172, 184–190.

Haas, Erika: *Ideologie und Mythos*. Studien zur Erzählerstruktur und Sprache im Werk von Anna Seghers. Stuttgart: Akademischer Verlag Hans-Dieter Heinz, 1971.

Keßler, Peter und Wegner, Irene: *Ethos und epische Welt: Anna Seghers*. In: Schriftsteller und literarisches Erbe. Zum Traditionsverhältnis sozialistischer Autoren. Herausgegeben von Hans Richter. Berlin–Weimar: Aufbau Verlag, 1976.

Momber, Eckhardt: *Revolutionäres Erbe in der DDR. Renn, Seghers, Brecht*. In: Kunst und Gesellschaft, Berlin, 1976, S. 114 ff.

Neugebauer, Heinz: Anna Seghers. Leben und Werk. Berlin: Verlag Volk und Wissen, 1975.

Raddatz, Fritz J.: *Anna Seghers – Der ambivalente Sozialismus*. In Traditionen und Tendenzen. Materialien zur Literatur der DDR. Frankfurt: Suhrkamp Verlag, 1972.

Reich-Ranicki, Marcel: *Die kommunistische Erzählerin Anna Seghers*. In: Deutsche Literatur in West und Ost. München: Piper Verlag, 1963.

Roos, Peter und Hassauer-Roos, Friderike. Herausgeber: *Anna Seghers. Materialienbuch*. Darmstadt: Luchterhand Verlag, 1977.

Rühle, Jürgen: *Gefährten am Kreuzweg*. In: Literatur und Revolution. Die Schriftsteller und der Kommunismus. Köln: Verlag Kiepenheuer & Witsch, 1960.

Sauer, Klaus: *Anna Seghers*. München: edition text + kritik, 1978.

Schiller, Dieter: »*... von Grund auf anders*«. Programmatik der Literatur im antifaschistischen Kampf während der dreißiger Jahre. Berlin: Akademie-Verlag, 1974, S. 277 ff.

Stephan, Alexander: *Anna Seghers. Künstlerische Anschauung und politischer Auftrag*. In: Zeitkritische Romane des 20. Jahrhunderts. Die Gesellschaft in der Kritik der deutschen Literatur. Herausgegeben von Hans Wagner. Stuttgart: Reclam, 1975.

Text + Kritik: *Anna Seghers*, 1973, Heft 38.

Über Anna Seghers. Ein Almanach zum 75. Geburtstag. Herausgegeben von Kurt Batt. Berlin–Weimar: Aufbau Verlag, 1975.

Wagner, Frank: »*... der Kurs auf die Realität*«. Das epische Werk von Anna Seghers 1935–1945. Berlin: Akademie-Verlag, 1975.

Wolf, Christa: *Glauben an Irdisches und Bei Anna Seghers*. In: Lesen und Schreiben. Darmstadt: Luchterhand Verlag, 1972.

Verena Stefan

Just, Renate: *Schluß mit dem Klagen*. In: Zeit-Magazin, 24. 9. 1976.

Reinig, Christa: *Das weibliche Ich*. In: Das Lächeln der Medusa. Alternative 180/109, 1976.

Ziem, Jochen: *Kein Erbarmen mit den Männern? Oder: Hat Verena Stefan keine Sinnlichkeit entwickeln können?* In: Pardon, Juli 1976.

Karin Struck

Curtis, Mechthild: *Der »Fall« Karin Struck – Ein Stück Literaturmarkt am krassen Beispiel*. In: Literatur und Kriik, 1974, S. 296–306.

Buch, Hans Crhistoph: *Wer führte Einstein den Haushalt?* In: Pardon, 1975, Heft 3.

Handke, Peter: »*Die Mutter*« – *Denunziation ohne Wahrnehmung*. In: Der Spiegel, 17. 3. 1975.

Heuer, Rolf: *Bonjour, Proletariat*. In: konkret, 10. 5. 1973.

Henscheid, Anne: *Das Lotte(r)leben der Karin Struck.* In: Courage. Berliner Frauenzeitung, September 1977.

Schultz-Gerstein, Christian: *Eine Frau sieht rot.* In: Zeit-Magazin, 11. 4. 1975.

Schultz-Gerstein, Christian: *Ein Verlangen, geliebt zu werden.* Gespräch mit Karin Struck. In: Die Zeit, 21. 3. 1975.

Serke, Jürgen: *»Ihre Heimat ist dort, wo sie nie war«.* In: Deutsches Allgemeines Sonntagsblatt, 27. 4. 1975 und 4. 5. 1975.

Wohmann, Gabriele: *Hölderlin im Kreißsaal?* Zu Karin Strucks »Die Mutter«. In: Die Welt, 6. 3. 1975.

Zimmer, Dieter E.: *Die Mutter und die Schriftsteller.* Karin Struck als Phänomen für die heutige Literaturszene. Vermutungen über einen Ausnahmefall. In: Die Zeit, 25. 4. 1975.

Sperr, Monika: *Karin Struck: Wozu sie benutzt wird, und was sie dazu beiträgt.* In: Emma, 1978, Heft 3.

Wolfschütz, Hans: *Karin Struck.* In: Kritisches Lexikon zur deutschsprachigen Gegenwartsliteratur. München: edition text und kritik, 1978.

Gabriele Wohmann

Anderle, Hans Peter: *Kassandra auf der Rosenhöhe.* Autorenporträt. Publik, 24. 1. 1969.

Drewitz, Ingeborg: *Sie drückt ganz schön fest zu, aber sie lächelt ja.* Die Prosa der Gabriele Wohmann. In: Merkur, 1974, Heft 10.

Harpprecht, Klaus: *An den Grenzen des Verrats.* Die unpatriotische Prosa Gabriele Wohmanns. In: Der Vorwärts, 30. 3. 1972.

Rudolph, Ekkehart: *Gabriele Wohmann.* In: Protokoll zur Person. Zwölf deutsche Schriftsteller im Gespräch. Tübingen: Horst Erdmann Verlag, 1977.

Schafroth, Heinz F: *Gabriele Wohmann.* In: Kritisches Lexikon zur deutschsprachigen Gegenwartsliteratur. München: edition text + kritik, 1978.

Scheuffelen, Thomas. Herausgeber: *Gabriele Wohmann. Materialienbuch.* Darmstadt: Luchterhand Verlag, 1977.

Wellner, Klaus: *Das Leiden an der Familie.* Zur sozialpathologischen Rollenanalyse im Werk Gabriele Wohmanns. Stuttgart: Verlag Ernst Klett, 1976.

Zimmer, Dieter E.: *Ein Weg mit der Tarnung.* Gespräch mit der Autorin. In: Die Zeit, 20. 12. 1974.

Christa Wolf

de Bruyn, Günter: *Christa Wolf. Fragment eines Frauenporträts.* In: Liebes- und andere Erklärungen. Schriftsteller über Schriftsteller. Herausgegeben von Annie Voigtländer. Berlin–Weimar: Aufbau Verlag, 1972.

Damm, Sigrid und Engler, Jürgen: *Notate des Zwiespalts und Allegorien der Vollendung.* In: Weimarer Beiträge, 1975, Heft 7.

Durzak, Manfred: *Ein exemplarisches Gegenbeispiel.* Die Romane von Christa Wolf. In: Der deutsche Roman der Gegenwart. Stuttgart: Kohlhammer Verlag, 1973.

Hammerschmidt, Volker und Oettel, Hans: *Christa Wolf.* In: Kritisches Lexikon zur deutschsprachigen Gegenwartsliteratur. München: edition text + kritik, 1978.

Huyssen, Andreas: *Auf den Spuren Ernst Blochs.* Nachdenken über Christa Wolf. In: Basis. Jahrbuch für deutsche Gegenwartsliteratur. Band 5. Frankfurt: Suhrkamp Verlag, 1975.

Kaufmann, Hans: *Gespräch mit Christa Wolf.* In: Weimarer Beiträge, 1974. Heft 4.

Kaufmann, Eva und Kaufmann, Hans: *Zu Christa Wolfs poetischem Prinzip.* In: Erwartung und Angebot. Studien zum gegenwärtigen Verhältnis von

Literatur und Gesellschaft in der DDR. Berlin: Akademie-Verlag, 1976.

Raddatz, Fritz J.: *Eine neue sozialistische Literatur entsteht.* In: Traditionen und Tendenzen. Materialien zur Literatur der DDR. Frankfurt: Suhrkamp Verlag, 1972.

Renolder, Klemens: *Geschichtsbewußtsein und Utopie bei Christa Wolf.* Eine Untersuchung zum Werk Christa Wolfs im Umkreis neuer Poetischer Konzeptionen: Dissertation. Salzburg, 1978.

Salisch, Marion von: *Zwischen Selbstaufgabe und Selbstverwirklichung.* Zum Problem der Persönlichkeitsstruktur im Werk Christa Wolfs. Stuttgart: Verlag Ernst Klett, 1975.

Sauer, Klaus. Herausgeber: *Christa Wolf. Materialienbuch.* Darmstadt: Luchterhand Verlag, 1979.

Text + Kritik: *Christa Wolf.* München: edition text + kritik, 1975, Heft 46.

QUELLEN UND DARSTELLUNGEN ZUM THEMA FRAU UND FRAU IN DER LITERATUR

Andreas-Salomé, Lou: *Die Erotik.* Frankfurt: Rütten & Loening, 1910.

Barnouw, Dagmar: *Emanzipierte Musen?* In: Merkur, Juli 1978, Heft 7.

Batt, Kurt: *Revolte intern.* Betrachtungen zur Literatur in der Bundesrepublik Deutschland. Beiträge u. a. zu Gisela Elsner, Erika Runge, Ingeborg Bachmann, Gabriele Wohmann. München: Verlag C. H. Beck, 1975.

Bauer, Bernhard A.: *Komödiantin-Dirne.* Der Künstlerin Leben und Lieben im Lichte der Wahrheit. Wien und Leipzig: Fiba-Verlag, 1927.

Bebel, August: *Die Frau und der Sozialismus.* Stuttgart: Verlag von J. H. Dietz, 1918.

Bell, Quentin: *Virginia Woolf.* Eine *Biographie.* Frankfurt: Insel Verlag, 1977.

Beauvoir, Simone de: *Das andere Geschlecht.* Sitte und Sexus der Frau. Reinbek: Rowohlt Verlag, 1968.

Blei, Franz: *Von amoureusen Frauen.* Berlin: Marquardt Verlagsanst., 1908.

Blos, Anna: *Frauen in der deutschen Revolution 1841.* Zehn Lebensbilder. Dresden: Kaden Verlag, 1928.

Böhm, Annegret; Daams, Dörte Wibke; Eichenbrenner, Heidi: *Frauenselbstbestimmung.* Über die Befreiung der Hände und Füße, des Kopfes und des Bauches. Berlin: Frauenselbstverlag, 1977.

Bovenschen, Silvia: *Über die Frage: gibt es eine »weibliche« Ästhetik?* In: Ästhetik und Kommunikation. Heft Frauen/Kunst/Kulturgeschichte, Nr. 25, 1976.

Bovenschen, Silvia; Gorsen, Peter: *Aufklärung als Geschlechtskunde.* Biologismus und Antifeminismus bei Eduard Fuchs. In: Ästhetik und Kommunikation, Nr. 25, 1976.

Bovenschen, Silvia: *Die imaginierte Weiblichkeit.* Exemplarische Untersuchungen zu kulturgeschichtlichen und literarischen Präsentationsformen des Weiblichen. Frankfurt: Suhrkamp Verlag, 1979.

Bovenschen, Becker, Brackert u. a.: *Aus der Zeit der Verzweiflung.* Zur Genese und Aktualität des Hexenbildes. Frankfurt: Suhrkamp Verlag, 1977.

Brinker-Gabler, Gisela: Einleitung. In: *Zur Psychologie der Frau.* Frankfurt: Fischer Taschenbuch Verlag, 1978.

Brownmiller, Susan: *Gegen unseren Willen.* Vergewaltigung und Männerherrschaft. Frankfurt: S. Fischer Verlag, 1975.

Bronnen, Barbara: *Mütter ohne Männer.* Neue Beziehungen zwischen Mann und Frau. Düsseldorf: Econ Verlag, 1978.

Chatterley, Constance; Bonard, Abel u. a.: *Feminismus oder Erotik.* Die

Entdeckungen der Venus und die Abenteuer des Phallus innerhalb der Bewegung des Kommunismus, Hamburg: MaD Verlag, 1976.

Chesler, Phyllis: *Frauen – das verrückte Geschlecht?* Reinbek: Rowohlt Verlag, 1974.

Courage. Berliner Frauenzeitung: *Schreiben.* Juli 1978, Heft 7.

Darge, Elisabeth: *Märchenbild und Mutter.* Das Frauenbild in der deutschen Geschichte der letzten Jahrzehnte. In: Die Literatur, 1936, S. 715–717.

Davis, Elizabeth Gould: *Am Anfang war die Frau.* Die neue Zivilisationsgeschichte aus weiblicher Sicht. München: Verlag Frauenoffensive, 1977.

Der Ruf der Mütter. Herausgegeben von Barbara Nordhaus-Lüdecke. München: Verlag Kurt Desch, 1948. (Mit Beiträgen von Ricarda Huch, Elisabeth Langgässer, Anna Seghers, Ina Seidel.

Die Frau von Morgen, wie wir sie wünschen: Mit Beiträgen von Max Brod, Arnolt Bronnen, Axel Eggebrecht, Otto Flake, Hans Henny Jahnn, Robert Musil, Stefan Zweig u. a. Herausgegeben von Friedrich M. Huebner. Leipzig: Verlag E. A. Seemann, 1929.

Dischner, Gisela: *Bettina von Arnim.* Eine weibliche Sozialbiographie. Berlin: Verlag Klaus Wagenbach, 1978.

Ellbogen, Paul: *Verlassene Frauen.* Berlin: Rowohlt Verlag, 1933.

Emmerich, Wolfgang: *Identität und Geschlechtertausch.* Notizen zur Selbstdarstellung der Frau in der neueren DDR-Literatur. In: Basis. Jahrbuch für deutsche Gegenwartsliteratur. Band 8. Frankfurt: Suhrkamp Verlag, 1978.

Enderwitz, Elke: *Männerhaß.* In: Konkursbuch. Zeitschrift für Vernunftkritik. Nummer 3. Tübingen: Verlag Gehrke & Poertner, 1979.

Frauen entdecken sich. Romane von Seele und Sex. In: Der Spiegel, 20. 12. 76.

Frauenoffensive: *Aufständische Kultur,* Nr. 5, 1976 und Nr. 11, 1978 zum Thema: Lyrik.

Frau, Familie, Gesellschaft. Protokolle, Aufsätze. Kursbuch 17. Als Broschüre in Paco Press.

Frischmuth, Barbara: *Denken Sie bitte nach, meine Damen!* Ringen um ein neues Weltmodell: Die Feuerprobe der Kreativität, Mutterwitz und Verstand der Frau ist gekommen. In: Die Presse, Wien, 8/9. 3. 1975.

Frischmuth, Barbara: *Der Ort der Phantasie.* In: Die Presse, Wien, 9./10.7.1977.

Fischer, Erica; Lehmann, Brigitte; Stoffl, Kathleen: *Gewalt gegen Frauen.* Köln: Verlag Kiepenheuer & Witsch, 1977.

Gallwitz, S. D.: *Der neue Dichter und die Frau.* Berlin: Herbig Verlagsbuchhandlung, 1927.

Gerhard, Ute: *Verhältnisse und Verhinderungen.* Frauenarbeit, Familie und Rechte der Frauen im 19. Jahrhundert. Frankfurt: Suhrkamp Vlg., 1978.

Gerhardt, Marlies: *Wohin geht Nora?* Auf der Suche nach der verlorenen Frau. In: Kursbuch 47 zum Thema Frauen, 1977.

Gerhardt, Marlis: *Der weiße Fleck auf der feministischen Landkarte.* In: Konkursbuch. Zeitschrift für Vernunftkritik. Nr. 1. Tübingen: Verlag Gehrke & Poertner, 1978.

Giese, Fritz: *Girlkultur.* Vergleiche zwischen amerikanischem und europäischem Rhythmus und Lebensgefühl. München: Delphin-Verlag, 1925.

Grenzverschiebung. Neue Tendenzen in der deutschen Literatur. Herausgegeben und mit einem Vorwort von Renate Matthaei. Köln: Verlag Kiepenheuer & Witsch, 1970.

Hage, Volker: *Das Ende der Beziehungen.* Über den Zustand der Liebe in neueren Romanen und Erzählungen. In: Frankfurter Allgemeine Zeitung, 9. 9. 1978.

Hassauer-Roos, Friederike j.: *Gibt es*

eine weibliche Ästhetik? Über den verrückten Diskurs der Sprachlosen. In: Theater heute. Sonderheft. Bilanz und Chronik der Saison 77/78.

Helwig, Werner: *Die Kopfkissenbücher von Anaïs Nin und Claire Goll.* In: Merkur, 1978, Heft 7.

Hays, Hoffmann R.: *Mythos Frau.* Das gefährliche Geschlecht. Frankfurt: Fischer Taschenbuch Verlag, 1978.

Höhler, Gertrud: *Der Feminismus und das Jahr der Frau?* In: Neue Deutsche Hefte, Berlin, 1975, Heft 3.

Hoppe, Else: *Liebe und Gestalt.* Der Typus des Mannes in der Dichtung der Frau. Hamburg: Verlag der Frau, 1934.

Horney, Karen: *Die Psychologie der Frau.* München: Kindler Verlag, 1977.

Jacobsohn, Egon; Hirsch, Leo: *Jüdische Mütter.* Berlin: Vortrupp-Verlag, 1936.

Janssen-Jurreit, Marielouise: *Sexismus/ Über die Abtreibung der Frauenfrage.* München: Hanser Verlag, 1976.

Lonzi, Carla: *Die Lust Frau zu sein.* Berlin: Merve Verlag, 1975.

Kaus, Gina: *Die Frau in der modernen Literatur.* In: Die literarische Welt. Sondernummer: Die Frau in der Literatur, 1929, Nr. 11.

Klöckner, Beate: *Einspruch gegen Alfred Andersch.* Viele Schwierigkeiten für die Frau, die schreibt. In: Frankfurter Rundschau, 13. 4. 1977.

Macciocchi, Maria-Antonietta: *Jungfrauen, Mütter und ein Führer.* Frauen im Faschismus. Berlin: Verlag Klaus Wagenbach, 1976.

Maack, Charlotte: *Erfahrungen emanzipierter Frauen mit dem Machismo.* In: Vorgänge. Zeitschrift für Gesellschaftspolitik, 1976, Heft 19.

Mayer, Hans: *Außenseiter.* Frankfurt: Suhrkamp Verlag, 1975.

Mechtel, Angelika: *Der weiße Rabe hat fliegen gelernt.* Die schreibende Frau im Literaturbetrieb. In: Die Zeit, 16. 9. 1977.

Menschik, Jutta: *Feminismus.* Geschichte, Theorie, Praxis. Köln: Pahl Rugenstein Verlag, 1977.

Menschik, Jutta. Herausgeberin: *Grundlagen z. Emanzipation d. Frau.* Köln: Pahl Rugenstein Vlg., 1977.

Michelet, Jules: *Die Hexe.* Mit Beiträgen von Roland Barthes und Georges Bataille. München: Rogner & Bernhard, 1974.

Milford, Nancy: Zelda. *Biographie des amerikanischen Traumpaares Zelda und F. Scott Fitzgerald.* München: Kindler Verlag, 1975.

Möhrmann, Renate: *Die andere Frau.* Emanzipationsansätze deutscher Schriftstellerinnen im Vorfeld der Achtundvierziger-Revolution. Stuttgart: Metzlersche Verlagsbuchhandlung, 1977.

Paucker, Henri R.: *Verharmlost – verklärt – dämonisiert.* Darstellung der Frau in Aufklärung, Klassik und Romantik. In: Neue Zürcher Zeitung, 20./21. 9. 1975:

Plath, Sylvia: *Letters Home.* Correspondence 1950–1963. New York: Harper and Row. 1975.

Puknus, Heinz (Hrsg.): *Neue Literatur der Frauen.* Deutschsprachige Autorinnen der Gegenwart. München: Verlag C. H. Beck, 1980.

Raddatz, Fritz J.: *Kontaktsperre.* Überlegungen, die neueste deutsche Literatur betreffend. In: Die Zeit, 20. 10. 1978.

Reich-Ranicki, Marcel: *Entgegnung.* Zur deutschen Literatur der siebziger Jahre. Stuttgart: Deutsche Verlags-Anstalt, 1979.

Reuter, Angelika; Poneleit, Barbara: *Seit 1848 Frauen im Widerstand Frauen im Faschismus 1933–1945.* Münster: Verlag Frauenpolitik, 1978.

Römer, Ruth: *Was ist ein Frauenroman?* In: Neue Deutsche Literatur, 1956, Heft 6.

Sander, Hans-Dietrich: *Geschichte der Schönen Literatur in der DDR.* Freiburg: Rombach Verlag, 1972.

Scheffler, Karl: *Die Frau und die Kunst.* Berlin: Verlag Julius Bard, 1908.

Schoch, Hilde: *Die Darstellung der Frau in der modernen Literatur.* In: Die Frau. Hrsg. von Helene Lange und Gertrud Bäumer, Nov. 1924, Heft 2.

Schwarzer, Alice: *Der »kleine Unterschied« und seine großen Folgen.* Frauen über sich – Beginn einer Befreiung. Frankfurt: S. Fischer Vlg., 1975.

Savramis, Demosthenes: *Das sogenannte schwache Geschlecht.* München: List Verlag, 1972.

Serke, Jürgen: *Die verbrannten Dichter.* Weinheim: Vlg. Beltz u. Gelberg, 1977.

Solé, Jacques: *Liebe in der westlichen Kultur.* Berlin: Propyläen Vlg., 1979.

Strecker, Gabriele: *Frauenträume, Frauentränen.* Über den unterhaltenden deutschen Frauenroman. Weilheim: Barth Verlab, 1969.

Theweleit, Klaus: *Männerphantasien.* Zwei Bände. Frankfurt: verlag roter stern, 1977, 1978.

Tempel, Ute: *Wie können Frauen als »Menschen« schreiben?* In: mamas pfirsiche – frauen und literatur 4/5. Münster: Verlag Frauenpolitik.

Thönnessen, Werner: *Frauenemanzipation.* Politik und Literatur der deutschen Sozialdemokratie zur Frauenbewegung 1863–1933. Frankfurt: Europäische Verlagsanstalt, 1969.

Weber, Marta: *Das Frauenbild der Dichter.* Bern: Francke Verlag, 1959.

Weil, Simone: *Unterdrückung und Freiheit.* Politische Schriften. München. Rogner & Bernhard, 1975.

Winkler, Dörte: *Frauenarbeit im »Dritten Reich«.* Hamburg: Hoffmann und Campe Verlag, 1977.

Witkop, Philipp: *Frauen im Leben deutscher Dichter.* Leipzig: Haessel Verlag, 1922.

Wollüstige Phantasie. *Sexualästhetik der Literatur.* Hrsg. von H. A. Glaser. München: Hanser Vlg., 1974.

Wysocki, Gisela: *Frauen-Bilder im Aufbruch.* Hinweise auf ihren Gebrauch. In: Kursbuch 47, 1977.

BILDNACHWEIS

Ricca Achalm 353;
ADN-Zentralbild 79, 87;
Hanns-Jörg Anders/STERN 248, 253;
Bauer 42 (2), 59;
Regis Bossu 315;
Dr. Jürgen Gebhardt / STERN 258/259;
Rolf Gillhausen/STERN 201;
Manfred Grohe 326;
Barbara Grüttner 54/55;
Carl Hanser-Verlag 13;
Harper & Row 36;
Volker Hinz/STERN 12/13;
Thomas Höpker/STERN 68, 306/307;
Friede Hostrup 48;
Keystone 199; Kösel-Verlag 50;
Volker Krämer/STERN 351;
Langewiesche-Brandt-Verlag 226;
Robert Lebeck/STERN 12/13, 318;
Gerhard Ludwig 282, 297;
Leonore Mau 331;
Mihaly Moldvay/STERN 12/13;
Stefan Moses 24/25, 95, 106, 114/115, 118, 120, 123, 132, 141, 154/155, 160, 168, 172, 174, 176, 179, 183, 194, 206, 211, 216, 218, 220/221, 226/227, 229, 236, 239, 244, 244/245, 247, 263, 268/269, 277, 281, 298, 301, 309, 312;
Jürgen Müller-Schneck 329;
Isolde Ohlbaum 12/13, 223, 235, 334, 345, 347, 356;
Thomas Popp 47;
In Privatbesitz:
Rose Ausländer (Babyfoto) 209;
Brigitte Schwaiger (Babyfoto) 301;
Reclam-Verlag Leipzig 81;
Peter Roos 163 (2);
Schiller-Nationalmuseum Marbach 63;
Karin Székessy 343;
Süddeutscher Verlag 34 (2), 49, 50, 71, 77;
Peter Tomann/STERN 12/13;
Ullstein-Bilderdienst 12/13, 34/35, 42, 49, 52, 58, 70, 323, 349;
UP 60;
Karin Voigt 226;